牛散大学堂

让中国的投资文化走向世界

使命丨让中国的投资文化走向世界

愿景丨打造中国A股市场完美的投资体系

目标丨让更多投资者少走弯路,有机会成为牛散

股市成长为王
盈利体系解析

吴国平 ◎ 著

让更多投资者
少走弯路且有机会成为牛散

甘肃人民出版社

图书在版编目（CIP）数据

股市成长为王盈利体系解析 / 吴国平著. -- 兰州：甘肃人民出版社，2021.1
 ISBN 978-7-226-05646-2

Ⅰ. ①股… Ⅱ. ①吴… Ⅲ. ①股票投资－基本知识 Ⅳ. ① F830.91

中国版本图书馆CIP数据核字(2021)第010162号

责任编辑：王建华
封面设计：雷春华

股市成长为王盈利体系解析

吴国平　著

甘肃人民出版社出版发行
(730030　兰州市读者大道568号)
北京温林源印刷有限公司印刷

开本 710毫米×1000毫米　1/16　印张 32.5　插页 2　字数 451千
2021年7月第1版　2021年7月第1次印刷
印数：1~4000

ISBN 978-7-226-05646-2　　　定价：88.00元

"成长为王"知己知彼，百战不殆

古人说，知己知彼，百战不殆。从初生的萌芽，到茁壮成长的大树，见证着的是成长，股市交易也不例外。对于广大投资者来说，要在股市上获利，甚至实现账户翻倍，非得下苦功去深入研究不可。中国的股票交易市场日渐成熟，在为上市公司提供资金的同时，也为各种类型的交易者提供了目不暇接的交易机会。

需要特别说明的是，本书的写作初衷是为了帮助每一个小散户"成长为王"。

感性认知阶段，解析市场资金方，辨识市场行为；

理性认知阶段，解读资金操盘法，公开多种交易模式；

悟性认知阶段，走进短线情绪面，深入了解交易的规律。

股市归根到底还是一个投资市场，一个由各种复杂人性博弈—主观策划—随机波动构成的地方，你在里面浸淫的时间越长，就越能理解什么是水无常形、兵无常态，只有不断总结，顺势而为才是制胜之道。切记不要因为自己的"一招制胜"而沾沾自喜。

如果你想从本书中学习股市交易的方法，并应用到实战中，取得比较理想的成绩，那么，就请从现在开始做到知己知彼吧！

目录

牛散大学堂的股威宇宙 ……………………………………… 1
第一节　聚焦财务分析 …………………………………… 5
第二节　招股说明书掘金 ………………………………… 37
第三节　股东研究＋经营分析 …………………………… 77
第四节　如何对个股进行估值 …………………………… 111
第五节　把握神奇的"时间窗口" ……………………… 143
第六节　牛股启示录 ……………………………………… 183
第七节　股市的两大基本原理 …………………………… 231
第八节　洞察股市要素之K线规律 ……………………… 283
第九节　如何判断主力处于什么位置 …………………… 323
第十节　解读政策对股市的影响 ………………………… 371
第十一节　指标背离在实战中的运用 …………………… 407
第十二节　技术面综合性分析 …………………………… 449
特别章节　第二季毕业典礼 ……………………………… 487

牛散大学堂的股威宇宙

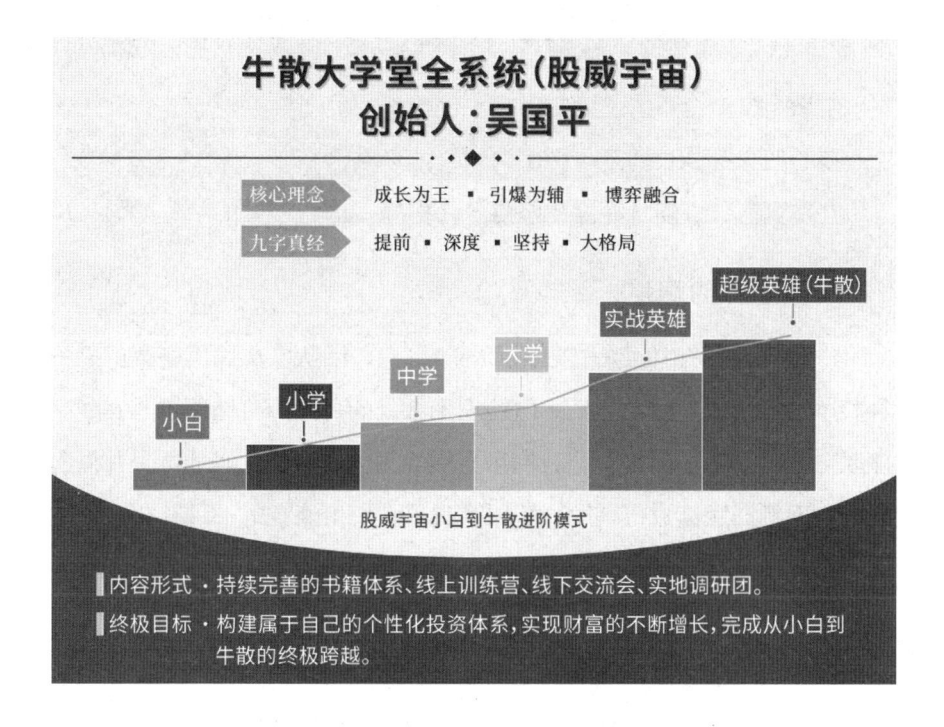

牛散大学堂全系统（股威宇宙）
创始人：吴国平

核心理念　成长为王　·　引爆为辅　·　博弈融合
九字真经　提前　·　深度　·　坚持　·　大格局

超级英雄（牛散）
实战英雄
大学
中学
小学
小白

股威宇宙小白到牛散进阶模式

■ 内容形式·持续完善的书籍体系、线上训练营、线下交流会、实地调研团。
■ 终极目标·构建属于自己的个性化投资体系，实现财富的不断增长，完成从小白到牛散的终极跨越。

重新定义你的操盘体系

很多人一直在寻找提升自我的系统课程，付出相当多的精力后却发现，大部分都只是一招半式，没有整体性可言。正因为自身没能全面武装自己，所以非专业投资者依旧占据大多数。

我们来了，来帮你构建交易系统，牛散大学堂的股威宇宙系统就是为你而搭建，从"小白"到"牛散"，我们来帮你逐步成长。

我们的底气在于：我们自身就是从小白一路成长起来的，也一直从业于资产管理一线，深知市场一线人群最需要什么知识和技能。基于未来中国资本市场的发展将趋于专业化和成熟化，目前普通投资者确实已经到了迫切需要提升自我的时候了。只有提升自我，才能更好地适应资本市场。我们的股威宇宙——牛散大学堂全系统，或许就是你最好的选择。

牛散大学堂全系统（股威宇宙）

牛散大学堂全系统（股威宇宙）创始人：吴国平

核心理念：成长为王　引爆为辅　博弈融合

九字真言：提前　深度　坚持　大格局

股威宇宙的构建：

1. 我们的系统由强大的分析师团队打造，团队成员风格各异但无不经验丰富且自成一派，我们不做纯理论派，而是力图打造理论与实践高度融合的精品教程。其中，我们自身实战原创内容占主导地位，并借鉴其他方面经典解读进行辅助，博采众长是我们价值观的一种补充。

2. 股威宇宙将个人交易者分为六个不同的阶段（从"小白"到"牛散"），学员或者读者可以对比自身情况快速选择自己对应的学习阶段，不同的学习阶段将有不同的书籍和线上训练课程。

3. 除了书籍体系和线上课程体系，到上市公司实地调研也是牛散大学堂股威宇宙实战的一种衍生，属于实战英雄或超级英雄课程。那里的世界会很精彩，充满乐趣惊喜，通过与上市公司管理高层的对话了解企业真实情况，真正感受什么叫功夫在市场之外。

4. 我们的系统来源于实战的经历，但不拘泥于实战经历，通过认真总结使它高于实战，一切只为帮助交易者提高自身的交易技巧和水平。

股威宇宙：从小白到牛散进阶模式

1. 小白

小白是指对交易市场有兴趣但没有任何知识和经验的交易人群。这个群体既没有实战经验，也没有理论基础，对K线、盘口信息等基础知识一无所知或一知半解，属于资本市场潜在参与力量。

2. 小学生

小学生是指对基本的概念有一些了解，刚入市还没经历过市场洗礼的人群。这个群体能看到盘面的基础信息，也知道基本的交易规则，但具体到成长股的概念，个股涨停背后的逻辑或者技术波浪理论等都还处于未知的状态。

3. 中学生

中学生是指对概念较为了解，对K线形态开始清晰，并掌握了一些技术分析方法，自我感觉还不错的人群。这个群体入市时间不长，初出茅庐、踌躇满志，开始接受市场残酷的洗礼，感受到了资本市场的一些机会和风险。

4. 大学生

大学生是指有一些自己的分析方法的人群，但分析方法总体来说零零散散，还没有形成一套完善的研判体系。另外也还不大懂如何将它们融合运用，需要更贴近市场去把握市场的本质，从而进入一个新的自我提升阶段。

5. 实战英雄

如果你已经有了实战英雄的水准，那么恭喜你，你已经开始知道如何融合运用基本面和技术分析的投资方法，对交易的心理博弈也开始有所体会。在这个阶段你需要透过反复实践感知市场的博大精深，真正理解核心理念"成长为王，引爆为辅，博弈融合"的含义，认清市场的本质，渐渐进入一个赢家的行列。

6. 超级英雄（牛散）

牛散几乎代表着个人投资者的最高水准，他们的投资理念、操作风格、投资偏好各有千秋，但无一例外都是市场中极少数的大赢家，创造了一个又一个的财富增长神话。他们善于抓住市场机遇，经历过大风大浪，投资心态十分稳定，在起起落落中不断汲取养分，交易体系跟随市场不断进化。

股威宇宙特点：

系统性教学，明确的进阶模式，适合所有人群。

学习阶段、目标以及成果的量化，每个阶段，我们都会让你清楚知道你能收获什么。

实践出真知。我们会让每个阶段都有练习，实战是最好的诠释。

一线从业人员和牛散提供技术支持，读者和学员有机会与之在线上线下进行互动。

投资体系阶梯式建立，由点到面，从无招到有招再到无招。用心学习，小白终成一代牛散。

第一节 聚焦财务分析

2018年1月24日

牛散大学堂——学最好的课程，做最牛的散户

课 前 分 享

学前小须知：

　　1.本小节的分享与课堂内容是帮助有一定基础的学习者来学习、读懂与看懂其内涵的。初学者可以通过了解、阅读慢慢地学习掌握，以提高对资本市场的认知。

　　2.本堂课的内容在牛散大学堂股威宇宙的等级为：小学。其余级别结合自身状况进行学习或阅读。

3.第一季为小白级,第二季为小学级,第三季为中学级,第四季为大学级,第五季为实战精英级,第六季为超级牛散级。请依次学习,逐级递增。

4.本节课主要讲解财务分析。

有新规则与新内容会与大家分享。

现在的调研是为2018年的布局做准备,之前提及的新战区创业板在动荡与调整当中,而白马蓝筹与银行的联动,也使局面有所变化,新战区在动荡中出现了活力。之前谈到的伏笔,光线传媒可是出现了三天两个涨停板。有的学员对新战区——创业板感到惊讶,有的学员失去了信心,迷恋白马蓝筹。

温馨小提示与加深印象:

其实简单,学会提前分析与思考,学会坚持与有耐心,学会有信仰地坚守。

创业板的异动,不代表有些个股立马涨起来,也不代表所有创业板的个股都要联动。这需要一个过程,循序渐进的过程,层层浪花都有表现的机会。现在只是拉开了序幕的一角。

博弈的特点:让你的贪欲放大、焦虑放大、恐惧放大。很多人受不了的时候,追逐白马蓝筹和银行股时,机会可能会悄然来临。

第一季到第二季是一个渐进的过程,你的坚持,说明你已经成功了。人的思想是渐进而蜕变的。当然不代表你一定就走得很远,还是要成长与学习的,不断前行。

分享一些思路与点滴思考:

1.在调研新经典时,发现这家公司不超过300人,办公地是租的,属轻资产的公司,核心是有头脑的员工与几十号编辑,同时公司为员工做了股权激励措施。公司低调而有内涵。

2.公司增长平稳且有超越同行业的水平与实力。善意的提醒与告知，该公司是做文化的，增长不会快，但有能力做精做实，超越细分领域的水平。公司有儒商的气场与底蕴，与其他企业不一样。

当然，机会在第二梯队，如科技板块、人工智能、芯片、物联网等。一年之际在于春，我们还会调研一些新的公司，拭目以待。

希望你与我们一起成长，融入国平成长理论体系，有收获与跟随！

学 前 须 知

第二季新规则、新内容和必要的注意事项如下：

牛散大学堂

学前须知

为了让每位学员更好地投入学习当中，牛散大学堂教务处制订了以下规则：

- 每位学员应做到尊敬老师、同学，礼貌待人，不在群里发送违反法律法规的内容、不使用粗俗不雅言语讨论问题。
- 所有作业和笔记必须独立完成，不可在网上随意摘抄。
- 每位学员应该自觉遵守学习秩序和班级纪律。

微信公众号：吴国平财经　新浪微博：吴国平财经

牛散大学堂

学前须知

- 非工作人员私信加你，切记注意风险，不排除有部分朋友过来搜集客户信息。建议请勿添加除吴国平小助手以外的任何微信号，如果发现有人私自加好友拉群，我们会直接开除学籍，并取消所有积分。
- 讨论问题的过程中，如有不同观点的可以讨论，但不得对其他成员进行人身攻击，或是传播负面消息，一经发现直接送你飞机票。

微信公众号：吴国平财经　新浪微博：吴国平财经

积分制度，图表如下：

积分制度

为了提高大家的学习积极性，每一季《盈利系统课程》结束后，我们将在本季系统课程中选出五名优秀学员。优秀学员将免费学习下一季课程或赠送一个学习名额（可以邀请朋友加入学习）。优秀作业奖将获得奖品一份！详情如下↓↓↓↓↓

本次评定优秀学员的标准将采用积分制，每位学员起始分为100分，完成以下条件者可增加相应分值：

- 1. 学习过程中认真做笔记，并将笔记拍照上传管理系统者每次加50分（笔记上传至"牛散课堂学员服务中"。
- 2. 每完成一次作业者加100分，全部完成者再加500分，优秀作业奖将从全部作业完成者中选出。
- 3. 在课堂中，经采纳回复的优秀回答，每次可加50分。
- 4. 学习过程中积极反馈意见者（有意义的反馈），每次加20分。
- 5. 每周三课程结束，在跟谁学平台上传课程心得，并截图发至新课堂学员服务中心，每次可加50分。

微信公众号：吴国平财经　新浪微博：吴国平财经

多学习，多成长，积分会增多，收获也会增多。

分级制度，图表如下：

分级制度

- 开始建议用自己仓位的六分之一去操作
- **一级**：还没学过吴老师的课程　六分之一
- **二级**：学过吴老师一季度的课程　六分之二
- **三级**：学过吴老师两个季度的课程　六分之三
- **四级**：学过吴老师三个季度的课程　六分之四
- **五级**：学过吴老师四个季度的课程　六分之五
- **六级**：学过吴老师五个季度的课程满仓

微信公众号：吴国平财经　新浪微博：吴国平财经

学习的过程循序渐进，操作的过程也是循序渐进，操作也就得心应手了。

风险提示，图表如下：

牛散大学堂

风险提示

- 1. 所有由本团队发出的内参、实盘操作交割单均为附赠分享，不作对学员们的最终操作建议。学员们应自主做出投资决策并自行承担风险，根据本分享做出的任何决策与本分享无关。
- 2. 请严格控制仓位，开新仓不超过总仓位的六分之一。
- 3. 请各位同学务必观看吴老师每一节的课程，吴老师会在课上分享他的操作思路，切勿在不听课的情况下随意买入。
- 4. 买入卖出如有问题可以咨询小助手，切勿随意追涨杀跌。

微信公众号：吴国平财经　新浪微博：吴国平财经

认真听课，改变思维，形成磁场共鸣，合力开拓未来。物以类聚，人以群分，这是和谐、正能量的团队，让我们于此共同成长。

聚焦财务分析

聚集财务分析（1）

吴国平　牛散大学堂导师

牛散大学堂

目 录

- 一、净资产收益率
- 二、毛利率
- 三、应收账款

微信公众号：吴国平财经　　新浪微博：吴国平财经

一、净资产收益率

牛散大学堂

一、净资产收益率 ROE

——据说是巴菲特最看重的指标

Rate of Return on Common Stockholders' Equity

我选择的公司，都是净资产收益率超过20%的好公司。

微信公众号：吴国平财经　　新浪微博：吴国平财经

温馨小提示：巴菲特说过，他最看重净资产收益率超过 20％ 的好公司。

净资产收益率（ROE）超过 20%，即净资产每年增长速度超过 20%。收益率超过 20% 的话，复利下来是很厉害的。如在股市，能以回报超过 20% 以上持续复利式的增长，四五十年之后你就是第二个巴菲特。

要找未来有可能连续三年或更长时间能将净资产收益率保持在 20% 的好公司。

温馨小提示与重点加深印象：

这是一个很重要的指标——净资产收益率。

1．净资产收益率 ROE

净资产收益率 ROE，又称股东权益报酬率。即股东投资后，净资产每年的回报额。它是衡量成长股的一个重要参考指标。图表如下：

1．净资产收益率 ROE

- 净资产收益率：又称股东权益报酬率、净值报酬率、权益报酬率、权益利润率、净资产利润率
- ROE反映股东权益的收益水平、衡量公司运用自有资本的效率
- ROE是使用频率很高的成长股参考指标之一

2. 计算公式

净资产收益率 ROE ＝净利润 ÷ 所有者权益

图表如下：

2、计算公式

○ ROE=净利润÷所有者权益

○ ROE=(净利润/销售收入)(销售收入/总资产)(总资产/净资产)

○ ROE= 销售净利率 × 资产周转率 × 杠杆比率

温馨小提示：F10，指键盘上的快捷键

点击"F10"，即可找到净资产收益率，可以看到每一年的变化，是增长还减少。图表如下：

F10-最新提示 即可找到

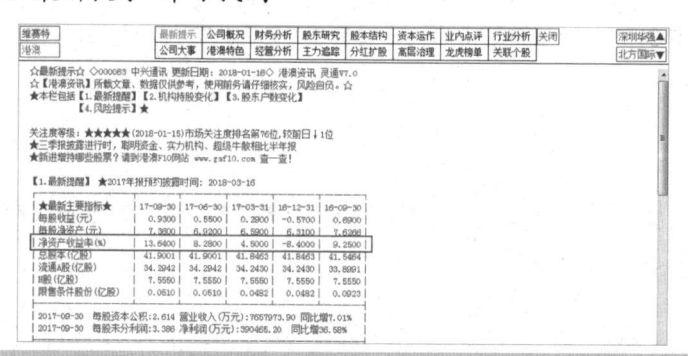

3. 横向比较与纵向比较

以房地产为例：万科 A 净资产收益率保持在 19% 以上，行业平均大概是 10% 左右。图表如下：

3. ROE的横向比较vs纵向比较

- 房地产：万科A ROE保持在19%以上，远远高于行业平均水平的10%

排名	代码	简称	ROE(%) 3年平均	14A	15A	16A
12	000002	万科A	19.33	19.08	19.24	19.68
		行业平均	10.46	9.95	9.05	12.37
		行业中值	8.06	8.46	6.77	8.26
1	600340	华夏幸福	39.19	43.03	41.17	33.39
2	603506	南都物业	33.49	34.35	24.97	41.14
3	001979	招商蛇口	32.14	62.52	15.29	18.59
4	000540	中天金融	25.83	29.97	26.18	21.36
5	600734	实达集团	21.26	-28.90	79.58	13.10

微信公众号：吴国平财经   新浪微博：吴国平财经

温馨小提示与重点加深印象：

投资前需注意，该公司净资产收益率是否比同行要高，往往优质的公司是比同行要高的。以万科 A 为例，它的净资产收益率是比同行高出很多的。这是一个很重要的衡量细节。

银行业净资产收益率是多少？在细分行业里寻找，招商银行的平均值是15%，净资产收益率越高越值得关注。图表如下：

○ 银行业：建设银行ROE自身稳定在15%以上，且优于同行业

排名	代码	简称	ROE(%) 3年平均	14A	15A	16A
6	601939	建设银行	17.39	19.74	17.05	15.38
		行业平均	15.55	17.82	15.32	13.52
		行业中值	15.74	17.73	15.66	13.76
1	601997	贵阳银行	24.50	26.39	26.30	20.83
2	601166	兴业银行	18.13	20.60	17.57	16.23
3	600000	浦发银行	17.79	20.25	17.59	15.55
4	600036	招商银行	17.55	19.28	17.09	16.27
5	600016	民生银行	17.42	20.35	17.04	14.86

净资产收益率越高，意味着其股本可能会比较小，弹性就比较大。所以，这与净资产收益率的高低有着密切的联系。

两者紧密联系在一起，其净资产收益率是较高的，虽不是唯一指标，但却是衡量成长股的重要指标。

4. 净资产收益率ROE的缺陷，图表如下：

4 ROE的缺陷

○ 片面性：该指标只反映净资产的收益率情况，而公司的来源除了股东投入以外，还有财务杠杆的影响。

学习延伸突破小细节：

净资产收益率的构成：非主营业务、财务杠杆、其他投资收益组成的利润。

我们所谓的净资产收益率是指纯主营业务的净资产收益率。要挤掉其他收益以外的收益率，没有水分的净资产收益率才是我们关注的，才是最有价值的，才是价值所在。

例如，一个企业今年净利润是3亿元，净资产是10亿元。正常来说，净资产收益率是30%，但假如3亿元里面有2亿元是国家补贴，那它的真实净资产收益率只有10%了，其净资产收益率并不算很高。所以，要剔除掉国家补贴、非主营业务收入，看它真实的净资产收益率。图表如下：

牛散大学堂

- 失真性：通过"公式ROE=净利润÷所有者权益"可以看出，净利润为分子，假如一个企业今年净利润为3亿，净资产为10亿，则公司ROE为30%
- 30%是高还是低？看起来是很高的
- 但是，假如3亿里面有2个亿是国家补贴呢？

微信公众号：吴国平财经　新浪微博：吴国平财经

温馨小总结：

总之，净资产收益率要横向与纵向去比较，平均数据越高，其价值存在感越强。作为一个衡量指标，一定要看真实的净资产收益率的数据，看清高与低的原因。

二、毛利率

1. 毛利率，图表如下：

牛散大学堂

1. 毛利率

- 毛利率是毛利与销售收入（或营业收入）的百分比。

- 换句话说，即卖出东西后，你赚了多少？这个指标反映的是一个公司的赚钱能力，如果毛利高，那就意味着这家公司躺着都赚钱。

- 其中毛利是收入和与收入相对应的营业成本之间的差额，用公式表示：毛利率=毛利/营业收入×100%=（主营业务收入-主营业务成本）/主营业务收入×100%。

微信公众号：吴国平财经　　新浪微博：吴国平财经

温馨小提示与重点加深印象：

毛利率就是毛利与销售收入的百分比，是衡量一家公司赚钱能力的重要条件。毛利率越高，意味着利润也就越高。核心竞争力也是要看其毛利率的。

毛利率高说明核心竞争力强，如茅台一样，其毛利率超过90%。你购买的不是酒，是用酒体现的一种文化存在与价值。再如新经典，购买的是纸张里传递的价值与文化，这个才是关键。

文化行业的毛利率是相对比较高的。一部好的电影其毛利率是非常高的，有可能其投资才三千万元，但票房收入高达十几亿元。赚了十亿元，可谓相当高！超过百分之九十几了。Perfect（完美），如能持续生产，那就不得了了。

当然，电影公司的弹性比较大，不可能确保每一部电影的毛利率都是那么高。投入三亿元，票房收入只有两亿元，是否亏本？这里有很多东西要衡量与比较。

制造业的毛利率是比较偏低的，门槛低、恶性竞争、价格战等，能活下来就好。

公司或企业要有自己的核心竞争力或绝活秘籍。如苹果公司的毛利率就比较高，这也得益于苹果公司产品独特的设计、手感、内部视觉体验，以及所传递出的企业文化，既增加其产品价值又提供良好的用户体验，从而使得消费者购买。

一个公司能做到这一点时，是值得我们去尊敬与学习的，是能长期保持市场生命力的根基，在风口来临时就会一飞冲天。

2. 毛利率需要关注的要点，图表如下：

2．毛利率需要关注的要点

- 1）好的公司毛利率应该超过40%，越高越好。这也是巴菲特的观点。
- 2）对某个公司而言，关注它近几年的毛利率变化趋势。
- 3）同行业的毛利率对比很重要。

（1）好的公司毛利率是应超过40%的

好的公司的毛利率是应该超过40%的，越高越好。这也是巴菲特的观点。

毛利率的变化及趋势，说明其核心竞争力是在变化的。

平稳，表明核心竞争力良好；

下滑，说明核心竞争力有情况；

上升，说明优势突出，影响扩大。

例如，茅台，毛利率高达92%，一瓶一千块钱的酒，能赚920元。这是它厉害的地方。图表如下：

1）好的公司毛利率超过40%，且越高越好。

- 比如A股上有家公司，毛利率达92%，这就是贵州茅台，一瓶1000块钱的茅台酒，它能赚920元，所以有人不客气地说，随便换什么人过去当老板，茅台一样很赚钱。

【利润构成与盈利能力】				
财务指标(单位)	2017-09-30	2016-12-31	2015-12-31	2014-12-31
营业收入(万元)	4245046.75	3886219.00	3265958.37	3157392.85
销售费用(万元)	197791.09	168105.20	148496.15	167473.35
管理费用(万元)	311503.89	418718.98	381285.21	337849.95
财务费用(万元)	-3927.32	-3317.52	-6726.68	-12316.88
三项费用增长率(%)	46.91	11.56	6.09	15.63
营业利润	2863694.34	2426562.52	2215899.20	2210297.33
投资收益(万元)	—	—	386.73	309.53
补贴收入(万元)	—	—	—	—
营业外收支				
净额(万元)	-14410.57	-30774.42	-15727.70	-22063.08
利润总额(万元)	2849263.77	2395785.10	2200171.50	2188234.24
所得税(万元)	713136.86	602723.78	554671.83	561297.00
净利润(万元)	1998384.70	1671836.27	1550309.03	1534980.43
销售毛利率(%)	89.93	91.23	92.23	92.59
净资产收益率(%)	24.97	24.44	26.23	31.96

微信公众号：吴国平财经　　新浪微博：吴国平财经

相反，很多产品销售出去了，其毛利很少，还要扣掉很多成本。

例如，作为传统制造业的深纺织，脱胎换骨则生，不思进取则死。对其考察不仅要看静态，还要看动态，是否有转型、产品是否过硬、是否其核心竞争力增强或有新的创新与完善等。我们要联系前后动态的组合构成去思考，来总结出到底值不值得投资，这是很关键的思维。图表如下：

- 反面来看，如果一个公司的产品或服务销售出去后，只有很少的毛利，还要扣掉各种成本，怎么赚大钱呢？以下是深纺织的毛利率，再对比它的净利润，毛利率较低的时候，基本都是亏损的。

【利润构成与盈利能力】				
财务指标(单位)	2017-09-30	2016-12-31	2015-12-31	2014-12-31
营业收入(万元)	107033.91	119820.02	122674.68	121095.25
销售费用(万元)	629.66	1016.17	1174.39	1406.76
管理费用(万元)	6785.21	10690.17	10304.47	11949.61
财务费用(万元)	-2205.09	-167.81	-2444.83	-3039.28
三项费用增长率(%)	-43.06	27.72	-12.41	-18.74
营业利润(万元)	5113.42	-9292.03	1929.01	-8313.52
投资收益(万元)	3667.08	522.34	9481.26	2329.46
补贴收入(万元)	—	—	—	—
营业外收支				
净额(万元)	-143.55	1493.38	2386.17	2107.62
利润总额(万元)	4969.87	-7798.65	4315.17	-6205.89
所得税(万元)	1061.92	928.41	3465.45	5153.24
净利润(万元)	3369.96	-8727.06	849.72	-11359.13
销售毛利率(%)	10.03	5.85	6.87	4.64
净资产收益率(%)	1.43	-4.10	0.39	-5.00

微信公众号：吴国平财经　　新浪微博：吴国平财经

（2）对某个公司而言，关注它近几年的毛利率变化趋势，图表如下：

2）对某个公司而言，关注它近几年的毛利率变化趋势。

- 最好的情况是毛利率逐步提高，意味着公司的赚钱能力在提高。要么是产品可以自主提价，要么是成本控制得好。
- 其次是毛利率基本稳定在一个水平上。
- 最差的是毛利率逐步下降的情况，要么是公司产品竞争激烈，不得不降价，要么是公司的成本控制很差。

以新经典为例，其毛利前几年没有超过40%，但在之后的几年内逐步提高，从2014年开始29%、31%、36%、43%。表明它在慢慢地做大做强，其自身的影响力与实力在不断地扩大。

刚进入市场时价格无非是高与低的问题。薄利多销，先打开市场销路。市场扩大且有稳定的资源后，慢慢抬高其价格，照样有人来购买，产品内容吸引着购买者。如是刚需产品，其毛利率自然有增长的可能性。

新经典注重品牌的打造与形象，其业务包括少儿读物与文学作品。打造强有力的书籍品牌与内核价值，对关注者有不一样的肯定与期望。图表如下：

○ 新经典：虽然前几年毛利率整体没超过40%，但整体逐步提升，2017年开始达到40%以上。

财务指标(单位)	2017-09-30	2016-12-31	2015-12-31	2014-12-31
营业收入(万元)	69374.46	85271.12	88137.55	76772.50
销售费用(万元)	5494.84	7195.06	7621.20	6834.85
管理费用(万元)	3921.83	4061.12	4187.98	4052.82
财务费用(万元)	-168.99	70.16	45.22	6.61
三项费用增长率(%)	-	-4.45	8.81	-
营业利润(万元)	24852.22	19630.03	16296.14	12050.63
投资收益(万元)	1694.85	1017.41	1226.95	688.96
补贴收入(万元)	-	-	-	-
营业外收支				
净额(万元)	-196.88	1619.69	1792.09	704.07
利润总额(万元)	24655.34	21249.72	18088.23	12754.70
所得税(万元)	6331.99	5543.72	4437.01	2989.58
净利润(万元)	17741.83	15190.40	13012.31	9769.40
销售毛利率(%)	43.78	36.60	31.23	29.06
净资产收益率(%)	18.03	25.17	26.12	24.56

我们再以美的集团为例，它在家电行业的毛利率为25%左右，保持在比较平稳的状态，是有品牌的上市公司。

学习延伸突破小细节：

质量靠谱，购买者愿意且放心购买，毛利率就要比同行业要高一些。形成强大品牌后，其效应就会使毛利增长，一旦行情来临时，也就容易受到大众的追捧。20%的毛利率如能够长期稳定的话，那就是所谓的"白马蓝筹"了。

美的集团，图表如下：

○ 美的集团的毛利率是较为稳定的。

财务指标(单位)	2017-09-30	2016-12-31	2015-12-31	2014-12-31
营业收入(万元)	18694886.6	15904404.1	13844122.6	14166817.5
销售费用(万元)	1995415.00	1767845.10	1479976.90	1473391.70
管理费用(万元)	1043015.70	962077.70	744175.50	749825.60
财务费用(万元)	85275.90	-100597.90	13893.20	25132.70
三项费用增长率(%)	79.43	17.48	-0.46	13.96
营业利润(万元)	1824307.00	1743597.50	1491687.30	1345050.30
投资收益(万元)	179200.90	128596.10	201126.90	151112.20
补贴收入(万元)				
营业外收支				
净额(万元)	59627.00	147862.80	113448.10	54018.10
利润总额(万元)	1883934.00	1891460.30	1605135.40	1399068.40
所得税(万元)	273794.00	305269.10	242669.90	234435.60
净利润(万元)	1499817.50	1468435.70	1270672.50	1050222.03
销售毛利率(%)	25.35	27.31	25.84	25.41
净资产收益率(%)	22.61	26.88	29.06	29.49

微信公众号：吴国平财经　　新浪微博：吴国平财经

凡是差的公司，你就会发现有个特点，它的毛利率是逐渐下滑的，很多情况就是这样。原因在于毛利率下滑，利润也就下滑；利润下滑，股价也就逐渐下滑，这是个连锁效应。图表如下：

○ 曾经臭名昭著的银广厦、现在的西部创业，毛利率就是呈明显下降态势的，净利润也是惨不忍睹。

【利润构成与盈利能力】				
财务指标(单位)	2017-09-30	2016-12-31	2015-12-31	2014-12-31
营业收入(万元)	43335.71	46312.59	59976.80	838.60
销售费用(万元)	125.76	185.85	139.89	102.00
管理费用(万元)	9969.40	11953.09	14290.27	665.37
财务费用(万元)	567.62	1271.26	1528.31	-583.77
三项费用增长率(%)	8.07	-15.97	8591.92	-27.19
营业利润(万元)	4094.96	-3616.56	7465.87	40.17
投资收益(万元)	4.00	106.67	444.25	—
补贴收入(万元)	—			
营业外收支				
净额(万元)	-35.12	5227.77	-32.87	136.40
利润总额(万元)	4959.24	7433.00	1611.22	176.57
所得税(万元)	1309.82	784.89	1482.28	70.71
净利润(万元)	3649.55	833.95	-1743.85	117.28
销售毛利率(%)	34.98	28.25	40.77	61.67
净资产收益率(%)	0.92	0.25	-0.03	0.21

微信公众号：吴国平财经　　新浪微博：吴国平财经

a. 毛利率稳定，销量上去，利润也就上升。

b. 毛利率逐年抬高，销量平稳，利润也能上去，要是销量再上升，

21

那就更不得了了。

所以，这是我们为什么会坚定一个成长的理念。通过这些指标找到业绩逐年上升，以及复利增长的公司。如能超越一般市场及成长性的公司，那叠加下来是非常可观的。未来的重点在于此，我们要去寻找，这里面一定会有牛股。

（3）同行业的毛利率对比很重要，图表如下：

3）同行业的毛利率对比很重要

- 毛利率高于同行，是优质公司的表现之一。
- 如果是做相同的业务，为什么它的毛利率会更高？
- 要么是它的产品或服务的价格更高（说明竞争力强），要么是它的成本控制得好（说明管理能力强）。

例如，越牛的公司，它的毛利率就越高。

对比贵州茅台，五粮液的毛利率明显要低一个档次。图表如下：

牛散大学堂

对比贵州茅台与五粮液的毛利率，一目了然。

【利润构成与盈利能力】				
财务指标(单位)	2017-09-30	2016-12-31	2015-12-31	2014-12-31
营业收入(万元)	4245046.75	3886219.00	3265958.37	3157392.85
销售费用(万元)	197791.09	168105.20	148496.15	167473.35
管理费用(万元)	311503.89	418718.98	381295.21	337849.95
财务费用(万元)	-3927.32	-3317.52	-6726.68	-12316.88
三项费用增长率(%)	46.91	11.56	6.09	15.63
营业利润(万元)	2863694.34	2426562.52	2215809.20	2210297.33
投资收益(万元)	-	-	386.93	309.53
补贴收入(万元)	-	-	-	-
营业外收支	-14410.57	-30774.42	-15727.70	-22063.08
利润总额(万元)	2849283.77	2395788.10	2200171.50	2188234.24
所得税(万元)	713136.86	602723.78	554671.83	561297.09
净利润(万元)	1996384.70	1671836.27	1550309.03	1534980.43
销售毛利率(%)	89.93	91.23	92.23	92.59
净资产收益率(%)	24.97	24.44	26.23	31.96

【利润构成与盈利能力】				
财务指标(单位)	2017-09-30	2016-12-31	2015-12-31	2014-12-31
营业收入(万元)	2197759.66	2454379.37	2165928.74	2101149.15
销售费用(万元)	269662.61	469454.51	356806.14	430689.74
管理费用(万元)	161294.22	214370.34	212880.57	204702.95
财务费用(万元)	-63972.43	-76586.41	-73211.14	-65777.56
三项费用增长率(%)	-10.45	22.31	-12.87	18.25
营业利润(万元)	954835.75	923721.11	824623.74	803240.14
投资收益(万元)	2239.65	3342.88	3414.46	1448.75
补贴收入(万元)	-	-	-	-
营业外收支	4645.47	10019.96	4125.66	-1648.52
利润总额(万元)	969481.22	933741.07	828742.40	801591.61
所得税(万元)	242983.70	229064.51	187700.96	195770.12
净利润(万元)	696476.32	678453.33	617611.93	563491.53
销售毛利率(%)	71.11	70.20	69.20	72.53
净资产收益率(%)	14.09	15.01	14.93	15.42

微信公众号：吴国平财经　　新浪微博：吴国平财经

a. 对特别高的毛利率，要特别小心，注意背后是否有虚假的成分或财务造假。

b. 新股的毛利率若比同行业高出一些，留意造假的可能性。

c. 发审委比以往要严格很多，特别异常时，它会指出来。

d. 我们在深度探寻个股时要清楚毛利率高的原因。这是必要的，非常必要。

注意事项，图表如下：

注意事项：

- 如果大幅高于同行，这是比较异常的，就要关注是否有做假的可能。
- 除了垄断性质的公司毛利率可能大幅高于同行。只要是市场充分竞争，就会把毛利率的巨大差距逐步抹平。

温馨小总结：

通过毛利率可以思考很多，它是三个指标中最重要的一个环节。它能反映出公司的竞争实力。特别是毛利率的趋势变化，反映出该公司未来的一个整体状况。通过毛利率乘以销售量，可以大概得出未来的增长是什么水平。

毛利率逐年提高；

毛利率保持平衡；

销售额逐年翻番。

甚至更多一点的话，我们要找这种可能性的公司。一旦发现，别无所求，就好好地拥抱吧。

图表如下：

> 🐂 牛散大学堂
>
> 卫宁软件招股书显示，"公司2008-2010年净利润分别为1,701.87万元、2,616.25万元、3,534.65万元，年均复合增长率为44.12%；软件及技术服务业务是公司主要盈利来源，200年-2010年，公司软件与技术服务业务的收入分别为4,740.68万元、5,822.95万元、8,869.0万元，年均复合增长率为36.78%；公司客户遍布全国28个省市区，2010年公司三级甲等医院客户达到71家，比2009年增加33.98%。"
>
> 同时，数据显示，公司最近3年软件类产品的毛利率分别为73.14%、68.80%和77.08%，平均为73.52%，高于同行业上市公司东软集团31%的毛利率一倍以上。
>
> 卫宁软件其软件类业务的毛利率2010年较2009年上升8.28个百分点，公司招股书对此解释为"2010年较2009年上升的主要原因是：2010年公司软件产品基础规模的价格较2009年上升10%左右，公司软件产品化程度提高，工作效率和产品盈利能力得到提升，单位软件收入的实施和二次开发成本下降；由于2009年的招聘基本解决了该业务发展阶段的人员瓶颈，2010年没有大规模招聘新员工，部分能力突出的实施及二次开发人员调配进入研发部门，2010年项目实施及二次开发人员较2009年减少了17人。由此导致2010年软件成本中的人员费用2009年增加了38.61万元，增幅为4.10%，大幅低于同期软件收入40.41%的增幅，2010年的软件毛利率水平有所提高。"
>
> 同时，该公司在招股书风险中也写道，"软件成本的构成包括人员费用、差旅费、外购软件等，其中人员费用一般占软件成本的80%左右，所以，人员费用的波动情况是决定软件毛利水平的主要因素。"
>
> 照此逻辑，卫宁软件如果一旦扩大生产规模，是否就意味着毛利率将面临大幅下降的风险呢？按照其募集资金投向来看，医院信息管理系统技术改造项目、医技信息管理系统技术改造项目、公共卫生信息系统技术改造项目3个项目共需1.2亿元资金投入，除非增加吸收研发人员的工作量，否则扩大对外招聘在所难免，因此毛利率大幅下降的可能性极大。
>
> 究竟卫宁软件为什么会有同行一样的毛利率呢？知名财务专家夏草在很多文章中早已指出，很多公司虚增收益的一个典型特征就是"企高毛利率"。
>
> 因此，通过以上分析得出两点结论：首先，卫宁软件惊人的高毛利率可能有造假之嫌；其次，如果高毛利率是真实的，可能持续下去吗？
>
> 微信公众号：吴国平财经　　新浪微博：吴国平财经

三、应收账款

1. 应收账款的基本定义，图表如下：

> 🐂 牛散大学堂
>
> **1. 基本定义**
>
> - 应向客户收取的款项；
> - 和营收同时确认；
> - 有坏账损失的风险；
>
> **应收账款** ✎ 编辑
>
> 应收账款（Receivables）应收账款是指企业在正常的经营过程中因销售商品、产品、提供劳务等业务，应向购买单位收取的款项，包括由购买单位或接受劳务单位负担的税金、代购买方支付的各种运杂费等。
>
> 应收账款是伴随企业的销售行为发生而形成的一项债权。因此，应收账款的确认与收入的确认密切相关。通常在确认收入的同时，确认应收账款。该账户按不同的购货或接受劳务的单位设置明细账户进行明细核算。
>
> 应收账款表示企业在销售过程中被购买单位所占用的资金。企业应及时向购货单位办妥结算手续或催收企业在生产经营过程中的各种耗费，保证企业持续经营；对于被拖欠的应收账款采取措施，组织催收；对于确实无法收回的应收账款，几何合订账款件的，应在取得有关证明并按规定程序报批后，作坏账损失处理[1]。
>
> 微信公众号：吴国平财经　　新浪微博：吴国平财经

应收账款收不回来，乐视就Game over（完蛋了）。70多亿元的应收账款收不回来，而且都是关联公司。

什么是应收账款？本来是要购买单位赊账，但是是自己关联的企业，

— 25 —

最后死在这个上面。关联企业，自己的左右手吗，特别是三角债，一旦倒闭，连锁反应。

资金不充沛，又赊账，资金收不回来，结果可想而知。

赊账对象是谁？如国际性大企业，苹果、三星、华为等，不会太担心，风险性较小，或非常之小。

赊账，如是关联公司或中小型公司，风险就可能增加。大风险、小风险之后再讲。

2. 产生的根源，图表如下：

2. 产生的根源

- 商业竞争。这是发生应收账款的主要原因。在竞争机制的作用迫使企业以各种手段扩大销售。除了依靠产品质量、价格、售后服务、广告等外，赊销也是扩大销售的手段之一。<u>对于同等的产品价格、类似的质量水平、一样的售后服务，实行赊销的产品或商品的销售额将大于现金销售的产品或商品的销售额</u>。这是因为顾客将从赊销中得到好处。出于扩大销售的竞争需要，企业不得不以赊销或其他优惠方式招揽顾客，于是就产生了应收账款。由竞争引起的应收账款，是一种商业信用。

为什么要赊账？你卖的价格与数量是有一定的优势的。人家也不与你那么讲价，数量的话也可以多讲一点。如在天猫购物一样，不用欠赊，赊账的话，消费没有那么快。对方也会衡量你的支付与还款能力，信贷就是这样。

例如，现在消费一个十万元的物品，或是几万块的物品，自身身价是几千万元的话，人家不会担心你的还款能力，所以大胆赊账给你，而你消费时也不会太在意价格。

企业之间的这种赊账可能是半年或是一年一结的。例如：出版社就是这样。

出版社发行的图书，发货给当当网、天猫等，以后存在赊账问题，现金不会马上回笼，可能三个月，或是半年才回笼资金。要是大公司，风险是比较小的，而且金额又不是特别大的话，也是 OK 的，只要把风险控制在自己能承受的范围之内即可。

另一种可能，年经营几十亿元的生意，赊十亿元以内都是可以的，这个风险还可以控制。就算一时半会儿还不上，还有其他流动性资金可以协调的，暂时渡过困难，还是没有问题的。但是，年经营一亿元的公司，赊账几亿元，风险就大了，一旦账目收不回来，就完蛋了。

3. 主要风险，图表如下：

3. 主要风险

- 赊销实际上就是将企业产品转化为现金的时间跨度拉长，<u>企业资金周转放慢</u>，<u>经营成本加大</u>。由于时间跨度拉长，<u>发生坏账的机率增多</u>，企业不能收回账款的风险也就越大，时间越长，风险就越大。

温馨小提示：

这里我们要注意坏账概率的可能性。

坏账的概率不大，公司是安全的；

坏账的概率很大，存在很大的可能性，那是有隐患的公司。

如乐视网的倒下，就是坏账上发现了问题。几十个亿的赊账是比较大的，隐藏的风险也是比较大的，都是关联企业，一旦出现问题，结局就是这样。

4.应收账款在实战中的应用,图表如下:

> **4. 应收账款在实战中的应用**
> - 应收账款占营收比的高低,体现的是对下游客户话语权的小与大。
> - 应收账款占营收比的高低,体现的是公司管理层对公司业务经营风险的偏好程度。
> - 从行业分布来看:
> - 应收账款占营收比例较低的行业:地产行业、商业零售、食品饮料等。
> - 应收账款占营收比例较高的行业:基建工程、机械设备、环保行业等。
>
> 微信公众号:吴国平财经　　新浪微博:吴国平财经

赊账问题说明:赊给人家很多,其话语权不够大。如茅台,是不会让你赊账的,先给钱,再发货,强势企业。与毛利率是息息相关的,毛利率相对较高的企业都是有一定的话语权的。

制造业的应收账款会较多一些,可能会有相互赊账的状态。

赊账对象是谁?关联企业、中小型企业、大企业。

大企业,可以放下来一些。国际大汽车公司不会因为你而影响到它的整体。它们发现哪里有问题会马上召回,宁愿吞掉损失,也不想影响其品牌的口碑,简单至极,这就是大公司。小公司就算了吧。赔偿是一种胸襟,是大企业的形象意识。

赊账对象是谁?新经典可以赊给天猫、京东这些大公司,风险是较小的,还不起的概率很小。当然还要密切关注它们的经营动态,相互紧密跟踪,发现不对,尽可能收回。

这与银行放贷一样。公司经营好时,给你贷款,稍微不行就马上收贷。乐视就是一个案例,好时,贷钱给你;不好时,收贷如吸血鬼一样,一下子把它搞垮了。

企业经营需要衡量这个平衡点。平衡得好，风险出现时，可以用其他方法平衡掉。如果没有，犹如走钢丝，随时会跌下来。我们要客观衡量这些，客观地去剖析这里的内容，得出一个结论，一个概念。

案例1. 洪涛股价，图表如下：

案例1　应收账款占营收比例较高的公司-洪涛股份

洪涛股份	2016	2015	2014
营业收入（万）	287712.40	300634.03	339264.09
应收账款（万）	443327.41	374706.20	308820.75
应收占营收比例%	154%	125%	91%

近3年平均占比近125%，且近3年呈逐步增高的趋势

洪涛股份：应收账款比例较高，比营业额还高。风险存在，尽快把应收款降下来，把风险控制在一定范围之内。对股价的影响，图表如下：

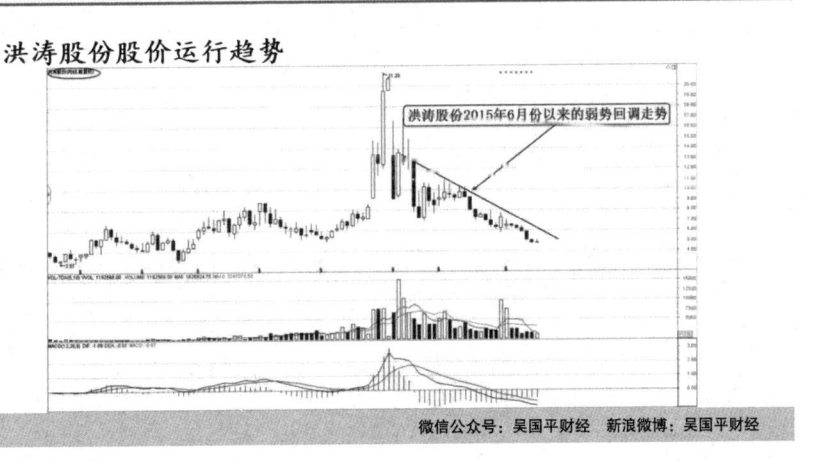

洪涛股份股价运行趋势

案例 2. 能科股份，图表如下：

能科股份：超过其营业额，市场有些担忧，影响其股份，图表如下：

牛散大学堂

应收账款占营收比例较高的公司——能科股份

能科股份	2016	2015	2014
营业收入（万）	22852.43	22115.30	22350.77
应收账款（万）	35080.90	26948.66	25699.80
应收占营收比例%	154%	122%	115%

近3年平均占比近130%，且近3年呈逐步增高的趋势

微信公众号：吴国平财经　新浪微博：吴国平财经

案例 3. 涪陵榨菜，图表如下：

牛散大学堂

案例3　应收账款占营收比例较低的公司——涪陵榨菜

涪陵榨菜	2016	2015	2014
营业收入（万）	112080.60	93065.89	90642.87
应收账款（万）	139	266	360
应收占营收比例%	0.12	0.29	0.40

近3年平均占比近0.27%，且近3年呈逐步降低的趋势；

微信公众号：吴国平财经　新浪微博：吴国平财经

涪陵榨菜：竞争核心力强，品牌影响广，市场优势明显，财务方面没有问题，应收账款良性，股价方面也是比较健康的，图表如下：

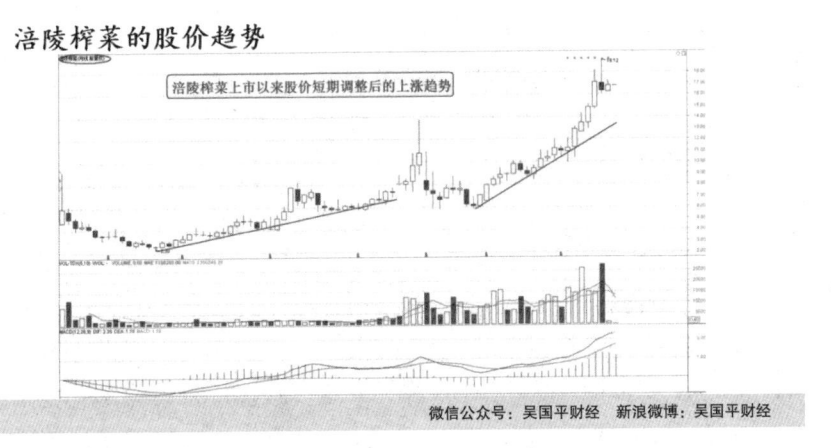

涪陵榨菜的股价趋势

案例4. 飞科电器，图表如下：

案例4 应收账款占营收比例较低的公司——飞科电器

飞科电器	2016	2015	2014
营业收入（亿）	33.64	27.83	24.01
应收账款（亿）	1.34	0.95	0.91
应收占营收比例%	3.9	3.4	3.8

近3年平均占比近3.7%，且近3年表现比较平稳

飞科电器，与涪陵榨菜一样，优势明显，内部良好，股价优势明显，图表如下：

飞科电器的股价趋势

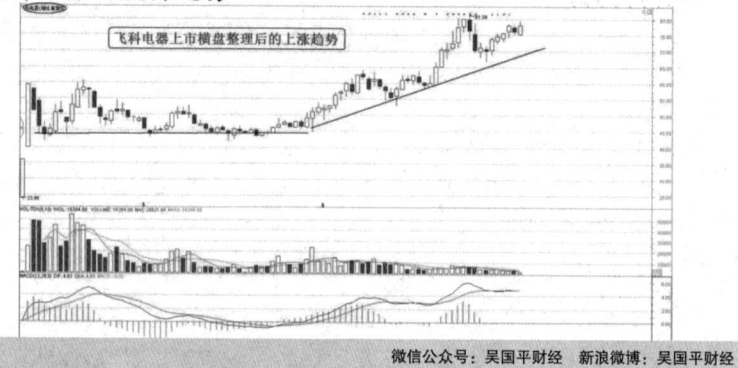

飞科电器上市横盘整理后的上涨趋势

温馨小提示、重点加深印象、小总结：

应收账款也是一个很重要的衡量指标。

应收账款占营业额的多少是需要衡量与思考的。对象是谁？行业是什么？优势是什么？劣势是什么等等，都要一一考虑。

总　　结

总结

- 以上讲解了净资产收益率、毛利率和应收账款三个指标
- 任何指标单独运用意义不大，但打好基础是必须做好财务分析的前提
- 以后还会讲解更多财务分析的内容

温馨小总结：

今天三个指标：净资产收益率、毛利率和应收账款。

1. 净资产收益，每年至少20％以上，如果连续的话，复利增长是不得了的事情，这个跟投资股市是异曲同工的。

2. 毛利率，当然越高越好。这只是说在某个行业里，要看它的毛利率是不是比同行高，往往比同行高，说明它有自己的核心竞争力。

3. 应收账款，要控制在一个合理范围之内，相对安全。有些时候应收账款多一点，就要看赊账的对象是谁，大公司风险系数就低些。

这三个指标和数据你可以融合着去剖析，看里面的平衡点。这三个指标不是很理想，是不是不行了呢？那也不是，还要看其未来。投资投的不是当下，而是投资一个未来。

课后思考：

未来是什么呢？未来就是这个公司在未来两三年后的可能性。为什么去调研？其实就是这个原因，需要通过它的高层，了解它的公司，感知它的未来，而这个感知是非常有价值的。当然，这个感知可能不是说，在市场上立马就能兑现出来、反映出来，一个公司的变化，需要时间。你不能说，这个公司它接下来可能有个蜕变，马上销售额等各方面数据就飙涨，那是不可能的。它是一个循序渐进的过程，但是你如果能看到这个趋势时，在这里布局，等它飞起来时，你就与它共同成长了。这就是我们成长股的理念，希望能够寻找到一些有可能成为伟人的公司，然后布局其中、共同成长。

上一次，有一个学员分享看我的书的感受，动静之道，80％的仓位侧重成长为王，20％的仓位侧重短线，练习一下手感。在股市里博弈尤如赌场博弈一样，不可能都赢，各有50％的概率。出手之时，要先思考然后再出手，尽量提升你的成功率。特别是重仓时，能够有一大波利润收入囊中，这样能够避免随时可能出现的风险，将其对掉。最终整体收益会慢慢地提升，那我们三年十倍，就一定不是梦，一定可以实现。

牛散大学堂

作业

○ 请选择一只股票，分析其ROE、毛利率和应收账款的情况

微信公众号：吴国平财经　　新浪微博：吴国平财经

课后作业：

作业是选择一只股票，分析其ROE、毛利和应收账款的情况。思考分析并结合它未来三年有可能发生的一些东西，去融合。将形态、股价、未来可能发生的东西与今天讲的三者结合起来，会有一个立体感觉。希望今天的这堂课，能够让大家慢慢地对一些个股研究从立体感上去塑造，能够有一个极大的提升，在未来的市场中走得更远。

接下来，我们的研判是第二梯队，随时可能会腾飞。我们今天的一个关键词就是"二梯队"。"二梯队"，主要聚集于文化传媒和科技细分领域，但不确定的是，是不是先爆发在物联网、人工智能、芯片等上。但这没关系，该来的始终会来。你只要专注在两个大的方向上面，文化和物联网，在这两个领域里面我们只要抓到一些大的机会，2018年，你就很好啦。其他机会，熟悉、了解的可以试试，不熟悉、不了解的欣赏即可。如银行，静静地欣赏即可。成长的路上，坚定、执着、耐心，三者都是必不可少的。

好了，时间过得特别快，很快就到6点半啦，之后收拾行囊去机场。感谢各位今天这么早就来与我相伴，听我第二季第一堂课。希望大家好好总结，消化，谢谢大家，希望明天会更好。

感谢大家，谢谢！今天就跟大家聊到这里，我们第二季正式开始啦，一起努力，把握更精彩的明天，更好的明天。谢谢，谢谢，再次谢谢！

迟点我们再会，下周我们再会。当然我们还是每天一个分享，我们到时再会。好啦，今天就到这里，谢谢大家！

第二节　招股说明书掘金

2018 年 1 月 31 日

牛散大学堂——学最好的课程，做最牛的散户

课 前 分 享

学前小须知：

　　1.本小节的分享与课堂内容是帮助有一定基础的学习者来学习、读懂与看懂其内涵的。初学者可以通过了解、阅读慢慢地来学习掌握，共同提高对资本市场的认知与学习。

　　2.本堂课的内容在牛散大学堂股威宇宙的等级为：小学。其余级别结合自身状况采取适当学习或阅读。

　　3.第一季为小白级，第二季为小学级，第三季为中学级，第四

季为大学级，第五季为实战精英级，第六季为超级牛散级。请依次学习，逐级递增。

4.本节课主要讲解：招股说明书如何掘金。

今天，市场走势不是很好，很多股票出现了跌停，出现百股跌停的状态。大家的情绪可能有些悲观，但我还是依然坚定"成长为王"之路。

其实在"成长为王"之路的过程中，是要付出一点的。很多个股在不断被挤压，整个市场结构发生了一些根本性变化，使资金亏式在市场的博弈中有了很大的不同。在这里会发现，有些跌过了头。之前提出过一个生态平衡，即在现在这种不平衡的状态里去发现金子的存在与质地优良且符合成长性的好标。

国企，只要你知道它的底子在哪里，其实也不可能跌到哪里去的。

今天的感悟主要针对金牌橱柜与志邦股份。它创新高了，在逆势的时候居然创新高了，原因是欧派家居系列的行业发生了一些变化。

首先，行业的需求在扩大，未来中国家庭的需求在升级。物联网的发展也标志着行业间的联系更加紧密了。

其次，在智能化的延伸下，物联网、智能家居等趋势是势不可当的，如同新能源汽车。

第三，在看清行业、看清未来后再去筛选个股。通过深度调研，思维与理念会非常清晰，操作起来才会可攻、可守。

温馨小提示：

招股说明书是股票上市时重要的内容文案，所以要认真探寻里面的真谛。

招股说明书是我们最重要的源头，在这里可以发现问题，看到本质，探寻机会，是重要的一个方法。如同我们的经典案例——新经典。

在市场大幅调整的过程中，新经典能做到波澜不惊，在74元到64元之间小幅波动了一下。十几或二十个点的涟漪，是非常正常的。风险要能承受，机会才能显现。如光线传媒在波动时，最高 11 元、最低 9 元左右，区间幅度二十个点，说明里面有资金是需要博弈的。如果我持有它是非常满足的。

1）收集筹码。幅度在十个点之内是不正常的，极有可能是庄股。股票被控制得越窄越有问题。

2）波动比较大一点，区间幅度大一点，是正常的状态。说明市场里有内在的合力。如光线传媒的波动与涨幅，9 元钱左右形成的起点（即波动产生的低点），之后涨幅到 14 元。在近期大盘暴跌，多股跌停的状态下，仍顶住了市场压力，说明市场内的合力已渐渐形成了一种趋势。这种趋势是支持它们继续向上的，背后也有对整个行业板块的思考与逻辑等。

通过光线传媒的涟漪波动，可以感受到我们的电影市场每年增长的速度还是很稳定的，时不时会出现一些热门的电影。说明电影市场在经历了几年的调整之后，开始收获种子结出的果实。2018 年是文化传媒黑马奔腾的年份，这是一个大的方向。当中会有健康的调整与波动，为成长打开前行的道路。

当然，招商银行与万科 A 涨得也很好，只是它们属于相对高位的软着陆，未来的主角不是它们。事物的发展一定是以阴阳平衡的方式去推进的，阴至极则阳，阳至极则阴。我们要从生态平衡的角度去思考问题。

招股说明书掘金

招股说明书掘金

牛散大学堂导师 吴国平

通过招股说明书我们可以探知这家企业及整个行业的内在，从基本面的亮点、公开的信息、年报、半年报等，再加上实地的调研来层层打开里面的神秘面纱，发现其内在的宝藏。下面我们以新经典为例来说明。图表如下：

牛散大学堂

前言

- 如何从招股说明书挖掘有用信息？
- 招股说明书冗长，重点分析哪些内容？
- 如何从IPO项目中发现机会？

微信公众号：吴国平财经　新浪微博：吴国平财经

如何去探寻？说明书很长，重点在哪里？怎么从IPO项目中发现机会？

我们从以下三点来探寻公司的机会与重点。第一，公司的基本情况；第二，公司的财务分析；第三，股东的状况。图表如下：

目　录

一、公司基本情况

二、公司财务分析

三、股东状况

公司的基本情况。图表如下：

一、公司基本情况

1. 主营业务——上市公司是做什么的

2. 行业空间——天花板是高还是低？即如果行业的钱全部给你赚，你能赚多少？

3. 竞争地位——最好是细分行业龙头

（以新经典为案例）

1. 主营业务

首先，要知道公司的主营业务是什么？做到心中有数。

新经典：做传统书籍出版，涵盖文学类与少儿类。图表如下：

> **牛散大学堂**
>
> **1. 主营业务——上市公司是做什么的**
>
> 第六节　业务和技术
>
> 一、公司主营业务、主要产品及变化情况
>
> 公司是立足版权资产管理、以内容创意为核心的文化传媒企业，主营业务包括图书策划与发行、图书分销、影视剧策划业务。公司有十年以上图书行业经验，主要专注于文学、少儿等大众图书领域的内容策划，推出《窗边的小豆豆》、《百年孤独》、《撒哈拉的故事》、《领城之恋》、《解忧杂货店》等一系列有市场影响力的产品；公司取得图书总发行资质，有卓越的渠道管理能力和市场营销经验；公司已在核心销售区域搭起服务于现有发行体系的图书销售网络，并拟通过建设物流体系与发行信息化管理平台打造全新的图书供应链；2014 年新经典影业成立、2016 年尔马影业成立，目前正在进行畅销书的影视剧改编工作。
>
> 公司初步构建了"图书影视互动"的业务模式，公司在图书策划与发行业务的基础上涉足影视剧业务，属于原有版权资产管理业务的延伸。公司将致力于文化创意领域的全产业链布局，搭建覆盖图书、影视等相关领域的华文创意平台。
>
> 微信公众号：吴国平财经　　新浪微博：吴国平财经

主营业务：每一个招股说明书都会告诉你，我的主营业务是什么？

新经典作为立足版权资产管理、以内容创意为核心的文化传媒企业，主营业务包括图书策划与发行、图书分销、影视策划。

目前的主要结构是图书，影视策划业务是未来规划的内容。可以想象出书籍与影视是可以联运的，有其亮点，尤其是文学类的书籍。

《战狼》《解忧杂货店》等可拍成电影或电视剧，这是它的优势，要看到它背后的价值。

我们的衍生文化是牛散大学堂。

图表如下:

牛散大学堂

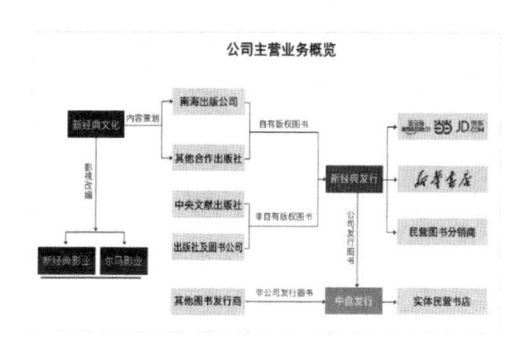

公司主营业务概览

温馨小提示：

对于行业要有深入了解，对上市公司的理解要有深入的探寻与思考。

新经典文化影视包括新经典影业、尔马影业。我们可以从其分支部署来看它的整个布局。对行业的了解从一开始就要有自己的理解。行业的空间自然是越大越好，增长速度越快越好。

2.行业空间。图表如下:

牛散大学堂

2. 行业空间——天花板是高还是低？即如果行业的钱全部给你赚，你能赚多少？

- 行业空间自然是越大越好，增速越快越好。
- 行业空间要动态来看，那些目前空间不大，但处于爆发性增长的行业，也容易出牛股。
- 新兴产业的市场空间基本都是在快速增长的。
- 要具体到上市公司所在的细分行业。

在这里要看：

①其目前的发展空间大不大，在未来的市场里有无爆发性。

②行业的内容是否快速增长。

看一看图书市场的数据研究，每年是呈递增趋势的。文以载道是最好的传递与传承。在新经典调研时，也印证了此前的判断。文学类书籍每年增长接近20%左右；少儿读物更为可观。中国的少儿市场是非常巨大的，增长速度达到30%左右，或更高。

市场本身也是要成长的，而它们本身的增长速度也是很好的。优秀的公司是要超过其行业平均值的。这样就能理解为什么新经典的年报增长速度达到了50%左右，它已经是非常优秀的公司了。每年的利润增长若以复利叠加下来，也是蛮可观的。这只是它的基础业务，再加上弹性业务的拓展或其他内容，其空间或许更大。

市场空间有多大呢？图表如下：

新经典：市场空间大，但增速较平缓。

1、行业规模与市场容量持续增长

据国际专业出版顾问公司鲁迪格·威辛巴特撰写的全球出版趋势报告，在图书、杂志、影视和娱乐、音乐、游戏等内容创意型产业中，图书市场规模最大，约1,510亿美元，而2012年中国图书市场规模达到140亿欧元，成为仅次于美国的世界第二大图书市场，并占据全球图书市场12%的份额。

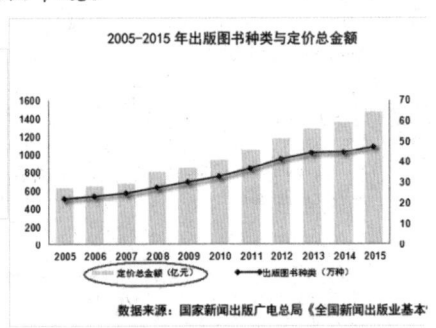

温馨小提示：

要注意优秀公司的小亮点。

图书市场规模很大，新经典的文学类书籍占整个市场的份额才一两个点，增长空间是非常巨大的。占市场一两个百分点都已经做得很Perfect（完美）了。图表如下：

近六年动销品种数及新书品种数

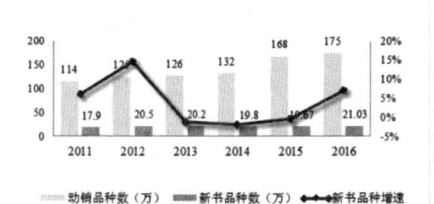

4、图书品种增速放缓，品种效率提升

2016年中国图书市场动销品种数为175万，新书品种数21.03万，在销品种规模巨大，一方面说明了出版业创造能力旺盛及读者购书选择广泛，另一方面也反映出图书行业严重的产能过剩的供需格局。长期以来，由于图书行业供应链落后、信息透明度低，出版社、图书策划机构缺乏对市场需求的精确把握，只能采取横向扩张的策略，盲目扩大品种规模，造成市场上跟风出版、盲目出版、品种效率低下、图书生命周期较短，库存积压问题严重，形成了非理性的业务循环，依靠品种规模支撑增长的业态已不可持续。

市场增长空间很大，别说10%了，能做到3%到5%，那整个基数不就翻了一两倍吗？业绩不就增长了很多吗？这是有想象空间的。而且其本身的细分领域的成长速度也是有想象空间的。

3．竞争地位，图表如下：

3．竞争地位——最好是细分行业龙头

- （1）如果是细分行业龙头，那已经是领先地位。
- （2）竞争对手有哪些？实力如何？
- （3）公司的竞争优势有哪些？

（1）细分行业龙头，领先地位

新经典在文学类细分领域中处于龙头地位，是具有竞争优势的公司。在今年畅销书十大排行榜中，至少能占有四至五位。

a. 公司有竞争优势，其话语权是有一定主导性的。你会发现，毛利率提升如此之多。

b. 在市场中有竞争优势，可适当提价，读者依然购买，利润自然就多了。不具备优势，则没有底气。

c. 图书的品质好，内容有质量，形成了读者消费的认知习惯。这是它目前的一个优势。

d. 要认清它到底是怎样的一种状态，去新华书店买上一两本做点比较即可得知。

图表如下：

牛散大学堂

（一）市场地位

新经典专注于文学、少儿等领域的图书策划与发行，自成立以来，推出了一批具有广泛影响力的图书，储备了丰富的优质版权资源，已成为中国图书行业品牌积淀深厚、盈利能力突出、营销网络完善的文化企业。

本着"内容创意精益求精，销售渠道精耕细作"的理念，公司成功挖掘了一系列思想价值丰富、文化底蕴深厚的经典图书，并将其打造成为畅销书，公司策划与发行的《窗边的小豆豆》累计销量已超过 960 万册；首次经加西亚·马尔克斯正式授权的《百年孤独》在业界引起广泛关注，累计销量突破 520 万册；《倾城之恋》、《骆驼祥子》、《撒哈拉的故事》、《可爱的鼠小弟》等作品，连年位列全国图书畅销榜前列，是图书市场的常青树。

自 2011 年起，新经典已连续五年位居当当网图书供应商年度第一。在当当网、亚马逊、京东三大网上书店 2016 年度畅销书前 100 榜单中，新经典策划并发行的图书上榜数量分别位居第一名、第二名和第二名。开卷信息统计数据显示，报告期内公司的码洋品种效率、产品生命周期等指标均远优于行业平均水平。

微信公众号：吴国平财经　　新浪微博：吴国平财经

学习延伸突破小细节：

从句子中探寻关键，从内容中展开未来，从节点中获知金子的存在。

2011 年起，新经典已连续五年位居当当网图书供应商年度第一。在过去的数据中也足以显示其在细分领域的话语权。

以上的数据对于它来说是进一步发展的重要依据，对于我们研究该公司的实力也是非常重要的依据。

竞争对手还有谁？

（2）竞争对手有哪些？实力如何？图表如下：

新经典的竞争对手较为强大

1. 文学类图书主要竞争者

公司名称	相关业务	代表作品
人民文学出版社	小说、外国文学	《哈利•波特》、《围城》、《白鹿原》、《魔桥遗梦》
上海世纪出版集团	小说、外国文学	《挪威的森林》、《复活的网》、《不能承受的生命之轻》、《追风筝的人》
长江文艺出版社	小说、青春文学	《小时代》、《狼图腾》、《夏至未至》、《蜗居》
译林出版社	小说、外国文学	《刺鸟》、《教父》、《沉默的羔羊》、《追忆逝水年华》
作家出版社	小说、散文	《红高粱家族》、《三重门》
中南博集天卷文化传媒有限公司	小说、散文、网络文学	《从你的全世界路过》、《南渡北归》、《步步惊心》
北京磨铁图书有限公司	小说、网络文学	《明朝那些事儿》、《盗墓笔记》、《诛仙》
北京时代华语图书股份有限公司	小说、传记	《无人区》、《逃离无名岛》

2. 少儿类图书主要竞争者

名称	相关业务	代表作品
浙江少年儿童出版社	少儿文学、卡通	《墨多多谜境冒险系列》、《冒险小虎队》
中国少年儿童出版社	少儿文学、卡通	《丁丁历险记》、《植物大战僵尸》、《林格伦少儿文学作品集》
明天出版社	少儿文学、绘本	《笑猫日记》、《阳光姐姐小书房》、《罗尔德•达尔作品典藏》
二十一世纪出版社	少儿文学、卡通	《哆啦A梦》、《神奇宝贝》、《皮皮鲁总动员》
接力出版社有限公司	少儿文学、外国文学	《鸡皮疙瘩系列丛书》、《淘气包马小跳》、《暮光之城》
童趣出版有限公司	少儿文学、卡通	《喜羊羊与灰太狼》、《哪吒传奇》、《沈石溪动物小说》、《狮子王》

微信公众号：吴国平财经　　新浪微博：吴国平财经

【a. 文学类图书的主要竞争对手】图表如上：

人民文学出版社、上海世纪出版集团、长江文艺出版社、译林出版社、作家出版社等，以上几家基本上都是国企。

中南博集天卷文化传媒有限公司、北京磨铁图书有限公司、北京时代华语图书股份有限公司等，这几家是民营企业。

【b. 少儿类图书的主要竞争对手】图表如上：

浙江少年儿童出版社、中国少年儿童出版社、明天出版社、二十一世纪出版社、接力出版社有限公司、童趣出版有限公司。

新经典的优势在于先行上市，占据了资本市场的排头兵，在与竞争对手PK（竞争）、与资本运作时占有先机。当然其他几家民营企业或其他出版社也在紧锣密鼓地筹划上市，但它在这里可以打出一个时间差。它先行上市，在资本市场占住了脚，扩大了影响力，对募集资金与进一步发展都是有很大帮助的，且其品牌也受益颇丰。

虽然其竞争对手的实力也不弱，甚至说得上强大。但是它先行上市，对巩固并增强其实力是有益处的，而不至于在以后的竞争中处于劣势地位，加上其内容与质量、品质与内涵的提升，在细分领域中是小而精、优而强的。这种情况是值得思考与研究。

【c. 同行业上市公司】图表如下：

3. 同行业上市公司

上市公司	相关业务范围
天舟文化	湖南省教辅、英语学习、少儿类图书内容开发、发行
中文传媒	出版、教材教辅、图书、期刊、音像制品发行零售、印刷
时代出版	出版、教材教辅、图书、期刊、音像制品发行零售、印刷
新华传媒	图书、期刊、音像制品出版发行零售
中南传媒	出版、教材教辅、图书、期刊、音像制品发行零售、印刷
皖新传媒	教材教辅、图书、期刊、音像制品发行零售
出版传媒	出版、教材教辅、图书、期刊、音像制品发行零售、印刷
凤凰传媒	出版、教材教辅、图书、期刊、音像制品发行零售
长江传媒	出版、教材教辅、图书、期刊、音像制品发行零售、印刷
大地传媒	出版、教材教辅、图书、期刊、音像制品发行零售、印刷

目前新闻出版业上市公司以国有企业为主，其上市主体为省出版集团或省新华发行集团，其业务特点包括：教材教辅的出版发行业务在收入中占比高，行业政策的变化对该部分业务影响较大；发行零售业务区域性特点较强，主要面向省内市场。新经典主要经营文学、少儿类大众图书，市场化程度较高，通过线上和线下渠道在全国范围内发行，与同行业上市公司相比具有一定差异。

微信公众号：吴国平财经　　新浪微博：吴国平财经

通过刚才的梳理，发现目前新闻出版业上市公司主要以国企为主，民营为辅。国企并不可怕，最可怕的是民营企业。它们都是有活力与张力的，策略也是蛮厉害的。

要了解每一个出版社自身的经营思路。如磨铁，其思路是比较激进一点的，它希望自己的每一部书籍都变成影视作品，并在这方面投入重兵。

新经典的感触我也与大家分享过，它明确地告诉我：

＊对影视的投资额度肯定不会太大，风险还是蛮大的。

＊术业有专攻，其主要力量还是在传统出版书籍这里，做大做强。

我问新经典的负责人，市场空间大不大，只说了一句话，我现在占有市场份额那么小，那你说未来的空间大不大呢？事实上新经典认为还

是有很大空间的。没有了解就没有发言权,了解之后,我的想法就不太一样了。以下是新经典的思路:

* 认为这种模式行,继续持有;

* 不行,直接 Say goodbye!卖掉即可。简单!

温馨小提示与小总结:

通过了解与思考,再去衡量一家企业或上市公司,就会有不一样的收获与思考。

(3)公司的竞争优势,图表如下:

(3)竞争优势

(1)图书单品种收益能力——码洋品种效率[7]

公司码洋品种效率

图书类别	码洋品种效率		
	2016年	2015年	2014年
少儿	3.27	2.49	2.45
文学	7.53	6.87	7.69
生活	4.29	2.22	1.51
社科	6.60	4.33	5.35

数据来源:开卷信息《中国图书零售市场年度观测报告》

畅销书榜单新经典上榜情况

TOP100榜单	2016年		2015年		2014年	
	上榜品种数	行业内排名	上榜品种数	行业内排名	上榜品种数	行业内排名
当当网年度畅销书前100名	12	1	10	1	11	1
亚马逊年度畅销书前100名	8	2	8	2	10	1
京东年度畅销书前100名	7	2	6	2	9	1

数据来源:相应官方网站

微信公众号:吴国平财经　新浪微博:吴国平财经

新经典,竞争优势是什么?上榜有多少?

根据亚马逊当当网的相关数据分析来看,新经典在文学类里的优势很明显。它能够把握好真正的好书,并发现有价值的图书,坚决地做好它、深耕它,最终让其价值充分地展现出来。

在调研时,有一本少儿读物《窗边的小豆豆》令我印象深刻。刚开始不是很畅销,第一年销售总量不超过5000本。正常来说,销售量未达到5000册的书籍是要被砍掉的,但是新经典负责人没有这么做,为什么呢?

他说:"这本书是很有价值的,就像金子一样总会发光。"

"之后怎么办?"我问。

"第二年继续展开推广",他说。结果仍未超过10000本,但也算有点起色。

"两年了还不取消吗?"我又问。

他的回答是:"不。坚持最初的认知,坚持书籍的内核是有价值的,更坚信此书是育人并对孩子是有帮助的。"

第三年,新经典采取了一个策略,送书给幼儿园的老师。老师一看这书,便从内心深处认可了这本书的价值与作用。育人先育心,老师认可之后,便开始推荐,慢慢地其数据还是挺惊人的,到现在为止,销售量有一千万本。如一本书赚5块钱就是5000万元的利润,一本书赚10块钱就是一个亿的利润。这本书给新经典带来了丰厚的利润,也奠定了新经典在少儿读物出版行业的地位。

看一看上榜的新书,图表如下:

牛散大学堂

当当网2016年畅销书前100名新经典上榜图书

序号	图书	排名
1	《解忧杂货店》	2
2	《白夜行》	6
3	《平凡的世界》	10
4	《百年孤独》	12
5	《嫌疑人X的献身》	17
6	《撒哈拉的故事》	26
7	《窗边的小豆豆》	29
8	《牧羊少年奇幻之旅》	58
9	《霍乱时期的爱情》	76
10	《金字塔原理》	89
11	《恶意》	95
12	《雪国》	99

数据来源:相应官方网站

微信公众号:吴国平财经 新浪微博:吴国平财经

这是一个循序渐进的过程,不是说一本书刚一出来,就马上很畅销。有,但是不是很多。

脑海深处，是需要耕耘的。好的内容更是耕耘的硕果。书籍更是如此，里面的内核是需要细品与回味后再看的。

你不要担心好的物件没有人知道，只要你坚持，等到某一个节点时它就会爆发，有可能势不可当。一定是这个样子的。

第二季做了一些修正，比第一季完善了许多。让有价值的内容更加丰富，增强了其内核的质量与意义，最终一定会在某一个点上爆发，让更多的人得到认知与了解。

其实这与做股票也是一样的，很多人觉得天天盯盘是有益的。

今天跌了，股票垃圾，不行；

明天涨了，股票很好，买进。结果呢？

就好像前段时间的盛和资源，是一只资源股。我是不太看好的，当时涨到20元钱左右，很多人觉得挺好。

我说，你们把握吧，我放弃。今天我一看，跌到15元了。

有人会问，为什么？

此股票的兴趣点不在我的范畴之内。

温馨小总结：

认知决定内涵，内涵决定眼界，眼界形成格局，格局形成成长。所以，坚持"成长为王"的道路是艰辛的，痛苦的，但更是成长的。如同金牌橱柜一样，在前面炒作时没有动静，但在市场下跌时，却悄然出现了牛股的趋势来，在过程里的坚守是很重要的。

第一季只是个开始，二季到六季是个过程。六季之后，你才是合格的学生，一个有认知的投资人。这是一个循序渐进的过程。信念由思维而改变，改变由认知而开始。所以，坚定地走下去，蜕变是会慢慢地开始的。在这里的很多学员，我已经看到他们的蜕变，至少在理念方面，在往我希望的方向前行。这是非常好的，继续加油，我们一起努力，走得更远，走得更好。

一、公司基本情况小结，图表如下：

小结

- 主营业务——上市公司是做什么的
- 行业空间——天花板是高还是低？即如果行业的钱全部给你赚，你能赚多少？
- 竞争地位——最好是细分行业龙头

微信公众号：吴国平财经　　新浪微博：吴国平财经

温馨小提示与小总结：

要了解主营业务、行业空间、竞争地位。

1. 你要看到上市公司的主营业务是什么？

2. 行业空间的维度广不广？

3. 竞争地位的实力坚实不坚实？在细分领域里是出色的？还是有特色的？或是有机会成长为不错的公司？

4. 综合分析下来要有数据亮点。

第二节　招股说明书掘金

二、公司的财务分析。图表如下：

牛散大学堂

二、公司财务分析

- 1．财务状况分析
- 2．盈利能力分析
- 3．现金流量分析

微信公众号：吴国平财经　　新浪微博：吴国平财经

现在来看一看财务。其实在上一堂课时，已专门讲过财务偿债等。上次讲过三个细节。

那么今天再更宏观地分析一下：

1．财务状况。

2．盈利能力。

3．现金流量。

重点在标注的星标里，图表如下：

牛散大学堂

- 了解过去
- 立足当下
- 展望未来
- 重点关注星标注项

第十一节　管理层讨论与分析	298
☆一、财务状况分析	298
☆二、盈利能力分析	323
☆三、现金流量分析	347
☆四、资本性支出分析	352
☆五、公司财务状况和盈利能力的未来趋势分析	352
六、本次发行对每股收益的影响以及填补回报的措施	353
七、审计截止日后的主要财务信息及经营状况	357

微信公众号：吴国平财经　　新浪微博：吴国平财经

53

在招股说明书里，以下内容都会一一列出：

财务状况；

盈利能力；

现金流量；

资本性支出等；

还有公司财务状况和盈利能力的未来趋势分析。

1. 财务状况分析，图表如下：

牛散大学堂

1. 财务状况分析

- 主要包括：资产结构分析、负债结构分析、偿债能力分析、资产周转能力分析
- 主要分析：资产、负债、所有者等结构与质量
- 不同企业重点分析的科目不一样，比如赊销占比大的公司重点留意应收账款或预收账款科目

微信公众号：吴国平财经　新浪微博：吴国平财经

说真的，我本身不是财务专业毕业的，对于这些，让我讲得很专业的话，我也讲不了。但是大概的一些东西，我们是要知道的，知道其中的关键点就行。了解关键点，就能透过节点让我们能明确一些信息，这是需要去做的。如应收账款图表如下：

第二节 招股说明书掘金

○ 一般相应的指标都会有相应的解释

① 应收账款变动分析

报告期内,公司应收账款净额及占营业收入的比例如下表:

单位:万元

项目	2016-12-31	2015-12-31	2014-12-31
应收账款净额	6,488.37	6,939.37	9,389.25
营业收入	85,271.12	88,137.55	76,772.50
应收账款增长率 (%)	-6.50	-26.09	167.24
营业收入增长率 (%)	-3.25	14.80	70.36
应收账款占营业收入比例 (%)	7.61	7.87	12.23

2014 年,公司应收账款净额同比增长 5,875.79 万元,增幅为 167.24%,同期营业收入增幅为 70.36%,应收账款净额增长率高于同期营业收入增长率,主要是由于:一、2014 年,公司第一大客户当当网和第二大客户马逊在年末对自身的结算政策进行了调整,使得 2014 年末部分应收账款未能及时收回,该部分应收账款账款已于 2015 年 3 月份全部收回;二、2014 年以来,公司加大了与业内资质优良的新华书店的合作力度,对新华文轩出版传媒股份有限公司的销售额大幅增长,由于年末时公司与其在销售激励政策方面尚未完全达成一致,导致销售款项未能及时收回。2015 年,公司与新华文轩出版传媒股份有限公司在销售激励政策方面已经达成共识并且重新签订合同,该部分应收账款已于 2015 年 7 月份全部收回。

微信公众号:吴国平财经　　新浪微博:吴国平财经

温馨小提示:

又一次提到应收账款,这一点是很重要的。要明确这一点的关键,这是实力的象征。

之前有谈过的,应收账款数额大不大?占它的总营收入是多少?要保持在一个相对平衡的状态是健康的。

a. 有些公司应收账款大于它的营业收入,那就有点危险了。如乐视,应收账款七八十个亿,而且都是关联公司,最后收不回来,成了坏账,危机就来了。

b. 账面上没有多少钱的话,那肯定也是尴尬的。

c. 你就要看看这些公司的应收账款与它本身的营业收入是否健康?

d. 如果是大公司,是不用人担心的。华为欠你点钱,哪怕华为欠你10 个亿,你还用担心它不还吗?绝对不用担心,为什么呢?除非你认为华为要倒了,现在的势头肯定是不会倒的,相对安全的。如果有一天它不好,你可就要担心一下了,要随时、加速把你的账款收回来。

e. 应收账款的对象如果是中小企业或个人,其风险或要加大。

f. 所以要看它背后的构成,透过数据,我们去思考,看清些问题就

55

行了。温故而知新，如第一堂课讲的，温习一遍。

温馨小总结：

要对比出健康的内容来，作出合理判断。

2.盈利能力分析。图表如下：

2．盈利能力分析

- 重点分析：营业收入分析、营业成本分析、主营业务毛利构成及毛利率分析
- 横向对比、纵向对比
- 强调"看懂数据"，假如毛利高，就要弄明白背后的原因

在这里我们的重点是：营业收入分析。

a.营业成本分析；

b.主营业务毛利构成及毛利率分析；

c.从横向与纵向作出对比；

d.特别是毛利率要弄明白背后高的原因。

不是说一定要40%、50%这个样子，而是说它比同行业毛利高出的原因。

如果同行业毛利率平均是20%，而它有30%的毛利率，多了10%，是管理得比较好？控制成本比较好？或是某一样东西比较厉害？你要看清楚这一点，探清原因，心里就明白了。

如新经典，毛利率高是因为在行业里有些话语权了。别家35块不一定卖得出去，但它48块照样可以销售得出去。读者认可新经典，书籍的品质、内容与质量有分量，它的毛利率自然就高了。这是一个很重

要的原因。我们要清楚地看到这一点。图表如下：

二、盈利能力分析

2014年、2015年、2016年，公司营业收入、主营业务毛利及净利润发展趋势如下：

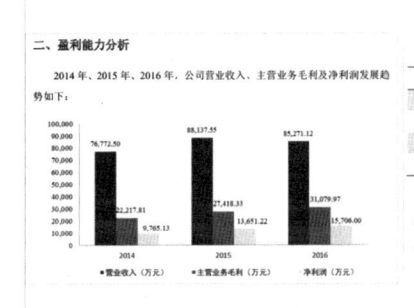

单位：万元

项目	2016年	2015年	2014年
营业收入	85,271.12	88,137.55	76,772.50
营业利润	19,630.03	16,296.14	12,050.63
利润总额	21,249.72	18,088.23	12,754.70
净利润	15,706.00	13,651.22	9,765.13

报告期内，公司业务规模及盈利能力整体呈快速提高的趋势，2014年至2016年营业收入复合增长率为5.39%，营业利润复合增长率为27.63%，利润总额复合增长率为29.07%，净利润的复合增长率为26.82%。

新经典的盈利是复合式增长的。一般而言，一家公司每年能保持在30个点左右，或20个点以上，已经算是很不错的公司了，新经典做到了。

在调研时与他们的相关负责人交流，有如下一番对话。

他说："我们整个行业的增速不可能高于新兴产业，一年增长50个点、一倍，这是做不到的。我们的增速就是20个点左右，在细分领域，如少儿读物可能是30个点上下。我们可以做到高于本行业的增长速度，行业增速20%，我们可以做到30%，行业增速30%，我们可以做到40%，我们有这样的自信。"

"非常好"，我说。

图表如下：

```
4、主营业务收入变动分析
2014年、2015年、2016年，公司主营业务收入按主要业务类别划分列示如下：
```

年份	自有版权图书策划与发行（万元）	非自有版权图书发行（万元）	图书分销（万元）
2014	32,753.68	10,231.35	37,420.45
2015	40,507.82	1,635.51	41,719.34
2016	50,313.22	9,435.96	29,707.68

温馨小总结：

新经典是做传统业务的，增长不会太快，如果奢望很多，如 50% 或一倍就 Say goodbye 了！这是对方的提醒。果真奢望很多的话，它只能是外延式的发展，即有一些其他的业务，如影视或其他的东西。要思考其有没有可能性，要综合地去思考。

要综合考虑一家企业的关键指标。

3. 现金流量，图表如下：

3. 现金流量分析

- 主要分为：经营、融资、投资等现金流量分析
- 现金流量结合利润表，可以看出上市公司有没有造假，比如说净利润特别高，但经营现金净额特别低，此时需要谨慎上市公司有虚增业绩嫌疑。

在这里面要看一看它有没有造假。我觉得现在的上市公司，尤其是最新的上市公司，造假的概率很低。

发审委是非常严格的，6家毙5家、7家毙6家，香港上市了、国内却上不了市。为什么？即未达到国家标准的企业不允许上市。

现在的市场风格与其本质是洗礼的过程，质量好的企业会不断地呈现出来。蜕变后的市场，一定是很精彩的。这一点我是很坚定的，一定要抱着积极的心态来面对未来。

看一看现金流，图表如下：

报告期内，公司现金流量情况如下表：

单位：万元

项目	2016年	2015年	2014年
经营活动产生的现金流量净额	14,888.08	22,359.04	565.25
投资活动产生的现金流量净额	1,461.93	-2,417.73	4,634.16
筹资活动产生的现金流量净额	-3,597.39	-2,850.00	385.00
汇率变动对现金及现金等价物的影响	37.69	-3.01	-1.23
现金及现金等价物净增加额	12,790.31	17,088.30	5,583.17

微信公众号：吴国平财经　　新浪微博：吴国平财经

二、公司财务分析。小结，图表如下：

小结

- 主营业务——上市公司是做什么的
- 行业空间——天花板是高还是低？即是说，就算行业的钱全部给你赚，你能赚多少？
- 竞争地位——最好是细分行业龙头

微信公众号：吴国平财经　　新浪微博：吴国平财经

温馨小提示与小总结：

　　财务分析的内容其实蛮多的。只要逐一对照，在关键的环节中看清楚即可。不是要你成为财务专家，我们也做不到。

　　关注节点：毛利率、应收账款等。看明白之后，自己要有梳理，形成一个更加立体的形象。

另外不要太较真，如这个营业额是不是高呀？这个营业额是不是低呀？没有必要，如果造假，管理层自然会管的。你更多的是从专业层面去思考它背后的逻辑构成，这才是最重要的。

三、股东状况。图表如下：

三、股东状况

- 1．实控人控股比例
- 2．股东结构
- 3．案例-新经典

1.股东的实际状况；

2.实控人控股比例；

3.股东结构。

这些我们是需要一一分析的。

1. 实控人控股比例，图表如下：

1. 实控人的持股比例

- 实控人的持股比例以既能控制公司，又适度分散的原则为好。
- 持股比例过低，不利于对公司的控制权；
- 持股比例过大不利于公司的运营管理决策

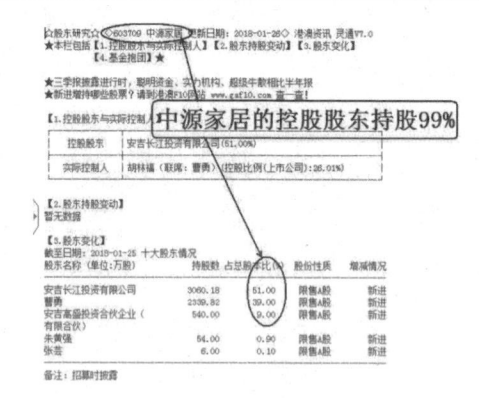

a. 在看实控控股比例时，我个人认为这个比例以既能控制公司，又可有适度分散的原则为好。

b. 控股比例过低，不利于对公司的控制权，比如控股比例才20个点，其实际控制股不够，还需要更高一些。

c. 控股比例过大，不利于公司的运营管理与决策。等于一个人说了算，无外部的股权激励等，不利于公司的整体凝聚力与向前发展。

所以要保持一个适度，比如说50%左右，这个适度是比较好的。

2.股东结构，图表如下：

2．股东结构中还有谁？

股东中知名财务投资者可以在一定程度上体现公司的质量

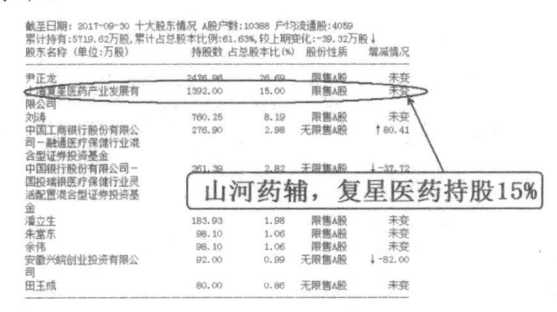

山河药辅，复星医药持股15%

在这个股东结构中，看还有谁呢？除了他们以外，有没有知名的一些财务公司？或是知名的一些企业？比如说一家公司的股东包括阿里、腾讯，那就很好了，至少里面有故事可以讲的。例如复星医药持有山海药铺15%的股份，至少说明亮点是存在的。找到亮点，看谁进入其中，透过股东的结构，是可以探寻出一些蛛丝马迹的。这个对我们的评判，也具有很重要的参考价值，其意义是很有考量的。

3.案例，新经典及案例分析讲析，图表如下：

3．新经典

- 新经典实控人持股76%；

- 股东结构中有腾讯、红杉资本等知名创投机构

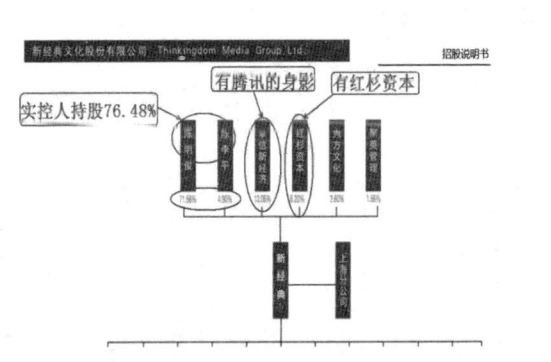

实控人持股76.48%　有腾讯的身影　有红杉资本

（一）募集资金

在新经典里面，实际控股人的控股比例还是蛮高的，持股比例达到76.48%，可为绝对的控股，说明它发展的过程是一种良性发展。

这说明它没有释放太多的股权就已经使公司上市，公司的经营内容具有赚钱能力，不需要太多的其他资金进入。没有其他资金的介入都可以赚到钱，赚到钱之后就可以上市，而只是分散一部分股权即可。Very perfect。

再看看其他的股权，有红杉资本，还有挚信新经济以及腾讯。听到腾讯，估计大家就眼前一亮。大公司的加入，再加资本的运作，就会有一些故事发生。这个是非常重要的。如果一家企业在未来的发展过程中，能吸引到诸如腾讯、新浪、阿里这样的公司入股，那么这家公司将会在某些方面取得实际性的突破，且发展速度也会更快。募集资金对一个公司的发展是非常重要的，但它也是要一步一步来。

（二）募集资金的运用。图表如下：

二、募集资金运用

- 1. 募投项目与主营业务的关联性
- 2. 募投项目的投资进度
- 3. 募投项目未来盈利预测
- 4. 案例——新经典

一般新股发行，招股说明书上你一定要看"募集资金运用"这一项，这个环节是要划为重点的。为什么？

这一项就告诉你，它拿钱是要干什么？

拿钱存入银行是上不了市的。拿钱募投到了哪里？

干什么？

未来会怎样？

这个对接下来的评估是非常有帮助的。

比如一家公司募集5亿人民币建厂房，厂房建好后的产能所产生的利润也需算入，然后最终评估它应该是值多少钱。当然这个新建厂房的产能，你要评估它多长时间能建好，越快说明它产生的利润越快，那越有可能在股价上面能提前反映出来；越慢则说明对其选择要谨慎。

所以这个东西是非常之重要的。你要看它募投的方向，还有未来产生的利润点与时间点在哪里，这些都是我们接下来在策划中要考虑与思考的。

1. 募投项目与主营业务的关联性

如要布局它的一个很关键的一些细节，募投的投资项目一定要与主营业务的关联度越强越好。图表如下：

牛散大学堂

1. 募投项目与主营业务的关联性

- 募投项目投向和公司主营业务关联度越强越好，如果公司募集资金投向跟主营业务关联度不大，需要引起警惕；
- 如果募投项目投向中体现公司产品线的进一步延伸，则更能体现公司产品发展计划的清晰性和战略性。

微信公众号：吴国平财经　新浪微博：吴国平财经

例如，一家做书的企业，募投项目包括电影拍摄，这种情况不大好，为什么呢？拍电影并不是它的主业，其主业是做书。应该等该企业在做大做强细分主营业务实现企业升级后，再把一部分利润拿去拍电影，这才是一个良性的发展。而不是把募投来的钱直接拿去拍电影，如果亏损，那就很糟。主营业务还是原来的样子，对其整体发展来说是不利的。

通过企业募集的项目与投资，更能看清该企业是什么状态，未来发展的战略到底在哪里，这个是非常重要的。

所以每次调研时，都要问一问，特别是新股，募投进度如何？

是否符合预期？

是超预期还是低于预期？

不同的预期会给股价带来不一样的效应。低于预期大家会很失望，超预期大家会很积极，符合预期那就平稳中性。如香飘飘，图表如下：

香飘飘募投项目较大比例投向原业务关联度很高的液体奶茶

序号	项目名称	总投资额	拟使用募集资金投资额	项目核准备案编号
1	年产10.36万吨液体奶茶建设项目	26,056.19	26,056.19	330000150604055154A
2	年产14.54万吨杯装奶茶自动化生产线建设项目	48,792.36	24,757.33	330000150604055159A
		74,848.75	50,813.52	

固体奶茶占比87%，液体奶茶占比11%；

2.61亿投向液体奶茶，体现公司未来的产品思路

微信公众号：吴国平财经　　新浪微博：吴国平财经

香飘飘再投回它的液体奶茶，你要思考，未来的液体奶茶是否畅销？

如果认可它，一定畅销，那你对这个项目是有信心的。

反过来说，趋于悲观，那这个募投项目就知道它接下来会是怎样的了。

这是要你自己去评估的，对这个行业的了解程度有多少。

至少，我个人对此兴趣不大，奶茶牌子太多了，从健康的角度来说，糖分太多。所以，远看以观，研究不深，不做发表，一个概念而已。

2. 募投项目的投资进度,如阿科力,图表如下:

2. 募投项目的投资进度

- 一般来说,募投项目的投资进度越快越好;
- 相反,如果公司上市时的项目进展缓慢或者迟迟不开工,则需要引起警惕。

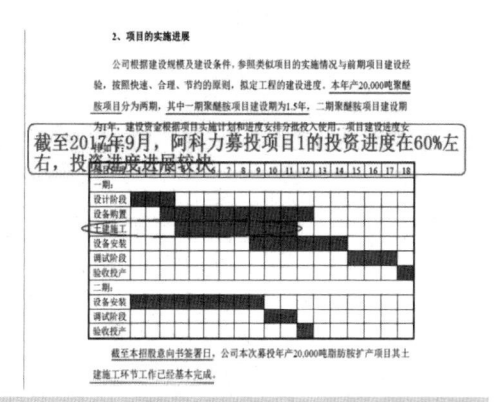

2、项目的实施进展

公司根据建设规模及建设条件,参照类似项目的实施情况与前期项目建设经验,按照快速、合理、节约的原则,拟定工程的建设进度。本年产20,000吨聚醚胺项目分为两期,其中一期聚醚胺项目建设周期为1.5年,二期聚醚胺项目建设周期......

截至2017年9月,阿科力募投项目1的投资进度在60%左右,投资进度进展较快

截至本招股意向书签署日,公司本次募投年产20,000吨脂肪胺扩产项目其土建施工环节工作已经基本完成。

微信公众号:吴国平财经   新浪微博:吴国平财经

在募投项目里,它都会告诉你:

现在进度如何?

多少时间才能完成?

通过这些你就能知道进度完成的时间,以及产能释放的时间。

但事实上,市场会提前反应,至少在快接近完成时的两三个月之间,资金就开始躁动了;工程进度快结束时,又加速了;等到工程结束,生产出来产品,产能释放,利好兑现时,见顶了。

特别是做产能投资这一块的,套路就是如此。

所以,做好提前量。而且要记住,做波段。如果你没有做波段,等利好释放出来之后你再进去的话,可能买的是高点,从高点跌下来就会很惨。

3. 募投项目未来的盈利预测，图表如下：

3. 募投项目未来盈利预测

○ 大部分招股书中的会对募投项目的投资效益做出分析，据此可以把募投项目的理解转化为相关的财务数据的理解

(9) 投资项目效益分析
项目实施达产后正常年可实现营业收入 60,000 万元，年销售税金及附加估算为3,614万元，年利润为 7,548 万元。所得税后财务内部收益率 20.76%。投资回收期 6.21 年（含建设期），经济效益较好。项目盈亏平衡点（BEP）为59.84%。

京华激光募投项目1达产，年营收6亿，利润7500万左右

微信公众号：吴国平财经　新浪微博：吴国平财经

　　你要对它的项目前景有一个预测。以西湖龙井为例，虽然目前还没有这样的公司，但其行业前景还是广阔的，这种公司的产品健康，如果再具备核心竞争力，那还是有发展前景的。所以，我们要从一个健康的角度来看待投资项目的可行性。

　　如之前的经典标的——国投中鲁。国投中鲁是卖苹果汁的。当时苹果汁还没有流行，在广东有一个叫天地壹号的字号，就是靠苹果汁起家的。之前我们平常是喝橙汁的，但现在大家也不怎么喝了，其他果汁渐渐多了起来，特别是苹果汁，苹果醋。

　　广东一带的朋友应该知道，天地壹号第五道菜等品牌的苹果醋广告做得非常好，而且确实是家喻户晓。那么它的核心原料是什么呢？苹果汁喽。

　　苹果汁有很多功效，比如抗衰老、防癌等。好喝又营养的苹果汁再加上醋，岂不是好少加好，没有太多糖分的苹果醋，自然得到市场的认可，一下子在广东一带风靡，而且在新三板的市值也不小了，几十个亿。这里面自然有其价值，即人们对健康的价值认定。

另外，国投中鲁在最低时，也就几块钱，最高时涨到几十块钱，高达三四十元，这是很早的一波牛市了。为什么？因为它赶上了果汁换代的浪潮，站在了风口。

所以，我们要思考未来的风口在哪里出现。为什么我会觉得文化传媒会成为风口呢？未来国家战略是没有问题的，老百姓对文化的消费还有很大的需求，加上本身文化板块已经到了一个价值洼地，那当然是有机会的。

包括第二季时我们谈到的物联网、新能源车衍生出的一些新机会。说到新能源车，我就提出一个理念，中国未来的新能源车的霸主是谁？现在我还知道，国产品牌或有比亚迪、或其他品牌、或是董明珠公司旗下研发的等等，这个存在不确定性。

但我知道，在新能源车衍生的产品里，肯定是有机会的，比如零部件、配件等。这些其他零件是确定的，就是这种逻辑。寻找不确定中的确定，就是一个可以把握的机会。

4. 案例——新经典，图表如下：

案例-新经典募投项目扩展主营业务

第十三节 募集资金运用

一、本次发行股票募集资金运用概况

（一）募集资金投资项目及履行批准、备案程序情况

公司第一届董事会第十三次会议、2016 年第三次临时股东大会审议通过了有关募集资金投资项目的议案，并授权董事会组织实施以下项目：

新经典募投资金主要投向版权库建设项目，扩展主营业务

序号	项目名称	募集资金投资金额	备案机关	备案文号
1	版权库建设项目	43,465.97	中新天津生态城管理委员会	津生函[2016]92号
2	图书发行平台项目	15,925.48	中新天津生态城管理委员会	津生函[2016]93号
3	补充流动资金	7,000.00		
	合计	66,391.45		

微信公众号：吴国平财经 新浪微博：吴国平财经

案例——新经典募投项目进度0.48%（截至2017年6月）

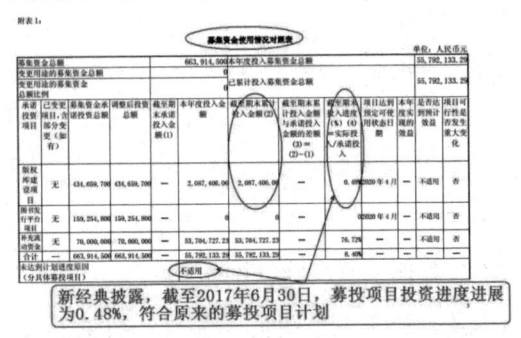

新经典披露，截至2017年6月30日，募投项目投资进度进展为0.48%，符合原来的募投项目计划

微信公众号：吴国平财经　　新浪微博：吴国平财经

新经典把募投资金放在了版权库建设项目与扩展主营业务上。继续加强主营业务，买版权，储存一些好内容，在未来不断发行、发行、发行，并壮大其市场份额。比如说从一个点变成两个点，之后是三个点，那市场份额大了，营业收入也就扩大了，利润自然也就水涨船高了。

文化不像厂房，有产能的限制。文化是无形且有其内涵的，还有其外在的商业价值与市场价值。

比如，电影公司一年最多只能拍 50 部电影，100 部也是可以的，只要市场能够消化，理论上是没有上限的。书籍也是一样，一年只印 100 本书，出 100 本书，理论上它可以出 200 本、300 本、400 本都可以，是有弹性的。它不像一些工业企业的产能，满负荷运转就那么大了，要增加，只能再建厂房。

总 结

总结

- 招股说明书是投资者深入了解上市公司的窗户
- 有助于投资者做出投资决策
- 内容详细且篇幅较长,重点把握公司基本情况、财务分析、公司及行业前景、IPO项目等内容即可

微信公众号:吴国平财经 新浪微博:吴国平财经

温馨小总结:

从以上较为详细的说明与讲解中可知招股说明书是让投资者深入了解上市公司的一个窗口,有助于投资者作出正确的投资决策与意向,所以通过梳理可以理清并慎重地思考,从而对一家公司产生相对的立体的感觉。在重点把握公司的基本情况、财务分析、公司的行业前景时,就会慢慢地清晰投资的重点在哪里,方向在哪里。

课后思考:

我们的"成长为王"之路,其实就是从招股说明书中开始的。我曾经说过一句话,其大意是在新股里面,十只新股都走出牛股那是不现实的,但新股里面,每一批新股中,十只里面至少有那么一只,它是一定能单独走出牛股形态的。为什么呢?因为你要相信10%的概率是一定存在的,所以我们不能放过新股,要好好地去研究与分析。金牌橱柜不也是一只新股吗,也是在不经意间慢慢地走了出来的。

在通过研究其行业、财务与募投的项目,你就会对公司有一个立体而感观的认识与了解,并能理解其通过资本运作或市场运作而显现出的

内在价值。金牌橱柜不就是慢慢地涨到了 150 多块的吗，这背后有其逻辑支撑与价值认知。

一、行业够不够大？

二、它在市场的占有率有多大？

三、其核心竞争力强不强？

通过这些一一去梳理、理清，你就会明白这家公司的价值存在在何方。

所以，避免了我们有些时候看起来很迷茫，或只看 K 线的局限。

有些时候，股票下跌也是为了未来更好地上涨。有几个公司在没有爆发之前，通过洗礼而迎接上扬的呢。洗礼是博弈的需要，洗礼是对基本面认识不深的人三振出局的通道。今天的波动，是市场对牛股的一种打磨，是非常有帮助的。

所以，我们可以大胆地研判一下，接下来有两种机会是值得我们去关注的。

第一，以成长为王的个股要好好地去挖掘。有人会说像金牌橱柜这样的股票已经涨起来了，怎么办？那就去探寻类似这样的好标，只要你用心去挖掘，是可以探寻得到的。

第二，是等它跌下来给你买入的机会。

学习与操作要求：

当你在介入购买时，请记住！按照我们的课程与学习规则的要求，你是几级学员，一级、二级、三级、四级、五级，还是六级。

不同的学员有不同的规则与级别，遵循你的仓位控制。

你要让自己成长起来，让自己找到思维与认知的感觉，让自己认识到资金的安全是与思维相通的，而操作是思维的延续，这是我们一起学习一起成长的首要原则。

只有这样你才能慢慢地步入我们要走的真正的过程当中来。

温馨小提示：

在做投资时，不可能做到十只标百发百中的结果，但如果做到六至七只那就很好了，犹如田忌赛马。

有些时候，我们也可能买入三只股票，当然控制好仓位，看哪一只先跑出来。趋势跑出来了，就要更加重视它，关注它。

因为这只股票是你介入并关注的，符合你研判后的预期，那就有可能慢慢地走出未来的成长股或牛股来，并要把其他资金慚慚地融入这里去，共同成长。

然后再发现三只不错的标，三只中跑出来一只，这只就可以了。其他两只，不好意思啦，先要淘汰。依次而行，我们是要有这样的淘汰机制。当然，方法一定要按照我们介绍的方式进行，如招股说明书的方法、参引财务的方法，或从基本面的成长角度去思考等，逻辑对了，请放心，是金子最终一定是会发光的。

学习、调研感悟：

我又一次提到了新经典，就像"小豆豆"系列丛书一样。我的感悟是很深入的。

新经典公司作为轻资产公司，不到300人，租了两层楼，其外表的logo也挺低级。可为什么会值80多个亿呢？

核心是文化、编辑和有头脑的人。

就好像我们资本运作一样。核心是我们的大脑啊。

大脑里的思维与认知，化成聚集在一起的人，而形成的文化思维，这才是最大的资本！最大的核心竞争力！这个比什么都值钱，它也确实通过市场体现出来了。这并不是说让大家接下来去买入新经典，不是这个意思，只是我个人的一种感知与感悟。

新经典不是刚刚上市时的40元钱了，它已经六七十块钱了，那未来呢？我可以很明确地告诉大家，它是一家相对稳中求进的公司，明白吗？

在学习、了解、明晰、操作、运用的过程中，是要你自己去衡量与体会的。不是说我觉得好就一定是好的，有时也会出现偏差。自己要思考一点，自己要有自己的一些东西。

当然，你说交给我们那又是另外一回事了。不管如何，在未来的把握过程中要融入成长为王的理念。这样就能够看清楚里面的本质。如光线传媒现在上涨了或者下跌了，知道其本质。

昨天好像有一个学员问我，光线传媒下跌了，是不是在出货呀？他依然沉浸在原来的技术派里，技术只是我们的一个辅助工具。我在此前的课程里也经常与你们讲过一些技术和形态，如次新股战法、涨停战法等。我曾经与你们分享过，我经历了那么多，技术这一块在股市里，最终是辅助的。它一定不是主导的，把技术当成主导时，你就走入歧途了。

炒股天天靠看着软件去炒，说明你已经失去真正赚大钱的资质了，软件顶多是个辅助。也有很多人问我，吴老师你有没有付费软件之类的呀？我告诉大家，在以后时机成熟时，我们会开发一个软件，给你们辅助一下，这是可以的。我自己是不需要的，为什么？原因很简单，那些基本的，我已经足够了。盘面的内容与信息我自己是能够看得清楚的，我也知道其背后的博弈之路。最重要的是，我通过成长为王的理念，能够看清一些内容。所以，我不太需要这些外在的东西。

你要修炼，需要修炼你的内在，把内功提升上来。然后，再辅助一点外在。牛散大学堂的整个体系是能够给到你们在未来成长的一些东西的，但前提是你一定要用心地去学习，用心地去督促自己。在这里，我也感到欣喜，有些学员在这一块做得非常不错，很开心看到他们的成长，非常好。所以，学习就会有成长，记住我们的目标，坚定、坚信地往前行走，三年十倍，我相信这不是梦。

市场在今天的动荡中也是一个洗礼，未来我坚定新战区，新战区的机会。从一个生态平衡的角度去看很多个股，就会更好地理解其背后是有所谓的逻辑支撑的。然后不管市场如何变，要抓住一个核心。用我们讲过的方法去研究这些个股，金牌橱柜也好，或者其他的个股也好，去思考背后推动其上涨的逻辑，并看清楚这个行业。

今年不用看太多行业，几个行业就行了，如文化传媒、物联网，包括衍生出来的一些新能源的机会。至于人工智能、芯片等待定，因为这一块利润落实不会那么快显现。能够看清楚的已有三四个行业了，在今年，你只要抓住一个阶段性大机会的话，那也就足够了。在阶段性机会里，一定有一些个股是翻倍的，如果一不小心抓住了个龙头，够你笑傲江湖的了。所以，不要太贪心，又要想做煤炭、钢铁、航空或其他的银行、地产，天天做，你有那么大的本事吗？所以不要瞎折腾，跟着我们学习，研究好这几个板块，就已经足够了。不要吃着碗里的，盯着锅里的，那都没有用，还不如专注一点，做好我们这些就行了。

当然，市场每天是要去看的，去研究的。如果你有市场的敏感度，也是可以尝试的，找一找感觉，练习一下你的短线，与我们的主线做个互补，因人而异，具体问题具体思考。

课后作业：

最后布置一下作业，图表如下：

作业

- 请选择近期上市或即将上市的一只新股，认真阅读其招股说明书，并梳理出公司基本情况、重要财务指标、市场前景以及IPO项目等重点信息，最终对该股做出具有可操作性的建议。

微信公众号：吴国平财经　新浪微博：吴国平财经

时间过得真快，不知不觉我们的课程又要跟大家说一声拜拜了。一个小时的时间里，非常开心与大家分享，希望对大家的成长有所帮助。前行的路肯定是曲折的，但请坚信，未来一定是光明的。好了，今天就分享到这里，谢谢大家，我们下期再会，牛散大学堂下期再会。

下课……

第三节　股东研究 + 经营分析

2018 年 2 月 7 日

牛散大学堂——学最好的课程，做最牛的散户

课 前 分 享

学习小须知：

　　1.本小节的分享与课堂内容是帮助有一定基础的学习者来学习、读懂与看懂其内涵的。初学者可以通过了解、阅读慢慢地学习掌握，以提高对资本市场的认知。

　　2.本堂课的内容在牛散大学堂股威宇宙的等级为：小学。其余级别结合自身状况进行学习或阅读。

　　3.第一季为小白级，第二季为小学级，第三季为中学级，第四

季为大学级，第五季为实战精英级，第六季为超级牛散级。请依次学习，逐级递增。

4. 本节课主要讲解：股东研究＋经营分析。

大家好，我现在在出差，依然在旅途中。好久没给大家上课了，是不是有点度日如年之感。

这段时间的市场，可以说是把5.0级的股灾展现在我们眼前了，很多个股都呈现出一种崩盘的走势。这样使整个市场的信心也降至低点。与昨天的美股相比，其波动就截然不同。美股是牛市运行的格局，急跌后迅速收复一大半失地。而我们的市场是熊市格局，急跌、暴跌之后，收复的失地不足一半。

上证指数，今天还在继续杀跌。那是因为之前它是硬抗的。创业板反倒是出现一定的企稳走势。但是，这种企稳、涨幅是比较少的，也就一个点左右。不管如何，市场演变到此，但有一点是很确定的，这次下杀，是带血的筹码，也是泥沙俱下。

这意味着，新的机会会展现在我们眼前。水分挤出去了，有一些中小票的市盈率比一级市场的还要便宜。一级市场的市盈率都是二三十倍，而它们却是十几倍。

市场清晰了，下跌是有情绪的宣泄。银行、地产还是很坚挺的，支撑大盘是非常好看的。但现在出现了进一步崩盘的走势，以地产为先，走势慢慢地展开，也是一种生态平衡。小票释放风险，大票抱团取暖；大票释放风险，小票超跌反弹。趋势在向平衡的方向发展。

真正的平衡是一些具有巨大成长且前景光明的公司慢慢地走出当前，迈向远方，实现一、二、三或者更多的成长或翻番的利润。

此时的格局拐点也悄然降临，如2018年2月7日，可能会载入史册。之前的多次暴跌也是载入史册的，之后的好日子也会慢慢地到来，我们拭目以待，迎接未来的精彩。

学习延伸突破小细节与思考：

光线传媒是我之前的伏笔，这是大家都知道的。这段时间表现非常坚挺，甚至是逆势上扬。从生态平衡的角度来讲，这说明之前的下跌是挤出泡沫与释放风险，7元多钱构筑了低点是获得市场的认可及重新布局的，区间动荡是收集筹码准备突破上行，这也是对之前的一种修正。

光线传媒的强势格局，说明市场会慢慢地关注文化传媒板块，资金也会慢慢地进入，2018年会是非常精彩的一个板块。是风向标，或是领头羊，还要关注一下创业板的走势。

东方财富也开始修复之前的下跌，进入了一个新高点。

乐视网迎接了第11个跌停。今天释放出了一点量能，明天能否打开，也会影响整个创业板的人气。毕竟它曾经是创业板的一个风向标。如果接下来这种连续跌停的个股能够打开跌停的话，对整个板块的人气是一个极大的刺激，所以要留意这些标，有没有异动的可能，如果有，对一些优质的中小创来说是有机会的。

市场的股灾，市场的动荡，你更要坚定我们的原则：成长为王。我们只有更加坚定这个信念，在不断去把握市场时，才能有更多的机会在我们手中，这一点我是非常坚信的。

股东研究 + 经营分析

股东研究+经营分析
牛散大学堂导师：吴国平

牛散大学堂

目录

一、股东研究

二、经营分析

一、股东研究

股东研究是倾向于我们从基本面去看整个市场背后的一些个股因子，透过个股的本质去发现一些机会，把握一些未来的内容。图表如下：

牛散大学堂

一、股东研究

- 1. 实际控制人的性质
- 2. 前十大股东分析
- 3. 股东户数变化

我们从三个方面分析：

第一，实际控制人的性质；

第二，前十大股东分析；

第三，股东户数变化。

（一）实际控制人的性质。图表如下：

1. 实际控制人的性质

○ 国营vs民营

○ 单一控股vs联合控股

实际控制人的性质是要看清：是国营还是民营。

1.国营 vs 民营

国营，相对资产、资源各方面可能会丰富一点，抵御风险较强一些。但灵活性、进取心，甚至成长性可能会逊色一些。股市的涨跌与它股份数不多的话，特别是管理层，程度没有那么深，会是一般的表现。

民营，进取心、成长性各方面会比较好一些，它与股价、股市的利益是息息相关的。所以，更愿意自己的股票能够出现更好的上扬。

这两种区别要有所理解。

要寻找优质的国营企业，如格力。它算是优质的成长股，现在是蓝筹股了。

温馨小提示与小延伸：

民营企业要是有梦想、有市场、有未来，整个基本状况是一个不错的企业。很多民营企业做得好的话，有一个非常巨大的涨幅。如智飞生物，生物医药行业；东方园林，园林行业；东方财富，证券细分领域。它们的涨势都是非常惊人的，它们无一例外都是民营企业。

当然股灾面前，国营企业是取胜的。国营企业具有相当的防御性，如地产、银行、一些资源类个股，是比较抗跌的，甚至是逆势上扬的。防御时选择国营，攻击时选择民营。

接下来的机会会在民营企业上，其活力会慢慢地越来越强于国营企业，市场的转换会展现出来。这是我的一个结论。

2. 单一控股 vs 联合控股

单一控股的决策会比较顺畅。

联合控股，有些时候可能会有分歧，决策方面不会很顺畅，对整个上市公司的未来发展会有些阻力。

我们也要看整个控股的程度深不深，单一控股有没有超过50%、60%。单一控股幅度比较多的话，也是有利于决策与各方面的运作。

个人而言，比较欣赏单一控股。

温馨小总结，图表如下：

牛散大学堂

国营vs民营

- 国营：背景硬，但官僚作风使公司经营效率较民营低
- 民营：经营灵活，但背景实力比不上国营

牛散大学堂

单一控股vs联合控股

- 单一控股：股权稳定
- 联合控股：夫妻、兄弟、合伙人等，表决时不利于统一，且内部容易产生矛盾最终导致控制权决裂

（二）前十大股东分析。图表如下：

牛散大学堂

2. 前十大股东分析

- 机构：公募、社保、养老金、私募等
- 产业资本：xxx私募股权
- 个人投资者：牛散

---

1. 在前十大股东中，我们会发现有很多机构、产业资本和个人投资者。

机构包括：公募、社保、养老金、私募。

产业资本就是私募股权等。

个人投资者，一般都是牛散。当然有一些是非牛散，就是一般的散户。

2. 不同的资金介入，就会有一些不同的运作手法。

（a）公募基金持股比较稳中求进，一般是长期投资。社保、养老金一般都是如此。

（b）私募，有些是做波段的。当然有一些是要看风格，要理解背后机构的一些特点。

（c）个人投资者，要看他过去做的票是什么票，喜欢长期还是短期持有，这要清楚。

如果是私募股权的话，一般就是长期持有。分析清楚之后，你才能对他接下来的波动，得出清晰的结论。

3. 案例分析及讲解。

很多时候我们分析一只个股未来运行的格局，会从它前十大流通股东里去剖析，看看其背后的东西，思考一点。最后，把这些点圈成一个珠子，形成一个圈圈，然后再看，整个盘面就会非常清晰。图表如下：

机构：公募、社保、养老金、私募等

- 机构扎堆的股票说明该股基本具有一定的亮点
- 但是，K线表现比较磨人，涨停板较少
- 内部分歧容易出现，只有当市场非常看好时才会流畅地上涨

a. 机构扎堆的股票基本上有一定的亮点。但要看清楚是在相对低点还是相对高位。

学习重点提炼加深印象：

如果是高位其涨幅是非常惊人的。但物极必反，接盘侠都走了，变成了机构之间的买卖，在高处一旦出现风吹草动，就出现鬼打鬼、夺路而逃的现象。

如果是在相对低点扎堆的话，一般涨停板是比较少的，不像游资或个人手法那么凶悍。有其自己的交易规则，慢慢地介入，K线表现的磨人区间动荡也是非常磨人的。这时你要看它的基本面，用信仰告诉你到底值不值得持有，这一点是非常关键的。只有当市场非常看好时，才会流畅地上扬。而内部分歧容易出现，大家都是机构，有些觉得好，有些不看好了，又会出现鬼打鬼的一种动作。在博弈中肯定是会出现的。

当整个市场趋势形成，成为热点，它才会流畅地上扬。如之前的光线传媒一样，光线传媒也是机构扎堆的焦点。新经典更是如此，图表如下：

新经典：
清一色公募

机构机基金名称	持有数量(股)	持股变化(股)	占流通股比例	机构成本估算(元)（反算）	实际增减持	股份类型	持股评情
中国建设银行股份有限公司-嘉实新消费股票型证券投资基金	237.46万	↑6.96万	7.12%	其它	↑3.02%	流通A股	点击查看
中国光大银行股份有限公司-中欧新动力股票型证券投资基金	118.73万	新进	3.56%	49.70	新进	流通A股	点击查看
中国建设银行股份有限公司-富国天博创新主题混合型证券投资基金	110.75万	新进	3.32%	49.70	新进	流通A股	点击查看
中国银行股份有限公司-嘉实沪港深回报混合型证券投资基金	100.13万	新进	3.00%	其它	新进	流通A股	点击查看
中国农业银行-富国天瑞强势地区精选混合型开放式证券投资基金	95.04万	新进	2.85%	49.70	新进	流通A股	点击查看
中国银行股份有限公司-嘉实优化红利混合型证券投资基金	88.48万	新进	2.65%	49.70	新进	流通A股	点击查看
中国农业银行股份有限公司-中邮核心优势灵活配置混合型证券投资基金	66.11万	新进	1.98%	49.70	新进	流通A股	点击查看
中国建设银行股份有限公司-交银施罗德阿尔法核心混合型证券投资基金	62.82万	新进	1.88%	49.70	新进	流通A股	点击查看
中欧基金-建设银行-平安人寿-中欧基金平安人寿委托投资2号资产管理计划	57.23万	新进	1.72%	49.70	新进	流通A股	险资分红
中国平安人寿保险股份有限公司-分红-团险分红	56.53万	不变	1.69%	其它	不变	流通A股	点击查看

微信公众号：吴国平财经　　新浪微博：吴国平财经

新经典，我们的经典标的。在这次股灾里，是比较抗跌的。有些人会担心，机构间的踩踏事件，不排除这种可能性。但我个人认为，新经典，一方面不是大盘股，另一方面机构扎堆是看好长期的趋势。所以今天的收盘依然还是高于前期的低点，在支撑线上方的，整体运行平稳。

学习温馨小突破：

每个公募基金投入的兵力占其总资金比例不是很大。涨跌也是波澜不惊，40到60也就是百分之五六十点，只是一个普通的涨幅。除极端情况外，形成一个低点，也是有可能的。不管如何，整体堪称完美，抗跌、坚挺、不错。

中兴通讯，图表如下：

中兴通讯：清一色国家队

机构或基金名称	持有数量(股)	持股变化(股)	占总股本比例	实际增减持	股份类型	持股详情
深圳市中兴新通讯设备有限公司	12.72亿	不变	30.35%	不变	流通H股,流通A股	点击查看
香港中央结算代理人有限公司	7.54亿	↑11.19万	18.00%	↑0.01%	流通H股	点击查看
孙惠刚	6395.63万	↓184.20万	1.53%	↓2.80%	流通A股	点击查看
中央汇金资产管理有限责任公司	5251.96万	不变	1.25%	不变	流通A股	点击查看
中国证券金融股份有限公司	5163.88万	↓4465.29万	1.23%	↓46.37%	流通A股	点击查看
全国社保基金一零四组合	4618.88万	新进	1.10%	新进	流通A股	点击查看
湖南南天集团有限公司	4226.01万	↓39.69万	1.01%	↓0.93%	流通A股	点击查看
全国社保基金四零一组合	2500.01万	↓100.00万	0.60%	↓3.85%	流通A股	点击查看
全国社保基金一一一组合	2371.68万	新进	0.57%	新进	流通A股	点击查看
全国社保基金一一七组合	1974.59万	新进	0.47%	新进	流通A股	点击查看

中兴通讯，清一色国家队，一看就不一样。这段时间有踩踏事件，是因为之前涨幅是惊人的。有踩踏事件的发生，一定是涨幅非常巨大，有时超过一倍（低位到现在）。尤其是市场风格开始转换时，可能会出现，所以这时一定要留意。

学习延伸小突破、小细节：

创业板今天开始企稳了，上证指数便开始泄洪；创业板没有企稳，上证指数是很坚挺的。因为避险资金都进入了上证50，在白马蓝筹里面。

出现带血的筹码时资金开始躁动，避险资金就有些扛不住了。这里会有一些短线资金，选择套现。公募资金肯定不会现在套现。其他基金就不一定了，会有部分资金出来转移风格，你走、我走、大家走，踩踏事件就会出现。研究上午的整个盘面你会发现,机构出现了类似的状态,特别是地产股,直接封死跌停。这就是刚才说的,博弈导致的结果。

b.产业资本。图表如下:

> **牛散大学堂**
>
> **产业资本:xxx私募股权**
>
> - 产业资本一般以上市后退出为目的
> - 警惕临近产业资本解禁时间的股票
> - 产业资本一般承诺上市后12个月内不减持,但也有个别承诺36个月内不减持,后者表明其非常看好公司前景,值得我们深入挖掘。

私募股权在十大股东里面一般都是在解禁时他才考虑减持,不解禁是不会考虑的。

当然一般不会在一解禁时就要减持,要看他自己对这个公司的一个评估。如新经典,在未来四月份是会有减持的,要看对他自己的一个评估。

温馨小总结与思考:

最关键的是公司的本质。如前期的隆基股份、光伏产业,解禁后股价涨了一倍。解禁并不代表一定是利空。这个知识点在第一季时专门讲解过,有兴趣的同学可以温习一下,会更有帮助。

c.个人投资者。图表如下:

> **牛散大学堂**
>
> **个人投资者:牛散**
>
> - 牛散不是大家想象中的做短线,而是中长线
> - 实力如何?关键看人!

个人投资者就是牛散了。

牛散不是大家想象中的做短线,而是做中长线。实力如何,关键看

人。不同的牛散也是有不同的水平。但大部分牛散还是有自己的投资逻辑与思路的。

学习重点加深印象：

如果发现一个牛散在其中，说明这家公司至少有一些亮点的，可以去深挖一下。看看能否与牛散的思路吻合，或是以牛散的思路挖到更多的东西。如果能够引起共振，跟着牛散做一把又有何妨。毕竟人家是真金白银筛选出来后介入的，要清楚他所处的位置。

如果是相对低位的话，那这个获利的概率是比较大的。如果是相对高位，说明牛散已经赚得盆满钵满了，随时都有可能获利了结。这时你就要警惕了，包括其他机构都是如此。

温馨小总结：

我们要看相对高低位去评估这个阶段出现的十大股东里面的背后含义，并要结合盘面去思考。

（三）股东户数变化。图表如下：

3．股东户数变化

- 股东户数增减代表筹码集中度
- 结合技术形态分析效果更佳

股东户数的增减变化，代表筹码的集中度。结合技术形态分析效果会更好一些。

例如，新经典。图表如下：

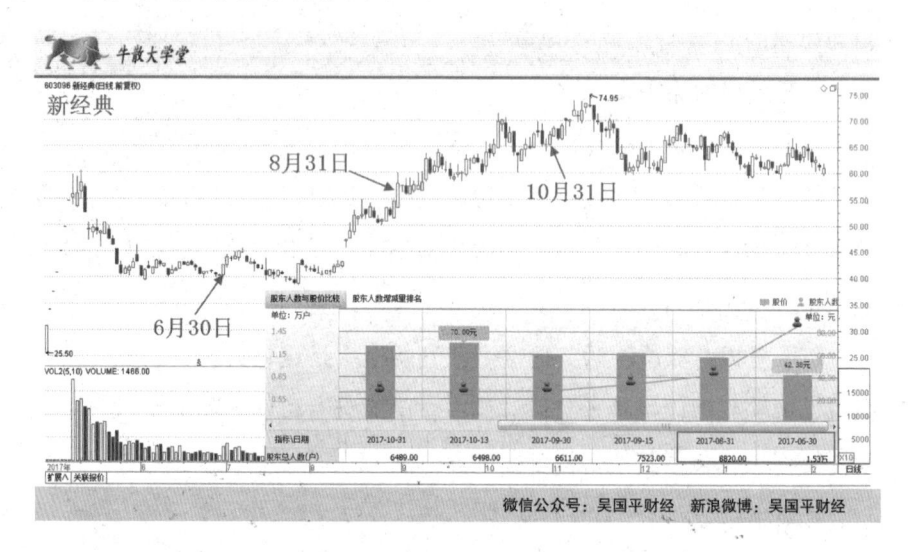

新经典的一路上涨与整个股东户数的不断集中是分不开的。

学习温馨小观察与小思考：

2017 年 6 月 30 日，股东户数：1.53 万人；

2017 年 8 月 31 日，股东户数：8820 人；

2017 年 9 月 15 日，股东户数：7523 人；

2017 年 9 月 30 日，股东户数：6611 人；

2017 年 10 月 13 日，股东户数：6498 人；

2017 年 10 月 31 日，股东户数：6489 人。

十二月份，我告诉大家，只有五千多人。筹码在不断集中。尤其是八月份、十月份开始进入的资金，区间动荡是赚不了什么钱的。你就要思考一下进入的原因。基本面的成长性，是我们前期调研的原因。

学习延伸突破小细节与思考：

调研就是要了解它的成长性。1. 未来能否保持 30% 的增长。2. 有没有超预期的发展。如要靠外延性的发展，收购平台等，毕竟它账上是有现金的，存在着一定的不确定性。

调研时，它明确说明，顶多百分之二三十的增长，那你自己要去评估。每年保持百分之二三十的增长，市盈利是否合理？行业是否有想象力？前景如何？60多元钱的价格是否相对合理？要综合去评估。再结合股东人数减少，则更加清晰到底如何。如果股东户数不断减少，综合评估下来就行了，事情就简单了，时间换空间。当这波股灾下来时，很多人担心会破位、下杀，或许是有可能的，那就做一个修正。风险承受小的，降低仓位，相应的机会就小了。一般来说，筹码越集中，行情会越精彩。图表如下：

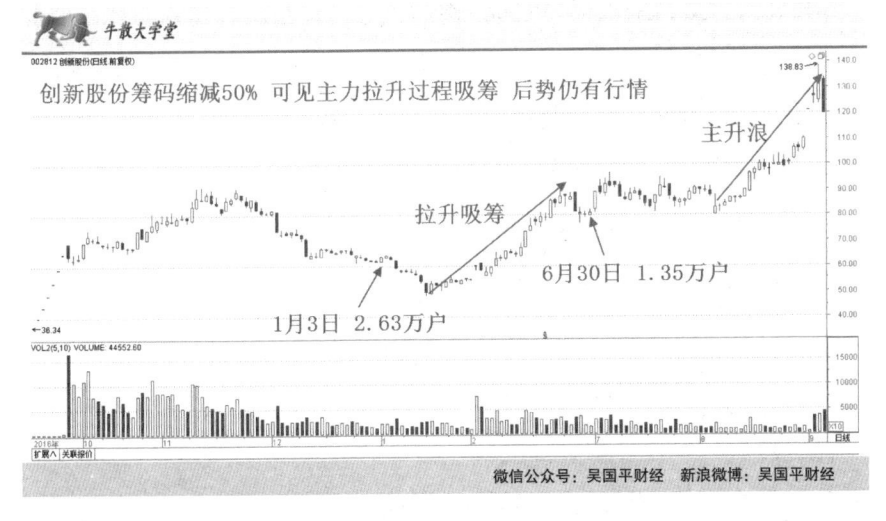

新股、创业板新股、新经典筹码从股东户数2万多户，到1.3万多户，慢慢地不断减少，价格不断上涨。主力拉升本身就是筹码集中的过程。建仓、收集、集中的过程，只有派发时，筹码才会重新分散。

学习延伸突破小细节、思考与小总结：

所以，看股东人数，有些时候在相对高位，要去思考是否还有空间。

①筹码分散，至少不一定是见高点，但至少要警惕了，说明有些大的机构开始不再看好。

②这些分散的筹码能否再上去，要看公司的发展。如果发展得很好，

可能会再上一个台阶，机构会再次介入，筹码再次集中。当然这种可能性是有的。

我们通过筹码的增与减，能够看出很多端倪。下跌时，筹码分散，接盘侠在接货。筹码集中，机构就在暗流涌动、布局。在这次股灾中，要注意有哪些个股的筹码是在集中的。

创新股在下跌过程中筹码是分散的，如果要做这只股票，一定会在这里吸纳筹码，慢慢地将其抬高，在上扬过程中，就会暴露其整个情况。筹码开始集中，你确定后就可以持有，等待主升浪的到来。

我个人感悟：未来很多创新股会以这样一个过程走出来。现在很多个股属于启动前的下跌走势，之后就会拉升、吸筹、主升浪的完美递进。现在是带血的筹码，我们期待未来主升浪的递进。未来我们需要布局、研究，把握现在，迎接未来。

二、经营分析。图表如下：

二、经营分析

上一课程已讲内容：

- 主营业务——上市公司是做什么的
- 行业空间——天花板是高还是低？即如果行业的钱全部给你赚，你能赚多少？
- 竞争地位——最好是细分行业龙头

主营业务，上市公司是做什么的？

行业空间，天花板是高是低？

竞争地位，最好是细分行业龙头。

之前的课已经讲过，大家温故知新一下。

（一）业务分析。图表如下：

1. 业务分析

- 1）不同业务占比情况
- 乐心医疗：实行同一板块下的不同产品战略，如电子血压计、母婴体重秤、身高测量仪
- 2）新业务未来增长的苗头
- 荣泰健康：服务业类别对营收贡献占比逐步提高

1.不同业务的占比情况

要看不同业务的占比情况。如乐心医疗，产品有电子血压计、母婴体重秤、身高测量仪等。

通过公司的战备布局，去分析每一个产品的占比如何。

分析出权重产品，权重产品的利润占整个利润的情况是多少。

权重产品有没有潜力。

逐一去分析，就会知道它未来大概是怎样一个状态。

图表如下：

乐心医疗：产品线分为三类，不局限于单一产品

乐心医疗，产品线分为三类，不局限于单一产品。医疗，健康，还有智能穿戴。

2.新业务未来增长的苗头

例如，荣泰健康，新业务对其营收贡献是否会逐步提高。就像新经典一样，数字阅读不断增长，未来有没有增长空间，怎么增长，这是要在调研时问清楚的。了解与清楚后，我们心中就更有底气了，思路也就更加清晰了。图表如下：

荣泰健康：从新业务增长中去挖掘公司未来业绩增长的来源

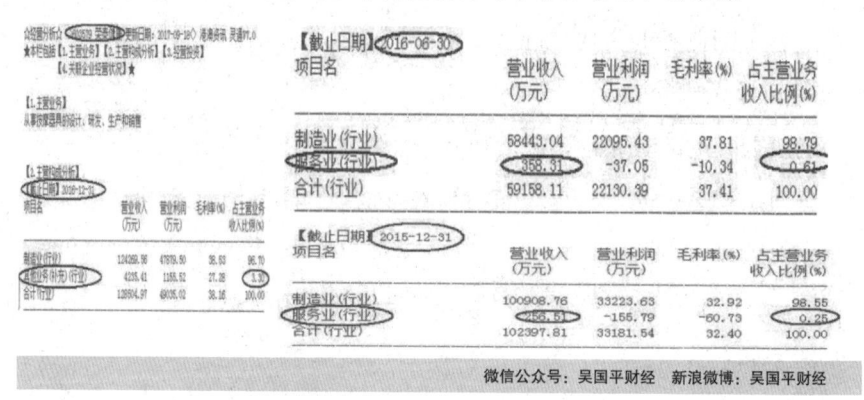

截止日期 2016-06-30	营业收入(万元)	营业利润(万元)	毛利率(%)	占主营业务收入比例(%)
制造业(行业)	58443.04	22095.43	37.81	98.79
服务业(行业)	358.31	-37.05	-10.34	0.61
合计(行业)	59158.11	22130.39	37.41	100.00

截止日期 2015-12-31	营业收入(万元)	营业利润(万元)	毛利率(%)	占主营业务收入比例(%)
制造业(行业)	100908.76	33223.63	32.92	98.55
服务业(行业)	255.51	-155.79	-60.73	0.25
合计(行业)	102397.81	33181.54	32.40	100.00

从新业务增长中去挖掘公司未来的业绩增长源。原来是制造业，新业务量不太多，但要留意它的增长速度。如果增长已经达到几千万元了，说明新业务已经开始成长起来了。要留意新端倪，挖掘未来增长的潜力。

业务分析小结。图表如下：

业务分析小结

○ 1. 对公司业务的分析要紧紧围绕公司产品这一要素展开。

○ 2. 单一产品战略和由单一产品扩展到多个产品的产品线战略，各有千秋。

○ 3. 公司新业务占比逐步提高是公司在拳头产品之外推进业务扩展的重要线索，要重点挖掘。

学习温馨小总结：业务分析

1.公司的业务分析要紧紧围绕其产品展开。这很关键。

2.单一产品战略与单一产品扩展到多个产品战略，是各有千秋与特色的。

有的是专注一个产品，有的是从专一到多项。如格力电器，原来是做空调的，现在扩展到多个产品。刚开始专注一个产品，实力强的时候，开始多种产品协同。要在细分领域里去完善。

如一方面做医疗健康，一方面去做钢铁，那是跨行发展，是多元化发展，是另一个话题。

3.希望真正的公司，从单一产品到多个产品协同。在调研新经典时，要注意数字图书业务未来有没有空间。详细解读后，会对未来清晰不少。

如同每一家公司的新业务一样，占比是多少，有没有可能变成未来的主营业务。成为主营业务后，公司升级换代或是转型成功。之后再去评估与思考。

（二）产品链分析。图表如下：

2．产业链分析

○ 产业链上游

○ 产业链下游

在这里要清楚标的公司所属的是产业链上游还是下游，清晰后就明白未来的发展状态与趋势。

1.产业链上游。图表如下：

牛散大学堂

1．产业链上游

○ 看上游供应商占比。前5大供应商占当期采购比例越低越好。

○ 是否严重依赖于上游某一企业？

○ 如果严重依赖于上游某一企业，成本的定价人家说了算，公司的经营有较大不确定性。

○ 上游最好是充分竞争行业，它们的竞争越激烈，越有利于该公司降低成本。

微信公众号：吴国平财经　　新浪微博：吴国平财经

上游供应商就是它的大客户。其占比占整个营业额采购比例越低越好，不会太依赖，抗风险能力就强。可以灵活调配，对冲掉不确定因素。

学习温馨小观察与小提示：

有的上市公司依赖华为、中兴通讯、苹果等，如果一个品牌销售不好，那相应股市里也不会表现得很好。一损俱损，一荣俱荣。其风险性会加大，而且定价权在对方手里。

学习温馨小延伸与小思考：

上游充分竞争，市场就能充分选择，公司采购则有利于降低成本，用户则有利于选择适合的商品，这是良性的，各方都在促进质量与技术研发，也有利于在谈判时把握时机。

如盛天网络，图表如下：

盛天网络

- 前5名供应商占当期采购比较约70%，其中前2名供应商占比近50%
- 严重依赖于上游企业，不利于议价、降成本。

年度	排名	供应商名称	主要采购内容	采购金额（万元）	占当期采购总额比例
2015年 1-6月	1	网际星辰文化传媒（北京）有限公司	网络推广服务	609.04	28.49%
	2	武汉新软科技有限公司	带宽租赁及服务器托管	453.24	21.21%
	3	杭州教鲲科技股份有限公司	无线路由器	167.21	7.82%
	4	戴尔（中国）有限公司	服务器	164.26	7.68%
	5	江西商联通网络科技有限公司	网络推广服务	111.16	5.20%
		合计		1,505.11	70.41%
2014年度	1	网际星辰文化传媒（北京）有限公司	网络推广服务	1,215.25	28.20%
	2	武汉新软科技有限公司	带宽租赁及服务器托管	880.46	20.43%
	3	江阴替尔	带宽租赁及服务器托管	329.97	7.66%
	4	山东恒邦网络技术有限公司	网络推广服务	256.19	5.95%
	5	武汉金桔世纪信息科技有限公司	网络推广服务	210.40	4.88%
		合计		2,892.27	67.12%
2013年度	1	武汉新软科技有限公司、湖北熊推琪通信有限公司	带宽租赁及服务器托管	752.22	38.53%
	2	江阴替尔	带宽租赁及服务器托管	290.47	18.98%
	3	网际星辰文化传媒（北京）有限公司	网络推广服务	236.92	12.13%
	4	戴尔（中国）有限公司	服务器、电脑	165.64	8.48%
	5	北京至通基业信息技术有限公司		84.77	4.34%
		合计		1,530.02	78.37%

盛天网络的前5名供应商占当期采购的约70%，前2名供应商占比近50%，属于严重依赖上游企业，不利于议价与降低成本。

如果分散多的话，那议价与成本就会控制得非常好。例如，名臣健康。图表如下：

名臣健康

- 前5名供应商占比较低。
- 不受制于上游企业

单位：万元

年度	供应商名称	采购内容	金额（万元）	占同类采购比重	占采购总额比重
2017年 1-6月	广东腾业科技有限公司	瓶体、罩盖、压泵等	2,825.88	35.32%	14.93%
	汕头市正鑫塑胶有限公司	瓶体、罩盖等	724.50	9.05%	3.83%
	深圳坤邦标价用品有限公司	纸标等	718.16	8.98%	3.80%
	广东中凯塑业有限公司	瓶体、罩盖、压泵等	702.27	8.78%	3.71%
	汕头市澄海区泰隆纸品有限公司	纸箱	433.27	5.42%	2.29%
	合计		5,403.96	67.55%	28.56%
2016年度	广东腾业科技有限公司	瓶体、罩盖、压泵等	5,819.15	36.14%	17.75%
	汕头市正鑫塑胶有限公司	瓶体、罩盖等	1,604.90	9.97%	4.90%
	深圳坤邦标价用品有限公司	纸标等	1,396.92	8.67%	4.26%
	广东中凯塑业有限公司	瓶体、罩盖	1,258.55	7.82%	3.84%

名臣健康，采购额占比较低，不受制于上游企业，加起来不到30%。这里少一两个对它整体影响不大，这是最好的。它可以自动调剂，在调配过程中占据主导地位，不会只看一家公司脸色去运作。

2. 产业链下游。图表如下：

2. 产业链下游

1）前5大客户（或前10大客户）所占比重

- 是否严重依赖于某一个客户？
- 坏处：一方面，公司在大客户面前很容易失去议价权，毛利率很难上升。另一方面，如果突然失去这个客户，公司的营收和利润将带来巨大冲击。

a. 前5大客户（或前10大客户）所占比重

学习温馨小观察与小思考：

前5大客户或前10大客户占比较重，严重依赖于某一客户。

①公司在大客户面前容易失去议价权，毛利率很难上升。

②如果失去大客户，公司的营收与利润会带来巨大冲击。

学习温馨小延伸与小思考：

所以，我们在去找寻标的公司时，主要看它是否过度依赖。

①当然果真依赖到紧密程度，相互不可替代，风险系数是比较小的。

②如果相互很容易替代，风险较大。

例如，赛腾股份。图表如下：

赛腾股份严重依赖于下游的苹果公司

1、报告期内公司前五名客户销售情况如下：

序号	客户	2017年1-9月 销售收入（万元）	占比
1	苹果公司	34,165.95	72.92%
2	JOT公司	7,632.18	16.29%
3	广达电脑股份有限公司	946.93	2.02%
4	三星电子	511.57	1.09%
5	纬创资通（上海）科技有限公司	445.12	0.95%
	小计	43,701.75	93.27%

序号	客户	2016年度 销售收入（万元）	占比
1	苹果公司	17,548.76	43.54%
2	JOT公司	9,189.02	22.80%
3	纬创资通（上海）科技有限公司	5,932.76	14.72%
4	纬新资通（昆山）有限公司	1,688.20	4.19%
5	和硕联合科技股份有限公司	804.95	2.00%
	小计	35,163.69	87.25%

序号	客户	2015年度 销售收入（万元）	占比
1	苹果公司	37,520.58	76.74%
2	可成科技股份有限公司	2,423.69	4.96%
3	广达电脑股份有限公司	1,900.61	3.89%
4	微软	1,825.17	3.73%
5	和硕联合科技股份有限公司	1,387.67	2.84%
	小计	45,057.72	92.15%

赛腾公司严重依赖于下游的苹果公司，占72.92%。一旦苹果不购买它的产品，情况是比较尴尬的，而且容易受制于人。

德邦物流。图表如下：

德邦物流：客户分散，不受制于人

2017年1-9月前5大客户

序号	客户名称	业务性质	销售金额（万元）
1	东峡大通（北京）管理咨询有限公司	快运、仓储、快递	13,332.92
2	远成集团有限公司	快运	5,491.59
3	上海阙途信息技术有限公司	快递、快运	3,906.01
4	优美尚品投资管理有限公司	快运	3,414.43
5	湛江市国胜物流有限公司	快运	2,887.65
	合计		29,032.59

公司报告期内不存在向单个客户的销售比例超过总额的50%或严重依赖于少数客户的情形。2014-2017年1-9月，公司前五大客户合计占收入比重分别为0.28%、0.44%、0.69%和1.98%，公司客户非常分散。公司董事、监事、高级管理人员、主要关联方或持有公司5%以上股份的股东在上述客户中不占有任何权益。

德邦物流，作为刚刚上市的新股，客户相对分散，不受制于人，前5大客户状况没有过度倾向与依赖。它有自己的主动权。

b. 下游客户近几年是否发生了重大变化。图表如下：

2) 下游客户近几年是否发生了重大变化？

- 一般经营正常的情况下，前5大客户会相对稳定，无非是今年它多一点、明年它少一点
- 如果发生重大变化，要进一步探究
- 比如之前占比很低的客户，突然变成第一、第二大客户？
- 比如之前的第一、第二大客户突然消失在前几大客户之中？

下游的客户近几年是否发生了重大变化。这一点我们也是要看的。

学习温馨小观察与小思考：

一般而言，前5大客户会相对稳定，无非是它今年多一点，明年少一点。如果发生重大变化，要进一步探究。

a. 之前占比很低的客户，突然变成第一、第二大客户。

b. 前几大客户突然消失的原因是什么？

学习温馨小延伸与小思考：

是产品不符合要求，还是质量下降。我们要去思考，发现蛛丝马迹。

如原本供应给小米的产品，现在供应给苹果了，升级提高了，说明内质在提升中获得了肯定，甚至毛利率也在提升。通过变化去探究未来的整体变化。

第三节 股东研究+经营分析

例如，光弘科技。图表如下：

光弘科技：值得疑虑

光弘科技对其主要客户，同样是公司关联方的东莞华贝电子科技有限公司（下称"东莞华贝"），在2016年的销量突然大幅增加；另外，光弘科技的毛利率远高于同行业，业绩粉饰迹象明显。

光弘科技在2015年和2016年向东莞华贝销售金额分别为15831.01万元和33446.4万元，占同类交易比重分别为17.25%和27.26%，都在2016年出现明显提升。但是光弘科技向这家关联方销售的产品，以已经技术落后的3G智能机为主，这本身就令人质疑。东莞华贝拿到这些落后的3G智能机后，将如何处理？不仅如此，招股书还披露光弘科技向关联方东莞华贝销售3G智能机的价格，显著超过了非关联客户闻泰通讯，这也令人怀疑光弘科技通过关联交易虚增利润。

2016年度	华为技术有限公司	41,540.61	33.85%
	其中：华为机器有限公司	15,338.18	12.50%
	华为终端有限公司	10,790.33	8.79%
	华为终端（东莞）有限公司	15,412.10	12.56%
	东莞华贝电子科技有限公司	33,446.40	27.26%
	上海大唐移动通信设备有限公司	18,586.11	15.15%
	闻泰通讯股份有限公司	8,896.14	7.25%
	第一电机株式会社	2,597.80	2.12%
	第一电机（香港）有限公司	2,535.63	2.07%
	第一电机株式会社	62.17	0.05%
	合计	105,067.06	85.63%
2015年度	华为技术有限公司	39,550.13	43.10%
	其中：华为机器有限公司	17,260.33	18.81%
	华为终端有限公司	11,074.78	12.07%
	华为终端（东莞）有限公司	11,215.02	12.22%
	闻泰通讯股份有限公司	16,972.81	18.50%
	东莞华贝电子科技有限公司	15,831.01	17.25%
	LG INNOTEK 株式会社	2,848.56	3.10%
	乐金电子部品（惠州）有限公司	2,834.67	3.09%
	乐金电子部品（烟台）有限公司	13.90	0.02%
	上海大唐移动通信设备有限公司	2,735.04	2.98%
	合计	77,937.56	84.93%

光弘科技，值得思考。标注如上图，占比变化明显上升。

产业链分析小总结。图表如下：

小结：

- 上游供应商所占当期采购比重不能过高。
- 下游客户占当期营收比重不能过高。
- 总之，要掌握主动权，不受制于人。

学习温馨小总结与小延伸： 产业链分析

一是上游供应商所占当期比重不能过高。

二是下游客户占当期营收比重也不能过高。

三是上下游比重都不能占比太高。能够掌握主动权，不受制于人。

另一种情况：占比较高，公司处于高速发展，可享受其丰厚的回报。但对中长期公司运行来说，要把风险分散，如有波动可以抵御。这是我的提醒。

1. 公司有主动权、不受制于人，我们可以大部分做波段。

2. 公司受制于人，要看其整体状态。

a. 处于一个刚刚高速发展，做一个顺风车的小波段是没有问题的。

b. 一旦兑现，发现有问题，马上套现或是做一个差价。

不受制于上下游的大客户与公司，波动相对会平缓一些。因为少了你，我也照样能活得很好。

（三）产能产销分析。图表如下：

3．产能产销分析

- 1) 产能利用率：科创新源产能利用率在220%左右；洪汇新材的产能利用率只有65%左右。
- 2) 产销率：泰康生物产销率维持在100%以上；泰晶科技的应收账户和存货逐年递增。
- 3) 新增产能：一般指募投项目（在1月31日课程中已经分析过）。

1. 产能利用率，科创新源产能利用率在220%，洪汇新材的产能利用率只有65%。

2. 产销率，泰康生物维持在100%以上，泰晶科技的应收账款户和存货逐年递增。

3. 新增产能，一般指募投项目。

之前也谈过，我们要看产能。

a. 新增的产能是什么状况？新增募投项目很快就能产生效益，那么也要将未来的利润放进去，然后再做一个评估。

b. 它的市盈率未来是不是合理？是合理或是低估，你可以在这个位置不断地买进，通过募投项目的分析，得到一些思考。之前我们是讲过的。

案例说明：科创新源。图表如下：

科创新源：近几年产能利用率维持在200%以上

项目			2017年1-6月	2016年度	2015年度	2014年度
能特种橡胶粘带	高性能防水绝缘胶带	产量(万米)	895.80	1,983.06	1,855.35	2,095.65
		销量(万米)	949.07	1,957.16	1,947.55	1,871.99
		产销率	105.95%	98.69%	104.97%	89.33%
	其他高性能特种胶带	产量(万米)	33.37	95.51	4.09	-
		销量(万米)	98.10	149.71	163.11	27.43
		产销率	100.00%*	100.00%*	100.00%*	-
综合产能利用率			204.03%	228.21%	217.76%	262.96%

科创新源，近几年产能利用率维持在200%以上，利用率做得还是很不错的。

洪汇新材。图表如下：

牛散大学堂

洪汇新材：产能利用率平均在65%的水平

报告期内，公司产能利用率情况如下：

项目	2015年度	2014年度	2013年度
产能（吨）	40,000.00	40,000.00	30,000.00
产量（吨）	24,325.34	25,871.67	20,925.80
产能利用率（%）	60.81	64.68	69.75

微信公众号：吴国平财经　　新浪微博：吴国平财经

洪汇新材，产能利用率平均在65%的水平，这个是比较低的。所以，你会发现"科创新源"和"洪汇新材"这两只个股的结果也是截然不同的。

康泰生物。图表如下：

牛散大学堂

康泰生物：主要产品的产销率维持在100%以上

2、主要产品的产能、产量及销量情况

报告期内公司主要产品的产能、产量及销量情况如下表：

单位：万剂

时间	产品	产能	产量	销量	产能利用率	产销率
2016年1-6月	乙肝疫苗	3,000.00	1,939.07	1,130.75	129.27%	58.31%
	Hib疫苗	800.00	194.73	117.65	48.68%	60.42%
	四联苗	500.00	61.77	50.84	24.71%	82.31%
	麻风二联苗	1,000.00	569.49	459.04	113.90%	80.61%
2015年	乙肝疫苗	3,000.00	1,957.97	2,400.30	65.27%	122.59%
	Hib疫苗	800.00	308.14	340.67	38.52%	110.56%
	四联苗	500.00	136.62	96.24	27.32%	70.44%
	麻风二联苗	1,000.00	914.05	813.37	91.40%	88.99%
2014年	乙肝疫苗	3,000.00	1,267.95	1,818.51	42.26%	143.42%
	Hib疫苗	800.00	210.65	253.22	26.33%	120.21%
	四联苗	500.00	34.46	60.30	6.89%	174.99%
	麻风二联苗	1,000.00	623.58	680.81	62.35%	109.20%

微信公众号：吴国平财经　　新浪微博：吴国平财经

康泰生物，主要产品的产销率维持在100%以上，这个状况也还是很不错的，是能接受的。

泰晶科技。图表如下：

泰晶科技：存货和应收账款逐年增加，是公司销售能力在减弱的反映

科目\年度	2016	2015	2014	2013	2012
流动资产(元)					
货币资金(元)	1.99亿	5631.00万	2551.38万	2492.55万	1769.64万
应收票据及应收账款(元)	1.87亿	1.62亿	1.28亿	9974.55万	8654.63万
其中：应收票据(元)	659.26万	62.52万	125.56万	--	--
应收账款(元)	1.80亿	1.61亿	1.27亿	9974.55万	8654.63万
预付款项(元)	376.27万	73.90万	101.23万	197.27万	248.04万
其他应收款合计(元)	259.70万	766.40万	269.17万	265.86万	153.77万
其他应收款(元)	259.70万	766.40万	269.17万	265.86万	153.77万
存货(元)	5098.86万	4043.59万	5001.70万	3974.00万	3175.80万
其他流动资产(元)	859.45万	1048.49万	1242.66万	1189.71万	--

泰晶科技，存货与应收账款逐年增加。

学习温馨小提示与小思考：

之前讲过，应收账款表示公司实力的强弱。逐年增加，说明其议价能力与各方面能力都在削弱。这是要留意的，其风险是在增加的。存货与应收账款的逐年增加，也说明销售能力在减弱，是一个不良信号，需要警惕。

产能产销小结。图表如下：

产能产销小结

- 产能利用率维持高水平，说明公司满负荷生产，反之，则是产能部分空置。
- 产销率体现的是公司对下游客户、销售渠道的控制力度。
- 募投产能投资进度是佐证公司产能利用、产销情况的重要角度。

学习温馨小总结与小思考：

产能利用率：1. 产能利用率维持高水平，说明公司满负荷生产，产品与销量等各方面是不愁的。

2. 产能部分空置。

a. 没有生意。

b. 市场需求没有那么大。

3. 从以上层面会感受到公司的整体运营状况。

产销率——体现的是公司对下游客户与销售渠道的控制力度。

销售率——公司自身的销售能力强不强。

a. 强，产销率比较不错；

b. 不强，可能会滞销。

新增产能：是募投项目。

募投产能的投资进度是佐证：公司产能利用与产销情况的参照。

a. 募投如预期，产能与产销率是非常健康的。

b. 如提前完成或超预期，说明市场供不应求。

c. 不如预期，产品销量提不上去，控制产能，让市场回到平衡。

要紧密围绕市场作出修正，在这个过程中感受到一些蛛丝马迹。

股东研究+经营分析总结，图表如下：

牛散大学堂

总结

- 股东是公司的灵魂，公司能否向前发展，关键在"人"。
- 公司经营分析是一项比较系统的工作，分析的内容不少，初步分析可以把握重要内容，在脑海里对公司形成一定的框架，再细分到每一个方面。

学习温馨小总结与小思考：

股东是公司的灵魂。公司能否向前发展，关键在于"人"，人管理团队。公司经营分析是一项比较系统的工作，分析内容必不可少。

1. 初步分析可以把握重要内容。

2. 印在脑海里对公司形成一定的框架，再细分到每一个方面。

3. 展开之后就是公司经营分析。

股东：十大流通股东。筹码、股东户数、相对高位与低位、不同机构的特点。

募投项目、产销率的相互佐证。

产业链之间的上下游，大客户与上下游之间的依赖程度与发展。

1. 上下游之间的客户依赖程度不高，抗风险能力相对较强。

2. 上下游之间的客户依赖程度较高，大客户出现问题，会产生剧烈动荡。

3. 不同风险的策略不同。

综合来看：公司本身的发展？

整个经营团队的合作？

董事长、总经理，他们的人如何？

思路在哪里？

策略是什么？

综合思考之后，作出一个评估，在市场中去验证与修正。市场现在跌下来，筹码便宜，买进后看是不是真的慢慢地涨上去了，越涨就越证明你的思路；如果没涨，滞涨甚至下跌，可能就要否定你的思路，要做一些修正。

在很多投资中，我们都是在不断修正中去把握与前行的。前行的工作，梳理的工作，怎样把握这些点，在脑海里是要非常清晰的。虽然不能保证我们轻易能够探寻到它的本质，或是有确定的结果，但至少通过梳理，可以清晰地认识一家公司。尤其是在市场动荡时，或是在股灾时，可以更好地把握机会，去发现它的未来，这是非常具有帮助的。

课后作业，图表如下：

牛散大学堂

作业

○ 选取一只你认为比较有前景的上市公司，结合课程内容，对其进行经营分析。

微信公众号：吴国平财经　　新浪微博：吴国平财经

课后作业要求与说明：

选取一只自己认为比较有前景的上市公司，结合今天的课程内容，对其进行经营分析。剖析得越深入，了解与感受就会越深刻，思路就会越清晰。之后再结合前面的内容，温故知新会更理解它的奥妙。另外还有行业的选择，如文化传媒。选择对的行业，从某种意义上来说，就把握住了一定的机会，剩下的就是研究一些细分的个股。这就是思路的展开。

当然，天时地利人和。基本面，成长为王。从基本面入手，技术面辅助，技术是辅助成长为王的。如新经典一样，之前的抗跌，是技术支持基本面的认可。抗跌形成格局，接下来要继续分析，基本面梳理清楚后，要留意它的动态。继续向下还是突然出现一根大阳线，这是要紧密跟踪的。不同的走势，结果会截然不同。

a. 比如出现一根大阳线，认为或可突破，或可相互验证，再次加仓。

b. 那如果这里守不住，股灾继续，往下深探，你认为的合理位置在哪里，是补仓还是抛售，或是抛售后的重新建仓。我们都要对其做一个心理估值，心里有底才行。

c. 再比如，现在它是34倍，未来以30%的速度增长，明年这个价格大概是20多倍的市盈率。20多倍的市盈率，是不是值这个钱。这是要自己去思考的。市场平均行业的市盈率大概是多少？要作出一个总结，未来的弹性在哪里？想象空间在哪里？这些都是影响其未来股份波动的关键因素。现在市场是什么情况。

学习温馨小提示与小思考：

股灾，是一个大幅度洗礼的过程，会有很多带血的筹码涌现出来。大多数看到的是风险，没有看到机会。但请记住，股灾之后，一定是迎来更大的机会，给到我们是中长期，2018年、2019年会迎来更大的机会。要筹备好更多的子弹，在这个机会里把握两倍、三倍、五倍甚至十倍的个股。

三年十倍依然不是梦想。现在洗礼下来了，就好像之前的一些牛股，一年就达到了十倍收益，如全通教育，风口一来就飞起来了。所以我们要好好地研究基本面，再结合技术面，等待风吹时的精彩。

风口的到来，是波澜壮阔的大行情，大波段是非常精彩的。曾经创造了400多元钱的股票，一度超越茅台，之后就是一地鸡毛，基本面没有支持。所以我们一直强调以成长为王，成长为王能让我们95%以上的机会避免踩到如乐视、保千里这样的地雷。因为在未来的市场里，踩到地雷的风险是非常巨大的。

学习温馨小延伸与小思考：

以成长为王来探寻，能够避免风险，又可以把握一些机会，在风口到来时，可以跟随其成长收获丰满的果实。这是建立在遵循成长为王康庄大道上，去研究、去深化、等待风口的到来。

通过今天的课程，我希望大家可以理解到一些内容，梳理细节，看标的公司未来会是什么样子。巴菲特更是厉害，他能看到十年之后会是什么样子。我们一般看三年就足够了，现在它赚500万元，三年之后有没有可能赚5亿元甚至更多呢？如果有，那就好好地拥抱吧。当然在这个过程中，市场提前的预支能力没有那么强，会迎来多次洗礼，反复波动。一旦市场慢慢地在往那个方向走的时候，业绩开始兑现且越来越明朗时，那股价一定是不断上扬，甚至涨到你不敢相信为止。就好像之前的寒锐钴业，新上市的次新股，刚始大家情绪悲观，之后慢慢地业绩释放。大家越来越乐观，直接干到两三百元，有五六倍的涨幅。

未来我相信依然还会有这样的公司，每一个人的认知在某一阶段都是不一样的，认知会随着未来的变化而发生很大的变化。市场的弹性会比较大，现在的认知是极度防守与悲观的。可一旦机会来临，某些公司依然保持高速增长。大家就会发现，它很便宜，它被低估了，现在十几倍，二三十倍的公司，继续保持高速增长，在未来某个阶段弹跳起来会有多少呢？30%、50%甚至一倍、两倍，或者三至五倍的样子。而此时大家对它的认知是要向上的，其修正空间就会很大。预期三年可能赚一至二个亿，但后面发现能赚五至十个亿，或者更多。再结合对行业风口效应的思考，如在调研期间关注的文化产业、新能源衍生、物联网、大数据、云计算等，在大家认识上没有达到那个程度时介入，难道不是一个相对的低位吗？当大家发现其机会时，肯定是已经开始腾飞了，我做事情很简单，收获果实。此时抬轿子的人会越来越多，果实也会越来越大。这是博弈的思考。

学习温馨小感悟与小期许：

三年的增长要看复合增长率，这里当然不好把握。所以我们为什么要不断学习与成长呢，通过学习与了解可以发现很多蛛丝马迹，可以清楚一些上市公司的未来。这里包括财务、股东、产品、十大流通股东和技术层面。将这些融合起来，变为十二字真经：成长为王，引爆为辅，博弈融合。

通过学习与成长我们才能真正地探寻到有所收获的标的。过程是艰辛与耗时的，但把握之后，收获是喜人的。坚信所坚信的，相信未来超越你我想象的精彩。

今天洋洋洒洒讲了不少，快乐的时光总是特别快，以陆游的一首诗来期待未来的精彩。

《游山西村》

宋　陆游

莫笑农家腊酒浑，

丰年留客足鸡豚。

山重水复疑无路，

柳暗花明又一村。

箫鼓追随春社近，

衣冠简朴古风存。

从今若许闲乘月，

拄杖无时夜叩门。

我们一起努力，继续坚定前行，把握精彩的明天。下期我们再会，与牛散大学堂继续前行。

第四节　如何对个股进行估值

2018 年 2 月 13 日

牛散大学堂——学最好的课程，做最牛的散户

课　前　分　享

学习小须知：

　　1.本小节的分享与课堂内容是帮助有一定基础的学习者来学习、读懂与看懂其内涵的。初学者可以通过了解、阅读慢慢地学习掌握，以提高对资本市场的认知。

　　2.本堂课的内容在牛散大学堂股威宇宙的等级为：小学。其余级别结合自身状况进行学习或阅读。

　　3.第一季为小白级，第二季为小学级，第三季为中学级，第四

季为大学级，第五季为实战精英级，第六季为超级牛散级。请依次学习，逐级递增。

4.本节课主要讲解如何对个股进行估值。

大家好，又到了我们课程的时间了，春节期间来的人比较少，但我们依旧风雨不改。

在上课之前先谈谈市场，最近两天出现了一种相对稳定的走势。上证指数今天冲高回落，留下一个跳空向上的缺口——长上影线。

这个缺口有点尴尬，补不补？

创业板昨天一个跳空向上的缺口，补不补？

今天是强势动荡，如它们都不回补，这里会形成一个岛形反转。至少创业板有这样一个机会，左阳右阳，今天一个强势震荡。如持续上攻，回补上面的缺口，整个层面就会呈现一种比较精彩的格局。之前一直强调的伏笔——光线传媒，同样也是上影线，涨了两个点，区间动荡。如再来一根大阳，整个旗形就出来了。所以，在这里动荡也是合理的。

学习温馨小延伸与小思考：

横店影视——次新股，今天也很强悍；新经典、金逸影视等也都不错，很强。大家发现没有，传媒娱乐还是有亮点的。这段时间，市场比较低迷，它们呈现出一个逐步崛起的状态，其主要的关键是光线传媒、华谊兄弟这些权重股。如继续强势，市场是可以高看一些的，值得继续关注。

在2018年年初，我们定义了文化传媒板块是有戏份的，另外一个是物联网板块。这段时间股灾，市场氛围不太好，物联网整体没有什么表现，但纵观2018年全年，此板块依然是值得高度关注的。

市场的下移，给了我们更多去布局的机会。现在是股灾之后的震荡与波动格局，创业板还没有走出头肩底的形态。形成新低后，会有一个情绪与正常回归的状态。如美国是牛市正常震荡，因情绪推动下杀一段；东方财富也是同理。需要留意观察，个人倾向于有这种可能性。

学习温馨小延伸与小思考及小提示：

这次股灾，释放了风险。乐视网在复牌后一路下行，不保证以后会涨，但风险已经释放，保千里同样如此。白马蓝筹补跌开始，市场平衡了一点。中小创跌得比较惨痛，但还是太平衡，智慧农业超跌个股，短期走出极端形态，处于修复的走势。志邦股份、金牌橱柜连创新高。为什么？成长为王的理念，在任何时候都要坚定地走下去。成长是市场的所需。

如志邦股份，前面挖了一个坑，突然会觉得没有信心了，但短期反攻创新高。所以，看到它，我们就更加坚信成长为王是寻找标的关键。走下去，价值一定会爆发，在市场里超越市场，核心的根基。

如何对个股进行估值？

如何对个股进行估值

吴国平　牛散大学堂导师

目　录

○ 一、市盈率PE

○ 二、PEG指标

○ 三、市净率估值法(PB)

这里包含三个指标。

一是市盈率PE。

二是PEG指标。

三是市净率估值法（PB）。

前言

估值的方法有：

- 市盈率估值法(PE)、PEG估值法(PEG)、市净率估值法(PB)、市销率估值法(PS)、现金流估值法(PCOF)
- 最常用的估值方法有：<u>PE、PEG、PB</u>

估值方法有多种，图表如上。

用市盈率估值的案例如新经典、志邦股份、金牌橱柜等。它们的市盈率从静态来看，志邦股份46倍，金牌橱柜85倍。这么高，很多个股跌了二三十倍，为什么它们还能涨？

从市盈率这个角度来说，有静态与动态之分。静态谁都能看出来，如银行在股市里的市盈率很低，工商银行是8倍市盈率。看似很安全，实际未必，7元多跌到6元多。看市盈率，我重点强调的是动态市盈率。

一、市盈率（PE）。图表如下：

一、市盈率PE

- 1．概念
- 2．理解
- 3．应用

我们会从概念、理解与应用三个方面来介绍市盈率。

1.概念。图表如下：

1、概念

- 市盈率：也称本益比、股价收益比率、市价盈利比率
- 市盈率是最常用来评估股价水平是否合理的指标之一

市盈率概念：也称为本益比、股价收益比率、市价盈利比率，是最常用来评估股价水平是否合理的指标之一。包括了动态与静态，要区分

使用。图表如下：

市盈率的公式

- 1）静态和动态要区分使用
- A．静态PE=股价/每股收益（年化）
- B．动态PE=总市值/净利润（这里的净利润一般指的是下一年整年的净利润，一般需要投资者自己去预估）
- 2）一般来说，市场上广泛谈及市盈率通常指的是静态市盈率，通常用来作为比较不同价格的股票是否被高估或者低估的指标。但是在投研实战中，难度较大的多体现在对动态PE的挖掘与使用

A.静态（PE）＝股价/每股收益（年化）。

2017年业绩如何，用现在的股价除以2017年业绩就等于静态市盈率。

金牌橱柜、志邦股价、工商银行都属于静态市盈率。金牌橱柜静态市盈率85倍，不算低，但还是上涨的。动态市盈率不能忽视。

B.动态市盈率不仅指2017年、2018年、2019年甚至可以指2020年。与大家分享要看三年动态市盈率。三年后是多少？要看目前状态，每年增长速度能达到多少利润，然后反过来用总市值除以未来利润。

如新经典、志邦股份和金牌橱柜，假设三年后的利润都是10亿元。金牌橱柜现在总市值大概100亿元，除以三年后利润10亿元，等于10倍市盈率，是非常低的。志邦股份也是如此，现在总市值是100亿元，除以未来10亿元利润，等于10倍市盈率。新经典也是如此。我们自己要去思考这些问题。

学习温馨小延伸小思考：

静态是大家都能看到的当下，而动态是要我们去测算各方面的内容。谁能推测出未来可能的各种状态，那你就能成为未来的一个赢家。动态市盈率是在市场中使用较多的。

这个股票为什么这么强，一定是很多资金在测算后，认为未来动态市盈率有可能非常低。2018年、2019年甚至2020年都是非常低的，现

在买入，从某种意义上来说是便宜的。这就解释了越涨越便宜的逻辑了。因为它们是高速成长的，且让它们未来的动态市盈率能够大幅度下降。2018年的动态市盈率测算后是不错的，等到2018年时，其静态市盈率保持在这个价格的话，当初80多倍可能少掉很多。透过市盈率去研判个股的魅力，在于动态的反馈。

2. 理解。图表如下：

2．理解

要预测年报的净利润是多少

- 1) 最重要的就是要对公司下一年年报净利润数量的预测。
- 2) 注意预测时并不是季度利润的简单叠加。

【1.财务指标】 【主要财务指标】		新经典前3季		
财务指标	2017-09-30	2016-12-31	2015-12-31	2014-12-31
审计意见	未经审计	标准无保留意见	标准无保留意见	标准无保留意见
净利润(万元)	17761.85	15190.40	13012.31	9763.40
净利润增长率(%)	53.3843	16.7387	33.1846	
营业总收入(万元)	69374.46	85271.12	88157.55	76772.50
营业总收入增长率(%)	12.6966	-3.2522	14.8035	
加权净资产收益率(%)	16.0300	25.1700	24.5600	
资产负债比率(%)	10.7831	14.7439	16.0247	15.1414

微信公众号：吴国平财经　　新浪微博：吴国平财经

我们在推演测算时是按年来计算的。这是前三季度新经典的增长速度，大概是50%左右增长，全年也是如此。之前也预告全年是50%的增长。以新经典为例，现在新经典是2亿元，如果明年继续是50%的增长，明年不就是3亿元吗？如果按2018年静态市盈率推算，现在是80左右的市值，而事实上不到30倍的市盈率，显然低了一些，这是要衡量的。

考察净利润重点衡量公司主营业务方面：净利润。图表如下：

分析净利润时要排除营业外收入的干扰

考察净利润时要重点衡量公司主营业务方面的净利润，因为这样才能真实反映企业的真实经营状况。

指标(单位：万元)	2017-09-30	2016-12-31	2015-12-31	2014-12-31
营业收入	69374.46	85271.12	88137.55	76772.50
营业成本	39002.93	54064.54	60614.85	54460.59
营业费用	5494.84	7195.06	7621.20	6834.85
管理费用	3921.83	4061.12	4187.98	4052.82
财务费用	-168.99	70.16	45.22	6.61
投资收益	1694.85	1017.41	1225.95	688.80
营业利润	24852.22	19630.03	16296.14	12050.63
营业外收支净额	-196.88	1619.89	1792.09	704.07
利润总额	24655.34	21249.72	18088.23	12754.70
净利润	17741.83	15190.40	13012.31	9769.40

净利润是主营业务的净利润。排除非主营业务，如投资收益等。

学习温馨小延伸与小思考之小总结：

为什么对一些涨价主题不是很看好，如前期谈过的盛和资源，看其静态市盈率2017年或许还可以，甚至很低。但2018年能不能继续涨价，我是存疑的。其业绩2018年、2019年很可能是下滑的，那市盈率就会打回原形，变得很高。银行股看上去很便宜，市盈率6倍、8倍、10倍等，应有很大的投资价值，但这是静态的，如果出现很多呆账、坏账，其利润下滑，动态市盈率就会很高。市场的存在就是合理。

我的观点是：市盈率看上去很低的不代表一定是好的，高的市盈率不一定是坏的。我们要用动态的眼光去看每只股票与行业前景。

透过动态的眼光去看，现在低的，未来可能更低，那机会来了；动态高的，未来可能更低，机会也是来了。风险在哪里，现在高的，未来更高，这就是风险。所以，一切都在动与变化之中，要从纵观分析较长时间与周期内的PE情况。

纵向分析较长时间与周期内的 PE 情况。图表如下：

牛散大学堂

纵向分析较长时间周期内的PE情况

- 1）要分析公司在一个较长时间周期内，历史最低最高的市盈率区间。
- 2）一般来说，上市时间较长的公司，一般要考察周期5年的PE；新上市的公司，一般也要对比衡量最近3年的PE。

分析公司较长时间周期内的数值，历史最低与最高的市盈率区间。一般要考察 5 年的 PE 周期；新上市的公司，一般要考察 3 年。巴菲特曾说看一家公司要看 10 年，其实就是未来。在这个过程中，市盈率因业绩不确定，波动与弹性会比较大，所以要做好心理准备。股价的弹性意味着行情不好时会跌回很多，行情好时其弹性与量能也会比较大。这要自己去衡量与平衡。图表如下：

牛散大学堂

要横向对比同行业公司的PE情况

	EPS 16A	17E	18E	P/E 16A	17E	18E
国有大银行						
工商银行	0.78	0.81	0.85	7.78	7.54	7.16
建设银行	0.93	0.97	1.03	8.20	7.84	7.40
中国银行	0.56	0.61	0.65	7.17	6.59	6.16
农业银行	0.57	0.59	0.64	6.82	6.51	6.05
交通银行	0.91	0.94	0.99	6.97	6.73	6.35
中小股份制银行						
招商银行	2.46	2.84	3.26	11.97	10.37	9.03
民生银行	1.31	1.36	1.40	6.65	6.42	6.21
兴业银行	2.52	2.74	2.99	6.83	6.27	5.75
华夏银行	1.53	1.54	1.59	5.99	5.98	5.79
平安银行	1.32	1.35	1.44	9.85	9.57	9.02

微信公众号：吴国平财经　新浪微博：吴国平财经

横向对比公司的情况。

工商银行，其 PE 弹性不是很大。纵观历史数据，基本上在七八倍之间徘徊。它本身增长速度不强，市场给它的市盈利自然不会很高。

增长速度强,其市盈率自然会高。如金牌橱柜、志邦股份、新经典等,市盈率相对偏高。市场给予这样的价格是因为对其有非常高的期待,增长速度不止30%、50%,甚至100%。当然可以以这样的价格波段强势上行。

3.应用。图表如下:

3．应用

1）净利润增长率用来辅助判断个股市盈率合理的高低

> 彼得·林奇认为,任何一家公司,如果它的股票定价合理,该公司的市盈率应该等于公司的增长率。举例来说,如果一家公司的年增长率大约是15%,15倍的市盈率是合理的,而当市盈率低于增长率时,你可能找到了一个购买该股的机会。一般来说,当市盈率只有增长率的一半时,买入这家公司就非常不错;而如果市盈率是增长率的两倍时就得谨慎了。

（1）净利润增长率用来辅助判断个股市盈率合理的高低。

彼得·林奇认为:任何一家公司,如果它的股票定价合理,该公司的市盈率就应该等于公司的增长率。

例如,一家公司年增长率大约是15%左右,那么15倍的市盈率是合理的。当市盈率低于其增长时,则找到了购买该股的机会。一般来说,当市盈率只有增长率的一半时,此时买入就非常不错;而市盈率是增长率的两倍时,就要谨慎了。

学习温馨小提示与小延伸:

不过这是过去的一种静态评估。如果说,每年增长速度30%,那30倍的市盈率是合理的。例如,新经典有30%的增速,其市盈率30倍也是合理的。金牌橱柜增速达到100%,85倍的市盈率也是合理的。当然是有弹性的,要看近几年的情况。所以,不要犯教条主义。要看三年后它的PE,看其动态市盈率大概是多少,然后反过来推演现在是否合理。其实市盈率与行业是息息相关的。

（2）对公司所属行业的理解是关键。图表如下：

牛散大学堂

2）对公司所属行业的理解是关键

○ 分析股票的PE高低时，一定要结合公司所处的行业属性来判断，一般来说，缓慢增长型公司的股票PE最低，而快速增长型公司股票的PE最高，周期型公司股票的PE介于两者之间。

证监会行业分类		国证行业分类							
		深圳市场		深市主板		中小板	创业板	沪深两市	国证1000
行业编码		行业名称	公司数量	券式市盈率 加权平均	中位数	滚动市盈率 加权平均	中位数	走势图	公司明细
门类	大类								
A		农、林、牧、渔业	43	19.72	55.01	41.22	50.07		查看
	A01	农业	15	45.78	56.1	30.7	51.05		
	A02	林业	4	NA	78.79	NA	NA		
	A03	畜牧业	14	14.23	19.47	26.43	30.03		
	A04	渔业	9	65.75	68.72	34.06	31.55		
	A05	农、林、牧、渔服务业	1	52.68	52.68	50.89	30.03		
B		采矿业	78	38.8	48.7	22.29	32.47		查看
	B06	煤炭开采和洗选业	26	26.54	35.8	12.35	13.06		
	B07	石油和天然气开采业	5	43.75	NA	29.03	37.85		
	B08	黑色金属矿采选业	6	60.08	46.35	47.87	35.28		
	B09	有色金属矿采选业	23	89.82	73.59	45.21	39.28		
	B10	非金属矿采选业	10	68.26	48.9	23.82	39.31		
	B11	开采辅助活动	15	26.26	46.9				

微信公众号：吴国平财经　　　新浪微博：吴国平财经

如果是成长性非常好的行业，市盈率是相对偏高的，如新能源。

我们选择新兴产业，朝阳行业增速高、弹性大。一旦把握住机会，会有一倍至多倍的收益。

如寒锐钴业，属于新能源，钴资源占据新能源上游，利润成几倍增长，其股价也是几倍的上扬，这是息息相关的。

寒锐钴业处在高速成长行业，银行、钢铁等属于成熟行业或夕阳产业，PE就不会那么高。增长速度本身不高，市盈率就不会高太多。它们是阶段性波段机会。大盘趋势展开，它们会慢慢地上行，一个"稳"字是它们的轨迹，因为行业增长不会太多。

（3）市盈率只是一个定性的指标，对 PE 的理解不要僵硬化。图表如下：

牛散大学堂

3）市盈率只是一个定性的指标，对PE的理解不要僵硬化

- 到底多少倍的市盈率水平是合理的水平呢？这个问题，不同的人有不同的理解。
- 在趋势投机中，对市盈率的判断受短期市场情绪的影响比较大，最好则是把市盈率放在一个区间上来理解。
- 千万不能把对市盈率的理解僵硬化。说到底，市盈率只是一个定性的指标。
- 要把PE和其他的财务指标（如PEG等）结合在一起使用，效果会更好。

微信公众号：吴国平财经　新浪微博：吴国平财经

学习温馨小提示：

市盈率的水平多少算是合理的，不同行业平均标准是不一样的。新兴产业会是 50 倍至 80 倍左右，而传统与夕阳行业会是 10 倍左右。要看行业的平均市盈率是多少，来评估个股的合理性。

例如，一只个股原有 50 倍市盈率，现在是 80 倍。有人会问，是不是高了？你可以反过来思考一下，高的原因，是不是其增速非常高。如果是，反倒是值得投资的。

例如，一只个股原是 50 倍市盈率，现在是 30 倍。要探究其各方面原因。如果本身没有问题，可能是低估了，捡个便宜货。如果有问题，要小心了，可能会随着业绩下滑或跟不上整个行业市盈率的发展，最终其市盈率还会有升高的可能性。

所以，市盈率的理解不要僵硬化。

学习温馨小提示、小延伸与小思考：

市场的平均市盈率要清楚。创业板现在平均市盈率是 30 倍，主板现在平均市盈率是十几倍。

数值是动态的，现在并不代表未来，随着行情的不断变化，是可以调节的。牛市来了，市盈率水涨船高，创业板平均市盈率高达上百倍；熊市，要调低些。与人的情绪一样，情绪好时风险偏高，情绪坏时风险降低。市盈率低一点你才能接受。所以，此时人愿意投资市盈率偏低的个股。风险偏低，大家信心不足，银行、地产等个股，就是防守型，但不会是一个常态。市场风格慢慢转变时，熊变牛，防守资金就会涌向进攻资金。这是在不断变化中的。

怎样准确估计三年后的净利润，没有人能准确估计出三年后的企业净利润，包括行业前景。真正的研究是进入企业里，计算、察看、实地调研后推算出三年后的利润状况。当然里面有些是需要想象的，如新经典，书籍拍成电影，每一部能赚多少钱，那就"仁者见仁，智者见智"了。另一个奇迹是《摔跤吧，爸爸》，其实这里有对此影片的理解与思考，以及对细节的考评。新经典的书籍要拍成电影，就有不确定性，成与否在于团队的运作。团队考察后，确定是不错的，那电影或产品也会有一定的信心。从某种意义上说，赢的概率就确定了。我们要在不确定中找到确定。

学习温馨小总结：

所以，我一直谈到有一个思路是寻找不确定中的确定。这是一门艺术。不是告诉大家数字简单相加就行，没有那么容易。通过细节发现内在，研究深入发现不确定的确定，等于探寻到了金子。接下来事情就简单了，低位吸纳筹码，静待市场发现其价值，享受暴涨的乐趣。如金牌橱柜，市场慢慢消化，慢慢认可，慢慢发现，慢慢上扬，等涨到 200 或更多时，市场其实是后发现的。我们要做的是发现它、找到它、把握它、思考它、反复调研它，最后融合，慢慢接近目标。乐趣在于深入研究成长为王的方向，思考背后的未来，各个行业与公司，要有清晰的研判与思考，非常考验每个人的眼光。

二、PEG 指标。图表如下：

二、PEG指标

- PEG指标：用公司的市盈率除以公司的盈利增长速度。
- PEG指标是在PE（市盈率）估值的基础上发展起来的，它弥补了PE对企业动态成长性估计的不足。选股的时候选那些市盈率较低，同时它们的增长速度又是比较高的公司，这些公司有一个典型特点就是PEG会非常低。
- 计算公式： PEG=PE/（企业年盈利增长率*100）

1. PEG 指标是指用公司的市盈率除以公司的盈利增长速度。

例如，PE 是 30 倍，除以其盈利增长速度，每年30%，等于1。1是合理的。

未来选股时，选择那些市盈率比较低的，同时它们的增长速度比较高的公司。这些公司的特点就是 PEG 会比较低，市盈率不高，但增长速度很高。PEG 比较低，被低估了，是给你买入的机会。

2. PEG 指标的起源。图表如下：

缘由

- 投资者习惯使用市盈率来评估股票的价值，但是，当遇到一些极端情况时，市盈率的可操作性就有局限，比如市场上有许多远高于股市平均市盈率水平，甚至高达上百倍市盈率的股票，此时就无法用市盈率来评估这类股票的价值。
- 但如果将市盈率和公司业绩成长性相对比，那些超高市盈率的股票看上去就有合理性了，投资者就不会觉得风险太大了，这就是PEG估值法。

学习温馨小提示与小思考：

如刚才所说，市盈率较低，但增速又较高。动态市盈率会大幅下降，用市盈率除以其增速，低于1或更低，是块宝；反过来，高于1或更高，增速是不合理的，可能有风险。哪怕现在只有30倍或是10倍，依然有风险。

例如，银行是10倍市盈率，用10倍市盈率除以其增速，每年3%，PEG=10/3，等于3以上了。如果是3%的增长，其实是有风险的，如果是10%的增长率才刚刚合理。

一家银行的盈利增长超20%以上可能性很小吧。所以，银行10倍左右的市盈率是有其合理性的，成长性较弱。大银行盈利增长速度不超过10%，有其低的合理性。

而高市盈率，比如90倍的，除以其增速，会得出一个比较清晰的思考方向。

3.PEG 的计算公式

例如，图表如下：

- PEG，是用公司的市盈率（PE）除以公司未来3或5年的（每股收益复合增长率*100）。

- PE仅仅反映了某股票当前价值，PEG则把股票当前的价值和该股未来的成长联系了起来。比如一只股票当前的市盈率为20倍，其未来5年的预期每股收益复合增长率为20%，那么这只股票的PEG就是1。当PEG等于1时，表明市场赋予这只股票的估值可以充分反映其未来业绩的成长性。

PEG是用公司的市盈率(PE)除以公司未来3年或5年的复合增长率。PEG把股票当前的价值与未来的成长联系起来了。

例如，一只股票当前是20倍市盈率，未来5年预期每股收益复合增长率是20%，PEG就等于1。你要研究未来三到五年的复合增长率。

PEG 使用特点小结。图表如下：

使用特点：

- 如果PEG大于1，则这只股票的价值就可能被高估，或市场认为这家公司的业绩成长性会高于市场的预期。

- 当PEG小于1时，要么是市场低估了这只股票的价值，要么是市场认为其业绩成长性可能比预期的要差。通常价值型股票的PEG都会低于1，以反映低业绩增长的预期。

学习温馨小提示：

PEG 大于1，可能被高估。市场会认为，公司的业绩成长性会高于市场预期。

PEG 小于1，可能被低估。市场会认为，其业绩成长性可能比预期要差。

通常价值型股票的 PEG 都会低于1，以反映低业绩增长的预期。所以，很多价值投资的成长性是不足的，PEG 是小于1的。

案例1：欧普康视。图表如下：

案例：欧普康视

科目\年度	2017	2016	2015	2014	2013	2012
成长能力指标						
净利润(元)	1.51亿	1.14亿	8870.48万	6377.10万	2480.00万	3008.43万
净利润同比增长率	32.23%	28.56%	39.10%	157.14%	-17.56%	--
扣非净利润(元)	1.35亿	1.04亿	7952.39万	5703.44万	4140.98万	2855.26万
扣非净利润同比增长率	29.75%	30.81%	39.43%	37.73%	45.03%	--
营业总收入(元)	3.12亿	2.35亿	1.76亿	1.30亿	9101.07万	6838.91万
营业总收入同比增长率	32.60%	33.35%	35.69%	42.71%	33.08%	--

- 近几年利润增长率在30%左右，2018年后募投产能逐步释放，有望加速增长。

欧普康视，近几年利润增长率在30%左右，2018年后募投产能逐步释放，有望加速增长。图表如下：

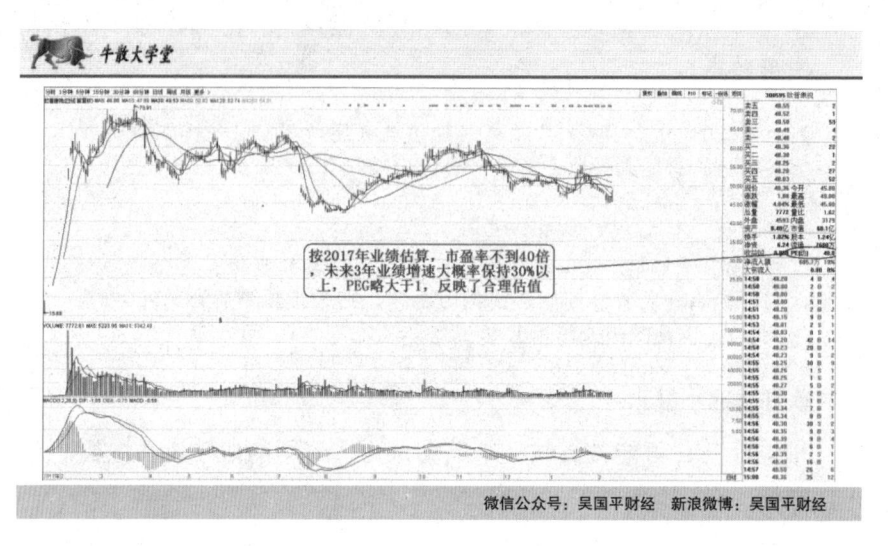

欧普康视：

a. 2017年市盈率不到40倍，未来三年业绩增长速度保持在30%以上，PEG略大于1，反映了合理估值。

b. 这段时间也没有明显下跌。在这里会发现，未发生明显下跌有其合理性，说明自身成长性是可以的。

c. 而市盈率40倍以年化30%左右的增长，能反映整个PEG还是大于1的，两者均说明其成长性。

d. 包括新经典的35倍市盈率，如以30%的增长，PEG也是大于1的，能反映出有一定成长性。

e. 所以这些有一定成长性个股的PEG会略大于1。当然我们认为幅度越大，估计是估值合理，价值被低估反倒是可以重点去挖掘与把握的。

案例2：新经典。图表如下：

新经典

【经营与发展能力】

财务指标(单位)	2017-09-30	2016-12-31	2015-12-31	2014-12-31
存货周转率(次)	1.82	3.49	4.60	—
应收账款周转率(次)	8.52	12.70	10.80	—
总资产周转率(次)	0.55	1.11	1.38	—
营业收入增长率(%)	—	-3.25	14.80	—
营业利润增长率(%)	—	20.46	35.23	—
税后利润增长率(%)	—	16.74	33.19	—
净资产增长率(%)	—	22.54	22.28	—
总资产增长率(%)	—	15.68	25.20	—

★特别提醒：
【业绩预告】2017年度 预计公司2017年01-12月归属于上市公司股东的净利润与上年同期相比增长52.01%。(2018-01-29)
2017年报 预约披露时间： 2018-03-30

○ 业绩近三年复合增长率30%左右，随着募投产能的逐步释放，保持这种增速是大概率事件。

新经典：

a. 近三年复合增长率30%左右，展望未来随着产能的释放，增长速度可能会加快。

b. 好比2017年时是50%，过去是30%，现在是50%。

c. 按未来保持50%与现在30倍的市盈率去算，是非常客观的，现在已经被低估了。

d. 未来可能会继续保持增长。图表如下：

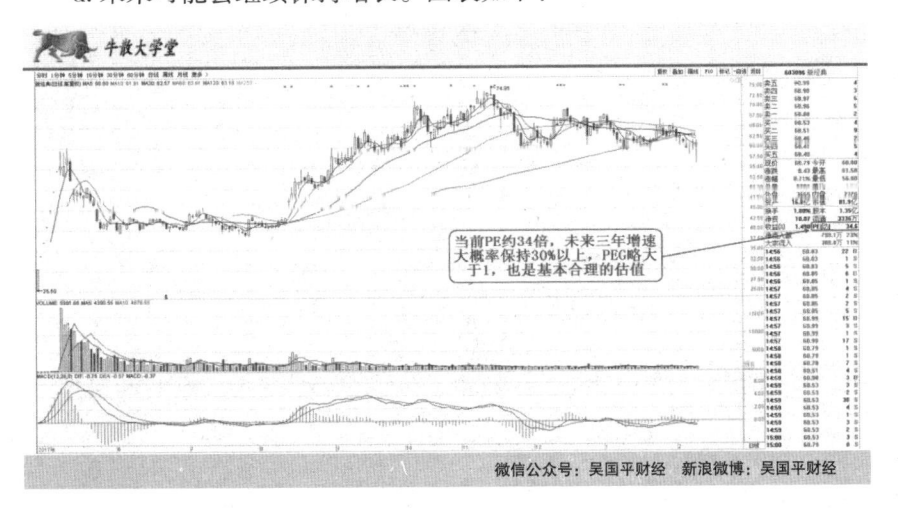

当前PE约34倍，未来三年增速大概率保持30%以上，PEG略大于1，也是基本合理的估值

当前 PE 约 34 倍，未来三年增长速度大约是 30%，PEG 略大于 1，也是基本合理的估值。

案例 3：华大基因。图表如下：

> 2016年业绩增速26.93%，2017年增速14.22%—29.25%，未来三年的业绩能爆发性增长吗？

从以上图表中可以看到增长速度一般，增长不到 30%。那其股价会是怎样呢？图表如下：

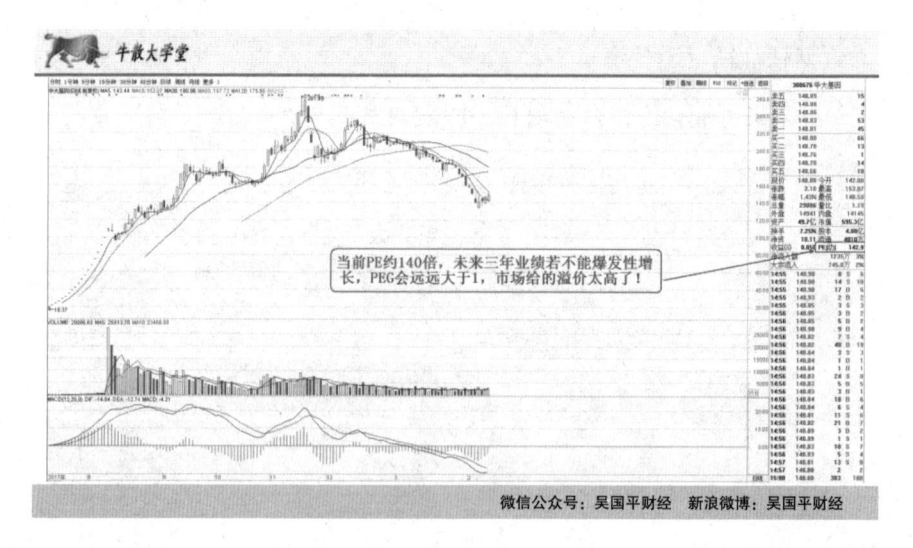

当前PE约140倍，未来三年业绩若不能爆发性增长，PEG会远远大于1，市场给的溢价太高了！

华大基因：

a. 当前 PE 约 140 倍。

b. 未来三年若不能爆发性增长，PEG 会远远大于 1，市场给的溢价太高了。

所以我们要的 PEG 是在一个合理的范围之内，太多或太少都是异常的。所以要对这种异常进行深入分析，思考它的逻辑，看能不能回避风险或者把握机会。

PEG 总结 1，注意事项。图表如下：

牛散大学堂

注意事项

○ 1. 由于PEG需要对未来至少3年的业绩增长情况作出判断，而不能只用未来12个月的盈利预测，因此大大提高了准确判断的难度。

○ 2. PEG最好是用扣非净利润增速来计算，更为准确。

○ 3. PEG主要用于成长股的估值，那些蓝筹股一般不适合。

微信公众号：吴国平财经　新浪微博：吴国平财经

学习温馨小延伸、小思考与小总结：

1. PEG 是要看未来三年的。

2. 看动态市盈率要看未来三年的，都是这样一个逻辑。

3. 看三年的话，会看得更客观一些。

4. PEG 要扣非净利润增速来计算，我们讲的都是净利润。PEG 主要用于成长股的估值，蓝筹股一般不适用。

PEG 总结 2,图表如下：

做股票，关键是看未来

- 历史可以作一个参考，但不是决定性因素。
- 未来能够爆发性增长的，才是最有前途的。
- 这才是成长股的魅力所在。

学习温馨小总结与小思考，PEG：

1. 历史可以作为一个参考，但不是决定性因素，做股票关键是看未来。未来能爆发性增长才是最有前途的。这是成长性的魅力所在。

2. 为什么我一直强调成长为王，现在是一个中小型公司，但能保持业绩持续高速增长。之后，它慢慢地变大，市场也开始追捧了，中小型公司就会变成大公司，或是航母型的大公司。

3. 如苏宁云商，原来叫苏宁电器。从一家区域性连锁超市发展成全国性超市，业务涉及线上线下。从小公司到大公司，市值从几十亿元到上千亿元。东方财富也是如此，几十亿到上千亿，现在有五六百亿了。

4. 成长股的魅力。我们要研究的是希望把握成长。现在可能是 100 亿元，未来可能成长为 500 亿元甚至 1000 亿元。基于此算一下自己的机会，会是几倍放大。强调成长，成长为王的逻辑就在于此。

5. PEG，大于 1 可能会高估，小于 1 可能会低估。用市盈率除以未来的成长速度。

a. 成长速度越高，市盈率现在是 30 倍，成长速度 50,除下去，说明低估了，小于 1。

b. 华大基因显然是大于 1 的，PE 除以它的成长速度，未来看它能不能急速成长，PEG 会趋于合理；如果不能急速成长，最终是会掉头向下的。

c. 最终看的还是未来。未来的一种波动，关键是看未来。

三、市净率估值法 PB。图表如下：

三、市净率估值法(PB)

- 1. 公式推导
- 2. PB的意义
- 3. PB的适用范围
- 4. 注意要点
- 5. PB的应用

市净率：是从另外一个角度去思考一只个股的估值。

1. 公式推导。图表如下：

1. 公式推导

- 市净率=股价/每股账面价值
  =（股价x总股本）/（每股账面价值x总股本）
  =公司市值/账面价值

市净率：是公司的市值除以它的账面价值。

账面价值细。图表如下：

- 账面价值=总资产-无形资产-负债-优先股权益
- 由于账面价值是指公司清算后的资产，清算后无形资产就不复存在，优先股在清算后优先得到赔偿，这（无形资产+优先股权益）要都减去。
- 账面价值=账面净资产
- 每股账面价值=每股账面净资产
- 这是会计上的概念，国内习惯上认为直称为每股净资产
- 所以：市净率=股价/每股净资产

账面价值：其实就是净资产。

市净率是总市值除以净资产，大概得到数值。这个指标不适用于成长股，适用于周期性行业。

2. PB 的意义。图表如下：

2．PB的意义

- 从公式 市净率=公司市值/账面价值 可以这样理解：
- 假如一家上市公司的账面价值是100亿，市值是80亿，试想你用80亿去买100亿的公司，值不值？明显是值得的！
- 所以，当<u>市净率<1</u>时，我们说该公司被<u>低估</u>，相反则高估。

学习温馨小提示与小思考：

例如，宝钢的总市值除以它的净资产会发现已经很低了。市净率很低或者说低于1，说明其重置成本都要远远大于它的市值。它显然是被低估了，可以作为长期投资。但并不代表买入后立马上涨，只是代表这个位置是相对合理的，只要公司业绩稳定，价格迟早会涨上去的，可以做一个长期定投，适用于那些便宜且有价值的公司，是稳定收益。但这并不代表市净率低就一定会有大幅度上攻。这是没有等号的，除非公司被低估且成长性非常好，在某个阶段信风一来就会猛烈上涨。

再比如在某个阶段在线教育火了，某一些细分行业的上市公司在信风来时就会迅速上扬。

市净率比较低只是从另外一个侧面告诉你其自身是有相当的一个价值，至于说什么时候会涨，要具体分析。至少从另外一个角度看目前它是有价值的，这是非常重要的。

3.PB 的适用范围。图表如下：

3．PB的适用范围

- 由于账面价值是扣除无形资产等项目后的计算值
- 所以对于具有明显品牌效应的公司，不适合用PB来估值，如可口可乐品牌
- 比较适合用PB来进行估值的行业有：金融、金属资源、运输业等

账面价值：是扣除无形资产等项目后的计算值。有明显品牌效应的公司就不太适用 PB 来估值了，如可口可乐品牌。曾经有个故事，即使厂房都在燃烧也没有关系，有品牌依然东山再起。

PB 适合周期性行业。用 PB 估值的行业有金融、金属资源、运输业等。这些都有固定资产，比较容易估算。

4.注意要点。图表如下：

4．注意要点

- 不能机械认为PB一定要小于1才能叫低估
- 需要通过横向对比、纵向对比，才能作出较为合理的判断

学习温馨小提示与小思考：

1. PB 市净率：尤其适用于一些周期性行业。

2. 比如现在周期性行业火了，开始引爆市场。

3. 那你就要注意观察一下，其本身的 PB 是否合理。

4. 如 PB 比较高，要警惕接下来的风险。

5. 如果 PB 相对合理，数值在 1 左右或是低于 1,可能被低估了，可以做波段。它是一个策略、一个思考。

5. PB 的应用。图表如下：

5．PB的应用

- 判断指数处于什么位置
- 判断个股高估或低估
- 结合市盈率，选择PB与PE均处于低位的板块

市净率 PB 与市盈率 PE 是融合在一起的。一般 PB 比较低其市盈率也会较低。它们是相辅相成的。

当前上证指数 PB 为 1.66 倍。图表如下：

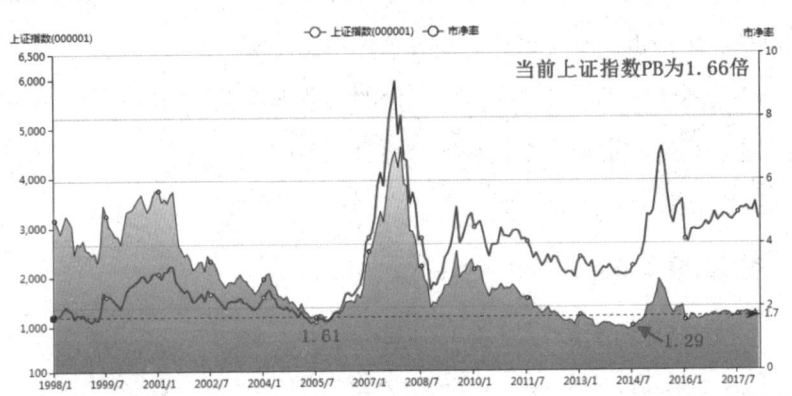

第四节　如何对个股进行估值

当前的创业板 PB 为 3.57 倍。图表如下：

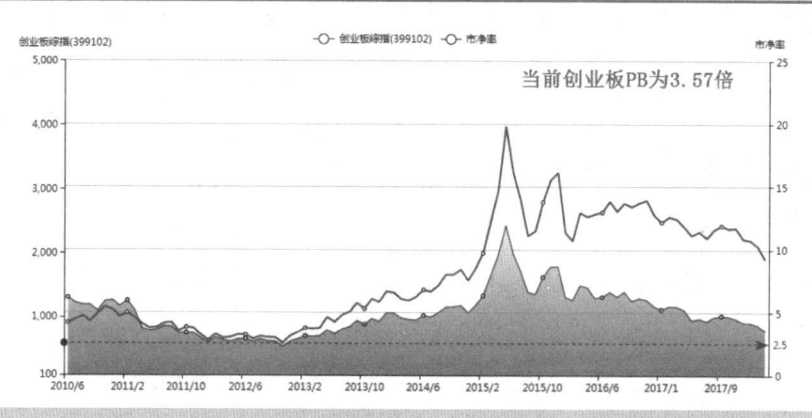

银行上涨的原因与逻辑。图表如下：

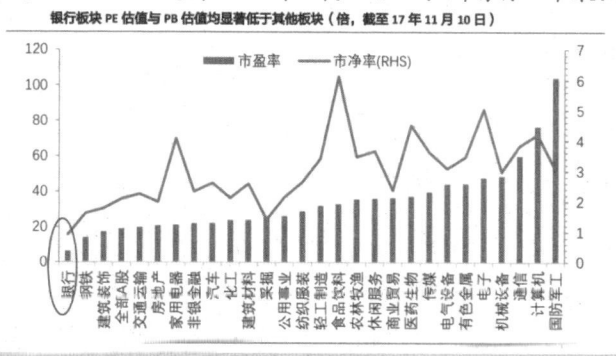

学习温馨小提示与小思考：

2017 年 11 月，银行的 PB 与 PE 在所有行业中最低，是防御的，大家对风险偏好较低，看重 PB 与 PE 比较低的行业。反过来说，风险较高，看成长性，不会选择周期性行业。

135

综合前面的思考与几个指标，PB 与 PE 其实适用于一些周期性传统行业，在防御时有其独特价值。但市场处于上扬攻击形态时，成长性指标动态市盈率、PEG 融合剖析。不管是熊市还是牛市，风险高与低，都要去把握一个核心点：成长为王。成长为王的标的或许在熊市中不一定抗跌，但只要走过熊市阶段，一旦走好时定会一飞冲天；当然也有一些标的，在熊市时也会有资金发现其价值的。

学习温馨小延伸与小思考：

金牌橱柜与志邦股份是相对抗跌的，它们是消费品，大家能提前发现。通过其专卖店的成长速度或是厂房是否满负运转与每天的营业额等，大概可推算出其增长速度，如 2018 年或 2019 年。再结合整个市场本身的容量，比如自家的橱柜是否在升级，这些是可以看得到的。所以消费类产品的高速成长哪怕是熊市里面也是能抗跌的，因为看得清楚。

有一些是看不清楚的，比如物联网、新能源或是新兴产业里的芯片。它们的弹性会比较大，三年之后有些人一定看得很清晰，赚一大笔钱。熊市时有些人看当下，或是今年与明年，比较迷茫，这很正常。这些行业的产品不像消费品一样是可以估算出来的，要从行业里面去找也不是那么容易的，找到了又要忍受市场的波动与动荡。

学习温馨小总结与小思考：

所以，有些时候仓位控制是很重要的。什么时候选中？什么时候采取布局？什么时候加仓？什么时候获利渐出？都是循序渐进一步一步来的。不同行业，未来的路径也是不一样的。一波行情中新经典相对抗跌，属于消费品。读一读它的书或是买上一本，抑或是去书店看看是否畅销，心中大概就有个数，若是拍成电影就属于增量。这里面会发现熊市里偏消费的产业都是能看得清楚的，相对偏新兴产业是没办法一下子落地与看得清楚的。看不清楚的波动就会比较大，原因就在于此。但不管如何，都要在成长为王里去精耕细作，这是必须的。

1. 这至少是我的一个投资核心与理念。

2. 我不会特别看重防御的，PB 与 PE 比较低的就拥抱。

3. 但不会拥抱太多，阶段性小仓位配置一下。重心不在这里。

4. 重心依然是探寻成长。弹性比较大，跌幅比较大，在未来能看到不确定中的确定。

5. 逐步加大配置与仓位。图表如下：

- 白酒、家电、银行、食品饮料等行业
- 低估值时买入
- 高估值时卖出

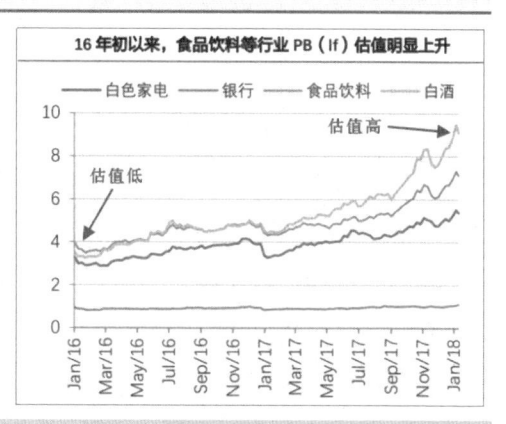

16 年初以来，食品饮料等行业 PB（lf）估值明显上升

白酒、家电、银行、食品饮料等行业的买卖逻辑是，从历史来看，低估值时买入，高估值时卖出。这些行业相对看得比较清晰，都属于偏消费类，在这波行情中走出了消费牛市行情。尤其是增长还保持很好的，特别是家庭升级这块表现很明显。大家都有需求。

总结

- 不同的行业和公司，适用的估值方法都可能不一样
- 单一的估值数据用处不大，需要通过纵向对比、横向对比，才能得出较为合理的判断
- 市场情绪会影响估值的水平

学习温馨小延伸与小总结：

不同行业与公司，适用的估值方法是不一样的。

a. 成长性要适用 PEG 与动态 PE。

b. 非成长与周期性的适用市净率等。

c. 要看合理性与逻辑性，去思考与观察。

d. 不管如何都需要看三年之后的成长。

e. 科技类公司很难估量。如芯片，投入资金大。你博弈的是国家政策与公司高层。又如电影一样，什么类型？主旋律片、武侠片、爱情片等要分析不同类别的反馈。

第一，影片风格，导演是谁。

第二，高管本身如何？行业如何？如阿里巴巴行不行，行。腾讯行不行，行。马化腾行不行，行。有些时候行业行，但人未必行。

第三，之后再去评估，一旦产生效益，利润是多少。

第四，一步做好，再做后面一步，再去思考。

2. 要有一定的想象力。想象力是建立在所有数据上的。

这一点我是有一定优势的。从小到大与现在我都特别爱看动漫，日本的动漫对我的思维影响是蛮大的，很小的时候就爱看鸟山明的七龙珠等。

这些想象力是非常丰富的，透过细微的蛛丝马迹能想象出未来三年或五年的样子。毫不残酷地说，很多时候这个大格局是按几年这个时间周期来算的。十次至少八九次应该是对的。每个人的能量、能力是不一样的，想象出来的不一样，结果也不一样。

但不管如何，必须要有一个系统。先用系统方法去梳理一些东西，然后再辅助以想象力。很多人缺乏想象，就适合做偏传统的行业。预期不要那么高，结合市净率和成长性以及自己的特点，做你看得懂的，科技就要少做了。

不是谁都能在科技股上赚到钱的,也不是谁都能把握住5倍或10倍牛股的。市场里毕竟是少数人。好比上了我的课,不是每一个人就一定能赚到钱的。最终一定是少数人,能力、底子各方面都是不一样的。所以,在我的课程体系里,强调分级学习,1级、2级、3级、4级、5级、6级。刚开始学习的与学习一段时间的,在实盘操练时请记住仓位适用范围,不一样的人有不一样的方法,最终结果也会不一样。在这里强调循序渐进,学习也是循序渐进的,寻找成长个股也是循序渐进的。

课后作业。图表如下:

作业

○ 请选择一个行业或者一家上市公司,选择适用的估值方法,对其进行估值分析!

课后作业要求与说明:

选择一个行业或者一家上市公司,用适当的估值方法对其进行估值分析。这是留给大家的作业。

课后简要总结:

1.在股灾之后,很多个股的估值打下来,特别是一些成长股,由原来的50倍降到现在的20、30倍,总市值回到20亿元以内。思考一下,未来增长速度如何?如果增长速度保持在30%以上,甚至更多,那我告诉你,这里面就一定会有黑马。原因在于增长速度很厉害,现在被市场回撤得那么低,增长与本身价格就是矛盾,自身蕴含着机会。所以,创业板反杀下来,给到我们的是带血的筹码。假设标的是科技股或是新兴成长股,你对三年之后的它有信心,事情非常简单,低位不断加大筹码买入。

从大资金运作来说,十个亿运作一只股票,最纠结的是什么?给我多少时间吸收筹码？低位的筹码？带血的筹码，天天吸！一天吸收几千万元买到差不多的时候，请相信，市场一旦恢复理性，回到原有的轨道中时，市场情绪在提升时，涨幅就噌、噌、噌地上去了。所以为什么有一些资金总是能够把握住这个节点？因为每次市场回撤时，它能发现估值偏低的机会。

2. 市场哪怕回撤下来，如金牌橱柜、志邦股份还有其他一些个股反而没有下行，甚至还能上涨。有些人算来算去后发现，不行啦，现在就去买入吧。你买我买大家买，买上去了。这里是有机构能看得懂的，即使回撤也能慢慢地涨上去的。但有一些不是一下子就能看得懂的，包括机构也是。在没反应过来时你率先反应过来，把握机会等待市场一旦重新活跃时，弹性是会非常大的。

3. 例如科技类，科大讯飞。现在动态市盈率是300多倍，是高是低？算一算一年下来它会赚很多，三年之后能赚几十亿，甚至更多。其弹性会非常大。下行挖坑的考验是什么？各位的眼光还有想象力。如果对这家公司有深度调研并经常关注它的动态与发展方向和重点的话，那就要思考跌下来之后，是否对三年之后的市值与现在的是高还是低了？加紧计算。若是低了，立马吸纳；若是高了，欣赏即可。这就是科技类的弹性。

之前科大讯飞在这里下行挖坑时，很多人很迷茫。之后慢慢地走强时，大家渐渐地看其弹性。未来其业绩会有爆发式的增长，一下子从30元走出翻番的行情。现在要回到30元恐怕是很难了。现在有很多机构至少认识到未来有一定的增长，那为什么现在回撤了呢？因为当时大家对市场、公司及未来是迷茫的。这很正常，情绪会影响你对它的评估。但如果静下心来仔细思考的话，答案会真的留给深入思考的朋友。一句话，在中国很多公司整体团队可以、目前行业可以、看好中国经济未来、看好这一大市场的话，洗礼下的一些标的是给到我们便宜筹码的时候。

紫光国芯当时也是如此，从50回撤到30多。迷茫了才会有这样的可能性。如果大家不迷茫会是另外一种境地。在市场里，特别是科技类公司会随着市场情绪起起伏伏，但有一点不变，未来如果真是确定的且很好的话，方向一定是在那里向高峰前行，如百元股。只是在这个过程中 50、30、60、35 等反复波浪演绎。问题是我们能不能发现这个终点并在波段中把握，能做到至少一部分就非常牛了。我们要对三年之后的它做一个清晰的评估，只有清晰了，买卖过程才更加胸有成竹。否则就是随机与情绪化，则永远都会当韭菜被收割。

4. 所以，我们的牛散大学堂希望通过经验与经历来告诉大家如何前行与操作、理解与思考，等蜕变时所有学习的人能达到这个样子。相信只有一小部分人能达到如愿的样子。大部分人是开拓思维与理念。认可即加入，欢迎来学习，不懂有我们，一起前行、成长、蜕变。

今天就分享到这里，时间如此之快，提前给大家拜年了，用一首诗来作为寄语与希望。

登鹳雀楼
唐　王之涣
白日依山尽，黄河入海流。
欲穷千里目，更上一层楼。

祝大家在新的一年里如意、顺心，风雨之后迎来更灿烂的阳光。2018 年一起前行。

第五节 把握神奇的"时间窗口"

2018年2月23日

牛散大学堂——学最好的课程,做最牛的散户

课 前 分 享

学习小须知:

  1.本小节的分享与课堂内容是帮助有一定基础的学习者来学习、读懂与看懂其内涵的。初学者可以通过了解、阅读慢慢地学习掌握,以提高对资本市场的认知。

  2.本堂课的内容在牛散大学堂股威宇宙的等级为:小学。其余级别结合自身状况进行学习或阅读。

3. 第一季为小白级，第二季为小学级，第三季为中学级，第四季为大学级，第五季为实战精英级，第六季为超级牛散级。请依次学习，逐级递增。

4. 本节课主要讲解把握神奇的"时间窗口"。

大家好，春节后的第一堂课，也是第二季第5堂课。今天的课程内容是：时间窗口。主要是偏技术层面，它是技术层面里一个很重要的组成部分，我也经常用。说白了就是"算命"，算市场的节点、个股的节点等。拥有时间窗口这件武器很多时候会有独到的地方。

讲课之前先祝贺大家：恭喜发财，2018年大吉大利。期盼每个人都大吉大利，期盼我们2018年股市也大吉。当然更期盼我们的牛散大学堂大吉。在经历风雨后迎来彩虹与阳光灿烂的喜悦。

学习温馨小延伸与小思考：

在学习与成长的路上必然是会遇到波折与风雨的。如我1998年入市至今，已经经历了多次牛熊交替。市场不是牛市一直涨，熊市一直跌。市场总是伴随着阶段性牛市与熊市交替，如同阴阳不断交替。正如我文章中谈到的阴至极则阳，阳至极则阴。通过阴阳之道去看市场、看事物的发展与我们自己的成长，在这个过程中去寻找两个字：平衡。

这也是我们人生中平衡的过程，做任何事都是平衡的过程。找到平衡，心就会定，心定了自然会升慧，慧升了，自然能够找到成长之路，找到我们的成长为王、把握市场中的机会。是你的机会一定会来，请放心，市场始终会属于那些最终坚持下来的人。但我们也知道任何一个市场最终赢得收益的都是少数人，遵从二八法则。股市更加残酷，可能一九都没有，但它充满着魅力，大家前仆后继。每个人都认为自己很聪明，包括来学习的人。自认为聪明的在市场过程里会发现自己是很渺小的，非常之渺小。会遇到很多东西与故事，还有一些状况。回顾过去，要珍惜经历的点滴，希望从第一季到第二季的学员们，珍惜整个过程的点点滴滴。

三年十倍不是梦，第一季与第二季也才过半而已。这半年很多人已经被淘汰了，为什么？市场存在一种人，表面说得很好，但其内心是没有办法面对市场波动的。这种人非常多，表面一套背后一套，走不到最后的终点。我们要做的是至始至终保持实心、坚定前行，到达我们的彼岸。一直坚持下来的学员，我很开心你们的坚持，相信未来会有更多学员。前行的过程就是成长的过程，如万里长征一样，从开始到结束，能够走下来的人毕竟是凤毛麟角。三年后能与我一起从开始到最后的人也一定会是凤毛麟角的。我坚信能坚持三年的人最终是市场的大赢家，这点我是有自己的底气与自信的。

回到市场本身，大家看到这段时间市场又触发了一次股灾，股灾之后也出现了一些回暖的迹象。尤其是节前与节后，乐视出现了两连板的一种状态，图表如下：

乐视网跌得很惨，现在接近两连板，从4元涨到5元。很多人会说，哇！吴老师是不是机会来了？没错，这是超跌反弹的机会。但大家不要太兴奋，这些机会不是我们的主流，如要参与，可少量博弈一下。

博弈的心理是暴跌之后的便宜的价格且掺杂着很多，如孙宏斌、贾跃亭等是不是东山再起的故事。对于一些资金来说也有其博弈的需要与价值，所以出现了这样一种反攻。对我而言并不吃惊，毕竟跌得足够深。

要看到所谓的问题，公司期稳至少说明市场有回暖迹象。这个我们要重视，不能不看，若天天跌，跌到一两元，大家的心还是悬在那里，不淡定且害怕。但能够稳住这种动荡，至少是转暖的迹象。如节前谈到的另外一只赣锋锂业，图表如下：

赣锋锂业之前是跌跌不休。我们在100多元时，谈到阳至极则阴，过度涨得很厉害时会有一个阶段性高点或是顶部，100多元下杀到最低50元。反过来阴至极则阳，大家绝望时悄然反攻。反攻行情也是有财富效应的，短期内涨20多元，能够有不少收益。在弱势环境里有这样的个股崛起其实是很好的标杆，赚钱效应慢慢地扩散，对市场是非常有利的。我个人觉得这个概率也会很大。

另一个伏笔，光线传媒，图表如下：

光线传媒在最低时我曾说过，在8、9元钱附近，现在是12元，最高时近14元，至少涨幅四五十个点。若在更早8元左右来看，其涨幅就更多了。我想表达的一点是，有财富效应且在扩散并带动板块，如赣锋锂业带动新能源，光线传媒带动文化传媒。

学习温馨小延伸与小思考：

新能源整个大的产业我认为是没有问题的，在不确定中寻找确定。龙头老大不确定，但在产业链里的零部件是不是会迎来机会呢？零部件可是刚需啊，所以这块是确定的。

商战的历史中，乐视手机消失，小米手机几轮波折后崛起，酷派慢慢地被淘汰。国产手机剩下华为、小米、OPPO等品牌存活了下来。全球的竞争中，苹果打败诺基亚，一枝独秀。

不确定中找确定。

如有些牛股为什么会涨得这么好，是从不确定中探寻确定。例如，欧派家居，图表如下：

金牌橱柜，图表如下：

志邦股份，图表如下：

学习温馨小提示与小思考：

以上案例都是在我们内参里强烈提醒关注的。尤其是志邦股份与金牌橱柜，都属于家庭消费升级并伴随国人物质生活富足后升级换代的需求。在细分领域里他们有其独特的亮点，会有一个发展的黄金期。市场各方有不确定性，家庭升级是确定的，消费是实实在在可以看到的。资金率先布局，在弱市里一枝独秀，发现消费的不确定中的确定。

高科技我也谈到过，未来弹性会更大。科大讯飞，图表如下：

学习温馨小延伸与小思考：

这次股灾，科大讯飞跌幅不大，并自身有其亮点。由于未来发展不确定，使得很多东西看上去不确定，导致K线反复再反复。如果行情回暖，科技类公司业绩开始释放，确定的按钮开始展现，其弹性机会就会展开。第一个条件具备了，市场初步回暖。若不回暖，很多个股继续下杀，其表现机会甚小或不存在。

现在乐视网涨幅接近两个涨停板，赣锋锂业代表新兴产业的龙头涨幅40%，沉浸两年半的文化传媒影视公司也从低点逐步崛起。这些足以说明市场环境发生着一些变化，另一点也说明支持弹性更大的科技类公司会有渐变的开始。蜕变的过程在持续，市场的信风一定是会往更有成长性且不确定中确定的光亮走去。

紫光国芯的表现，图表如下：

学习温馨小延伸与小思考：

紫光国芯是昨天涨停的，今天涨 7 个点，再涨涨基本可以收复失地。不要小看这些个股的杀跌与反弹强度，54 回撤到 30 多有 30% 至 40% 的下杀，但短期阳光照明，很快收复失地。这些标的需要你有强大的内心，其实任何标的都是如此，要知道它背后的逻辑。在过程中需要做的是控制仓位（尤其是迷茫时）。

迷茫时，仓位降下来。更坚定时，仓位加上去。用仓位来控制你自身的心态。如果心态足够强大，始终满仓也是很好的。若无法承受巨大波动与市场结合做些调节，要始终保持平衡度。

所以要透过市场看格局。有人说美股见顶，就算见顶也不是一次性见顶。另外我也不认为美股见顶了，毕竟美股牛了许多年，见顶的趋势不是那么容易走出来的。

第五节 把握神奇的"时间窗口"

　　一个比喻：美股打个喷嚏，A股直接倒下。所以，我们的A股直接率先崩掉。图表如下：

学习温馨小思考后的小延伸：

　　为什么股灾一来直接崩掉？基础不牢。美股在崩掉后慢慢地收上去，A股可一时半会儿没法收上去。A股走强，必须依靠自强。天天靠银行股与白马蓝筹推是不靠谱与不现实的。为什么这次崩掉？图表如下：

资金一直在往这里涌入，到极限时，如阳至极则阴，直接崩下来。所以持续流入一个阶段后是不可持续的。貌似安全的背后也隐藏着杀机。从近期白马蓝筹的博弈来看，是能够看出一些端倪的。有人认为银行股不会大跌，但我的观点刚好相反……图表如下：

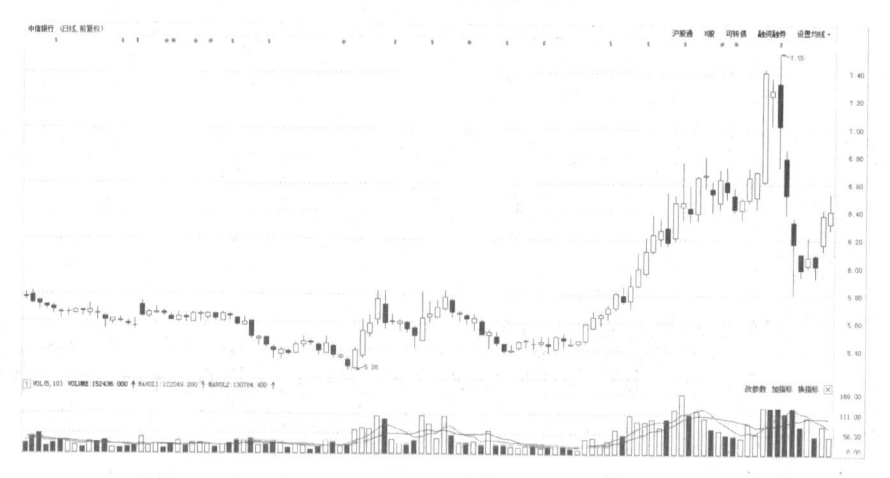

以上图表有三根阴线为大跌。很多人会说价值投资，其实是做价值投机。三个交易日下跌了十五个点，所以不要自欺欺人了。我个人觉得，根源是看它的未来。第一季的第一堂课我就在讲：成长性。

学习温馨小延伸，小思考与小提示：

这段时间我也一直在回顾过去的课程，第一个就是成长为王。成长为王的核心理念是要看这家公司三年之后会怎样？如果有人不了解如何去看三年后公司的发展，可以看看之前的课程。仁者见仁、智者见智，难点也在这里，要靠各自的功底了。

回到市场本身，未来与希望在哪里。崩掉的个股下杀下来，反过来想想，筹码便宜，新的生机会在好的发展前景中展现，此时是最佳介入时机。尤其是科技类型的个股，现在看不清楚，存在很大不确定性，如果慧眼识金，看透未来则是历史性机遇。如光线传媒一样，我的伏笔，很多人在这个位置是看不清楚的。光线传媒，图表如下：

学习温馨小延伸与小思考：

光线传媒我看清楚了。今年春节票房火爆，客观来说在我的预期之中。

提问：或许很多人没有预料到，为什么？这又是怎样算出来的呢？

回答：很多上市公司如横店影视、金逸影视等，募集资金干嘛？建院线。电影质量在提升，今年有几部电影很看好，如《唐人街探案Ⅱ》《红海行动》等。

逻辑简单：

1.《捉妖记2》明星效应——梁朝伟，亮点不多。

2.《唐人街探案Ⅱ》延续第一部搞笑、悬疑，有一定出彩的地方。

3.《红海行动》会是黑马。它是主旋律电影。有用心的真情与实材，反映战争下人的大局观与个人情感的交合，更反映出国家军事实力在普通民众心中的分量。安民护民及人在海外的内心欣慰。果不其然，黑马冲出。

4.《西游记》还行，但肯定冲不上去。亮点不多。

学习温馨小延伸、小思考与小总结：

电影质量越来越好，显然是生态在完善。大家都知道，拍一部好的电影，在院线上演赚钱很容易。投资3亿元，票房20亿元，翻番了。再加上衍生收益，这将是巨大的利益。暴利场所，资金蜂拥而进，促使好的影片及市场布局，生态完善。通过几年的观察，发现不确定中的确定。光线传媒里的作品与团队会在未来的博弈中崛起。从龙头来说，是很不错的伏笔。从黑马角度来说，会有很多文化传媒个股。

如果一个板块真的是主攻板块的话，请记住一点，一定会有一只翻番的个股。从目前来看，光线传媒从最低点来算，也没有实现翻番，所以此板块行情肯定没有走完，里面还有黑马值得探寻。从整个大的格局来看，产业很好，不确定中会有很多确定的因素明朗起来。透过这些思考，希望在其他个股上，你能领悟到这个逻辑。有些东西复制过去或衍生出去，对你选股是有很大帮助的，或对你的思考是有很大帮助的。

洋洋洒洒讲了很多，回顾市场畅谈了思考逻辑与感叹，接下来进入我们的主题：时间窗口。

把握神奇的"时间窗口"

把握神奇的"时间窗口"

○ 一、基础认识

○ 1. 理解"时间窗口"，简单来说，其实就是市场有可能发生转折的特殊时间。而特殊时间计算的依据则来自于菲波纳契数列或江恩数字等，其背后其实都是遵循着神秘的自然法则，很神奇，因此在实战过程中具有相当重要的意义。

一、基础认识

时间窗口，是"算命"。很多人可能不陌生，很多分析师、电视媒体、新闻媒体有时会说一件事，大家要注意下周时间窗口，可能会是一周或某天，这很可能会是开启市场的转折点。

有人会疑惑依据什么判断是下周或都为下星期一、二、三等。其实很多都是源自我们的技术分析里的时间窗口。这个工具其实也来自于自然法则，一生二，二生三，三生万物。

简单，逻辑图表如下：

牛散大学堂

菲波纳契数列也称"神奇数字"

- 1，1，2，3，5，8，13，21，34……其特点包括：
- （1）从1开始，第二项也为1，从第三项起，任何一个数字均是其前两个数字的和数，例如1+1=2；1+2=3；2+3=5；3+5=8；5+8=13；8+13=21；13+21=34等
- （2）任何两个相隔的数字彼此顺序相除或倒转相除，所得数字分别接近0.382及2.618。
- 接近0.382比率，例如：8÷21=0.381；13÷34=0.382；21÷55=0.382等

菲波纳契数列衍生出来的黄金分割点。对股市也有重要的研究意义。

微信公众号：吴国平财经　新浪微博：吴国平财经

1. 斐（菲）波纳契数列。

斐波纳契数列也称为"神奇数字"。从第三项开始，后一个数字均是其前两个数字之和。1+1＝2；1+2＝3；2+3＝5……1生2，2生3，3生万物。3、5、8、13、21、34这几个数字最为常见。

任何两个相隔的数字彼此顺序相除或倒转相除，所得到的数字分别接近0.382和2.618。

这样一除就衍生出了黄金分割点。黄金分割点有些时候用来测高低点，具有非常重要的研究意义。这些都来自于自然的一个法则。记住这个关键数字就好了。再来谈谈如何运用它。

学习温馨小提示与小思考：

除了神奇数字外，还有一个就是江恩时间窗口。研究江恩的人很多，个人建议了解一点就行了，深入的话可能会走火入魔。明白其关键，知道其关键点即可。认清自己最聪明，改变自己最容易。要重视人家现在还不够重视的领域，研究并吃透它，哪怕我不是很专业，对比其他人来说已经是很牛了。

2. 要辩证看待江恩时间窗口：

2. 辩证看待江恩时间窗口。

- 在时间窗口中，江恩时间窗口也是不容忽视的，不过其就不如神奇数字运用那么广泛。江恩指出了一年之中每月重要的转势时间。
- 详列如下：
- （1）1月7~10日及1月19~24日，年初最重要的日子，所出现的趋势可延至多周甚至多月。
- （2）2月3~10日及2月20~25日，其重要性仅次于1月。
- （3）3月20~27日，短期转势经常发生，有时甚至是主要的顶部或底部的出现。
- （4）4月7~12日及4月20~25日，较1月、2月次要，但也经常引发转势。
- （5）5月3~10日及5月21~28日，是十分重要的转势时间。
- （6）6月10~15日及6月21~27日，出现短期转势。
- （7）7月7~10日及7月21~27日，重要性仅次于1月。气候在年中转化影响五谷收成。
- （8）8月5~8日及8月14~20日，8月转势的可能性与2月相同。
- （9）9月3~10日及9月21~28日，是一年之中重要的转势时间。
- （10）10月7~14日及10月21~30日，是十分重要的市场转势时间。
- （11）11月5~10日及11月20~30日，在美国大选年往往在11月初转势，其他年份则在11月末转势。
- （12）12月3~10日及12月16~24日，在圣诞前后，是市场经常出现转势的时间。

学习温馨小提示：

江恩谈到了年初重要的日子：1月7~10日及1月19~24日，2月、3月、4月都有那么多，其实看完之后有种感觉基本上都是关键日子。容易走火入魔。所以，知道即可。最关键还是神奇数字：3、5、8、13、21、34这几个数字记住就好。江恩点到为止。图表如下：

- 上述谈到的江恩时间窗口，第一，背景建立在西方世界，辩证运用于中国市场；

- 第二，其涵盖的时间广泛，把每个月大部分的时间都涵盖进去了，时间窗口具备历史上的共性，具备一定的参考价值。

第一，江恩时间窗口以西方世界为背景，要辩证运用于中国市场。

第二，其涵盖的时间广泛。每个月大部时间都纳入进去了，时间窗口有其历史共性，具备一定的参考价值。

有些人傻傻的，指什么路，他就走什么路，最终不成才都要成才。

二、时间窗口的共振。图表如下：

二、时间窗口的共振

- 研究时间窗口，要高度注意大周期时间窗口与小周期时间窗口的共振。
- 一般情况下，不同周期的时间窗口重叠越多，由此带来的共振能量就越大，由此带来的转折也就越可靠。

微信公众号：吴国平财经　新浪微博：吴国平财经

学习温馨小提示：

1.研究时间窗口要高度注意大周期时间窗口与小周期时间窗口的共振。如日线与周线是否有共振。比如，下周三是一个重要时间窗口，那下周也是重要的时间窗口，两者共振的窗口就会加强，使周三的可靠性更强。因为日线与周线的叠加使可靠性加强，所以要重视它。

2.研究共振，不同周期的时间窗口重叠越多，由此带来共振能量就会越大，带来的转折也就越可靠。

学习温馨小延伸与小思考：

我记得非常清楚，以前在大学参加技术分析比赛时得了　等奖。当时就讲过时间窗口，并洋洋洒洒写了很多东西来分析美国股指等。所以，我的专长是透过它的年时间窗口、月时间窗口、周时间窗口、日时间窗口不断地分析下去，我认为下一个月某一周的某一天有非常强的可靠性！为什么？因为其日线、周线、月线和年线四个时间窗口都发生了共振，时间窗口使理由非常充分。我的讲解也随之激情洋溢，评委都已经被我震撼了。

时间窗口结合形态再融合其他内容作出一些剖析，说明是非常有效果的。从时间窗口的共振可以发现一些机会与风险。当然做这种共振工作有一点不可避免：计算。要从高点算下来，是要花费些时间的，但在做的过程中对市场的理解会更加深入。由粗到细，看到细微的东西会发现一些内容，非常有意思。在过程中我们会有一些顿悟。

案例1，图表如下：

案例1：上证指数5178到2638的月线、周线时间窗口共振

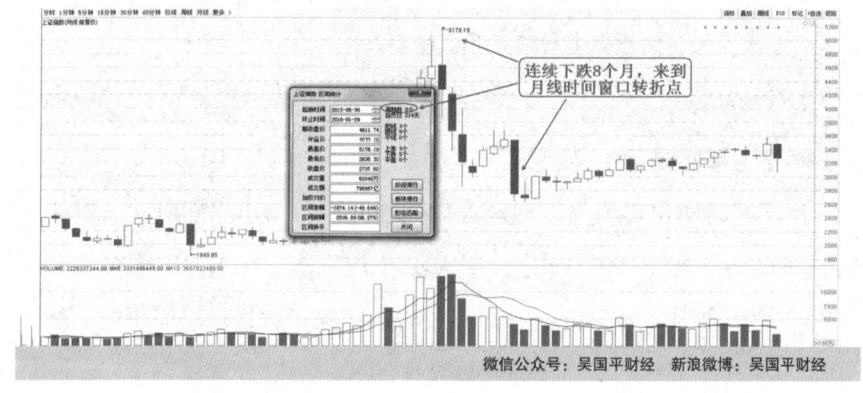

以上证指数为例，5178到2638的月线与周线时间窗口共振。

1. 连续下跌八个月的上证指数开始转折，第九个月没有跌下去。你有理由相信第八个月就是个明确的转折点。

2. 后面会是什么？至少到13的时候你不用太担心，可以去做反弹。

3. 同样的道理，1234你看，其实第五个时间窗口也反弹了。反弹意味着时间窗口是有效的，并且是转折点，更意味着六七月份可放心做多些。

4. 原因是，转折点的下一个时间窗口是第八个月。

5. 时间窗口的运用价值在于：透过这种五到八的间隔去做一些安排，如下跌中的反弹去做反弹，上涨中的下跌回避风险。特别是在这个过程

中第八个月转折之后是9、10、11、12与接近13时都是可以放心做反弹的。但到13时要警惕一下，若13再下杀，那意味着又要有新一轮杀跌；若没有下杀，意味着可以安心做到21了。

6.这样的间隔非常重要，你要算到这个间隔，在实战中运用它的价值。

7.总之，我们一来可以预测，二来可以安排后续的操作与策略。例如，图表如下：

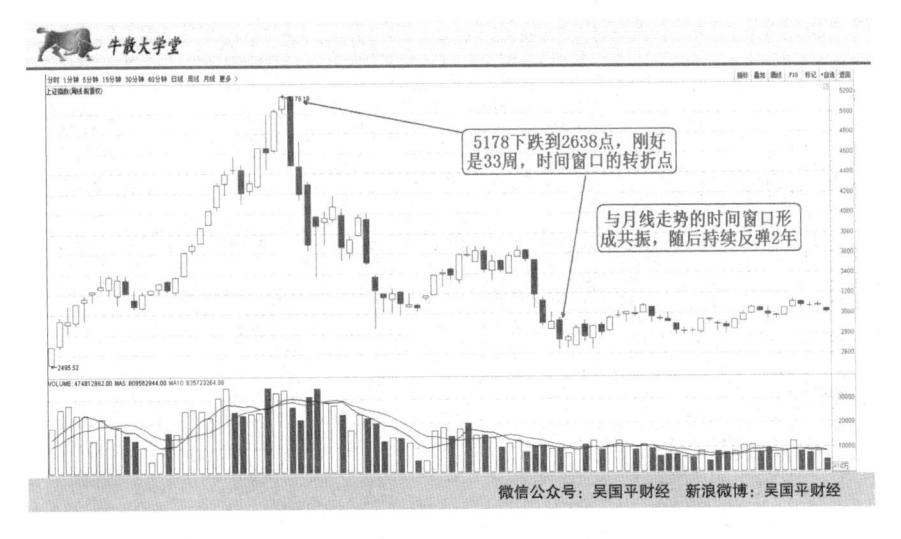

从5178到2638刚好是33周，是时间窗口的转折点：34。其实33与34差不多，时间窗口前移或后移一个交易周是正常的。这个阶段要高度重视，可能是个底部。

提问：那么多都熟悉，会不会失效呢？

回答：1.因为是自然法则，自然源于自然，如四季变化不会失效，所以同样不会失效。

2.另外一点，所谓的很多人对市场而言肯定是少数人。原因在于有谁会天天去算这个时间窗口呢？就算知道窗口，也没有天天去算这个时间窗口的。

3.只有真正要研究的人，才会特定去验算。

4. 所以对市场而言，依然还是少数人。

5. 为什么有神奇效应呢？因为遵循了自然法则。到了那个阶段，人也会形成一种共振的状态，心态会发生微妙的变化。

学习温馨小延伸与思考总结：

我曾说过"阴至极则阳，阳至极则阴"。其实背后就是遵循时间窗口规律。下跌13周或34周，至阴了，市场就存在反攻基础。当然不是每个时间窗口都是有效的，有大有小。时间窗口只是供我们分析的一个工具，我们要结合市场的其他因素，如盘面中乐视网是不是有走稳迹象或有什么财富效应，若验证下来确实能支持阶段性转折的话，才会具有比较大的概率转折，否则这种概率是偏小的或不存在的。这就解决了5、8、13的思考，要根据市场与个股的盘面及内涵来思考是否具备转折的需求。若不转折要等到13，明白吗？ 13不转折顺势后移到21。要有这样的理念，要去践行这样的理念思考，再在实战中去看时就更加胸有成竹了。

案例2，图表如下：

案例2：6124到1664的季线与月线时间窗口的共振

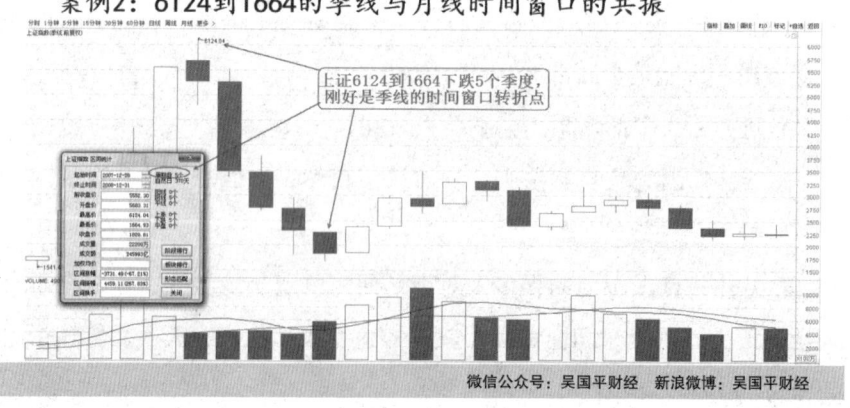

上证指数从6124到1664的季线与月线时间窗口发生共振，下跌了

5个季度，刚好是季线的时间窗口转折点。所以两个周期形成共振时，其转折的概率就会比较大。有图例为证，图表如下：

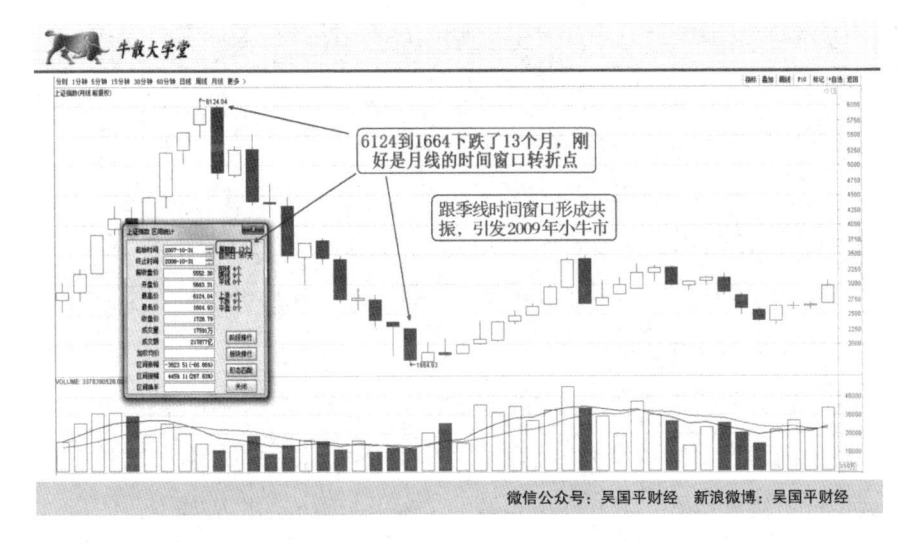

学习温馨小提示、小延伸与小思考、小总结：

从6124到1664刚好下跌了13个月，与季线时间窗口5个季度形成共振，所以跌到这个位置时，可以准备布局出击了。13时看一下，14没有再跌，基本已经确定转折是有效的，安心做多些。

布局的在这里小阳线介入，而不懂时间窗口的会认为，吴老师肯定还要再下杀的，反弹太弱了。但你懂时间窗口，且懂得分析盘面的话，小阳是卖出的一小部，背后是建仓的大部分。

普通人的思考与思维：

大部分人还在想太弱了，三根线来了还是在说弱，不动或者做空，这里继续上涨，他们还在做空。

第五根阳线出现时，才醒悟，不小心已经有了两根阴线，但他们还想再挺挺。

又来一根阳线，挺不住了。

再来一根阳线，怎么办？要不要止损？

再来一根阳线，怎么办？快爆仓了。

再来一根阳线，啊！彻底爆掉。已经没有机会了。

等他反手做多时，再来一根中阴线下杀。哇塞！又杀他一次。

是不是很遵循人的心理博弈呀！

在你看到13之后要等到21时才需要小心，等到22时才迎来转折。为什么会后移一个月呢？因为它太强了，所以要后移一个月也是很正常的。13至21阶段要安心做多。在这大半年里，可寻找优质个股博弈。

不懂的人还在想太弱了，或要不要做。当人家已经赠得差不多时，他才开始认为反弹9个月了，已经确定是一个大转折了。建仓是安全的，一建仓就会重新杀下来，之后懵掉了，懵掉后涨上来又杀。这时进去的人就全线套牢，游戏结束。你看懂了，13月进入，赚大钱，22月可以做差价。就算不做差价，你也是赢的，赢得哈哈笑。图表如下：

跨波动周期带来的共振

- 如何理解？
- 举个例子：一个品种的最高点的34个交易日与其次高点的13个交易日发生重叠的现象，两者的时间窗口共振，转折的可能性更大。
- 前面那部分共振，是从同一起点算不同时间周期共振。这部分是从不同起点算时间周期共振。

跨波动周期带来的共振。

怎么理解呢？

举个例子：一个品种的最高点的34个交易日与其次高点的13个交易日发生重叠的现象。两者的时间窗口共振，转折的可能性很大。图表

第五节 把握神奇的"时间窗口"

如下：

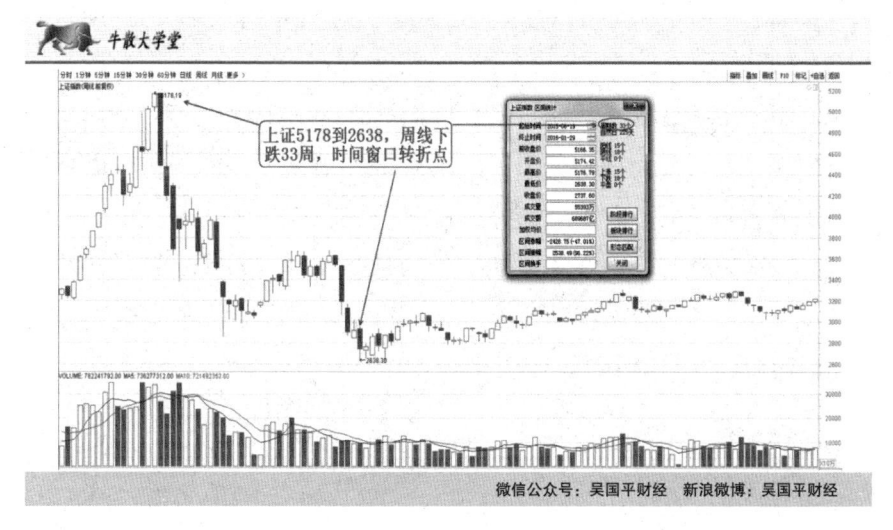

上证指数从 5178 到 2638 是周线下跌的 33 周，是时间窗口转折点。

从一个高点开始算起，或一个次高点，或一个次低点算起，算我们的时间窗口。图表如下：

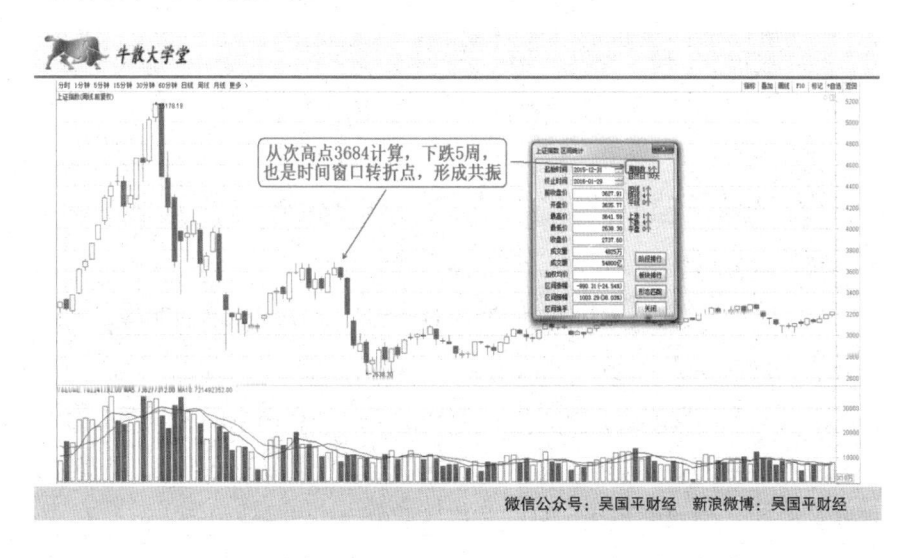

学习温馨小提示与小总结：

1.如上图所示也是可以计算的。之前是跨周期，时间是跨周期的，周线或日线。

2.刚才是从最高点，周线下跌33周是时间窗口的转折点。

3.现在是跨不同的高低点，次高点3684计算。下跌5周，也是时间窗口转折点。

4.这里见底的概率也是非常大的。我们可以安心布局，后面开始走稳了。

时间窗口的共振小结，图表如下：

小结

- 时间窗口的共振：
- 一是同一起点计算的不同周期的时间窗口共振。
- 二是不同起点（比如最低点、次低点，或者最高点、次高点）计算的时间窗口的共振。

学习温馨小总结：

第一，同一起点计算不同周期的时间窗口共振。如前面所谈，同一高点，不同时间，日线或周线，不同时期的时间窗口共振。

第二，是不同起点。如最高点与次高点，两者高点同一时期的时间窗口共振。如最高点是34周，次高点是5周，两者形成共振。与前面谈到的月线、周线、年线、日线等形成共振。

第三，这些都是一种共振。共振越多，能量就越大，其可靠性就越强。

第四，那么只知道共振还是不行的，这只是让你知道其蕴含的杀机或机会。我们还要结合其成长性。如个股的成长性与市场环境，并结合一些具体盘面的博弈，再去确定这里的共振时间点与可靠性。

第五，透过其他外在的分析，感觉可靠时，在这个位置建仓或布局，资金的安全性是相对有保障的。

第六，资金可大可小。越可靠越大，越不可靠越小。这要看你对整个局面的研究与把握程度。

三、时间窗口的周期性。图表如下：

三、时间窗口的周期性

- 1. 时间窗口在K线的分钟线、日线、周线、月线、季线、年线等各种时间周期中都适用。
- 2. 一般来说，靠后的数字比靠前的数字的作用效果更稳定。

学习温馨小提示与小延伸、小思考：

1. 为什么说去算就会发现很有意思呢？因为跨周期很多，所以看一只个股要不断地翻看，不断地翻线。

很多人说会看各种周期线，且每个周期线都能说出来的人是不是学得很厉害的人。时间窗口好像蛮丰富的样子，其实不神秘。

分钟级别的，小级别的，日线、周线、月线则是更大级别的。越是大周期级别的信号可靠性越强。如分钟线是见顶信号，日线是见底信号。某种意义上说，超短线可高抛，但日线可能马上又要接回来。日线是底部信号，要透过跨周期不同的线去思考不同的策略。

效应越大当然周期能量越大。效应越大，支撑的时间跨度也就越强。

有些人做大行情肯定是相对比较大的周期的转折点，月线或周线的转折点，会支撑一波比较大的行情。

2. 一般来说，靠后的数字比靠前的数字作用效果更稳定。

如之前介绍的 3、5、8、13、21、34，前面的 1、2 太常见了，没有什么效力，3 与 5 也很常见。

一般 3 与 5 我们不太用，5 偶尔用一下。

8 与 13 是用得比较多的，可靠性的效果比较稳定。

8 与 13 有些或许忘记了，但都记得时间窗口。3 与 5 有些时候失效了，但 8 与 13，甚至 21、34 反而是更有效的。

时间越靠后，有些会记不住了。如个股 50 元见高点了，第三天你是知道的，但 10 天后可能不知道了。头晕了，股票卖出，但有心人能算出来，明天是 13 天，可以建仓，买入。你出他进，筹码置换。一上涨，会自问卖的低点，为什么？第十三天你受不了了。为什么会受不了，到极限时就是非理性行为。再加上没有用时间窗口洗礼，又没上过我的课，自然在最低时卖出去了。

案例，招商银行，图表如下：

招商银行-13个交易日

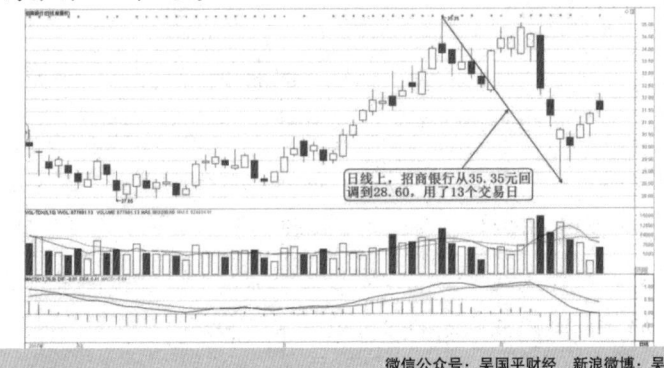

日线上，招商银行从35.35元回调到28.60，用了13个交易日

学习温馨小提示：

所有的这些波动，一定要自然的波动。比如，一些连续跌停的就不算了。当然连续跌停的也有其参考价值，有时从开始跌停算起，第13个跌停板了，那翘班效应很大。你只能从开始跌停板算起。涨停也是如此，从涨停板算起。

有些时候追涨停，第一个、第二个没有意义，因为1、2都是时间窗口，随时可能有转折。但第三个追进去的话，反而赢的概率比较大。

为什么？因为第三个涨停板都没有跌的话，意味着要到第五天才是转折点，第四天是给你出货的机会。

为什么我原来有个说法，见三成妖。见三个板的会成为妖股了，见5个板那就不得了了，那就成妖王了。如果5个板追进去，6、7两个交易是安全的，至少给你机会出货，第8个交易日才是动荡日，是比较危险的，可能是转折日。如果第8天挺过去了，后面就更精彩了。

所以，有些时候，在涨停与跌停板这方面会有独特的一种价值，可以去观察一下。

学习温馨小提示：

这种方法不是让你看到三个板之后就重仓出击。

1.现在管理层很多时候是有干预的。

2.有些时候三个板后，管理层直接停牌核查，第4个交易日可能受外力打压、低开，甚至跌停，都是有可能的。

3.这些一定要在自然交易的情况下，有外力干扰那就没办法了，管理层要你跌还不跌啊！

4.没有外力干扰是可以这样做的，但这种方式只适用于清仓。

5.不是说你学到这方法后，就三板或五板满仓杀入，这里存在着博弈性。

6.另外太多人知道了，炒股本质上就是一种博弈。博弈本身就是一种概率，而不是说百发百中。

7.市场没有百发百中的。大概率有五六成涨，但反过来还有三四成跌。风险大，小资金可以。

8.运用时间窗口可以体验一下，试一试。有1000万元资金的话，几十万玩一玩，无伤大雅。

案例，格力电器，图表如下：

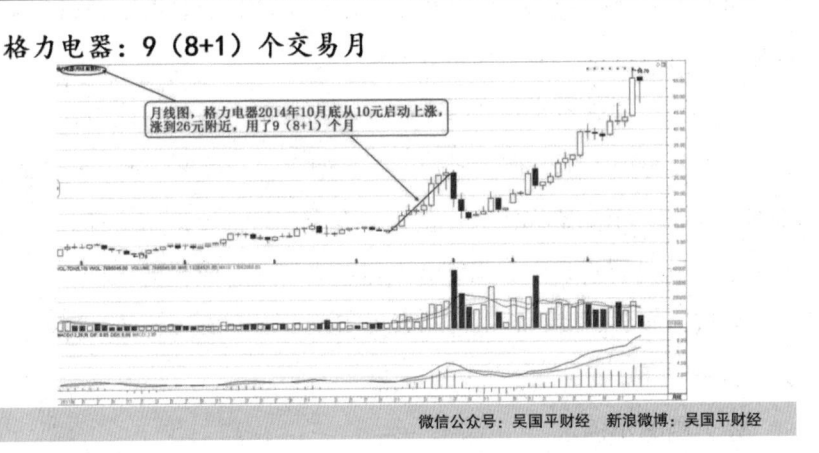

格力电器：9（8+1）个交易月

月线图，格力电器2014年10月底从10元启动上涨，涨到26元附近，用了9（8+1）个月

微信公众号：吴国平财经　　新浪微博：吴国平财经

格力电器，月线图：（8+1）＝9个交易月，上涨8个月，要警惕，或是做波段。当然做完波段后会发现是一个洗盘。

学习温馨小提示：

从更大的格局来看是一个上涨途中，这也告诉我们时间窗口不是到8个就是转折了，见顶了。

之前说过日线见顶，可月线还是底部，要综合运用其他方法分析。这只是告诉你日线见顶，但周线月线还是底部。交易策略：小服从大，做个差价。

留底仓或是全仓出，以规避风险。

有些人干脆不动，后面的利润入袋。

要看大的形态，时间窗口只是告诉你阶段性的状态，高与低没有办法告诉你何时见顶见底。要从整个形态、个股本身的特性了解答案。所以，时间窗口本质上就是一个辅助性工具。

案例，乐视网，图表如下：

乐视网：5个交易年

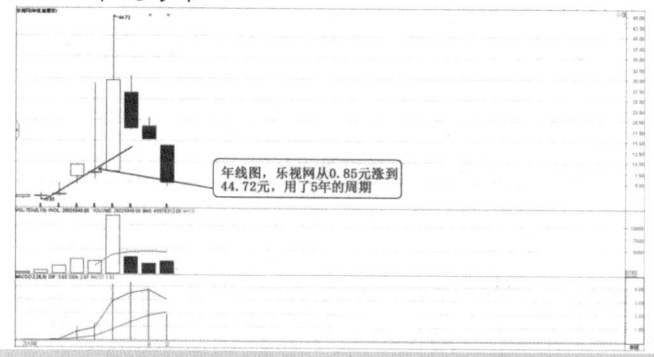

年线图，乐视网从0.85元涨到44.72元，用了5年的周期

乐视网涨了5年，盛极而衰。有些算命的就会跟你说，五年之后会有一劫，就是这样算出来的。他会算一算你过去怎么样，大红大紫，会马上给你泼冷水，小心接下来可能会有一劫哟。

人家是怎么算出来的，因为前四年你都是不错的，第五年可能开始转折了，之后就阳极而衰。所以为什么我要谈平衡，当你特别好的时候，要想办法平衡，若不平衡的话，就有可能出现盛极而衰的一种格局。怎样才能保持长盛不衰呢？只有从内部去平衡。

学习温馨小延伸与小思考：

发展特别迅速时要收缩一下，让自己不要那么快。如GDP一样，每年都是十几个点。若要保持其成长性就要保持不要阳至极则阴，主动降下来。保持新的平衡，保持一种上涨的态势，要能感受到其中的微妙变化。

所以，有些时候，就如现在的市场一样，近一两年都不是很顺，不要灰心。近一两年不顺，可能接下来你要开始转折了。因为你的人生转折点已经开启，相当于第三年就是你的时间窗口。要抓住这个机会，要更加大干特干去做一些事情，而不是彻底沉沦。

为什么有些时候人与人之间的差异会那么大？几年的不顺使一些人彻底沉沦，沦为一般人、普通人。但有些人会化悲愤为动力奋发崛起，第三年大爆发。我曾经总结过，人与人之间差距就是关键那么几步。其实成功人士与我们没有太大区别，区别在于抓住了关键的几步而已。那几步其实三五步就够了，关键是那几步所走的路，和我们要的不一样而已。他有他的成功，但并不代表我们未来会达到新的一个成功。我们做的牛散大学堂一样，每一步的前行都可能是一个很重要的转折点。2018年这一步走成功，就与很多同类型的人完全拉开距离了。

学习温馨小思考与小总结：

我曾经说过三年十倍，很多人才上了两季，马上到时间窗口了，要转折了，再见了，他是没有办法迎来新机会的。在时间这个历史长河中，要懂得把握某些节点，懂得在过程中找到平衡，然后在平衡中找到自我发展。今天的课程，大家能吸收到就是顿悟的开始。

图例，图表如下：

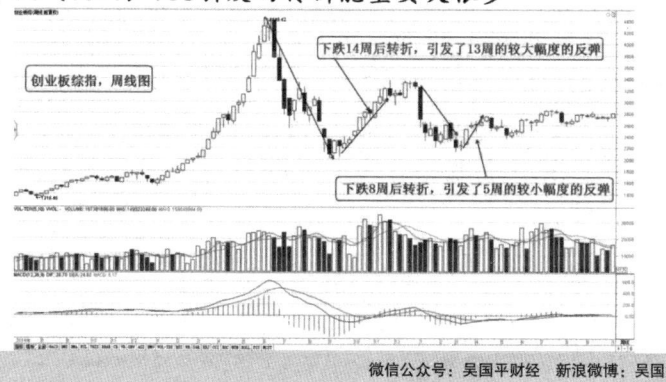

数字14（13+1）比8引发的转折能量要大很多

学习温馨小提示，时间窗口的周期小总结：

在时间窗口中数字14（13+1）比8所引起的转折能量要大得多。数字越大其转折的力量就会越大。越靠后所积蓄的能量也就越大，如书里所讲能量体的概念，周期越大，其能量也就越强。道理是一样的。13根K线比8根K线所堆积的能量肯定要大很多，其迎来的转折力量也会大很多。

为什么要研究靠后的数字转折呢？原因就在于此。13更靠后的是21，21之后的是34，34之后的是55。这些靠后的数字要计算、研究一下。越靠后的转折能量就越大，为什么会大？13转折之后要21才转折。其间隔是7个交易日或7个交易周或7个交易月可以让你在里面充分折腾。但如果是5个交易日或5个交易周，其量能就会比较小。原因在于5到8之间才2个交易周，其量能肯定会小。

所以，越靠后其间距就会越大，能量就会在里面体现出来。在这过程中，再结合其涨幅或跌幅来评估接下来什么时候是真正的转折，以及下一步如何去演绎，所以整个体系是一环扣一环的。

四、时间窗口的位移。图表如下：

四、时间窗口的位移

- 时间窗口开启的时间一般遵循3、5、8、13、21、34……这些"神奇数字"的序列。
- 但是市场是瞬息万变的，有时候在外力的影响下，时间窗口是有可能发生提前或延后的。

对于时间窗口而言，数字的前移或后移是可以的。之前我也谈过，学贵在学神，而不是学形。

有时盘面很强，后移一天；盘面很弱，前移一天。

弱，转折时间提前；强，时间可以后移，这里有惯性。我们要清楚这个逻辑。

灵活学习与掌握。清楚逻辑后，就知道接近8时是否强势，如天天阳线，本来第8天转折就可以先拿着，看第9天如何，如第9天不行，再卖出都可以。因为它有惯性，会后移至第9天。图表如下：

- 一般提前或者延后的时间长短和序列数字有很大的关系，一般"50"以下的神奇数字也就是一个交易日，大于50的数字则可能适当增加一两个交易日。
- 换句话说，有时候在8这个时间窗口的时候，实际上7和9发生转折也是有可能的。

1. 50以下的神奇数字也就是一个交易日。大于50的数字则可能适当增加一两个交易日。

比如53、54、56、57都是可以的。因为数字很大了，所以，一周是非常关键的。一周5个交易日，53~55刚好一周，非常关键。每一天都是非常关键，每天必须盯盘。数字很大时，关键一周一定很有可能发生转折。若是跌跌不休，那你就可以周一开始行动，先布局一点，直到周五，静待转折。

2. 50时，就位移1天。如8这个时间窗口，7与9都可能发生转折。

案例，东方雨虹，图表如下：

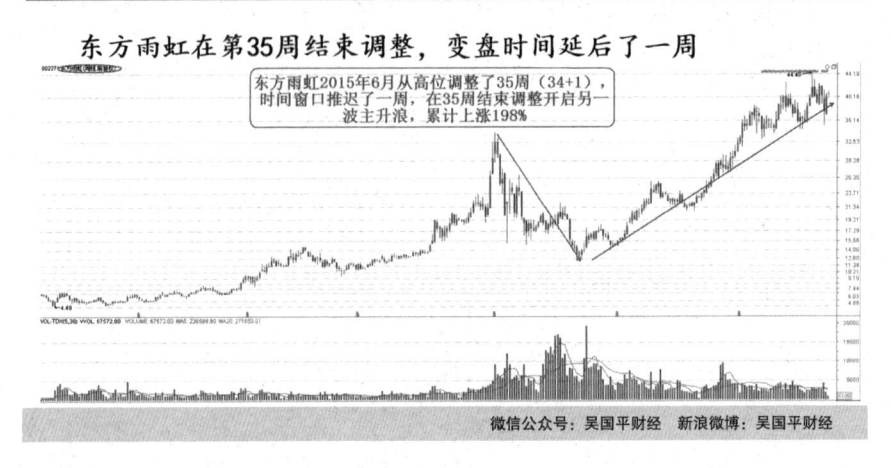

东方雨虹在第35周结束调整，变盘时间延后了一周

东方雨虹2015年6月从高位调整了35周（34+1），时间窗口推迟了一周，在35周结束调整开启另一波主升浪，累计上涨198%

东方雨虹高位调整，34+1调整了35周，之后开始了新一轮的上升浪。所以，事物的发展一定是阴阳平衡发展。调整是为了未来更好地上涨，尤其适用于成长性公司。成长性公司开始上涨很猛，市场透支，时间调整等待其基本面跟上来。

基本面先透支，随后不断跟进，到一定阶段时又引发新一轮共振。大家发现这个位置市盈率非常低或被低估。好了，新一轮增长开始了，所有技术周期波动与其基本面的起伏一定是息息相关的。印证了我们的核心：成长为王。我们把握好节奏，就会如鱼得水。

案例，北新建材，图表如下：

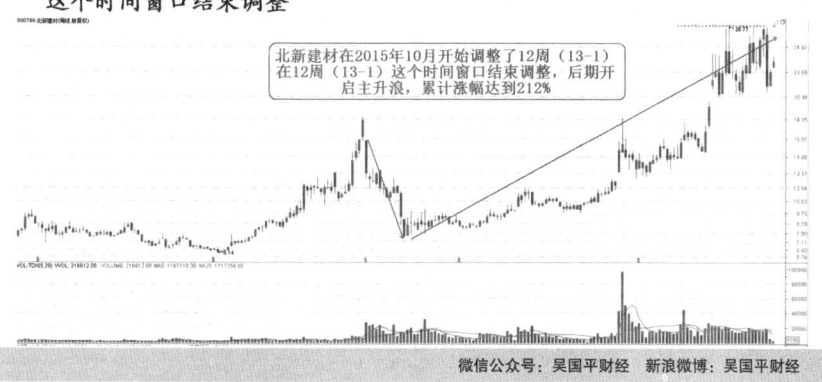

北新建材在2015年10月开始调整了12周（13—1），在12周（13—1）这个时间窗口结束调整

> 北新建材在2015年10月开始调整了12周（13-1），在12周（13-1）这个时间窗口结束调整，后期开启主升浪，累计涨幅达到212%

北新建材调整了12周（13-1）时间窗口结束，之后是新一轮的上涨。

案例，新经典，图表如下：

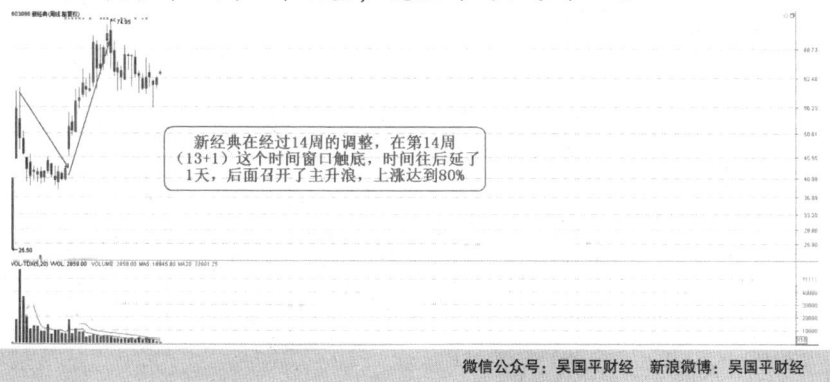

新经典在第14周结束调整，变盘时间后移了1天

> 新经典在经过14周的调整，在第14周（13+1）这个时间窗口触底，时间往后延了1天，后面召开了主升浪，上涨达到80%

新经典在第14周结束调整，变盘时间后移了1天。因为较强，所以又调整了几周。大家要自己算一下。13周已经过去了。新经典多讲几句，图表如下：

股市成长为王盈利体系解析

新经典的走势很强，基本不受股灾的影响。14周见顶，从顶点算起，13周刚好见低点。走势强到盘中突然触及跌停时又被拉了回来。之后两周，14没有继续下跌，15还是在那个位置。

从时间窗口来看，属于新一轮反弹周期。什么时候见新的下跌呢？比如反弹三周了，也是一个时间窗口，所以下一周很重要。如果能够稳住你就可以见到五周，但不管怎样，这个大跌周期已经结束，现在新的反弹周期要看接下来运行的格局了。

案例，欧派家居，图表如下：

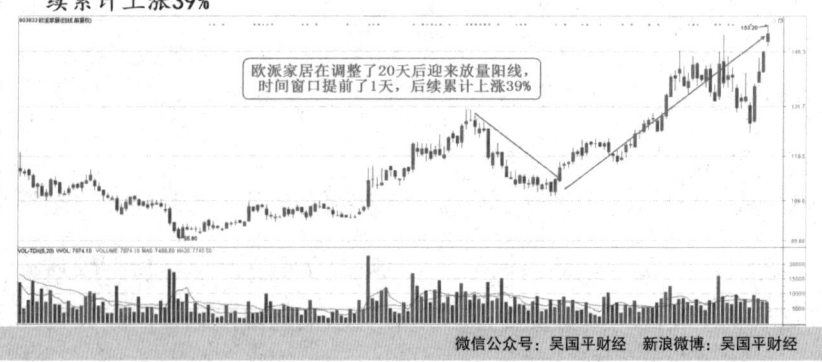

第五节　把握神奇的"时间窗口"

欧派家居调整 20 天，迎来放量阳线，时间窗口提前一天。周线，图表如下：

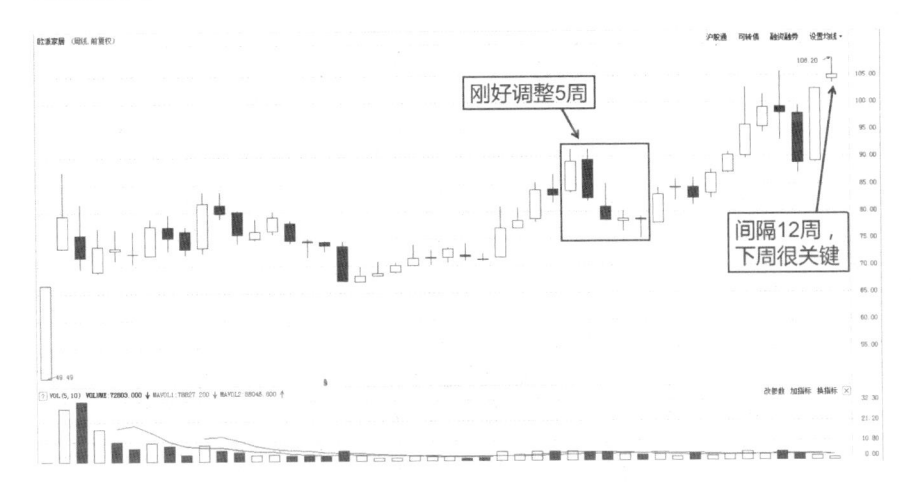

从欧派家居的周线来看，刚好调整 5 周，调整完毕。开启了新一轮的上涨，连续上涨了 12 周。下一周是时间窗口，会不会是上涨 13 周的高点呢？如高点不出来继续强势，那就要等到第 21 周了，真的要成为大牛股了。

从这只个股来说，下周是非常之关键的。若不见高点，或见了高点且保持强势。那我告诉你，这类个股就要进入新一轮的上涨周期了，要到 21 周才是转折点。有些时候运用价值，算它强者恒强，就是这样去算的。如有些人说下周很关键，就是这样算出来的。

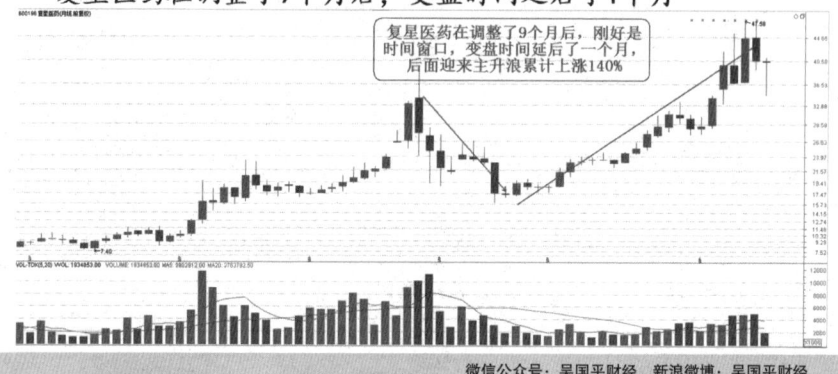

案例，复星医药，图表如下：

复星医药在调整了9个月后，变盘时间延后了1个月

复星医药在调整了9个月后，刚好是时间窗口，变盘时间延后了一个月，后面迎来主升浪累计上涨140%

复星医药调整了9个月后，变盘时间延后一个月，之后开始了新一轮的上涨。

第五讲：把握神奇的时间窗口　总结

时间窗口的注意事项

1. 月线、周线等大周期更为有效。
2. 时间窗口是否真的转折，还需要盘面印证，比如大级别背离等明显的转折信号的配合。
3. 千万别走火入魔。时间窗口有神奇效果，但没有达到神话的地步，我们学习它只是在具体把握市场脉络时成功概率大一点。

学习温馨小总结：

时间窗口的注意事项：

1. 月线、周线等大周期更为有效

日线会使视野变得非常局限，更不要说分钟线与小时线了，你也不是在做期货，需要天天 T+0。你是做一个以成长为王的博弈交易，要多看一些周线、月线。透过这些变化去思考现在运行的格局，心中才会更有数。

2. 时间窗口是否真的转折，还需要盘面印证

比如大级别的背离等与明显的转折信号配合，如外部环境等。

3. 千万不要走火入魔

时间窗口有其神奇的效果，但没有达到神话的地步，只是一个概率问题。特别是江恩的时间窗口，每个月有那么多的时间窗口，其实就是让你走火入魔。一般人知道即可，别深入研究。最重要的是研究好斐（菲）波纳契数字，把其应用价值梳理好，会有非常大的帮助。还有就是在课上讲过的哲理很重要。阴阳平衡大家好好体会，甚至可以写出一些个人的感悟出来。

课后作业，图表如下：

牛散大学堂

作业

- 寻找时间窗口的共振性、周期性、位移等案例。
- 各找一个，可以找个股案例，也可以找指数案例。

微信公众号：吴国平财经　新浪微博：吴国平财经

课后作业要求与说明：

今天的课后作业，大家好好去做一下，顺带加上对今天课程的感悟或感想，以及对阴阳平衡的理解与思考。

课后简要总结：

在这段时间内通过学员的作业以及与他们的交流，发现了一些好苗子。很高兴告诉大家，我已准备把他纳入我接下来的写书小团队里来，协助我做一些事情。在这个过程中，他会成长得更快，当然我也需要去协助他们成长与前行。通过学习以及做作业的过程，会更加清晰了解到一些人的思路与逻辑。有些人实在没法做也没有关系，我也不勉强，你写点感悟也行，短短几句都行。点滴的素材保留会有各自的提高与清晰认识。

我期待在某个时间里把一些很好的案例或素材纳入我所写的书中，大家与我都能留下很好的回忆让我们一起成长。

犹如笔墨方寸，点滴入海。

大家不要太在意市场的打喷嚏，有喷嚏是非常正常的。不要因为一两个喷嚏先把自己吓倒了。相反听到喷嚏，要更加有信心与信念才是。懂得阴阳平衡的逻辑与时间窗口的推算，推算出下一个精彩的未来。

为什么我说下一周很有可能蜕变呢？某种意义上来说，下一周何尝不是一个很重要的时间窗口呢？你说是不是呢？

好，今天很高兴与大家分享到这里，欢乐的时光总是特别快，期待 2018 年我们都大吉大利！期待 2018 年我们一起更好地成长！谢谢大家！

第六节　牛股启示录

2018 年 2 月 28 日

牛散大学堂——学最好的课程，做最牛的散户

课 前 分 享

学习小须知：

　　1.本小节的分享与课堂内容是帮助有一定基础的学习者来学习、读懂与看懂其内涵的。初学者可以通过了解、阅读慢慢地学习掌握，以提高对资本市场的认知。

　　2.本堂课的内容在牛散大学堂股威宇宙的等级为：小学。其余级别结合自身状况进行学习或阅读。

3. 第一季为小白级，第二季为小学级，第三季为中学级，第四季为大学级，第五季为实战精英级，第六季为超级牛散级。请依次学习，逐级递增。

4. 本节课主要讲解牛股启示录。

刚才写了三个字，是"创未来"。我们要撸起袖子加油干。

创未来，一方面是要创造属于我们自己的未来。另一方面，要坚定看好创业板的未来。双重底，也是代表胜利的意思。

今天市场是一种动荡与分化的格局，我们期待生态平衡的日子已久。主板连续暴跌，昨天跌了一个多点，今天跌了一个点。而创业板连续强势，昨天涨，今天涨。个股是分化的，不是所有个股都在涨，与今天的课程是非常应景的——牛股启示录。

学习温馨小提示与小延伸之思考：

谈到牛股启示录，我会有一些感慨，相信大家也很想听听我的感慨。我选中的新经典也算是这波行情里的牛股了，这只股票给我的启示是从头到尾。我相信一直来到现在的学员中，可能就那么一两个，顶多几个人。我曾经一直强调不管有没有上我的课，市场最终的赢家都是少数人。新经典股票的持有者在经历这波风雨后，回头再看应该是会有一些感慨的。如学员穗姐，一直坚信与持有信仰，经历了前期股灾、中期的动荡、后期的洗盘等，在这过程中不经意到70元。回望成长，这应是市场中极大的验证。从第一季到第二季，相信很多人都知道"成长为王"是我的一个核心观点。或许有些人不理解，稍后与大家慢慢分享。

我们先分享一下市场里的信息。在分化的格局里，会发现一些有价值的内容在慢慢地涌现出来。今天盘面一个重要的看点是白马蓝筹里的老板电器的两个跌停。图表如下：

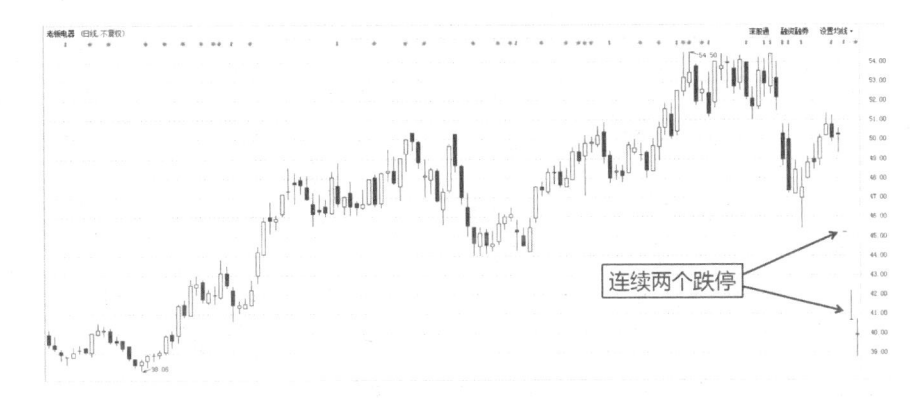

[图表：老板电器K线图，标注"连续两个跌停"]

学习温馨小延伸与小思考：

老板电器的增长有明显放缓的态势，市场出现反杀。

我曾提出一个概念叫作"价值投机"。所谓玩价值投资者会买入老板电器、美的、格力或银行股，安全与稳定。前期会很安全，不断上涨前行，除安全的原因外，还基于当下的状态和投机的心理。

现在市场下杀会有人跑掉，但反过来我会告诉你若真是价值投资在这里买入，认可中长线或两三年的话，在这里进入，就没有很多人有此胆略与眼光了。用成长与本质来看，老板电器是一只好股票，而真正的价值投资是要敢于面对急跌与市场的各种情况。

连续跌停又如何，纵观此股的历史长河不过就是一个阶段的动荡而已，其长期趋势还是向上的。前期的股灾虽有些恐怖，但这叫系统性风险，谁也没有办法回避。

学习温馨小提示与小思考：

强调一点，在这个市场中没有神仙，我本人也不例外，不是神仙。我看好的标的，阶段性有可能暴跌，这很正常。

博弈讲究的是一种概率问题。

1. 你看好的成长股，讲究的是逻辑问题。

2. 当你在把握成长股操作时，讲究的是信仰问题。

3. 反问自己有信仰否？有逻辑否？有思考过概率否？

若都没有，两个字适合：麻木。吴老师说好就好。而你没有系统分析只有麻木，在市场中会赢吗？每天上课经常自问，这样的股票怎样，一次理解，两次说明骨子里是麻木的。要有逻辑地思考，之后是系统的建立，最后形成体系。再思考新经典背后的逻辑，在老板电器中要思考长期走牛的内因，这才是最重要的。

这与我们今天对应的主题牛股启示录相照应。学习要学到本质，找寻到启示的东西，这会为在接下来把握个股的过程中，遇到牛股并为之一战而奠定基础。

如新经典，从40元涨到现在至少70元至80元的收益，而你的胜局就此奠定。其他个股亏个20、30，对冲掉也是没有大问题的。其整体是好的。如曾经说过的333原则，有三只股票一只大概率率先跑出来，又如田忌赛马，二胜一败，整体上对冲掉不利，剩下的就是胜利。

问题是有没有能力把握住大牛股？其他人不具备，原因有三：一是无逻辑，二是无能力，三是看当下。洋河股份，图表如下：

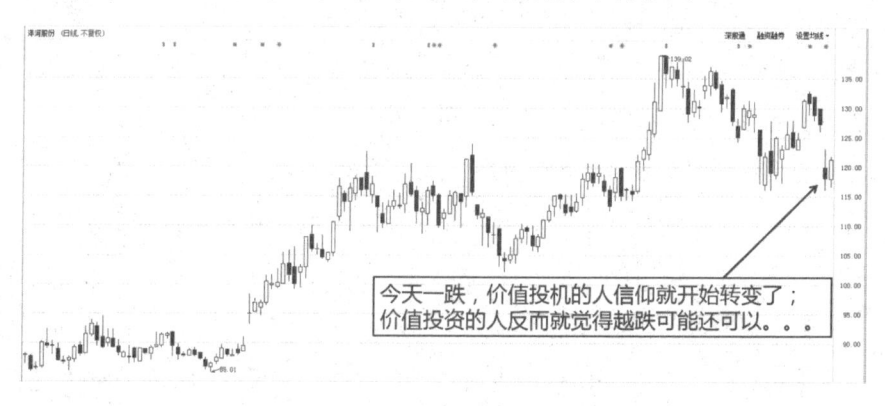

洋河股份，今天一跌马上开始转变，这样不行。

对真正的价值投资人来说，抗跌可能还是可以的，但没有勇气在下跌时买入，便不会在上涨时有勇气卖出。这是考验很多人在博弈时骨子里的东西，而大部分人是不具备的。

如前期银行股的上涨，有人说买入银行股放心，不会跌到哪里，而

市盈率很低，理由很多。如中信银行，市盈率就很低。图表如下：

[图表：中信银行 K线图，标注"跌幅近20%"]

学习温馨小延伸与小思考：

中信银行从 8 元多钱下跌到 6 元多，跌幅有 20%，该如何解释？

或许有些人会说继续持有。

继续持有没有问题，我再多问一个问题，如果明天再跌 5 个点，你还持有吗？相信很多人都会动摇了。

其动摇的原因是什么呢？因为心理防线受不了了，就多那么 5 个点，技术破位，出仓走人。再加上之前的 20% 下跌。

再观察一下新经典，图表如下：

[图表：新经典 K线图，标注"盘中急速杀跌破位"]

新经典在这一天破位！盘中急速下杀破位，没错，急速杀跌破位！

或许很多人就因多跌那么一点点，在 56 元左右时拼命出仓离位。

之后渐渐收复至 69 元附近，56 元到现在的 69 元，一个在天上，一个在地上，为什么？

因为没有投资系统，正因为没有投资系统做支撑的信仰，所以在技术破位时，感觉天塌了。

我曾经一直强调：技术是辅助成长性股票的操作。

大部分人天天是这个样子，追涨杀跌，与我的理念不符合，是害群之马，要清除掉。

除新经典以外还有东方财富。图表如下：

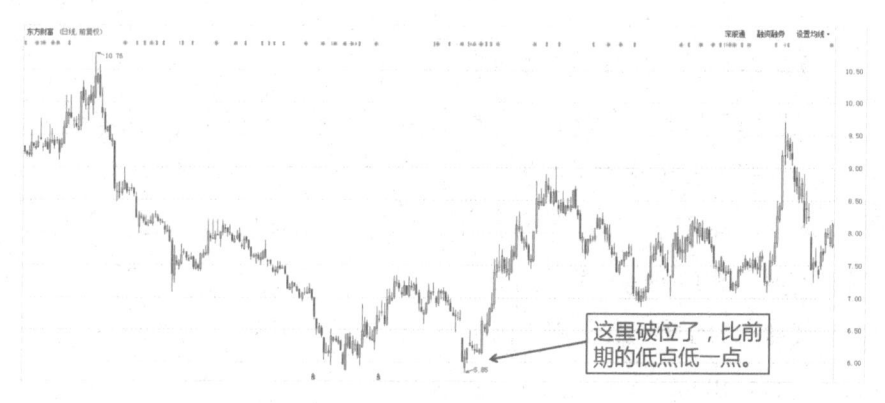

[图表：东方财富K线图，标注"这里破位了，比前期的低点低一点。"]

东方财富大家可以看到，在这个位置破位，比前期稍微低了那么一点点。

噢！不行啦，出仓离位。

之后，上扬、反攻、逼空，涨到十几元钱。现在再也见不到之前的 10 元附近的低点了，其 K 线图形构筑出一个大型的底部。很多个股都是如此演绎的。

你是否建立你的信仰？是否有思考逻辑？弄明白了概率与否？这些都将决定你能走多远。大部分人是盲从与盲目的，自己平时上班、工作，但又想盲从中获取利润，市场是少数人才能获胜的。反问一句，你凭什么？有些时候，我希望大家能很好地融合着学习一下我的思想，辩证地理解成长的道理与理念，这样筛选的操作可以言行一致。

我的学习体系是分1至6级的，初期可以按照第二季的要求做参考，小仓位尝试一下，找到操作时的感觉与体系建立时的分析和判断。不要重仓出击，若遇到前期股灾的状况，你是受不了的，到时说吴老师是忽悠人的，多尴尬。市场本身就是有风险的，我本人也不是神仙，只能告诉你正确的方向是什么，而且市场长期盈利是要时间的（三年），要有此耐心。没有耐心，今天买入，不涨感觉不行。如此判断，只看当下，属于短视，或叫价值投机。这本质上属于投机分子，打着价值投资的名义而已。回到市场，看创业板指数，图表如下：

创业板如我所说，已不知不觉中V形反转了，马上回补之前的缺口，马上就是大的V形反转了，与东方财富的走势类似。结合上一次课的时间窗口分析来看，可以说接下来的走势是11个交易日，就算动荡也是周五，不是周四。所以明天强势逼空的概率还是比较大的，如果文化传媒明天继续精彩，不得了，一根中阳概率也是存在的。就整体而言，周五是时间窗口，需要警惕一下。这里无非是消化一下，之后最终目标剑指两千点。这是我的整体思路，信与不信在你，这是由我分析相关数据而得出的。

继续主板分析，图表如下：

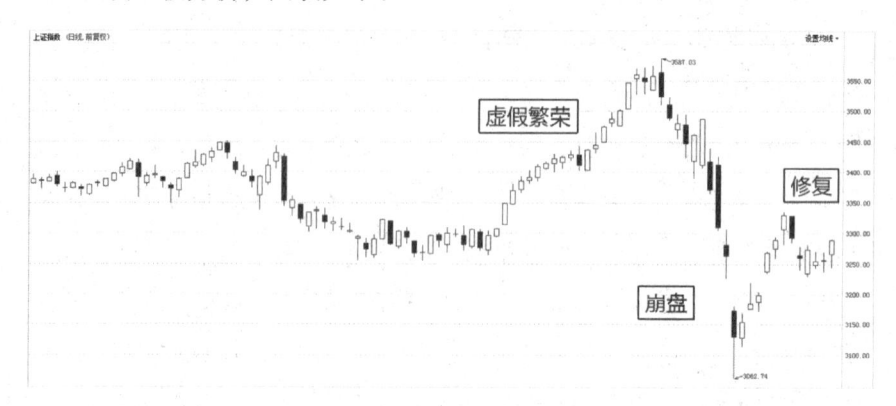

主板相对比较复杂一点，前期走势有些虚假繁荣，特别是如上图所标出的连续的阳线，绝对是资金硬扛上去的。后面顶不住了，出现了崩盘式的下跌，现在也是一种修复。近期的格力、洋河也告诉我们，修复进行中，大逆转不可能。但一下大幅度杀跌其可能性也不大，所以在这区间是上下反复动荡，有一点能确定，即偏弱。弱不代表上证不涨，反复反复，有些板块偏弱，而这不是我们关注的焦点。

在上课前我写了三个字："创未来"。未来的机会在依然坚信的创业板上，特别是2018年。这里面有很多机会会展现在眼前，而且有一些超跌很厉害的个股。如我们已经看到的，崩盘后随之反弹上扬的大唐电信（国企），图表如下：

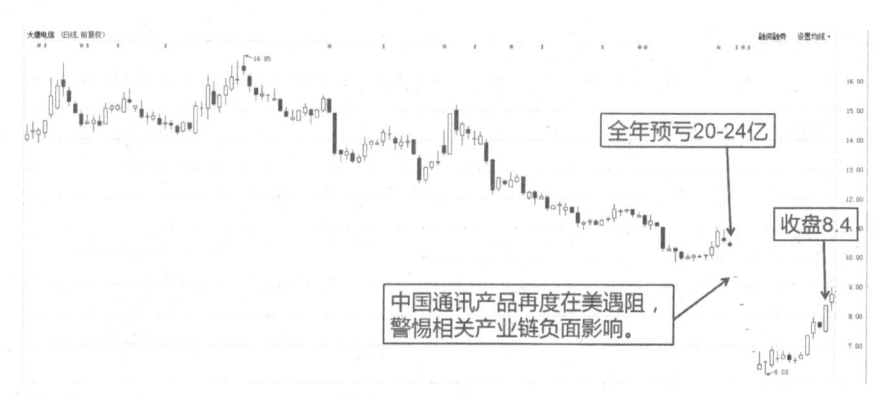

大唐电信在这里崩盘下杀（上图所示），所谓资金链断掉，可是你会发现价格却从6元多钱到8元多钱。从以上案例可以感知到什么呢？超跌个股可能也会如此演绎这样一种博弈格局，人弃我取。阴至极则阳，这是有一定哲理的，也是事物发展的规律。另外，层次的问题大家可以自己理解一下。

回到今天的主题，与之应景的"牛股启示录"。

牛股启示录

牛股启示录

- 历来的牛股，能给我们什么样的启示？
- 牛股分为短期牛股、中期牛股、长期牛股，它们之间有什么共同特征？
- 是什么导致它们走牛？
- 又是什么导致它们成为短期牛股而不是中期、长期牛股？

微信公众号：吴国平财经　新浪微博：吴国平财经

牛股启示录：

1. 能给到我们什么呢？

2. 牛股分为短期牛股、中期牛股和长期牛股。

3. 是什么导致它们走牛的？

4. 又是什么导致了它们分为短期、中期与长期？

今天会与大家逐一分享这里的内容。要发现牛股，研究牛股，然后把握牛股。这对我们是有很大帮助的。研究人家怎么成功，研究人家怎么走出当前，对我们的成长非常有帮助。

牛股核心秘密，图表如下：

牛散大学堂

牛股的秘密——业绩为王

- 业绩的兑现才是绝大多数牛股的核心因素。
- 业绩能兑现多久，股价就走牛多久。
- 短期牛股主要是业绩的阶段性爆发。
- 中期牛股主要是业绩持续几年的爆发。
- 长期牛股主要是业绩持续、稳定（10年甚至更久）的发力。

微信公众号：吴国平财经　　新浪微博：吴国平财经

业绩是兑现牛股的核心因素！业绩能兑现多久，股价就走牛多久。

1. 短期牛股主要是业绩阶段性爆发；

2. 中期牛股主要是业绩几年的爆发；

3. 长期牛股主要是持续、稳定（10年甚至更久）的递进力。

发现其成长性，要有能力与眼光去把握未来持续增长所带来的收益。

对传统行业来说，市盈率较低与其成长性较弱有关，每年有个位数增长就不错了。新经典是我前几次课上所讲的，还有文章发表的范例。对书籍我是有情结的，知道做好图书的企业是不容易的。书籍是传统行业，能在细分领域里做到佼佼者，说明其核心是相对不错的，是有能力与思想的团队。人是很棒的，内容自然不错，其市场前景如剧本、影视等可以联动，而且未来的弹性成长有想象空间。

现在新经典一年有两个多亿的利润，对很多上市公司来说，已经是后起之秀了。若说非常突出，倒也没有，国企随便就有三至五个亿。市场给新经典的定位是未来两到三年的可期待性，这自然是见仁见智了，我个人是看好的。看空的策略自然不一样。如《红海行动》我知道是电影里的票房黑马，这是积累与沉淀后对事物的判断。前期课程有谈到过，有兴趣可以回顾一下，这里不再赘述。归根到底记住一点：业绩，强调的是未来业绩，不是当下业绩。不要搞错了。

牛股启示录之牛股案例分析，目录，图表如下：

目录

- 短期牛股：以方大炭素、东尼电子为例；
- 中期牛股：以华友钴业为例；
- 长期牛股：以格力电器为例。

微信公众号：吴国平财经　新浪微博：吴国平财经

依次分析与分享短期牛股之方大炭素、东尼电子；中期牛股之华友钴业；长期牛股之格力电器。

一、短期牛股之方大炭素

方大炭素是我们曾经的标杆股标的。10元钱以下时进行研究与分析，后面上涨到30多元。现在回顾一下分析过程。图表如下：

> 牛散大学堂
>
> **一、短期牛股：业绩的释放是阶段性的**
>
> ○ 短期牛股一般是由业绩的阶段性爆发所造成的。
>
> ○ 特点：
>
> ○ 1. 业绩的爆发幅度要大，一般增长一倍甚至几倍以上，属于超预期利好。
>
> ○ 2. 这种业绩的爆发，一般是阶段性的，后面的持续性并不强。
>
> 微信公众号：吴国平财经　新浪微博：吴国平财经

短期牛股，一般是业绩阶段性爆发所致。其特点是：

1.业绩爆发幅度要大。不是几十点，而是一倍至几倍的放大。这属于超预期利好。

2.业绩爆发一般是阶段性的，后续的持续性并不强。

方大炭素属于业绩大爆发型。图表如下：

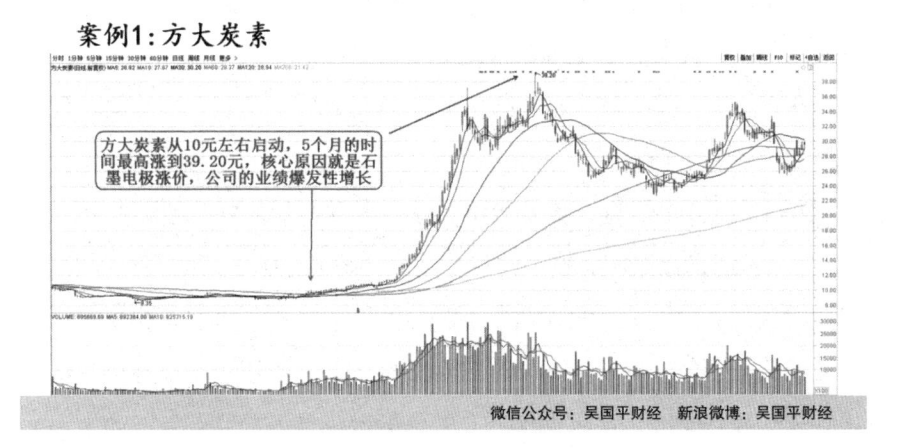

案例1：方大炭素

方大炭素从10元左右启动，5个月的时间最高涨到39.20元，核心原因就是石墨电极涨价，公司的业绩爆发性增长

1. 方大炭素案例分析

A. 分析细节与思考

学习温馨小延伸与小思考：

方大炭素以5个月的爆发上涨，最高时39.2元，核心是石墨电极涨价，公司业绩爆发式增长。

有人会问，吴老师您是怎样发现此股爆发性增长的呢？其实是春江水暖鸭先知。我简单分析一下：

首先，方大炭素在低位时，技术上就在构筑一个非常好的底部形态——长期横向盘整。

其次，当时石墨电极概念出来时，其股价还没有反应过来。石墨电极已率先反应出来，开始暴涨，但此时业绩的公告是滞后的，这是大家都知道的。

第三，如在生活中已知此物涨价，但要等半年报才能显示出来其涨价带来的效益。这时就要透过生活或事件去预测涨价能给其带来多少利润。其研究报告我记得很清楚，研判估算业绩是50至70个亿，而股价在这时逼空上行。

第四，以研判估算 50 至 70 个亿为例，启动逼空上行。若先知先觉可推测出理想与不理想的平衡点，一年以 20 或 30 个亿保守估算是没有任何问题的。对其过去业绩来说绝对是爆发性的。

第五，从盘面上看，涨停板突破历史高点后，还有很多买盘，随后强势震荡继续上扬。

第六，买入的资金，信仰简单，业绩爆发，是最好的理由。

第七，消息出来时，更多的接盘侠蜂拥进入，突破历史高点我照进。哪怕大盘跌，进 5 个亿我也敢拿，为什么？因为接下来业绩会从几个亿增长到几十个亿，爆发性增长一定会震撼市场，不用担心没有接盘侠。其后滞涨就是原因，这是大部分人的价值投机。

B. 思考知晓内涵

近期很多蓝筹股开始从高位下来，利好释放，很多价值投机者成为接盘侠。要相信这个世界上大部分人都是短视的，真正做到中长视与相对心境淡定的都是凤毛麟角。看过风浪后彩虹的人较少，这是我所经历过的。这里还包括部分学习的学员，口头上说心态较好，或没有问题，但事实上在动荡时跌上十个点或几个点时会马上变脸。他们一直在问，怎么回事，我心脏都要出来了。非常多，不要担心市场没有接盘侠，市场终归是反复博弈的。身处市场运作过程中的我是非常清晰的。如之前写过一套丛书《操盘手记——主力建仓策略》《操盘手记——主出货策略》《操盘手记——主力选股策略》等，从建仓、拉升、洗盘、出货每个细节与阶段都有明晰的阐述。这些是我过去成长中的心得，到现在依然非常适用，而且更加深化。从古代到现代的任何阶段大部分人都是如此，所以在本质上只要把握好这个心理要素，研究好股票的成长逻辑及背后的内容并结合不看股价波动而能看到一些本质的内涵。或许有些人是看不清楚的，但只要吸收我的理念，哪怕一张白纸也会慢慢地强于其他人、学习、吸收、认可会有成效。不学习、不吸收、无兴趣如何成长？好比学生在大学期间只学到肤浅的东西如何使自己蜕变。回到正题，接盘侠非常之多，图表如下：

石墨电极的价格2017年上半年暴涨5倍以上！

石墨电极价格最高涨至10万元/吨以上

7月12日，方大炭素新材料科技股份有限公司普通、高功和超高功率石墨电极价格上调：
- Φ300mm~Φ800mm普通功率石墨电极报价45000~65000元/吨；
- Φ300mm~Φ700mm高功率石墨电极报价65000~95000元/吨；
- Φ550mm~Φ700mm超高功率石墨电极报价90000~130000元/吨。

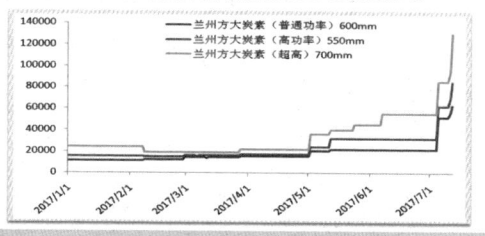

C. 石墨价格上涨的思考与分析

石墨电极的价格在2017年上半年暴涨5倍以上，而对人的内心冲击是非常大的。不要担心没有接盘侠，暴涨5倍会有大把资金蜂拥而至。若你能先知先觉透过其暴涨的动态去测算出一些内容的话，有可能在很早之前的10元左右的时候已大胆介入，坚定的信仰就是其未来业绩定会爆发，在此位置介入对未来而言还是蛮低的。

以一直说的新经典为例，40元时我的盘感就会告诉我，未来其业绩一定会爆发。此时进入对未来而言是低的，包括50或60元上下，业绩还是不错的。我能测算出来，这就是分析的功力。

有人会问，吴老师如何测算出来的？这就要仁者见仁，智者见智了。

还有人会说吴老师，我要先规避一下系统性风险。可以，这也是仁者见仁，智者见智。这是策略问题。

但我依然强调的是，有信仰、能坚定、知成长的人在风雨中定会留下底仓的火种，即使是系统性风险还是会有底仓火种的。这就是做成长性股票的真正原则。

不能清除得一干二净，清得一干二净后，有人会说，跌时再买回来。但事实上，大部分人自问一下，能否买回去呢？如前段时间在50元附近时出来、在60元附近左右再次进入了呢？我相信10个中有9个是没有再次买入的，大部分人卖出后就永远错过了机会。现在去追寻又会比较尴尬，进退两难、进入周而复始的循环。请问如何赚钱？

这节课我以新经典为案例是想告诉大家，开始是激情地持有40元到70元。我也告诉过你们我依然看好，但大部分人还是赚不了钱，为什么？每天的涨跌就会把他搞晕，中阳涨了进入、阴线跌了卖出，反复多次何以赚钱？

过程是分析后的建立。寻找不到根源，没有思考过，没有逻辑与概率研究，不清楚未来，只有两个字——盲从。

D. 方大炭素的核心优势。图表如下：

在以上资料梳理出来时，大家会有什么思考？产量大且价格飞涨，业绩想不爆发都难。所以大胆买入，从蛛丝马迹中发现未来的希望。

我说过文化传媒接下来还会上涨。电影的春节票房很好，其业绩在上市公司里没有反映出来。前一年年报会在第一季度报表中展现出来，而那时上市公司的业绩就会有很大的增长，会比同一季度增长200%至300%。那时会有很多人惊叹！这个消息如同方大碳素10元到17元时差不多，惊叹之余有些人追赶着赚钱，后面17元到30多元是属于情绪推动。方大炭素太震撼了，业绩增长不是几千万、几亿，而是增长了几十个亿。情绪化效应直接轰到30多元。在当时我都没有想象到能够那么厉害，人性的疯狂没法估量。

为什么能够展望2018年文化传媒的精彩，春节票房的研判。一季度业绩会不会很好？可以想到的是不是所有上市公司都会很好，有一些会是很好的，甚至超预期。再向后延伸一下，3、4月份是不是有一些好的票房会慢慢地出现呢？期待一下，特别是文化公司在经历几年的洗礼之后，也会慢慢地成长起来，没有人不会成长，很多人在用血的教训让自己成长起来。问题是能否在成长中透过细节发现蜕变后的蛛丝马迹。告诉你，我发现了，票房。另外的其他数据我也发现了，剩下的就交给时间来确认了。时间会告诉市场，我的研判是对的，内容是有逻辑的、有数据的，如同方大炭素的数据就是价格飞涨的原因。影视文化公司票房的暴涨不是反映在当下的报表里，而是反映在未来的报表里。这些报表是给那些所谓价值投机的投资者去做接盘侠的。明白吗？这就是一个过程。

很多人会想何必那么早买入，报表出来时再买入，做把短线，今天买入明天卖出。那我恭喜你！价值投机者非你莫属，你就是未来的接盘侠。你就是未来老板电器两个跌停板的接盘侠，一定是这个样子。很多人在我分享个股时低位不买入，一定要到高位时买入，明天涨一涨做个差价。再次恭喜（接盘侠）。这样子在交易中是赚不到钱的。我希望从今天开始，听课的朋友，要思考一下、反省一下，这真的非常重要。有很多人说我真的不知道具体怎么做，没关系，相信术业有专攻。我们有资产管理部门，资金交给我们，帮助你在市场中把握未来的机会。这样会比你自己去做要好些，这也是一种方式。

E. 时间与价格。我们继续分析，图表如下：

直接导致业绩爆发性增长：半年报业绩增长26倍！

600516:方大炭素2017年半年度业绩预增公告

如上图表所示，半年报业绩增长26倍！公告时间是7月份，7月25日方大炭素的上涨情况，图表如下：

从以上的图表显示来看，你是不是价值投机者呢？报表公布时其价格已经涨到二十七八元钱了，这个位置还可以做一把，强势的趋势赚点

小钱。但后面整体来看，这个区域成为阶段性高点区域，10元到28元是主升浪，与你却没有任何缘分。看到价值投机能赚到什么钱吗？是赚不了钱的。世上没有容易赚钱的事，7月份你介入，接近30元成本到头是不能赚钱的。真正能赚钱的是先发现有什么内容，然后介入买进，先知先觉。我可以明确地告诉大家文化传媒会在什么时候见顶，什么时候呢？第一季度时再说吧，现在距离那里还是有点远的。至少要到3月底呢，翻番的个股都还没有出现，着什么急呢。

在9月份时，方大炭素陷入震荡行情，不再继续走牛。图表如下：

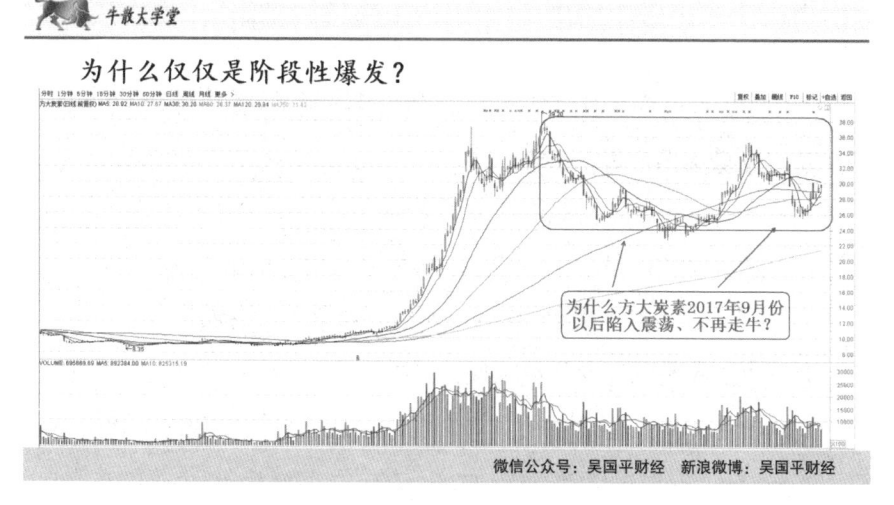

业绩报表出来之后，见光式脉冲动荡。后面陷入了接盘侠内的短博，这就不关我们的事了，让他们去搞啦。

F. 原因，图表如下：

牛散大学堂

原因很简单

- 1. 石墨电极的价格不再暴涨，回归平静。
- 2. 方大炭素的石墨电极产量也不是一下子能够大力扩产的。
- "价"跟"量"都平静了，业绩自然也就平静了。
- 而且从中期来看，资源价格上涨终究不可能大涨之后持续大涨，市场有平衡机制，供给会增加，价格会回落。石墨电极终究也是具有周期性的。

微信公众号：吴国平财经　　新浪微博：吴国平财经

学习温馨小提示与小思考：

1. 石墨电极价格不再暴涨，回归平静。

2. 石墨电极的产量不是一下子能扩充到足够大的范围。

3. "价"与"量"都回归平静，业绩自然也就平静如常了。

4. 最重要的是阶段性释放利好，K线也有所表现。

5. 其行业本身是阶段性的、周期性的。这是周期性涨价主题是不可能永远持续的。我们可以做一程，而这不是真正的成长，只是阶段性成长。

6. 因价格的上涨而带动上扬，所以会有自然回落。回落就形成了周期，所以价格不可能永远保持那么高的成长速度。这是本质性东西，我们要看清楚。

7. 清楚后有思维，做波段，这是做波段的要义。

学习温馨小延伸与思考：

那反过来说，电影是不是也是这样呢？票房的上涨是不是也是不可持续呢？说得很对，不可能每一部电影都是暴涨的。但是其整体的公司的制作能力是在慢慢地往上发展，而未来整体票房的收益会有持续增长的可能，这里是可以看清楚的。票房的价格不会像石墨电极一样有巨大波动，其价格是相对固定的区间波动。

另一点，石墨电极产能受限，产能就那么多，顶多是靠价格的上涨来带动业绩的增长，迅速扩产也不可能。但电影票房却在不断扩大。特别是二三四线城市，看春节票房就可知，它们贡献最大。说明物质生活满足后，需要文化生活来丰富精神世界，在这里你会发现院线不断扩大的趋势，而横店影视、金逸影视都是上市融资为扩充院线在进行推进。产能的扩大，未来票房收入肯定是会水涨船高的，这是可以看到的趋势。

2. 东尼电子案例分析与详解

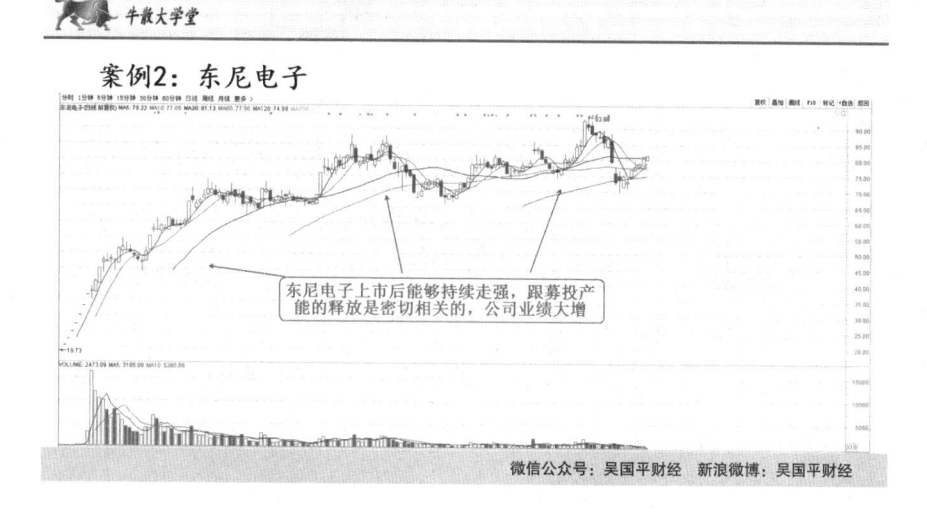

案例2：东尼电子

东尼电子上市后能够持续走强，跟募投产能的释放是密切相关的，公司业绩大增

A. 原因详解

东尼电子也是一个强势个股,强大的原因与其业绩增长有关。业绩大涨说明其募投项目有内容,在招股说明书中可以看到。图表如下:

募投项目进展很快

每一个招股说明书中都会说明其募集资金的用途,工期时长,建好后的大约利润有多少?这时你就要算算何时建成,算出建成时产生多少利润,时间快到时准备出货卖出。与方大炭素的套路一样,那时会吸引一群价值投机者进入。50元涨到80元时,整个项目利润出来,无形中与价值投机者置换筹码,完成波段收益。中心点是围绕募投项目进展去布局。

B. 细节的把握

东尼电子的推算，图表如下：

业绩将迎来爆发

- 公司2016年净利润才6344万元
- 募投项目每年增加13657万元
- 直接增加了2倍多

9、项目经济效益分析

本项目建设期1.25年，财务评价计算期为10年。根据测算，本项目投资后，

达产年销售收入为53,200万元，年净利润为13,657.79万元，所得税前财务内部收益率达到40.64%，所得税前投资回收期3.4年（含建设期），所得税后财务内部收益率达到35.88%，所得税后投资回收期3.66年（含建设期）。

2016年净利润才6000多万，募投项目每年增加一亿多，说明比目前业绩增加两倍多，变成两个亿。这些可在公开的数据中推算得到。要知道募投项目一旦完成，其利润会逐步增长，而业绩一定是能预见的。可以测算出来。图表如下：

2017年业绩预增157.63%—189.16%，已经在逐步兑现。

★特别提醒：
【业绩预告】2017年度 预计公司2017年01-12月归属于上市公司股东的净利润为16344万元-18344万元，与上年同期相比增长157.63%-189.16%。(2018-01-06)
2017年报 预约披露时间：2018-03-23

205

C. 置换筹码与思维持有的思考

在这里可以看到2017年的业绩已经开始增长并显现出来，所以等到其全部兑现时，是价值投机者要做接盘侠的时刻。那时他们的信仰是有两个亿的利润，这是他们持有的要素。资金置换完成交给市场，波段结束。

D. 思考问题

牛散大学堂

问题来了

- 它的募投产能逐步兑现，那么一两年后就基本兑现了。
- 这只是阶段性的。
- 一两年后，公司的业绩想要继续爆发，还要有新的增长点。否则就会停滞甚至倒退。

微信公众号：吴国平财经　新浪微博：吴国平财经

学习温馨小提示与小思考：

有人会想说能不能不扔给市场，当然可以。但要看当时的行情，行情很好顺势可再做一把，若不好扔给价值投机的接盘侠，这是动作模式。

从招股说明书中发现机会，把握未来，新股里会有一些个股也是做阶段性的，如方大炭素、东尼电子，阶段性围绕着未来的业绩来引爆上涨展开布局与操作策略。

不是围绕未来三年业绩如何，三年后我如何知道，但按照它自身的测算阶段性是可以知道其业绩的，如方大炭素都是测算出来的，今年业绩大概有几十个亿，东尼电子测算出募投项目有两亿，不是因市盈率低，如果很低我就持有或敢于操作。

3.短期牛股小结

小结

- 这就是阶段性牛股的特征，业绩阶段性爆发，股价阶段性走牛，但后面的持续性比较一般。
- 如果后面还能有持续性，那么短期牛股会升级为中期牛股、长期牛股。业绩能兑现多久，股价就能走牛多久。

学习温馨小总结之短期牛股

第一，短期阶段性牛股的特征：一是业绩阶段性爆发，二是股价阶段性走牛，三是其后面的持续性比较一般。

第二，原因简单之前已经解释过了，见光死。本身为周期性股票，以后的业绩如何有很大的不确定性或有业绩回落的情况。

二、中期牛股之华友钴业。图表如下：

二、中期牛股：华友钴业

中期牛股是业绩持续几年的释放（一般是两三年）。个股在这两三年内涨幅至少三到五倍。

华友钴业产品量价齐升——公司的业绩增长——个股股价的两年5倍

哪些因素造就了华友钴业钴产品的量价齐升？

1. 业绩产生的内因

A. 华友钴业为何如此牛气？钴，其本质上属于资源，也属于涨价主题。但钴涨价比较特殊，周期变化较大，在未来新能源应用中需求量很大，而资源存量较少且供应相对有限，会应用到如手机等产品中，而价格的高位相对稳定持续时间会较长。钴为稀有元素全球存量有限。

B. 与此不同的是煤炭、原油，它们周期性明显，前面涨了后面几个就跌了。如冬天来了煤炭涨，春天来了就跌，能看到相对较确定的未来，所以导致资金在里面使股价涨了又涨，因为它们把握了这个信念。

C. 这里当然会有些风险，在透支未来几年的业绩时其后会有什么替代品出现，若有那系统性风险就会出来，直接几个跌停板；若没有且需求没有减弱保持强势没什么问题。但风险在于如其行业新能源的应用出现问题或涨幅过大，那市场的博弈会带来相应的风险，而内在的逻辑与此前的分析有相同之处。图表如下：

华友钴业：2年时间股价上涨了5倍左右

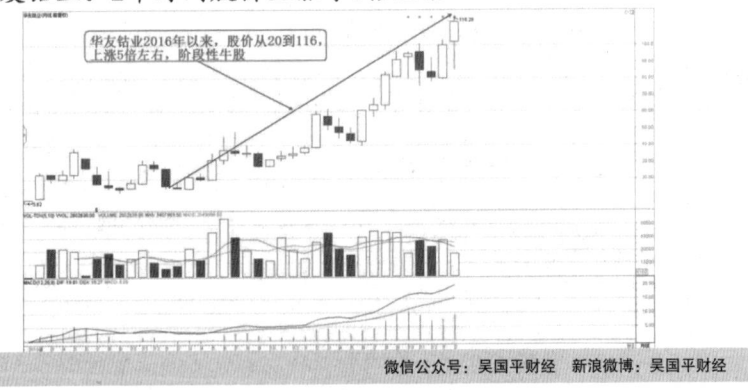

华友钴业2016年以来，股价从20到116，上涨5倍左右，阶段性牛股

从图表中得知2016年以来，价格从20元到116元，涨幅有5倍左右，时间为两年左右。

2. 钴产品及应用。图表如下：

主营业务集中在钴产品

A. 钴原料的产品在电池组成里充当正极材料。图表如下：

钴在电动汽车电池材料中充当正极材料的角色

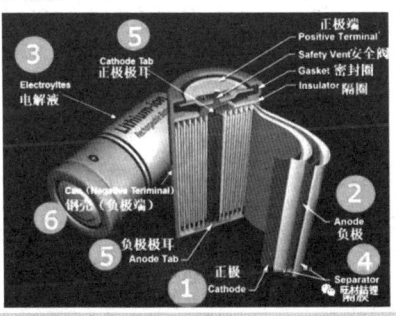

钴在锂电池的组成里是重要的材料，为刚需。

三元材料里也包含有钴。图表如下：

三元材料的基本情况

材料	三元材料	磷酸铁锂	钴酸锂	锰酸锂
化学式	NCM、NCA	LiFePO₄	LiCoO₂	LiMn₂O₄
优势	能量密度高 性质较稳定 循环性好	成本较低 安全性高 高温稳定性好	工作电压高 充放电压平稳 能量密度高 生产工艺简单	成本低 低温性能好
劣势	成本略高 有污染性 高温性能差	工艺性差 能量密度低 低温性能差	成本高 循环性差 安全性不高	能量密度低 高温性差 循环寿命短

来源：商品价值链研究

表22：主流电池材料中钴的使用量

材料	钴含量(%)	1吨正极材料对应钴消耗量(kg)	1吨正极材料对应锂消耗量(kg)	100Ah钴消耗量(kg)
NCA	9.20	92.0	72.2	0.15
NCM111	20.36	203.6	71.9	0.44
NCM523	12.21	122.1	71.6	0.24
NCM622	13.16	131.6	71.6	0.25
NCM811	6.06	60.6	71.3	0.11
LCO	60.11	601.1	71.1	工作

数据来源：《锂离子电池三元材料——工艺技术及生产应用》

B. 其电池增速明显。图表如下：

钴的需求结构中，来自电池的增速在2011—2015年期间达到118%左右

2011和2015年中国钴消费结构及增速

下游应用	2011年(吨)	2015年(吨)	需求增量(吨)	累计需求增速
电池	15,970	34,801	18,831	117.91%
硬质合金	2,718	3,100	382	14.05%
磁性材料	1,600	1,700	100	6.25%
陶瓷色釉料	1,600	1,600	0	0.00%
催化剂	1,200	1,400	200	16.67%
高温合金	955	1,200	245	25.65%
干燥剂	450	480	30	6.67%
金刚石触媒	140	160	20	14.29%
其他	710	1,000	290	40.85%
合计	25,343	45,441	20,098	79.30%

数据来源：安泰科中国有色金属工业协会钴业分会《钴粉行业咨询报告》

从以上图表中可以看出，2011年到2015年增长速度达到118%左右。市场预测，图表如下：

牛散大学堂

预测：中国2020年电动汽车钴消费量为23371.2吨左右

○ 假设2020年全球新能源汽车销量400万辆，中国销售200万辆，每辆车电池容量为40Kwh，电池能量密度为200Wh/kg，三元材料在电池材料中占比为60%，三元材料平均含钴量取"20%NCA，30%NCM811和50%NCM622"作为均值代表，则2020年全球和中国的新能源汽车钴消费量分别为46742.4吨、23371.2吨。

微信公众号：吴国平财经　新浪微博：吴国平财经

C. 细节分析及策略

学习温馨小提示、小延伸、小思考：

在整个大的行业里，身在其中的公司成为牛股，而资源的需求与产业使新能源的未来有了进一步的拓展，订单、消费、供应、价格、利润等就会相应提升与增加。

钴的全球开采，对各个国家、各个行业的产量最终会慢慢地趋于平衡。现在来说还是相对有限，属于供不应求的状态，价格上涨使其牛气冲天。

但要记住一点，本质属于涨价，周期较长，而且不是长期持有的策略，只是阶段性中期持有策略，是可以考虑的。

3. 钴在产业中的角色。图表如下：

钴在电动汽车行业中处于上游原材料的位置

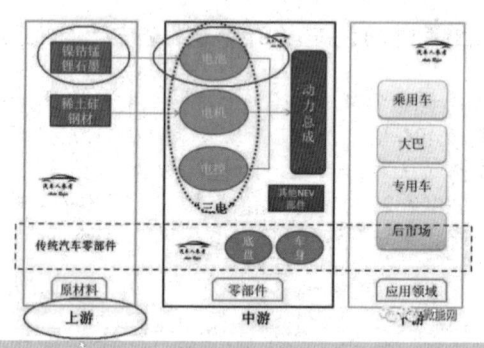

A. 钴矿石的采选与冶炼。图表如下：

钴矿石的采选和冶炼是钴产业链的中上游位置

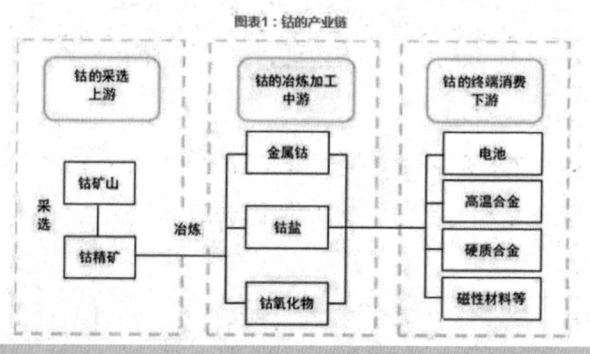

B. 钴作为资源里特殊的一个品种，具有其他资源都没有的特点，所以对其他资源性与周期性行业的起起落落来说，我一般都持偏中性的看法。这里也包括稀土。因为没有达到稀缺的紧张程度，而且需求量很大，且你会发现需求量一直在增加与增长。图表如下：

2017年电动汽车的井喷增速和NCM的未来需求量

[图表：2017年新能源汽车榜单；2018年1月11日，中国汽车工业协会召开2017年度12月份汽车产销数据发布会。颁布了2017年全年累计产销分别为79.4万辆和77.7万辆，同比增长分别为53.8%和53.3%。]

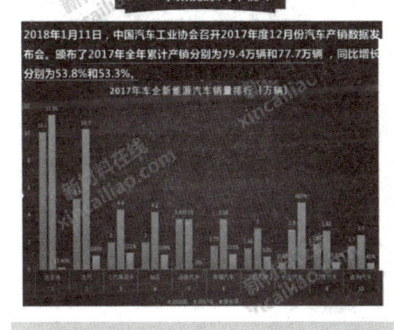

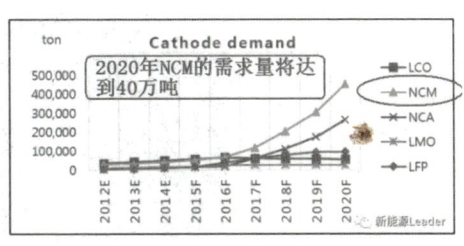

[图表：Cathode demand，2020年NCM的需求量将达到40万吨，涵盖LCO、NCM、NCA、LMO、LFP，时间跨度2012E—2020F]

微信公众号：吴国平财经　新浪微博：吴国平财经

C. 这种增长与增加都是由所谓的参与资金不断测算出来的，要在市场里不断进行验证以达到某个阶段使成长，乏力后转送给价值投机者进行投资。

价值投机者会察看当下并进行测算。如钴，未来几年供不应求，而且会很紧张……然后买入。

那你怎么不看一下，之前相对偏低时为什么没有买入呢？现在高位进入又何苦呢？慢慢向价值投机思维与行动转变。

D. 行业新闻。图表如下：

电动汽车行业的发展是国家产业升级、换道超车的重要机遇

苗圩也指出，无论是技术水平提升、产业体系建立、企业竞争力提升，还是基础设施建设方面，中国的新能源汽车都是处于世界前列。所以，新能源汽车有望成为我国汽车产业转型升级、实现跨越发展、抢占先机的重要机遇，我们叫"换道超车"。

微信公众号：吴国平财经　新浪微博：吴国平财经

（1）不要急着进入，要看到核心逻辑。未来走势如何？我不知道。但肯定会伴随持续逼空、持续上涨，但也进入价值投机的阶段，要小心阶段性风险。

参与新能源的企业，图表如下：

特斯拉、宝马、比亚迪等知名车企大力推进电动汽车

电动汽车分类

分类	行车驱动	代表车型
电池动力汽车（BEV）	仅依靠电池供给能源，由电动机驱动，一般配置较大容量的电池	Tesla 系列车型 日产 Leaf 宝马 i3 比亚迪 E5/6 上汽 e50
插电式混合动力汽车（PHEV）	燃油和电池提供能源，燃油发动机和电动机提供动力，可多模式驱动	比亚迪秦/唐 上汽荣威 e550/e950
增程式电动汽车（EREV）	燃油发电给电池充电，电动机驱动汽车行驶	宝马 i3 增程版
油电混合动力汽车（HEV）	燃油和电池提供能源，燃油发动机和电动机提供动力，一般电池容量较小	丰田 Prius

数据来源：营车企宣网

微信公众号：吴国平财经　新浪微博：吴国平财经

（2）这里的企业包括：特斯拉、宝马、比亚迪等电动汽车企业。

（3）钴资源分布。图表如下：

刚果（金）拥有世界近50%的钴矿资源

全球钴储量分布概况

国家	产量（吨） 2015	2016	储量（吨）	占比
刚果（金）	63,000	66,000	3,400,000	48.57%
澳大利亚	6,000	5,100	1,000,000	14.29%
古巴	4,300	4,200	500,000	7.14%
菲律宾	4,300	3,500	290,000	4.14%
加拿大	6,900	7,300	270,000	3.86%
赞比亚	4,600	4,600	270,000	3.86%
俄罗斯	6,200	6,200	250,000	3.57%
马达加斯加	3,700	3,300	130,000	1.86%
中国	7,700	7,700	80,000	1.14%
新喀里多尼亚	3,680	3,300	64,000	0.91%
南非	3,000	3,000	29,000	0.41%
美国	760	690	21,000	0.30%
其他	11,600	8,300	690,000	9.86%
合计	126,000	123,000	7,000,000	100%

在之前的讲课中，我曾强调过一个不确定中的确定。新能源是相对不确定的。新能源汽车谁能最终跑出来不知道，此为不确定。

但一些刚需如钴是确定的，大家都要用，且走势很强。还有零部件的一些刚需，要找到不确定中的确定，才是最关键的。

（4）钴的开采。图表如下：

钴来源于伴生矿、开采难度大

○ 我国储量约为8万吨，且原生钴矿几乎可忽略不计，98%的钴来源于铜钴伴生矿、镍铜钴硫化矿和红土镍钴矿。

学习温馨小延伸、小思考：

在这里延伸思考一下：现在有很多消费，而我们不确定什么是最大消费。物质满足后肯定会是文化需求，所以不确定中找寻确定——文化。

文化传媒的崛起是因为大环境的使然。若在吃不饱的状态中谁会去看电影呢？当我们还要去菜市场买盗版碟时，电影的上市公司会有市场吗？以前是上演一部新电影，第二天盗版就马上出现，大家马上购买。如今生活改变了，富足、富有、富贵了一些，希望生活品质有所提升。所以书籍、电影的质量或其他需求质量都在提高，消费者也愿意进行各种文化消费。如同我们的牛散大学堂的未来，我对它充满信心与力量。文化消费属于细分行业。未来我们努力前行。

（5）钴的价格持续上扬。图表如下：

2016年下半年以来，四氧化三钴价格从12.55万元/吨涨到30万元左右

自2016年8月中旬，以代表性的产品四氧化三钴价格来看，价格从12.55万元/吨一路上涨，到了2017年3月下旬价格已突破30万元/吨，并且到目前为止价格依旧维持在30万元附近

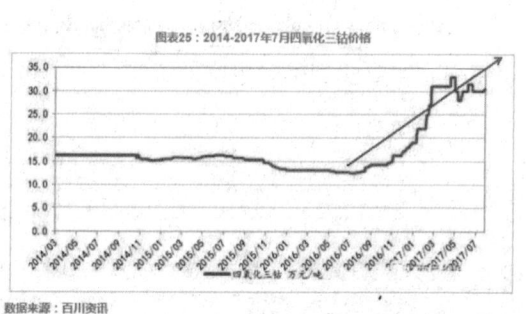

图表25：2014-2017年7月四氧化三钴价格

数据来源：百川资讯

微信公众号：吴国平财经　　新浪微博：吴国平财经

从2016年下半年开始，四氧化三钴的价格从12.55万元/吨上涨到30万元左右。涨幅惊人！！！

（6）钴的出售相当好。图表如下：

华友钴业目前在刚果（金）钴矿的储量约为9万吨左右，2017—2018年产能释放进度非常快

目前中国企业在刚果（金）的钴矿资源

企业	矿山	钴金属储量（万吨）（均按100%权益计算）	建设进度（产能）
洛阳钼业（603993）	Tenke Fungurume 铜钴矿项目56%的权益	56.30	运营中（产能1.8万吨）
寒锐钴业（300618）	10942号矿山采矿权	未知	预计成本较高，暂不开展勘探
华友钴业（603799）	MIKAS公司72%的股权，公司下属KAMBOVE尾矿和SHONKOL矿采矿权；PE527铜钴矿项目包括Luiswishi、Lukuni两个矿段及地表堆存矿	8.73（其中MIKAS 3.32；PE527矿区 5.41）	MIKAS技改建设中，预计年底复产（产能1000吨）；PE527项目建设中，预计18年6月达产（产能3500吨）

2017年到2018年产能释放进度非常快，之后要非常小心。因产能释放价格上涨会使股价变得无法维持平衡，钴的价格存在会有高位回落幅度加大的可能。

在2018年你会发现随着市场产能的充分释放，市场价格剧烈波动的可能性越来越大。一旦剧烈波动，其股价一定会有反映。因为此时的行业为暴利形式，加之很多人会加大产能，但产能的扩大不是今天有了明天就能释放的，这需要时间。

例如，2016年发现此内容很好，而你要用半年到一年时间去扩大其产能释放的量度，到你收获时可能是2018年或2019年了，此时产能才真正落地。

又如院线一样，电影很好，明天想开一家院线。但要有三个月到半年的时间去准备与完善，最终才能转化成生产力。

以上都要估算出来。钴的价格依然很强是什么原因？是在等待价值投机者的接盘。再比如市场强烈动荡时，价值投机者看到股价回落而市场又有其利好，新能源的概念。他们往往会无视动荡继续买入，之后好了站岗放哨。

（7）新能源发展周期非常长，造就了许多阶段性的牛股。图表如下：

与钴同属原材料方面的锂金属上市公司天齐锂业和赣锋锂业的亮丽业绩数据

这里包括天齐锂业、赣锋锂业。但请问大家哪个又不是牛股呢？

华友钴业与寒锐钴业的业绩表现。图表如下：

华友钴业和寒锐钴业的业绩表现

华友钴业与寒锐钴业都是刚性需求。

4. 中期牛股之华友钴业小结。

牛散大学堂

华友钴业的小结

○ 1．动力电池中的三元材料为公司产品应用带来刚性需求；
○ 2．电动汽车产业的发展为钴产品的应用带来激增的增量市场；
○ 3．相对中下游的公司而言，华友钴业处于产业上游位置，使公司在竞争构筑强势竞争壁垒，阻挡挑战者的进入；
○ 4．国际市场上供应国一家独大、产品开采难度较大等因素限制了产品的供给，关键问题是，这些行业内的因素短中期内很难改变；
○ 5．公司产能在2017—2018年逐步释放，成为公司业绩大增的短期催化剂。

微信公众号：吴国平财经　新浪微博：吴国平财经

学习温馨小总结、小思考，中期牛股之华友钴业：

首先是刚性需求，不管怎样你都要去买。要在不确定中买入确定。

其次是上游，壁垒有一定竞争，挑战者要进来是需要时间的。

第三，供应国一家独大，产品开采难度较大，限制了供给产量。这使行业内的因素短中期内很难改变，没有办法成为短期牛股，渐变成为中期牛股。尤如电影《黑豹》里谈到的一样，在非洲有一个国家掌握了一种稀有的吸音金属，全球只有他们有此资源，所以发展得很好。但是，如果全球不只是一国拥有而是很多国家都有，一定会加大开采力度与供给，形成供应平衡的状态。

第四，如果哪一天某些科学家发现一个新的元素能代替钴这个元素的话，好了，钴不再稀缺，价格与市场的反应马上一落千丈。这都是其自身存在的风险。

我个人不太熟悉这个行业，也不太了解这个行业，对钴的研究不太深入，没有办法把握这个板块的个股，所以选择放弃。但我透过这个总结得出一个结论，要学会举一反三。透过华友钴业、方大炭素等这些个股里的内容可以放到其他标的中去，然后举一反三发现其背后的内容，其本质是相似的。

三、长期牛股之格力电器。图表如下：

牛散大学堂

三、长期牛股：格力电器—业绩的持续稳定高增长

- 长期牛股从股价强度来看是穿越牛熊的，缓慢上涨，上涨途中回撤较小，强于大市，短期看起来涨得慢，但长远来看是大牛，慢即是快显现无疑。
- 特点：
- 1. 公司盈利能力强，并且业绩持续保持增长的态势
- 2. 公司护城河高，行业龙头竞争强

微信公众号：吴国平财经　新浪微博：吴国平财经

1. 概述

格力电器算是长期牛股的代表，其核心人物是董明珠。

之前曾经说过，看一家公司就是看人的要素，团队很重要。董明珠在，格力电器一直都比较牛。董明珠很强势，创造了一些奇迹，使公司从中小型公司成长为一家大公司，并持续稳定高增长且盈利能力非常强。

公司有一定的护城河，特别是在空调方面，已经有相当多的核心技术，后来者要超越难度非常大。图表如下：

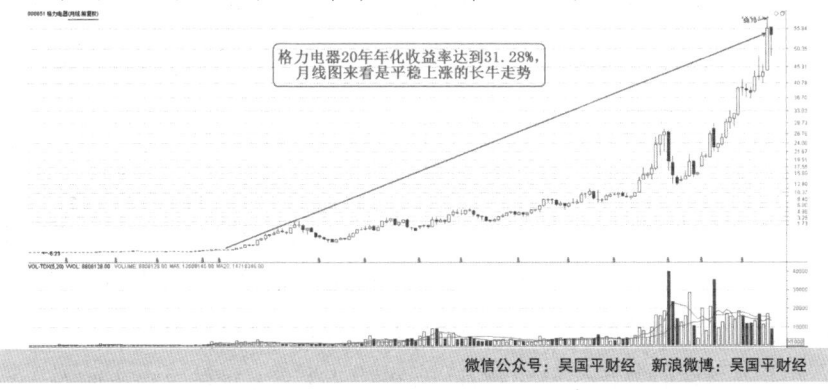

案例：格力电器（近20年年化收益率31.28%）

> 格力电器20年年化收益率达到31.28%，月线图来看是平稳上涨的长牛走势

如上图所示，近20年里年化收益率达到31.28%，长期牛势啊！股神巴菲特的收益率也才百分之二十几，已经超越了大家心目中的股神了。这印证了长期牛股格力电器的神话。

2. 龙头地位的确定

2008年，格力空调龙头地位确定。图表如下：

2008年开始，格力电器空调行业龙头地位确定

- 在2007年前后空调行业竞争格局已基本清晰，格力、美的双寡头竞争格局明确；
- 从2008年开始，随着渠道、产品、技术及品牌等层面竞争优势持续强化，格力"马太效应"进一步凸显，行业竞争格局仍在持续完善且行业集中度进一步提升。格力龙头地位得到强化，空调市场占有率第一。

学习温馨小延伸、小思考：

A. 提到空调一词，大家有没有觉得好像也没有怎么样。但是任何一个行业，只要做到极致，便是不得了的。如同新经典一样，卖书也不过如此。但是你要知道在渺小的细分行业里，如果你能做到足够强大且有核心竞争力，你最终也是不得了的。

B. 每一个行业都是如此。就好像稀有金属行业里的钴这种稀有材料，在细分金属材料的行业里，钴具有其自身的特性与特殊性。我们要清楚其核心竞争力在哪里，未来有没有可能确定在相对广阔的市场中占有有利位置，如有其可能性就可以投资它、把握它。再比如腾讯，当市场都还没有看清楚时，你能看清楚 QQ 与微信的未来，那就可以大胆介入与其共同成长。千万不要等到它成长到足够大时才参与进来。

如同"人"一样。人在有钱时不怕没有人来给他捧场。但在他发展过程中有没有眼光看到他的未来呢？这时考验你有没有坚定地跟随他或坚定地去参与他的一些内容，眼光、魄力与能力与我们的投资逻辑是一样的。

C. 回到牛股漫谈。说到好股票大家都会说上一些，但是从一个还不是特别好的股票变成好的股票，在这个过程中慢慢地投资，最终成为好股票甚至非常牛的股票时，就要考验我们自身的系统体系与能力了。

例如茅台，茅台好吗？当然说好啦，我不敢说不好。有些人说投资很简单，大家都在买入茅台、格力，买入这些已经涨起来的股票，很牛的股票。可以，但我可以告诉你，这些好的股票未来未必能够给你巨大的、持续的、暴利的空间。因为它已经到了一个不愁吃、不愁穿，也不愁鲜花，更不愁投资者的境地。来与不来，对它来说都没有太大影响。

D. 而在此之前，你有没有能力在它刚刚成长时，发现它在细分行业里是厉害的一个角色呢？这才是我们透过牛股启示录需要着重去思考的。就好像我给大家梳理、建立看股票核心逻辑一样。怎样去看团队、财务报表、K线图形等，透过这些点滴让我们去发现它未来成长的可能性。如果大概率会，那为什么不能有点信仰，跟随其成长呢？

又如同之前说过的短期牛股，东尼电子测算出来有两个多亿的利润，那就做一把波段。方大炭素也是，做一把波段，做短期的。

中期的也一样，钴的测算为新能源需求，一时半会儿不会消失，各方面都是相对有限的，做一把中期波段。

长期的话要看，董明珠团队行否？产品行否？如都行，跟随其共同成长，最终收获巨大的回报。

3.龙头地位确定后的品牌效应。图表如下：

龙头地位确定之后，品牌效应让格力盈利能力持续增强

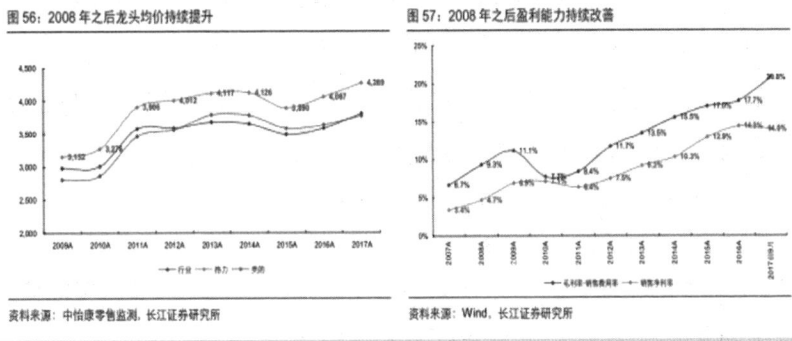

图56：2008年之后龙头均价持续提升

图57：2008年之后盈利能力持续改善

资料来源：中怡康零售监测，长江证券研究所

资料来源：Wind，长江证券研究所

微信公众号：吴国平财经　新浪微博：吴国平财经

A.品牌效应使格力的盈利能力持续增强。品牌的建立使其空调价格虽比其他品牌贵，但大家还是会购买它的品牌，买它的一个放心，形成了品牌的护城河，强大的护城河。图表如下：

223

对于消费品，品牌是强大的护城河，格力空调已经是行业第一，行业竞争优势明显

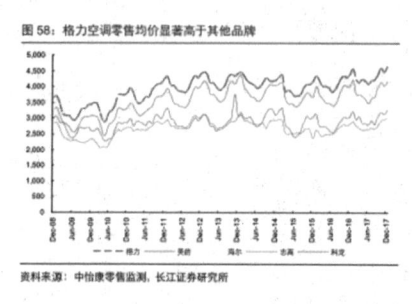

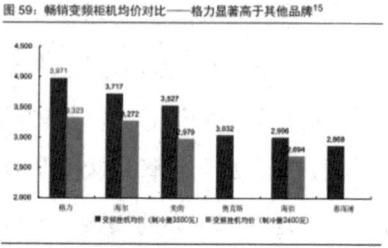

图58：格力空调零售均价显著高于其他品牌

图59：畅销变频柜机均价对比——格力显著高于其他品牌[15]

资料来源：中怡康零售监测，长江证券研究所

这样一来如同可口可乐一样，品牌成为其强大的护城河。可能国内也有非常可乐或百事可乐，品味相似，但消费不如可口可乐，原因在于品牌的强大，消费者心中已经形成了强大的品牌。正如有人说过，如果可口可乐所有厂房一夜间付之一炬都没有关系，它依然可以再次崛起，因为强大品牌的影响力还在。其他公司未必能够做到。

B. 净利润稳定提升，赚钱能力稳定增长。图表如下：

净利率稳定提升，公司赚钱能力保持稳定增长

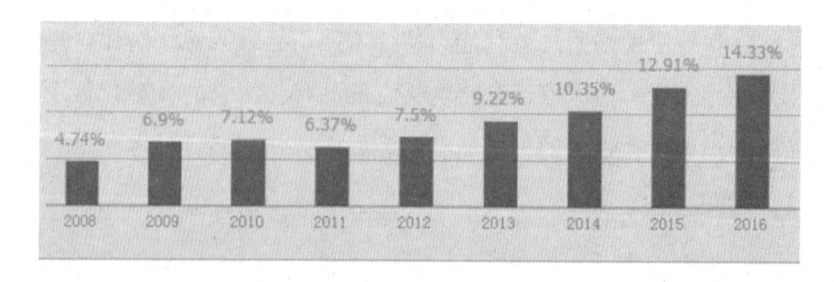

年份	净利率
2008	4.74%
2009	6.9%
2010	7.12%
2011	6.37%
2012	7.5%
2013	9.22%
2014	10.35%
2015	12.91%
2016	14.33%

第六节 牛股启示录

C. ROE始终维持较高水平，稳定性很强。图表如下：

始终维持高ROE，公司盈利能力稳定并且很强，股东获得高额回报

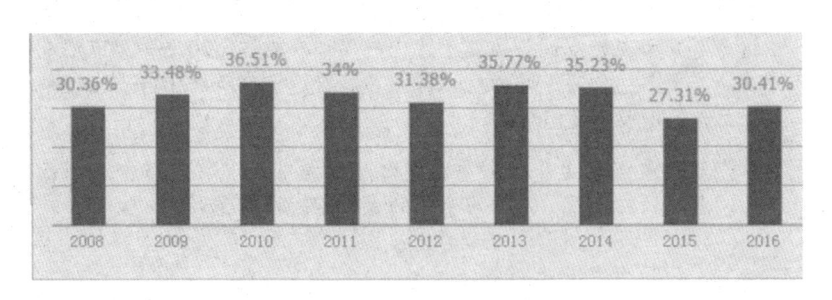

年份	ROE
2008	30.36%
2009	33.48%
2010	36.51%
2011	34%
2012	31.38%
2013	35.77%
2014	35.23%
2015	27.31%
2016	30.41%

D. K线不断上扬，股价不断上涨。图表如下：

随着业绩的持续释放，股价随之持续上涨，价值回归

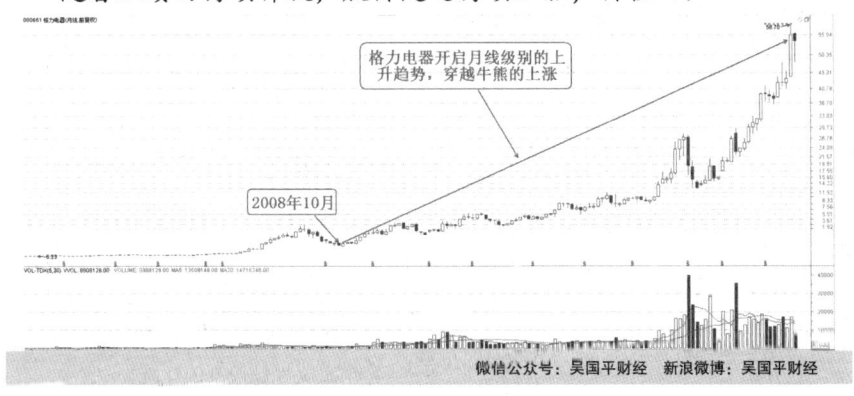

格力电器开启月线级别的上升趋势，穿越牛熊的上涨

2008年10月

225

E. 长期牛股的思考。图表如下：

牛散大学堂

对于长期牛股来说，股价能否继续上涨，取决于公司未来还有没有成长性，业绩能否继续保持高增长

- 格力电器所在的空调行业处于房地产周期产业链，2016—2017年是房地产大年，作为下游的空调行业具有滞后性，所以2017—2018年保持稳定增长是没问题的。
- 后期股价要继续走牛就需要业绩继续放量了，也就是结合空调行业的天花板在哪里，看公司未来的成长空间还有多大。

微信公众号：吴国平财经　新浪微博：吴国平财经

学习温馨小提示：思考

（1）长期牛股的股价可否持续上涨？未来有没有成长性？成长性有一个关键词——持续。

（2）短期牛股有其不可持续性。如方大炭素去年赚了几十亿，今年还能吗？要打一个"问号"。或者去年50亿元，今年增加50亿元，更要加一个大的"问号"了。不可能有这样的高增长持续。

（3）有些行业是可以的。比如它今年攻克了整个江苏市场，一年赚一亿，明年攻克三个省赚三个亿，后年攻克十个省，赚得更多。这样它就不断增长，增长速度不是几十点的小跑，而是一倍或几倍的空间的快跑加跳跃。公司的股价肯定会创造市场的奇迹，可以穿越牛熊的。

4.长期牛股小结。图表如下：

长期牛股小结

- 股价的波动始终跟公司的价值相关，内在来看都是业绩驱动股价上涨，长期牛股的关键在于业绩始终保持高增长，成长性好。
- 长期牛股属于稀缺标的，穿越牛熊大趋势持续走牛，但是中间也会有调整，就如同2015年的格力电器也回撤了50%，后面震荡上涨，涨的时候也是缓慢的。长期牛股股价特征是波动相对较小，持有者要有慢即是快的投资思路，坚定持有业绩稳定释放的好公司。

学习温馨小思考、小延伸、小总结：

长期牛股始终与公司的价值息息相关。内在看的都是业绩驱动股价的上涨，但长期牛股的关键在于业绩始终保持高增长且成长性较好。长期牛股属于稀缺标的，穿越牛熊趋势持续走牛，但中间也会有调速，如2015年格力电器回撤了50%。所以到底是玩成长呢？还是玩价值投机呢？如何避免，仓位控制上把握。但真亏了那么多，如有信仰的话，买入格力电器坚持到现在，最终还是赢家。

信仰不是闭着眼睛买入任何一只股票坚定持有即可，而是要建立在一个系统上面，跟随一家成长股上涨。不能说它涨时同甘，下跌时撤出，不共苦。一个不敢跟人共苦的人，本质上来说就是价值投机者。短线投资者注定是折腾的命运。

同甘共苦不是也在折腾吗？是，但此折腾与彼折腾是有本质区别的，此折腾最终结果是很好的，彼折腾最终结果是不归路。道理就这么简单。所以玩成长尽可能减少回撤，但有些时候不可避免，避免不了时要坦然面对。如同新经典一样，最高时下落70多元到50多元，30%的回撤是有的。但回过头来看，大部分个股都回撤了30%，可能有些个股极端些。有人会说买入银行股，银行股就没有回撤，天天看涨。这是典型的价值投机者。玩短线的脑海里天天都想着卖出与买入，如同赌场一样，每把都会赢？结果定会是输家，输得倾家荡产。

如要透过本质知道输得倾家荡产，我会小玩一下，小赌怡情，大赌赌的是什么？赌我确定的，看懂背后的内容，不是纯粹的大与小。这点非常重要，区别也非常巨大。透过我过去的经验，在建仓、拉升、洗盘、出货等环节的背后好好思考、好好回味。透过长期、短期、中期牛股的波动，好好总结、好好思考、好好回味与提升。

课后作业。图表如下：

牛散大学堂

作业

- 请找出并详细分析您心目中的潜力牛股。
- 可以是短期、中期、长期牛股，任选一。
- 要从业绩释放的角度，给出坚实的逻辑支撑。

微信公众号：吴国平财经　新浪微博：吴国平财经

学习温馨小提示、小延伸、小思考：

没有逻辑支撑的牛股都是虚假繁荣。所谓买入低市盈率的个股进行价值投资，其实就是一种虚假繁荣。这是我的观点。真正把握成长，一定要看透它的未来。买入时市盈率可能都不会太低，甚至还特高。看上去高高的，但背后可能蕴含着未来极具想象的空间。探寻未来成长的过程中肯定不可能百分之百，只要做到重仓参与标的，三发当中哪怕有一发中，最终一定会是大赢家。建立好属于自己的系统或坚定地把我的系统慢慢地融入进去，再或者不断学习拓展思维打开思路，相信对股市的把握能力会有极大的提升。我也希望大家能够真正坚定地跟随我们不断前行。希望大家在未来的日子里能够继续跟随我们同甘共苦。在未来的日子里协助我们发展壮大，让我们的牛散大学堂能够走得更远，变得更强，未来更美好、更精彩！

欢乐的时光总是特别快，最后又到了要跟大家说一声再见的时候了。整个未来我很好，很坚定，创未来，就这么简单。好好回顾我今天讲的课，自己去思考、总结、蜕变。

今天是2月28日，二月份的最后一天，三月份将展开新征途了。经历了这次风雨之后，我相信一个真正科技成长、成长为王的牛股会慢慢地演绎出来。这一点大家不妨看看一直市盈率都很高的科大讯飞，就会很快发现它在这次股灾中也跌了，也挖了一个坑，但也在不经意间收复了一定的失地。还有士兰微，芯片龙头，挖了大坑，现在差不多要创新高了。

要透过这些科技股去观看。年初之时我有讲过两个方向，一是文化传媒，这个已经展现但还没有走完，另一个就是物联网。2018年科技应该是未来的亮点。这次股灾之后，那些高市盈率的公司未来是充满想象的。现在是挖了一个坑，也就蕴含着新的一个机遇。打开另一种思维层面，现在IPO国家已经放开特殊通道，特殊行业如生物医药、云计算、人工智能、智能制造等四人领域。未来IPO是走特殊通道的，这意味着哪怕业绩亏损，之前不符合上市标准，都可网开一面走绿色通道直接上市。这说明国家大的政策方面未来是积极扶持这些产业的，这一步很重要。

如果老是盯着那些优好生才能上市，请问真正需要资金扶持发展的产业又找谁帮助呢？老是拿着资金引导大家去买酒、银行之类，未来上市企业都是地方性银行、地方性白酒公司，那我们的产业还有何希望？我觉得需要积极去推动新兴产业，而且这些新兴产业公司不具备短期盈利，甚至暴利增长的可能，是长期且前景巨大的将来的牛股。做好这些，我们中国的经济才能真正腾飞升级。拥有我们在世界中的未来，这一步非常重要，非常好。在这里要看到未来，明白吗？要在这些产业里积极地挖金、把握，一如既往且风雨无阻。不要因为阶段性股灾，就说吴老师，我不看好智能家居了……同甘共苦四个字要去认真理解。产业方向从大的方向看十拿九稳的，过程中阶段性波动也是会存在的。有时可能会看错，但大方向都是很坚定的，如同文化方面。用时间，再长一点的时间来验证智能家居、人工智能等产业的发展、拓展、使用、前行、腾飞。相信到时会有一个接一个的惊叹与惊喜。

用唐代韩愈的一首诗《早春呈水部张十八员外》来形容：

　　天街小雨润如酥，草色遥看近却无。

　　最是一年春好处，绝胜烟柳满皇都。

好了，今天就与大家分享到这里。更多精彩我们下期再会。祝大家2018年投资顺、顺、顺！谢谢大家……

第七节　股市的两大基本原理

2018 年 3 月 7 日

牛散大学堂——学最好的课程，做最牛的散户

课 前 分 享

学习小须知：

　　1.本小节的分享与课堂内容是帮助有一定基础的学习者来学习、读懂与看懂其内涵的。初学者可以通过了解、阅读慢慢地学习掌握，以提高对资本市场的认知。

　　2.本堂课的内容在牛散大学堂股威宇宙的等级为：小学。其余级别结合自身状况进行学习或阅读。

　　3.第一季为小白级，第二季为小学级，第三季为中学级，第四

季为大学级，第五季为实战精英级，第六季为超级牛散级。请依次学习，逐级递增。

4.本节课主要讲解股市的两大基本原理，即趋势与转折。在这里我们将从三方面来向大家介绍，一是趋势线的理解，二是识别均线指标中的机会与风险，三是把握好趋势转折信号以做好应对。

很高兴，又与大家见面了。今天是2018年3月7日，明天就是妇女节，提前祝所有女学员节日快乐！

时间在不知不觉中渐渐接近2018年第一季度的尾声了，从年初到至今，大家有没有发现市场已经在发生一些微妙的变化。这些微妙的变化大家是应该感受得到的，创业板与市场的盘面都在发生很多微妙的变化。去年的白马蓝筹与上证50其行情可为一枝独秀，现在会发现平衡点在向创业板转移，而自身的行情也在出现一些疲弱。此时真正的行情要在我们的新战区：创业板与次新股上。我一直看好的两条主线——科技、文化，是近期崛起的一个非常重要的突破点。

学习温馨小提示、小思考：

在这里也诞生出许多关键词。如在文化方面的关键词：电影票房创世界纪录。这表明中国的文化生活越来越丰富，电影越来越多，而可选择的影片也在渐渐丰富起来。在科技方面的关键词汇是独角兽。独角兽一词的出现使大家一窝蜂地去看"现在的独角兽"，但我在寻找"未来的独角兽"。成长为王的核心理念是寻找未来。当下是给大家观看与启迪的，未来是由现在去引领和开拓的。未来会有越来越多的独角兽出现，在新兴产业、新经济中激发市场的想象力，插上了梦的翅膀，激情由此诞生，梦想由此开始。

此时的市场也在发生一些变化，一些上市公司不是特别注重所谓的市盈率，此一时彼一时，市场环境在发生着深刻的变化，反映出最高层对未来一种坚定的方向。在这之前我还真有点担心社会的舆论与社会的方向都集中在当下的价值寻找，如白酒或周期性行业里面，未来中国经济的崛起是在这里吗？我认为不现实，我认为在新经济里。活力会产生泡沫，但发展必须是这个样子。如同股市一样，有泡沫、有波动、有想象、有平衡，形成健康合理的生态形式。曾经的股市是不平衡的生态，很多个股已经出现与以前不一样的风暴，当然也发现新的情况：带血的筹码促进新的气象。如我一直说过的光线传媒是文化传媒的一个伏笔，行情率先启动，但有很多人动荡两天心脏就受不了了，而这又是非常正常的。

光线传媒，图表如下：

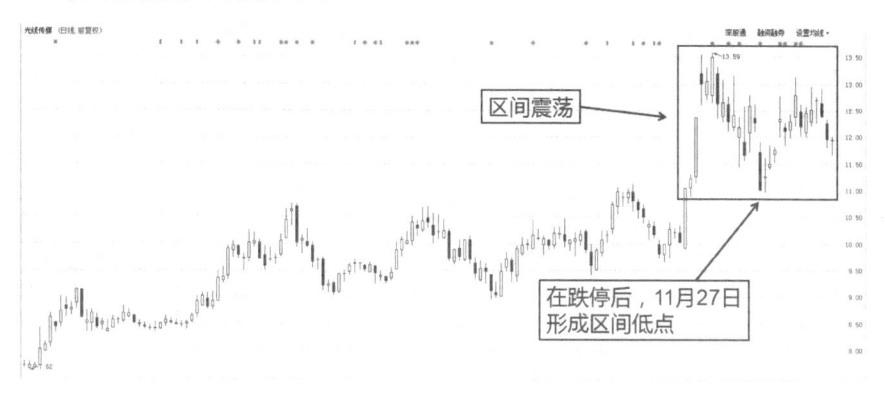

如图所示，大家还记得否，这一天跌停时我都觉得再正常不过了，前面涨后面跌，从13元到11元左右，动荡一下又有何惧呢？两天的调整都没有下杀到11.27这个位置，说明依然是健康区间动荡的格局，前期上扬前行有获利盘的所得。如要进一步向上拓展空间，对个股来说必须消耗下前期的所得，图形会更好看一些，但最终再次向上时才会有更多的跟风盘参与，更多的资金前来阻击进入。最重要的是，它是一支伏笔，文化传媒的伏笔，会在最关键时发力。又如同今天下午的创业板，本来是跌跌不休，但下午盘面有惊喜，图表如下：

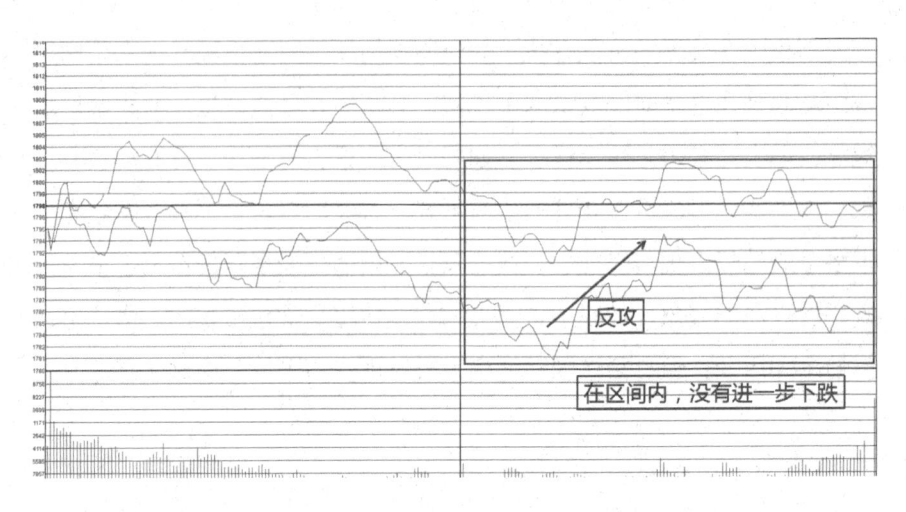

图表显示得很清楚，开始有些反攻，甚至在区间内没有进一步下跌，这个现象反映的是光线传媒的功劳。再看看光线传媒，图表如下：

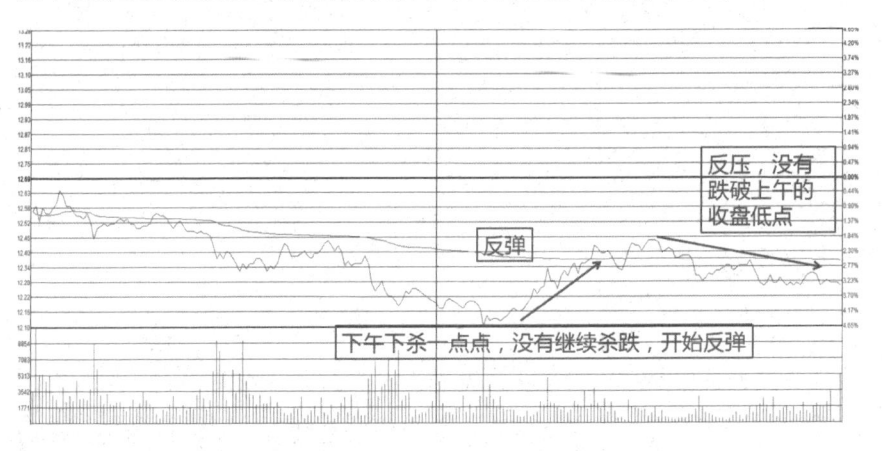

学习温馨小延伸、小思考：

如图所示，下午的杀跌其实基本上只是往下走了一点点而已，后面就没有再次下跌。这个小小反弹也在引领整个市场的反弹，虽然有些小的反压，但还是没有击穿上午收盘价的低点。所以，图形的运作大概就是这样的一种运行格局，是非常健康的。

细节的观察，尤其是有代表性的个股异动时，对其指数的影响会是某种信号的转变。

为什么要提文化传媒？其意义在于打开了这个想象力。如唐德影视，图表如下：

唐德影视逆势飘红。还有华策影视，图表如下：

华策影视的走势非常好。再来看看横店影视，图表如下：

横店影视在不经意间走出了一个非常持续的上涨行情。还有一个就是新经典，图表如下：

新经典今天虽然调整了，但整体来看也在不知不觉中回到了 70 元附近，在这种静悄悄的走势中有可能会刷新历史新高点开创新的局面。就整体情况来看，呈现出与往常不一样的状态，形成新的格局，所以 2018 年年初我特别强调的文化传媒也在市场中逐步获得验证。

还有一个就是科技板块，这段时间科技板块也在打枪的不要，突袭的有，悄悄地但又有些震撼向上前行。用友网络，图表如下：

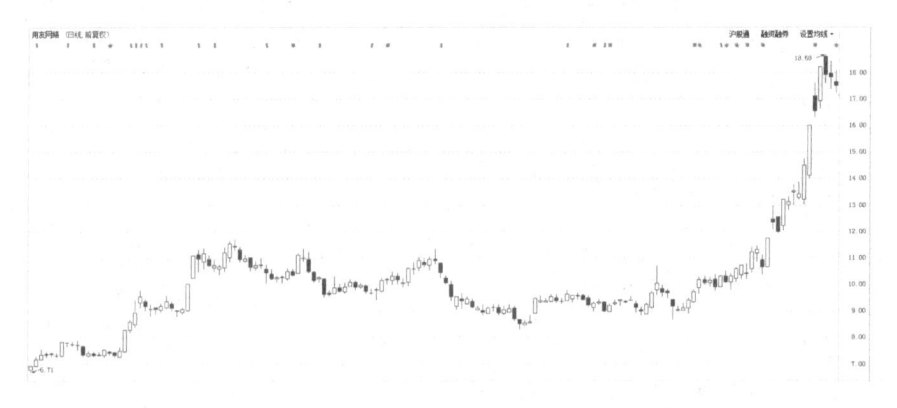

如图所示：用友网络。未来尚佳的标的。科技板块创造了财富效应，用有网络引领了整个市场。用有网络如果按过去来看是根本不敢买入的，原因何在？过去的业绩事实上还是亏损的，但看未来的业绩才是关键。

如只看过去的业绩，大部分人会在这个区间震荡中三振出局。而现在它已经是细分领域以及阶段性的龙头品种了。

再有就是次新股，在这里发现一个五连板的个股，万兴科技。图表如下：

2018年3月8日，六连板

在整个市场现在的氛围中，正在悄然发生着转变，与前期有了非常大的且微妙性的变化。我们来看一看工商银行的情况，图表如下：

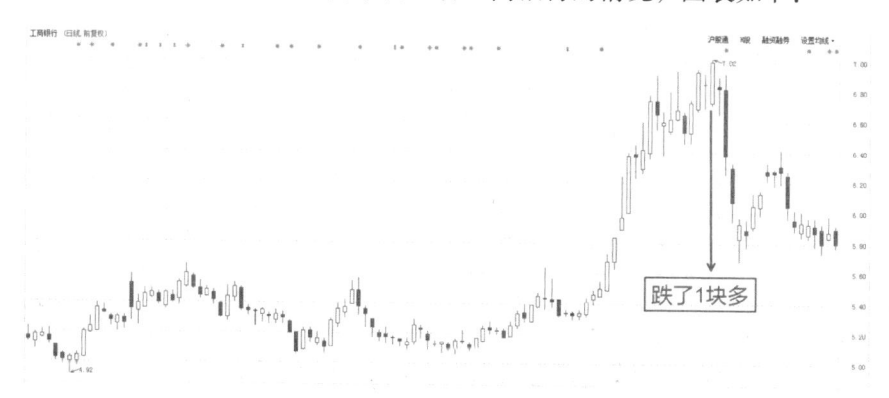

跌了1块多

工商银行从阶段性高点 7.77 元下跌了 1 元多钱,在相对低点附近徘徊。如市场进一步动荡,不排除再往下杀一杀的可能,击穿 60 日均线也不是不可能。其他品种呢,看一看茅台如何?图表如下:

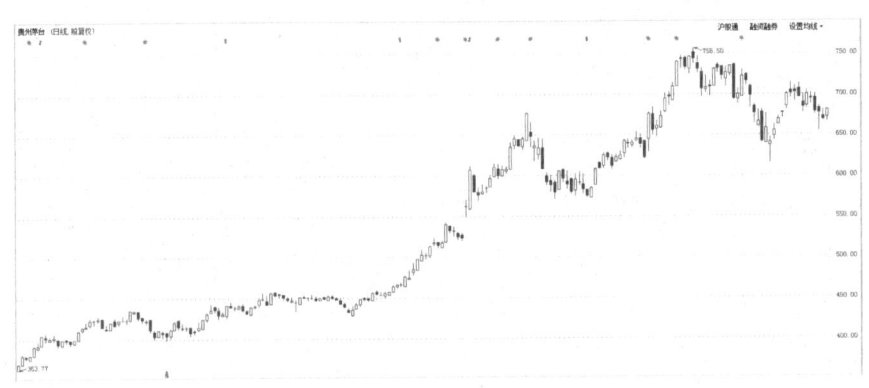

贵州茅台进入了一个横盘整理且震荡的形态。再看一看格力电器,图表如下:

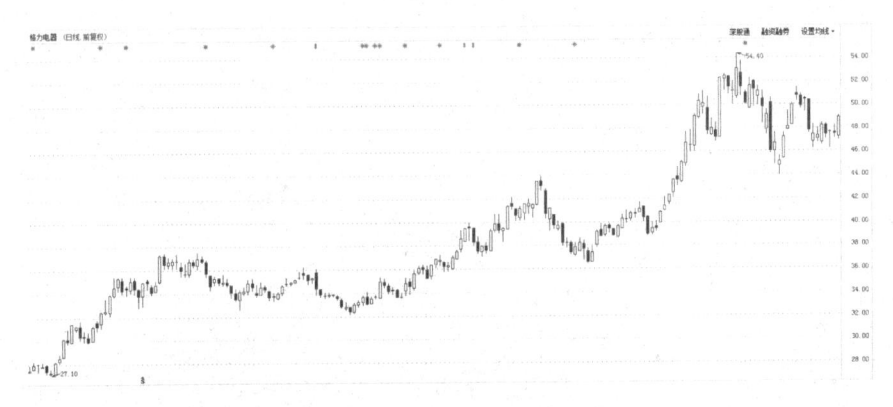

格力电器与贵州茅台形态相同,横盘整理且震荡。

老板电器就更不用说了，只是前期业绩稍微低于预期，图形有点尴尬。两个跌停板下来，到现在还没有收复。老板电器图表如下：

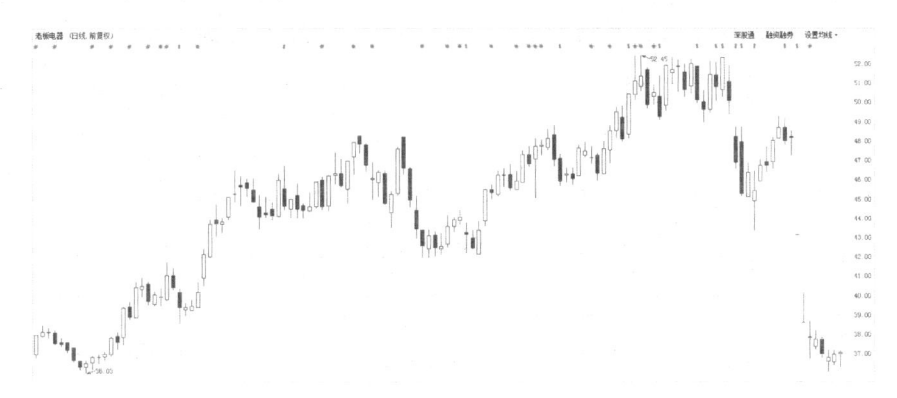

洋河股份也在其中，震荡整理渐下行回调。图表如下：

学习温馨小思考：

在与白马蓝筹的个股相比较时，科技类、文化传媒类的个股已经有了很大的不同，这一点我们要看到。2018年坚定拥抱新经济，就算白马蓝筹涨得再好，也要坚定我的方向：新经济、新未来。

我个人觉得每个人的理念要有其坚定性，要有属于自己的信仰。在成长为王的体系里寻找未来，寻找一个长期的未来，寻找一个超越传统经济成长速度的未来，在这里探寻一些新的、有转变的、有思维且在行动的行业。我们的方向一定是新经济下的新未来。

不论阶段性，比如说银行股还在上涨或阶段性周期性个股涨势不错，全仓进入，那是投机！只分小股资金玩玩便好。如全仓进入追逐阶段性机会，不符合我们所提倡的理念，我也不建议你这样去做。我们只要把握住属于自己的机会就好，这些机会一旦来临，有时会超出我们自身的想象。这一点我们是非常坚定的，相信有些老朋友也会很清楚。如之前有阶段性很厉害的标的，涨价主题之方大炭素，科技类的江丰电子、新易盛，还有新经典等很多。如果稍微留意的话你会发现，我们的方向始终是围绕我们的理念去把握它们阶段性的机会。

当然，在这过程中不可能每次都能把握到位，每次都能获得完美。这一点大家要清晰认识到。我们能做到的是，10只股票里面有7只满意收纳就非常不错了。在其过程中，做好各自的仓位管理，特别是初学者，要好好地看一下我们的学习手册。初学者要更多地体验市场，感受市场的节奏，而不是凶悍地追涨杀跌。要慢慢地改变自己的理念，不要盲目地去做些高抛低吸的试验，这个才是最关键的。

在系统学习后，要有思考与总结，在细节上完善自己，在内容上丰富自己，在认知上探索自己，在理念上充实自己，注意时代变化的细节，把握属于自己的内容与目标。

股市两大基本原理：趋势与转折

牛散大学堂

股市两大原理——趋势与转折

- 趋势线的理解。

- 识别均线指标的机会与风险。

- 把握趋势转折信号，做好应对。

微信公众号：吴国平财经　新浪微博：吴国平财经

了解趋势的要义。

在股市里有两大原理，即趋势与转折。

1. 如何理解趋势线？

2. 如何识别均线指标的机会与风险？

3. 如何把握趋势转折信号并做好应对？

现在我们说的趋势与转折，以创业板指数为例（会在实例图表中有所展示），创业板的转折已经来临。在创业板指数触及1571时，我就有强烈的感觉，当时马上提出一个观点，与之前的东方财富一样。

学习温馨小提示与延伸思考：

股指与个股，或个股之间，有些时候它们间的形态是可以相似的。技术分析有句话：历史会重演。

很多图形在回过头时看一看就会发现重复了，不同个股之间有时也会有历史重演的镜头。个股与大盘有时也会有历史相合的重演，也都能找到一些蛛丝马迹。当然不是一种简单的重复，大致是一种重演的形态或走势。在学习时要看重演案例，看过去的图形，看形态，更要看明白其中的"神",这才是最为关键的要素。

这需要积累观察与分析思考。

注意东方财富图形形态,图表如下:

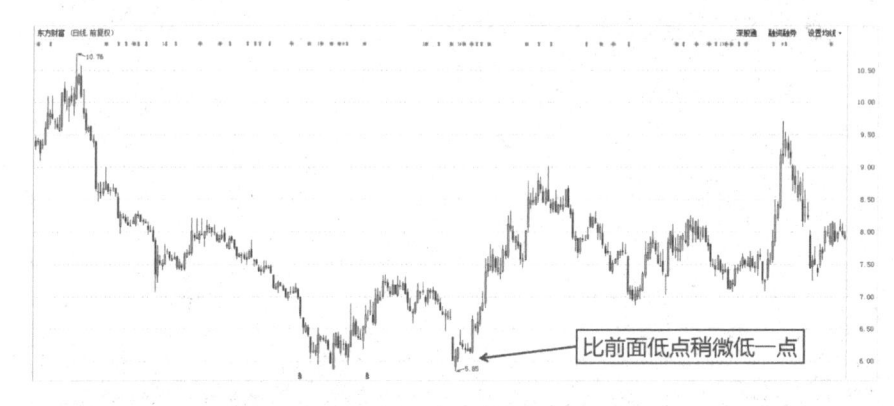

东方财富图形对你有何启发?这个坑敲到 10.20,比前面那个低点稍微低了一些。再看一下创业板并进行比较思考,图表如下:

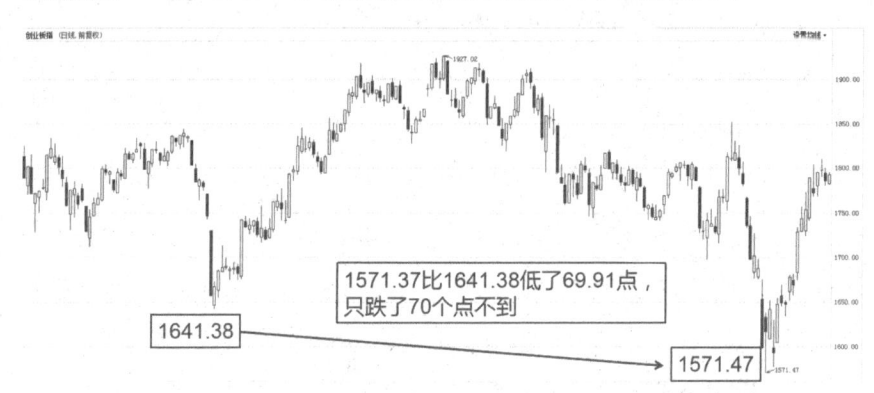

创业板的这个低点是不是稍微低了一些?确实稍微低了那么一点点。为何击穿了那一点点就开始见底了?最后的那一点就等于是压死骆驼的最后一根稻草。人有时也会是这个样子的,如还没有击穿时可能还有信仰与信心。但哪怕击穿一分钱时,人就立马崩溃了,其实就是多亏那一分钱而已,最后一根稻草的力量把他给压死了。这也是一种挖坑行为。

学习温馨小思考：

为什么要这样挖坑？就是抓住了人性的弱点与心理的最低点时，击穿他那最脆弱、最恐慌、最无助的丝薄防线，那时候就会作出非理性行为，这就是人性的弱点时刻。

学会斟酌与等待。

东方财富在挖坑完成之后立马逼空上行，而涨幅接近50%。图表如下：

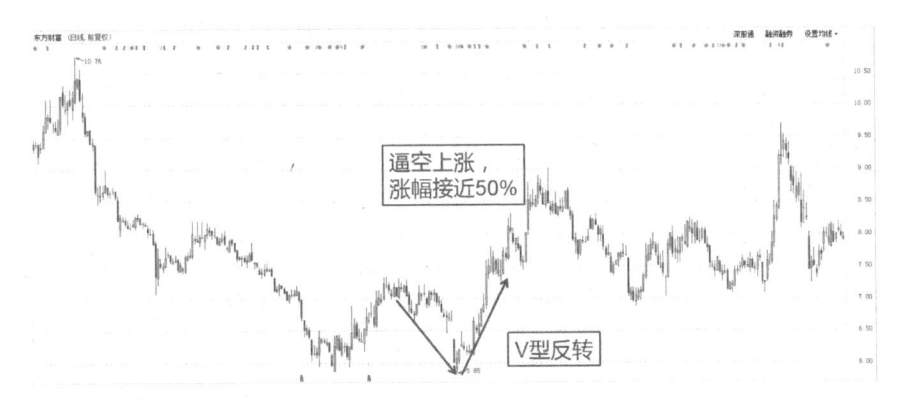

东方财富首先来一个V形反转，其次继续逼空，第三步逼空之后反复整理，第四步到了一个真正相对高位，而此时涨幅接近50%左右。第五步开始打开区间横盘震荡，机会在逐步丰富，从而形成一种新的格局。

此时的创业板在我们面前会有新的展望。图表如下：

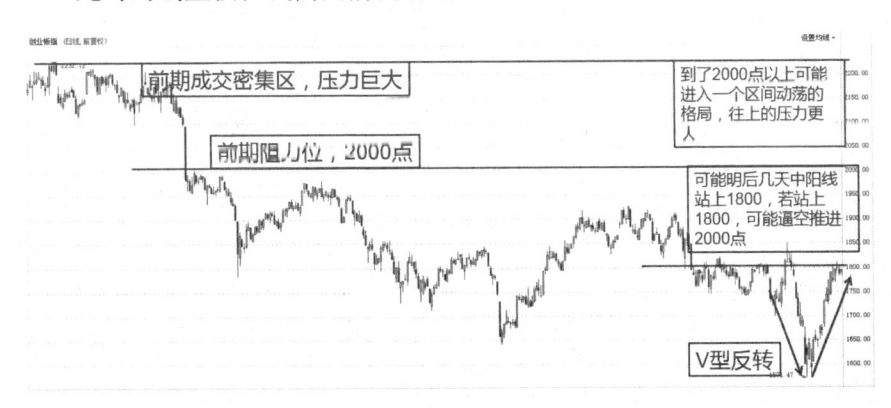

以东方财富与创业板指数的 K 线图形做一下比较，是不是有些类似之处。挖坑后首先 V 形反转。东方财富在 V 形反转后是逼空的阶段，创业板很有可能就在近期开始逼空上行，而时间不是明天就是后天，一根中阳线很可能站上 1800 这个点。

站上 1800 就类似于东方财富这种逼空的态势，站上后不是马上下来，而是要继续保持强势推进的状态。推进到大家不敢想象时，如同东方财富 10 元到 15 元时，有很多人是不敢想象的。为什么到 10 元附近就结束了呢？估计很多人会悲观地看到 8 元、7 元或 6 元附近，但现在已经上涨到 15 元附近了，涨幅有 50% 了。

创业板在触及 1571 点时，能上涨到什么情况？与东方财富一样，直接触摸到 2000 点或 2100 点，要不蹦一蹦直接拿下 2300、2400、2500。不是的。可以想象但也要回归理性。要从形态里面得到"神"的状态与思考。创业板指数的涨幅会有超预期之感，第一目标会在 2000 点附近。

在进入 2000 点时也就到了前期的阻力位阵地了，再往上前行压力就会更大。2000 点会进入区间动荡与反复的过程，而这种格局如同东方财富的图形相似。东方财富从 9 月份横盘到现在有大半年，创业板是否也要如此照搬呢？可能会有另外一种演绎，但肯定会进入区间动荡模式。周期不一定与东方财富一样半年，或长或短，到时具体问题具体分析。

学习温馨小提示：

以此两个图形类比，是希望大家能够清楚这个比较不是简单的比较，而是背后内容的比较与思考。"神"的赐予不是单一的，而是希望能够领悟到的。

转折是怎么被发现的？有些时候很多东西是可以重复的，历史是可以重演的，但需要你去发现它，去做一个小小类比，找到其中的神意，得到神的提醒。

理解类比的作用，思考相同且又不同的内涵。

一、趋势线。图表如下：

趋势线

- 在技术分析体系中，趋势是核心内容。我们常用支撑线和压力位、价格形态、均线、趋势线等分析工具，其主要目的就是辅助我们估量市场趋势，从而顺应着趋势的方向做交易。
- 在市场上"尊重趋势，顺势而为""永远顺着趋势交易""决不可逆趋势而动""趋势即良友"等这些也告诉我们趋势的重要性。

（一）趋势的含义与要义

1.在技术分析体系中，趋势是核心内容。趋势线是我们发现趋势的一个很重要的工具。如何去画趋势线？之后会有详细说明。我们都知道趋势一旦形成，就要尊重趋势，如同创业板指数一样。图表如下：

2.就大趋势来说，我们是要尊重的，大趋势还是一个下降的趋势，但你会发现它已经在触及上轨线了，表明随时可能有效突破，这一点我们要看到。短期趋势是一个上涨趋势，这个我们也要尊重它，大中有小，

小中有大，是相互依存而又相互作用的。

（二）趋势的识别

1.趋势分为三种方向：上升、下降、横向延伸。图表如下：

1. 趋势具有三种方向：上升、下降、横向延伸

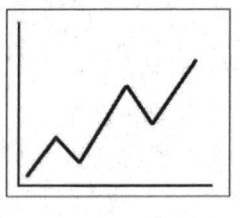

上升趋势，峰和谷依次递升。　　下降趋势，峰和谷依次递降。　　横向延伸趋势，峰和谷水平伸展，为"无趋势"市场。

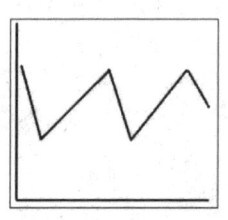

从刚才东方财富与股指的走势中看得明晰，这样的波动展现得淋漓尽致，从过去的下跌到绝地反击，转折向上，由上涨之后的横盘，无非就这几种波动不同的组合而已。

2.峰与谷：支撑位和压力位。图表如下：

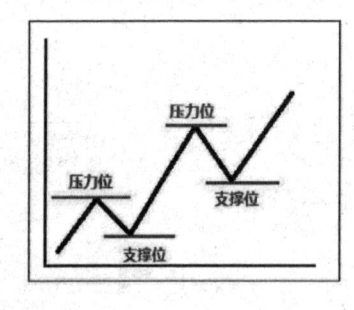

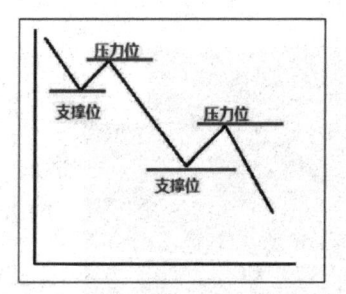

2. 峰与谷：支撑位和压力位

学习温馨小提示：

如上图所示，每一个高点既是压力位又是支撑位。还没突破时为压力，在成功突破后就变成了支撑与后援。每一个低点也是如此，还没有跌破时是有效支撑，当跌破打开下行时马上变成了压力与阻力关隘。压力与支撑相互变换。

关键点的名称变化给我们所提供的思维是有变化的，因变而变，因势而行。

3.趋势线的画法。趋势线的画法也很简单，两点成一条直线。如上涨途中的两个低点连成一条直线，这个就成了它的支撑趋势线；反过来在下跌过程中，形成两个高点且连成一条直线，就成了它的压力趋势线。图表如下：

3.趋势线的做法

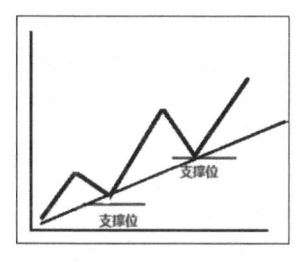

上升趋势线是由依次上升的向上反弹低点连接而成，就是支撑点位连接起来的趋势线。

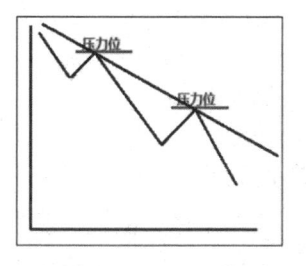

下降趋势线是由依次下降的向上冲高点连接而成，就是压力点位连接起来的趋势线。

学习重点提炼加深印象：

a.上升趋势线，是由依次上升向上反弹的低点连接而成。

b.下降趋势线，是由依次下降向上冲高的高点连接而成。

所以两点连线，两个相对高点或两个相对低点的连线，形成了上升趋势线或下降趋势线。这个非常明显。

4. 趋势线的测算意义。图表如下：

4. 趋势线的测算意义

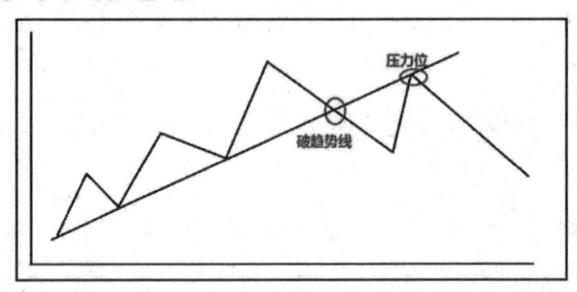

上升趋势的支撑线演化成了阻挡线，支撑线被跌破后，在之后的上冲中将起到压力作用，变成了压力位。

a. 趋势线使我们更清晰地认识到现在处于什么样的一种格局，如创业板按小周期来看是上涨趋势线，但从长期趋势线、长周期来看又是属于一个下降趋势。

b. 当下降趋势线到了一个微妙之处：下降轨道的上轨，这个趋势随时有可能发生改变。什么时候改变？比如创业板指数突破1800到2000点时，就意味着中长期趋势在发生微妙变化。

如作为一个中长线的投资者来说，十几个交易日的趋势波动可能还没有发现趋势的变化，但从目前来看已经有了发生变化的前奏。微妙的变化是什么时候发生的？图表如下：

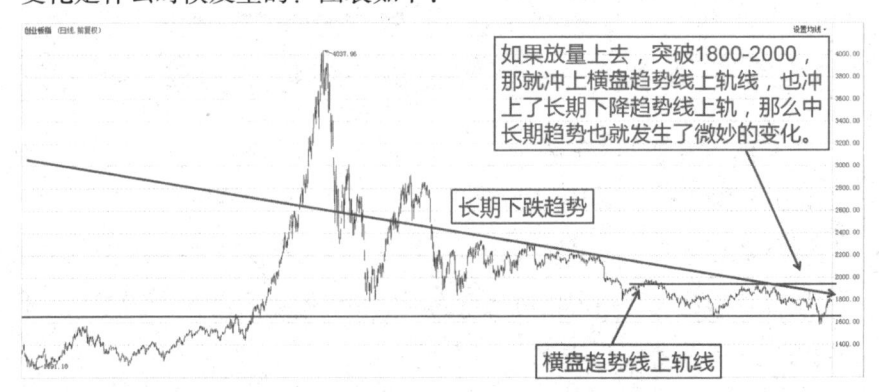

第七节 股市的两大基本原理

依图中所示，高点连成一条直线，你会发现是一个中长期下降的趋势，或是在横盘趋势线的一个上轨线附近运行。如在这里放量上冲，那中长期的趋势就开始发生微妙的变化。这就能一目了然地看清趋势，有助于我们直观地去感受当下波动的格局或状态。

如个股现在处于何种状态或格局，一看就清晰。

是上升趋势线，很好，逼空推进的上涨格局。但我们要做的是顺势而为，继续做多，找到相对低点，逢低吸纳继续做多。

如果横盘区间动荡，有些人不想做波段区间，那就放弃，欣赏即可。

如是下降趋势线，就要回避，欣赏。

学习温馨小延伸与小思考：

有些人只做上升趋势。其实从某种意义来说只做强势股，但要往细里说，在上升趋势中是属于中端、低端，还是末端？这就要仁者见仁、智者见智了。

一些散户往往错就错在这里，他也做上升趋势的个股，但问题又来了，是上升趋势中的末端，最后的那个阶段，就是人性转变的那个阶段。

认识事物要从事物的本原开始，转变的开始是之前的沉淀与积累。

（1）上升趋势线的举例。例如东方财富。图表如下：

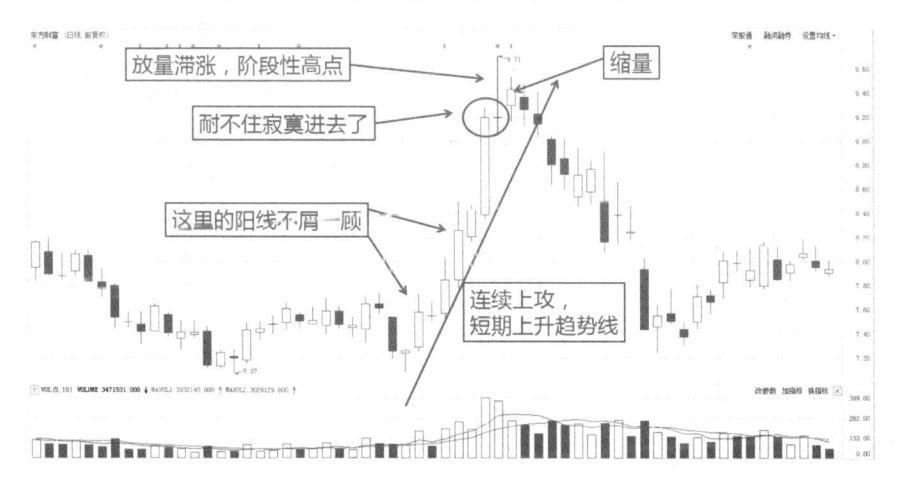

东方财富在连续上攻时，形成了一个短期的上升趋势线。好了，在这个位置它进入了（如图所示），为什么？前面的阳线竟然不屑一顾，要等到这个阳线时进入（如图所示）。他受不了了，杀了进去。是在他按捺不住寂寞时追进去的，往往就形成了阶段性高点，末端的形成。如果仔细看一下 K 线组合的话，你就会发现在这里有一点滞涨，而且在缩量。最重要的是，当时整个环境不太具备继续上涨的可能性。导致他成了一个短期的接盘侠，并不代表中期。

但反过来，如果是下降趋势线，我就要卖出或是回避。

（2）下降趋势线的举例。仍旧以东方财富为例。图表如下：

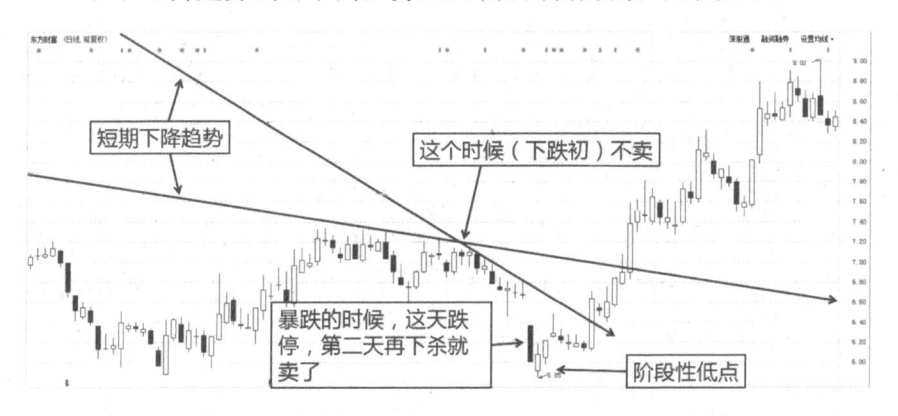

有很多人为什么会卖到最低点？是因为在这个时候（即下跌之初）不卖（如图所示），往往在暴跌时才卖。第一个跌停不动，第二个跌停立马卖出，美其名曰减少损失。事实上是在扩大损失，卖到了阶段性低点。

要么在下跌初期果断出局。

要么在跌到阶段性末端时趋势转变，反过来做这个转折点。

趋势与转折点，两者一定要认识清楚。这两者如果你能认识得很清楚的话，对你把握市场是非常有帮助的。不然你就会变成天天追涨杀跌的人群了。

（3）图解细说，如下：

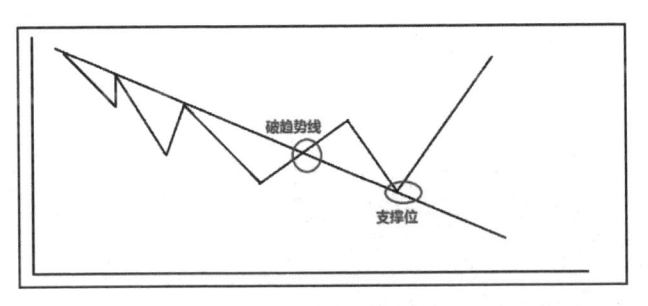

下降趋势线一旦被向上突破后，就有可能演化成支撑线。

下降趋势线一旦被向上突破后，马上能演变成支撑线。如同刚才所说，创业板已经悄然发生了一些变化，中长期来看随时有可能突破下降趋势，变成一个支撑，从而形成重要的中期底部。而我早就在喊1571应该是底部了，创业板的1571与东方财富的10.20很类似。

但对技术派来说，完全没有突破长期下降趋势线是不会考虑的。他要等，如同东方财富出现突破的那根阳时才考虑。图表如下：

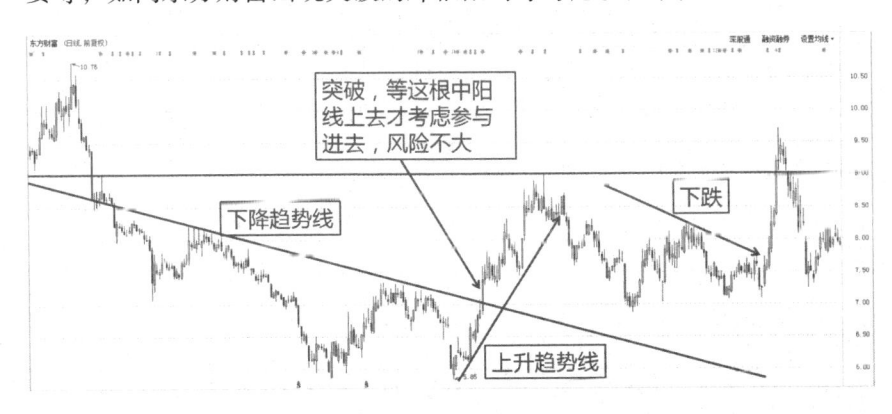

依图中所示，要等到这根中阳线才上去，考虑进入获利。短期不可能有多大的利润，还会有些动荡，但整体来说，会进入一个向上的趋势。

创业板的1800点向上突破和刚才的阳线一样，刚改变趋势追赶时，进入风险不大。如果创业板要到2000点时，好比东方财富涨到15.3元时再进入，风险就有不确定性了。

学习温馨小提示：

什么时候的风险是相对较小呢？是在大家比较迷茫时。

学习温馨小思考：

我记得有句话叫作：市场总是在犹豫中上涨。大家发现没有，现在有几个人是真的与我一样，那么有信心看好创业板呢？我相信没有几个人。又有几个人有信心看好现在所谓的文化与科技呢？相信也没有几个人。

在市场中学会判断与思考，在市场中学会坚定与把握机会。

学习温馨小延伸的思考：

相信学过我课程的人都知道新经典这只股票。但没有几个人在这里赚到钱。为什么？市场的波动牵引着人性的弱点，这是本质问题。每个人都是有些缺陷的，每个人也都有自己的思路。各方面的格局是完全不一样的，导致结果也会截然不同。

如同我们上学一样，同样的老师，同样的课本，为什么最终大家的学习成果不一样呢？高中时有人考上北大、清华，有人没有考上大学。根本原因在于自身，师父领进门，修行在个人。

有人能成为天才，有人却永远在原地踏步。要在自我方面不断地去突破自己，不断地提升自己，才能成就自己的未来。成长是在不断突破自己时变化成长的，不断突破，再突破，不断总结，再总结。为什么要做文化？其实是突破自我，总结自我的一个过程。所以，这是我能够不断前行的重要原因。改变趋势从改变自我开始。

自我成长与自我认可，提高认识事物与事物规律的认知，从点滴开始。

5. 上升趋势线案例。有些趋势的力度很强，例如：格力电器。图表如下：

5. 上升趋势线案例：格力电器上涨趋势线支撑力度强，每次在趋势线止跌后，都是新一轮的上涨。

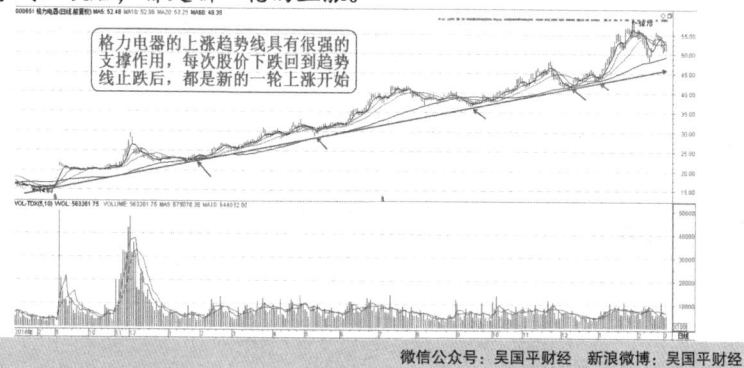

从格力电器的趋势线来看，要顺应趋势线去做波段，打开格力电器的周线图，大趋势向上前行。所以不用每次高点追进，在每次跌到趋势线下轨时，没有破线下行，感觉要上扬时买入即可。K线是按照这种有规律的上扬。这是中线牛股的特点。只要把握好趋势线的规律，即可应势操作，避免人性的弱点，不用追高。

跌回到趋势线附近时，不是说明市场受狂热的买入情绪推引，而有可能是一些资金太大导致的加撤。这时会在趋势线附近或触及时，你要有个理由。长期趋势没有问题，可以先行少量买入一点并控制好仓位，如没有破位下行，继续加仓；破位下行，及时改变策略。这些都是需要你去做的。

举例华友钴业趋势思维，图形如下：

任何一只大牛股，它都会沿着长期趋势线不断震荡上扬。趋势转折是非常重要的。

6. 下跌趋势案例。趋势转折。图表如下：

华友钴业股价沿着上涨趋势线震荡上行，趋势线起着很强的支撑作用，趋势线有着趋势的方向性作用。

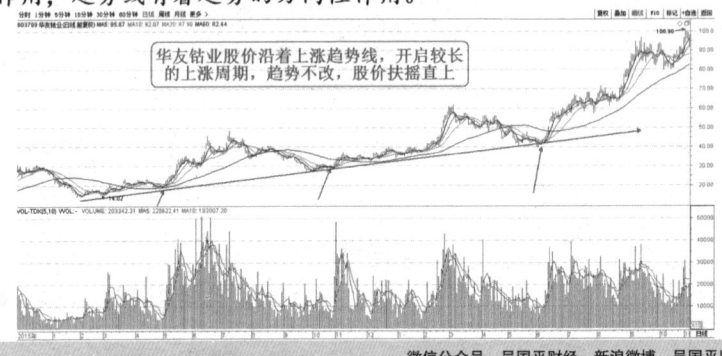

上证指数在经过 6 年的下跌调整，于 2014 年下半年突破长期趋势，开启了 2014 年到 2015 年的杠杆牛市。长期趋势一旦改变就会以迅雷不及掩耳之势发展。这个好理解，因为长期下降，里面的人已经压抑得非常厉害，一旦压抑的能量释放，其爆发力会很强。创业板的爆发值得期待。我已经感觉到创业板目前的转折有点像过去上证指数的转折一样，长期趋势的下降，现在已经到了临界点。一旦改变向上，股指就重新下来，这个概率非常之小；一旦改变，后面的力量会充分释放出来，精彩会不断呈现。

如同现在的独角兽一样，你大概可以感受得到。现在可能只是一个概念或看当下，如蚂蚁金服、小米、京东等，如同下棋，看一观二内有三。要思考背后的内容，看第一层想到第二层，依次推进。

独角兽，或许现在有很多人在拼命地寻找，或者凑个热闹参股等，都不是真正的成长为王。要发现国家重心在哪儿？寻找它、研究它，成功的基因在哪儿？总结它、对照样本寻找新的细分领域的独角兽，探寻巨大的机会，赚到几倍、十几倍甚至几十倍的未来。有人说 360 是独角兽，其实市场早有预期，最大的狂欢者不会是你们，而是这些独角兽公司本身，它们才是狂欢者。

例如，我的公司是一家独角兽企业，我会非常高兴的，为什么？因为接下来公司上市会有很多人在追捧我的企业，其股价会涨得很高。我的财富会增值得很丰厚，有可能会成为中国首富。你开心的不是发现这个独角兽，你要开心的是中国未来的趋势在往这个方向行走。去寻找这样的独角兽，或有能力的话未来自己创造一个类似的独角兽企业，成就一片自己的未来。

要用前瞻性的眼光来看待与寻找独角兽。曾经有一段采访，一位美国记者采访阿里巴巴的董事长、创始人马云。记者提问：凭什么说你的公司以后会成为中国、甚至全球最大的商务电子平台？现在有没有一百万美金？当时的马云还很青涩，但回答得很坚定。我现在做的东西方向是对的，未来一定是可以实现的。在当时的环境下，记者肯定觉得这个小伙子真不知天高地厚。但现在大家已经可以看出结果来了。如一些伟大的企业家一样，思维里有根源的存在，即固本的思源。有信仰的依托才能坚持到现在，唯有看得更远的人才能坚持到现在，才能收获果实。

大部分人云亦云的人是吃不到果实的。一个跌停或跌个三点四点的，这股票有问题，庄家出货。

案例，方大炭素，趋势转折。图表如下：

方大炭素的下跌趋势线具有很强压力，从2015年开始每次股价上涨到趋势线都遇阻回落，在2017年5月开始上涨突破下跌趋势线，横盘后开启了主升浪，涨幅达316%。

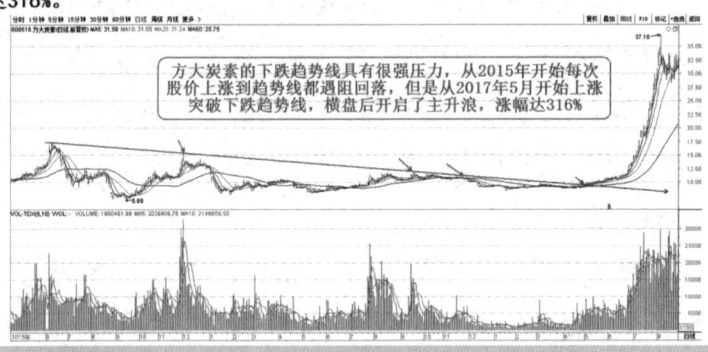

学习温馨小总结：

方大炭素在抬升之前压抑得很厉害，一旦突破长期趋势线，其爆发力非常强悍。由此相信，这次是给到创业板历史性的大机遇，指数延着长期趋势线压抑得非常厉害。在去研究时，一些上市公司也被跌晕了，不明白原因何在。那意味着是非理性的，在修复过程中的某个阶段，市场稳定且反应过来时，会以几十点或倍数递进的方式上扬。

市场因情绪波动，情绪由人所控，预期所致，效果奇佳。方大炭素之前一直是向下运行，突然间因石墨电极而暴涨，也改变了大家的预期。原来很传统的企业也会有这么大的异彩。未发现是奇石时都很普通，马云曾经很普通平常，能力未显，但突然间公司变得异彩纷呈，追捧与鲜花、掌声与崇拜纷至沓来，不过马云还是比较清醒的。同理，牛散大学堂流光异彩时，追随者无数，学习与研究的人也会解意出许多新的内容，在中国、世界的各个地方讲述着牛散大学堂的传奇。在读鲁迅文章时，鲁迅本人也不会想到后人会有那么多解释。以后解读，不如现在解读，好好学习，不断成长。

（三）趋势线小结。图表如下：

牛散大学堂

趋势线小结：

- 趋势线有着趋势的方向性作用，趋势不改，股价不止。
- 趋势线的支撑和压力的作用，会随着股价的移动而发生转变，上升趋势的支撑线被有效跌破后，变成压力位。同理，下降趋势线被向上突破后，就演化成支撑位。

微信公众号：吴国平财经　新浪微博：吴国平财经

学习温馨小总结之趋势线：

趋势线有着趋势方向的作用，趋势不改，股价不止。上升趋势不改，上涨的不断上涨；下降趋势不改，下跌的不断下跌。

问题在于转折，趋势的末端一定会有转折信号。这个信号可以是量能的变化，抑或是背离的变化，再或是市场环境的变化。慢慢地寻找这些变化的点，转折点的出现一定在盘面波动中显出一些蛛丝马迹。转折点有时是人性情感的反射，在反复波动中捶打着人自身的情感承受力。在捶打中找寻积极的信号，在波动中探寻改变的方向。以东方财富的变化窥探出创业板的方向。上涨与下跌的趋势，支撑与压力互换要好好理解。

探寻与发现是细心的过程，更要理解与尊重市场的原则，情绪的变化在市场中会表现得淋漓尽致。

二、均线指标。图表如下：

均线指标

1. 均线是一种趋势跟踪指标，反应股价运行的基本趋势；
2. 一般来说，均线指标对应的价位往往会形成重要的技术支撑位/阻力位；
3. 均线指标具有明显滞后性，也就是说依据均线提供的买卖点交易时，股价已经上涨或者回调了一段距离；
4. 关于均线数量方面，每个人自己喜欢的细节指标不同，有的人是使用多条均线，有的人只使用1条均线。关于均线的天数方面，3日线、7日线、10日线、50日线、100日线等，因人而异，没有固定方法；
5. 案例分析，10日线的低吸机会和跌破60日的风险防范。

微信公众号：吴国平财经 新浪微博：吴国平财经

（一）均线指标的详解与案例分析。

学习重点提炼加深印象：

1. 均线是一种趋势跟踪指标，反映股价运行的基本趋势。

2. 均线指标对应的价位往往会形成重要的技术支撑与阻力节点。这里包括5日、10日、20日等不同的均线，每条均线都代表着其自身股价的平均成本。

3. 观察均线与人的心理有很大的关系，5日均线击破时，有人心情会很糟糕。在均线上方表明买入盘很多；有时买入盘也不多，有些滞涨，信心少点；跌破均线下方运行时，信心更少，绝望离场，但有时会慢慢地止跌回升。在均线上方波动是情绪高涨时，依托5日、10日均线，不断逼空上扬，这是最牛的个股。

4. 在设置均线上，有人会有自己的细节喜好。如同时间窗口一样，时间窗口有斐（菲）波纳契、有江恩理论等多种流派。我主攻神奇数字，简单可行，大道至简。有人喜欢变化一下，5日变3日，10日变11日等，但本质大同小异，只是心理的感知不同而已。

5. 案例分析。

案例分析（1），深次新指数，图形如下：

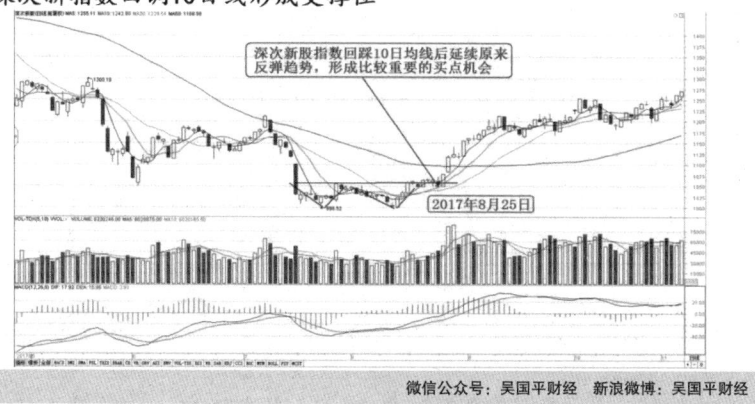

在上图中我们看到很多均线，破线下行。在下降趋势转变为横盘趋势时，要注意一点，再次回落到近期均线位置时，如能够形成支撑，则是一个很好的买入点。因为市场趋势在变，横盘趋势可能变成向上趋势。

在买卖时可依托均线的变化，股价与均线的远近，去作出相应的一个策略，这是非常重要的。将均线与形态，均线与趋势进行联系思考，会有不一样的答案。

案例分析（2），深次新指数，图表如下：

深次新指数反弹后的放量大涨，对10线支撑位作用的验证

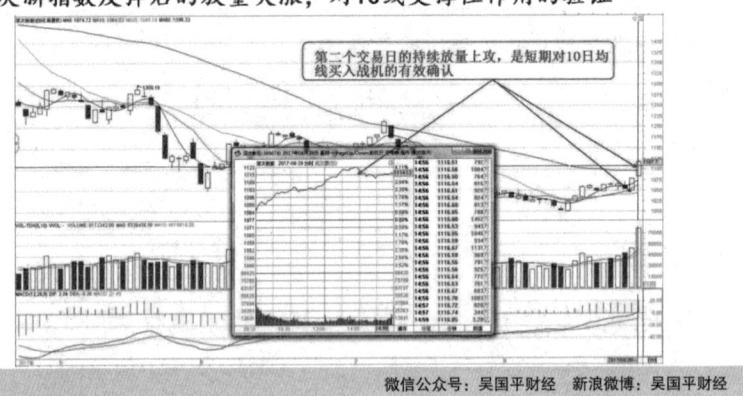

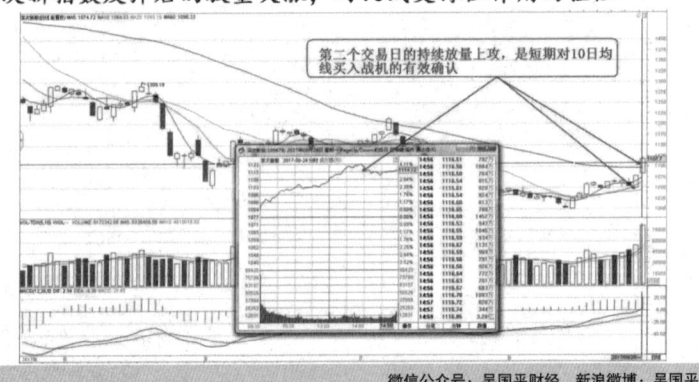

如图中所示，深次新指数触及10日后果断反弹。跌跌跌，从跌破5日到跌破10日时，大家觉得差不多了。特别是其趋势属于横盘趋势时，往往10日线有较强的支撑，甚至在20日线时也是如此。此时如何高抛低吸呢？当然是越靠近均线时做低吸操作，风险小，机会大。

案例分析（3），深次新指数。图形如下：

深次新指数反弹后的放量大涨，对10线支撑位作用的验证

学习温馨小提示：

在下跌横盘后，反弹放量大涨，10日均线为有效支撑得以验证。均线的意义在于判断趋势是否在改变中得到确认。

上涨趋势中可依托10日或20日均线，或超短的5日都行，做一个买点的选择，避免追高。触及均线时意味着一波回档，两者融合一下，就有一个买卖的依据。

在上涨尾声、下跌尾声、横盘尾声时透过市场环境的蛛丝马迹，再作具体问题分析。脑海里要有刚才所说的思考与印象，这是基本功。

注意尾声时的趋势变化，与均线的依次确认。

上升趋势一旦改变，下行势头也是蛮凶猛的。

案例分析（4），北方华创，图表如下：

深次新指数反弹后的放量大涨，对10线支撑位作用的验证

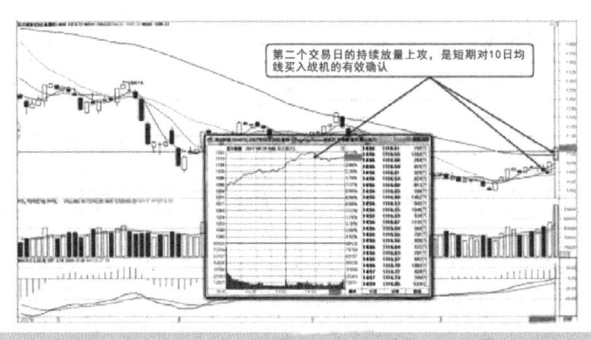

北方华创在2018年1月10日跌破60日均后，继续下跌了40%左右。

1.均线提示着操作机会，有支撑时为买入时机；2.无支撑时，为卖出依据。

中短长各条均线都有其不同的意义。5日均线破位，不用担心，还有10日均线；10日均线破位，可挺一挺到20日均线；但60日均线破

位下行，则可能一败涂地。时间越长的均线破位则意味趋势的改变。均线的意义在于判断趋势是否在改变中得到确认。

上涨趋势变为下降趋势。

案例分析（5），北方华创，图形如下：

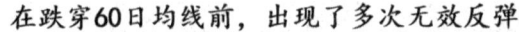

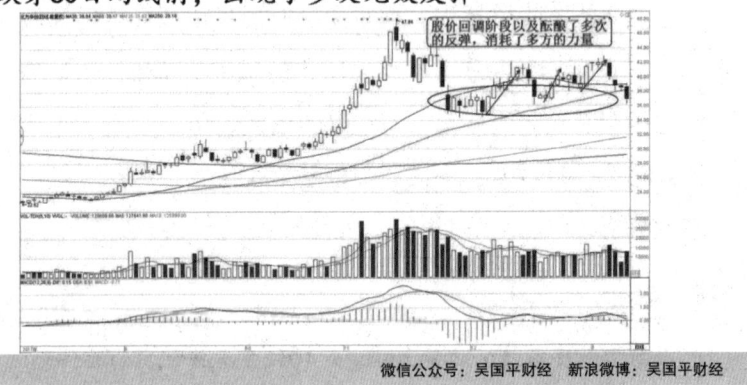

学习温馨小提示、小思考：

如上图所示，就算出现一个重要高点，你也会发现，反弹无数。例如白马蓝筹，再跌也要在高位反反复复多次，说明不会一步到位。美股也是如此，如真是见顶，也不会一下子见顶，至少要在相对高位反复一段时间，哪怕有几个月才能见顶。事实上，美股牛了很多年，一下子改变趋势，可能吗？趋势没有彻底发生改变之时，不要轻言结束。30日、60日均线没有依次击穿破位，就顺势而行。

从纳斯达克指数中，你会发现什么？在经历一段时间的动荡之后，只要稍微出现一根中阳线，便会创新高。如果此时拼命做空的话，风险蛮大的。真正做空的点是什么？依次击穿30日、60日均线时，到时再做空也不迟。有些时候要留点利润给别人，不要想着从头吃到尾。贪念越大，损失越大。

依托均线采取关键性的策略,再结合形态与趋势,做一个综合的分析。

三者合一,思考后会有答案。三者的结合,考量着投资人的判断与格局的把握。

弱势反弹、成交量递减。

案例分析(6),北方华创,图表如下:

弱势反弹时,成交量逐波递减

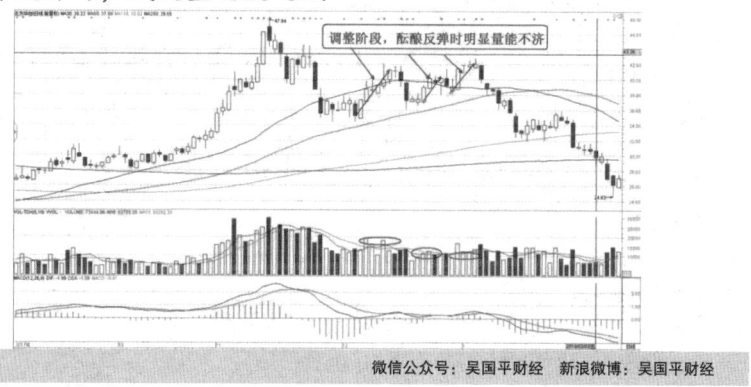

学习温馨小提示:

量能的变化与均线的波动也是息息相关的。弱势反弹中,量能在递减。量的减少,明确了成交量在递减,随之而来的是人气也在减少。时间摧毁意志,在反复中横盘震荡,时间一长,其意志与信仰就会减弱。外面的世界很精彩,很诱惑人。

例如,白马蓝筹在高位横盘震荡,你会发现缩量调整。此时信仰还有,坚信市盈率很低,未来一定有一波大牛市,拿着没有问题。结论我并不否认,如果是以年为单位的话。

恰在此时有一个朋友问我,他也是位高手,而当时银行的行情最火。他说:"现在全仓进入银行,加点杠杆,以未来几年银行股为主要机会,不贪心,每年有十几个点、二十个点为收益如何?"

我回答说："如果你内心真是以年为单位持有的话，这种可能性是有的。但如果想以价值投资的名义去搞价值投机，我则是不认同的。我不认同你现在在这个位置这样做，你不会得到丰厚的收益。"

我很委婉地跟他说，我看不懂。我欣赏不了这些标的。果不其然，那段时间，大家可以看到，很多个股纷纷做了调整，至少有10%至20%左右的下行，这不就是价值投机吗？时间一长，其信仰自然会变，自己也会受不了的，卖出了曾经的豪气。你那新经济里可有什么好股？又成为阶段性接盘侠了。周而复始。有些学员也是如此。

注意细节的改变，思维会马上改变，纪律与定律的遵循是保证或减少错误发生的法宝。

跌破之前很多时候会有放量杀跌的动作。案例（7），北方华创，图表如下：

跌破60日均线前的放量杀跌动作

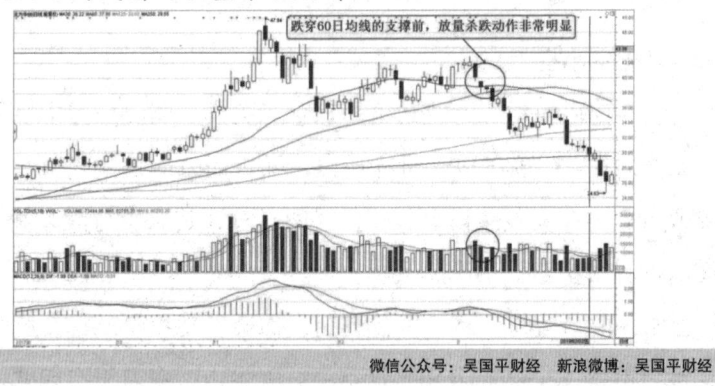

如图所示，在跌破60日均线之前缩量反弹，随后放量下跌，跌破下行。放量杀跌意味着情绪的绝望由此开始。

绝望情绪释放之前，在这里继续做最后的抵抗。案例（8），北方华创，图形如下：

跌破60日均线当天，带量恐慌盘

如图所示，抵抗不了，跌跌不休。

跌破之后无力反弹。案例（9），北方华创，图形如下：

跌破60日均线后短期两个交易日无力反弹，是跌破支撑位的后将带来大跌风险的确认

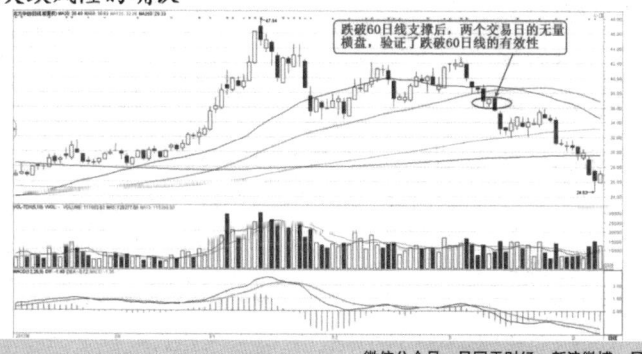

学习温馨小提示：

如图所示，你要在跌破还未跌破之时，即将要变化的那一瞬间，感受每一个阶段的内涵与里面人性的微妙变化。当时大家确实都在绝望中放手了，反攻力度很弱很弱，各个均线全部失守。从上涨趋势的信心满满，信仰坚定，到跌破60日均线后的全面溃败，其实就是一个渐进与转变的过程。低点也罢，高点也罢，都是一个渐进认识与变化的过程。

学习延伸突破小细节：

底部、顶部的渐进演变都是要反复试探得知的。

顶部可以首先V形反转，其次横盘动荡，随后下行杀跌。但不管如何，要在过程中消化，时间会逐步延长，等待消化结束的时刻。

底部也是如此，首先V形反转，其次逼空之后横盘动荡，实现底部结构形态，这是完全允许的。V形反转强势逼空＋横盘震荡立马会增加大家的犹豫，在上涨过程中增加犹豫的反复，等到横盘震荡时会更加犹豫反复锤打。只有越来越多的犹豫与锤打，才能把整个底部铸造得扎实可靠。到时最终真的再次向上时，那些所有的犹豫都会变成买入方，马上坚定地变成价值投机者，拥抱新经济了。他最终也是站岗的一帮人，即未有更远的前瞻、没有看透背后的内容的人。市场是可以变化的，但要有自己的核心内容。

学习温馨小总结：

投资市场要有自己的核心体系与内容，我的核心是：成长为王。符合的拥抱它，不符合的离开它。做自己熟悉的，我的地盘我做主，我的命运我自己来把握。

（二）均线指标小结。图表如下：

牛散大学堂

均线指标小结

○ 1．均线指标可以适用于不同的时间周期K线，5分钟、30分钟、60分钟、日线、周线、月线、季线、年线等；

○ 2．从实战角度出发，均线指标只是提供股价位置的辅助指标，为买入或者卖出提供参考依据；

○ 3．使用均线指标时，一定要耐心等待指标的形成之后才能做出决策，不可过度臆断；

4．千人千线，选择适合你自己的均线指标才是最重要的。

微信公众号：吴国平财经　新浪微博：吴国平财经

学习温馨小总结之均线：

1.均线指标可以适用于不同的时间周期在K线中的表现，在这里包括了5分钟线、30分钟线、60分钟线、日线、周线、月线、季线、年线等各个时间段的形式。

2.均线只是提供股价位置的辅助指标，为买入或卖出提供参考依据。

3.使用均线一定要耐心等待，等指标的形成之后才能作出决策，且不可过度臆测。

学习温馨小提示之重点印象：

均线指标可以结合趋势使用，或结合形态使用。在这里要告诉大家的是一个系统而不是一招半式的技巧，整体结合与使用会让其视野有个一样的状态。

学习温馨小提示之延伸思考：

在结合使用过程中要记住小周期线服从大周期线。例如，5日线、10日线、20日线依次击穿60日线，但整体形态与趋势还是底部盘整状态，所以现在买入是可以的。原因在于形态要大于均线所给大家的迷惑，在击穿 60 日线时可能是一个诱空的行为。这恰恰表明这是一个买入待涨的时机，要有敢于加仓的勇气与远见。

在学习与吸收的过程中，要不断地进行融合与归纳，形成意识本能。例如，5分钟线被击穿时，可否要卖出呢？但日线尚未击穿，且依旧上行。一般来说要依据日线，小的服从大的。不要紧张，除非你是日内交易。有些人会做这种期权或期货等，类似T+0的，那可以考虑卖出或者买入，不过相当消耗精力。

资本市场的博弈，虽然是在用脑，但也在耗费着精力跟体力，因此要养成每天锻炼的习惯。锻炼能让自己的头脑更清醒，也能够在未来的机遇中把握更多。

三、趋势的转折。图表如下：

趋势的转折

- 趋势的转折，往往都是有迹可寻的。以上涨趋势为例：
- 1. 筹码的松动，K线从流畅趋于零乱，到趋势末期经常出现急速下跌后快速拉回的动作。

- 2. 转势的信号：常规见顶与急速见顶。

学习重点提炼加深印象：

趋势的转折，往往都是有迹可寻的。例如，底部的转折，或是顶部的转折。这都有迹象可以追寻，在透过细节的过程中发现盘面的变化。

（1）筹码的松动，K线从流畅趋于零乱；在趋势末期经常出现急速下跌后快速拉回的动作。

（2）转势的信号：常规见顶与急速见顶。

如我之前所说，创业板在接下来的时刻一定会有其行情展现在我们面前。独角兽的方向是对的，但很多公司关于未来的发展在这时也会有些迷茫，市场此时到底在如何前行？这也印证了阴至极则阳，阳至极则阴的过程。事物本身也是在遵循这种规律运行，所以2018年对于我们来说是一个好机遇。市场在之前的过程中已经付出了太多的股灾，有太多的筹码都是在流血时出来的。要珍惜这些带血的筹码，等待生态平衡的恢复。前行的大方向已经越来越清晰了，我们正在从迷茫走向清晰，从黑暗走向光明。未来至少有些政策的持续性是比较长的，其政策风险可以暂不考虑。方向清晰，目标明确，把握未来，坚持成长为王，一路向前，胜利的目标一定能够实现。

1.筹码松动。图表如下：

牛散大学堂

1. 筹码的松动

○ 在上涨趋势中，刚开始上涨时，K线都是比较流畅的，预示着做多动能较为强烈，多头占明显的优势。

○ 而上涨趋势的中后期，K线越来越零乱，开始有放量滞涨的迹象。

○ 上涨趋势末期，经常会急速下跌，幅度较深，但很快又收复。看上去很强，其实是筹码松动的标志，先知先觉的资金在跑路。

微信公众号：吴国平财经　　新浪微博：吴国平财经

学习重点提炼加深印象：

筹码松动的过程是渐进的。涨得少时大家的趋势可能是一致的，没有太大松动，涨得多时就会松动。有三种情况依次递进。

第一，在上涨趋势中，刚开始时上涨K线最为流畅，而且有时会很急速，不会给到你太多买入机会。预示着做多的动能较为强烈，且多头占据明显优势。如要追涨就在此时进入，但要有些勇气。

第二，在上涨中后期时，K 线越来越零乱，开始有滞涨的迹象。所以不要追滞涨的时刻，趋势可能会有变化。

第三，在上涨末期，经常会急速下跌，幅度较深，但又很快收复，看上去很强，其实筹码开始松动。先知先觉的资金在跑路。

案例，以 2015 年牛市的上证指数为例，图表如下：

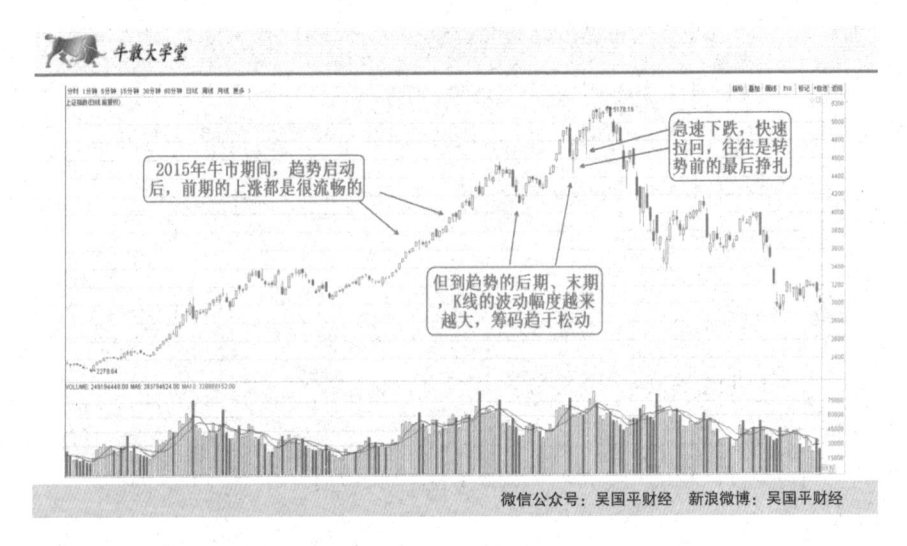

（1）流畅到松动的渐进过程

学习温馨重点提炼加深：

如图所示，在趋势启动后，流畅的上扬，但在后期时波动就开始逐渐加大了。一只个股涨到高位时，就会突然间来一个单日阴线而形成五个点以上的下跌，有时甚至其波动会非常大。此时要格外小心，筹码松动已经开始显现。

筹码松动会出现在涨幅较高时，且离起点也已经很远了。

历史高位时筹码松动会更明显。或许有人在问，股价从 8 元涨 10 元时发现波动较大，是否也是筹码松动呢？那个是底部筹码在换手，并非见顶的松动，是很正常的情况。还有现在的创业板，在涨到 1800 时不是见顶而是正常的动荡，之后还要再次向上的。

学习温馨小提示：

真正的见顶是在什么时候呢？涨幅已经很多且大家在一片看好的时候，就如同 2015 年股灾之前。此刻，市场中的散户谁不赚钱，有二三十个点的利润都不屑一顾，没有一两倍都不好意思说，此时风险正在来临。涨幅到中后期会有剧烈的波动，征兆开始突显，当然也会给你逃命的机会。

市场一片大好之时，风险也在渐渐降临。绚烂的色彩会遮住远方与忘记行走的步伐。

（2）相对的高位会有反复震荡的过程。图表如下：

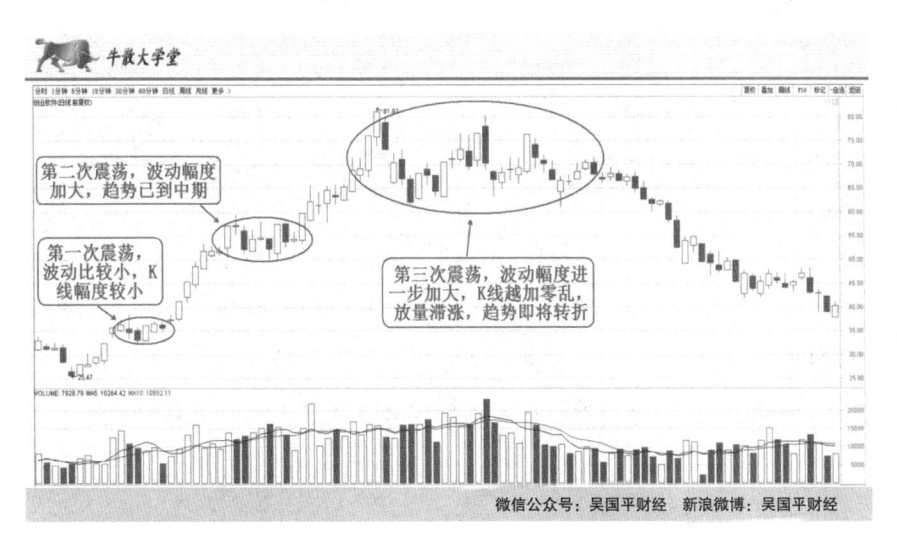

学习温馨小提示：

如图所示，在图里你会发现一种过度的狂热，又在历史高位时反复动荡。某些时候要保持一份冷静，转移到一些相对较为冷静的标的里，风险自然回避。不经意间又把握住了一次降临的机遇。此时你会发现如图形里所展示的，在三次不同时段的动荡后趋势要发生变化，一个顶部结构渐渐地回到一个底部结构的过程。在有些操作当中，个股的轮动与转变是要留意去做的。

注意变化的时刻，把握收益的同时跳出来再进入时会有不一样的心理变化与收获。

（3）相对滞涨，趋势末端的动荡。图表如下：

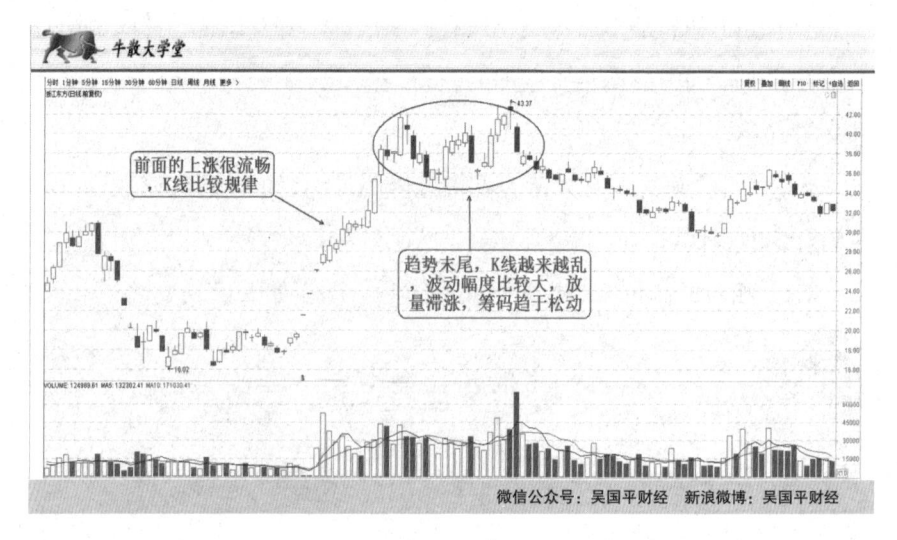

如图所示，图中的个股已经急速拉抬了，并在相对高位滞涨，带有动荡加剧且筹码松动的变化。如还看好此股，减一些仓位，留下一点点底仓即可，将大部布局到其他自选股中。新的收益开始，一个刚刚开始上涨的标的。这样会呈现一种轮动且利润不断最大化的格局与形势中。

（4）K线杂乱、趋势难行，变化下行。图表如下：

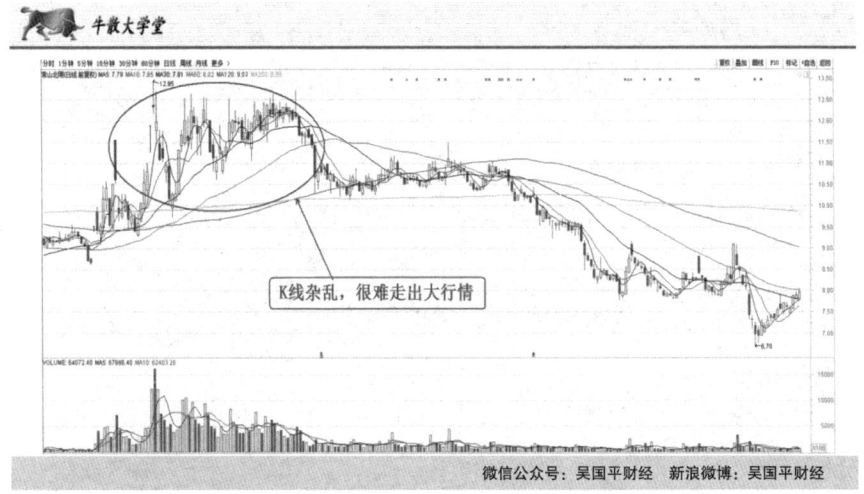

如图所示，在一定高位时K线杂乱且未有效出现新高，行情艰难波折，随后下行，趋势变化。

学习温馨小总结之筹码松动时的操作思维：

操作注意事项：

1. 对我们选股而言，尽可能选择成长为王的标的，健康且有活力。

2. 每个行业的引爆时机都不是一致的。如这个时段，文化传媒涨得很好，但新材料涨势不好，芯片也一般，人工智能更是涨幅平平。

3. 在文化传媒阶段性高点时，新兴产业开始崛起，允许灵活变动，但要有自己的主心骨。文化传媒最为看好，留有底仓三层，不管之后的阶段性调整有20%或30%，都要留着火种，要有这种心态。不要一出仝仓出局。这样与追涨杀跌没有什么区别。

4. 留下一些最看好的主线，允许自己拿出一部分追逐这里面的分支，或新兴产业里的其他分支，再或有成长性的这些分支。没有问题，做好节奏的把握。

如同兵法，分而不散，合而有主，跟主而兼，减枝收网矣。

2. 转势的信号。图表如下：

2．转势的信号：常规转势信号与急速转势信号

○ 以上涨趋势为例：

○ 常规转势信号，即通常的双顶、头肩顶、圆弧顶等见顶信号。

○ 如果结合大级别MACD顶背离，效果更佳。

○ 这方面大家已比较了解。

学习重点提炼加深印象：

a. 在每一个趋势转变时都会有一个信号。有常规转折信号与急速转折信号。

b. 常规转折信号，从形态来说，包括双顶、头肩顶、圆弧顶等信号。

c. 还有 MACD 背离这些指标，简单而关键性趋势转变的信号。

d. 底部时也如此，双底、头肩底、V 形反转、圆弧底等。

e. 然后 MACD、RSI 这些指标的背离，都是一样的。

1. 常规转折信号。

案例，经典的头肩顶转势，图表如下：

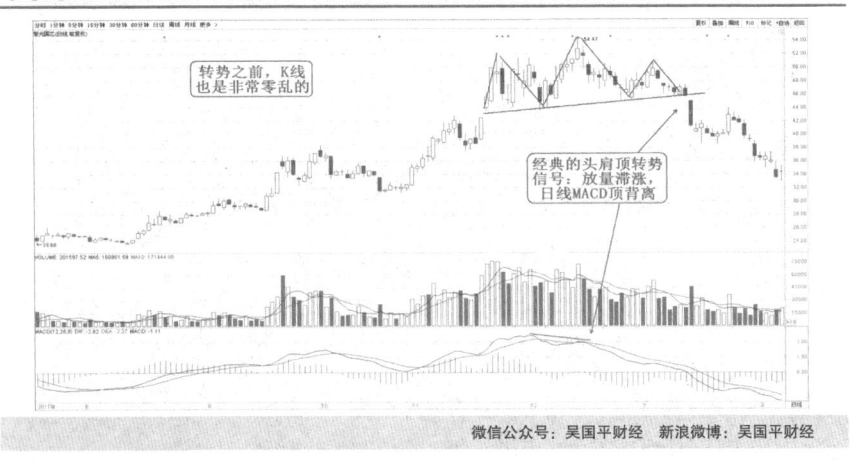

如图所示，转折信号渐渐形成，有放量滞涨，形成顶部形态，MACD 显示顶背离开始，多种信号汇集相互印证，此时要作出策略应对。此时见顶是否为阶段性顶部？例如，文化传媒在运行一段时间后，阶段性高点（一年之内的高点），调整一个月左右，再次新高，要有短、中、长的依次眼光。

学习温馨小提示：

情况分析：

（1）MACD、RAI 都有见顶信号，又想出来一些，做点其他标的。可以留有部分兵力驻守，其余兵力游击打谷。注意！调整可能会一两个星期就结束。不要错过后面的大利润。

（2）主线看好并留有底仓，保持 5 至 7 成兵力驻守，外出游击为 3 至 5 成，随时做一个组合。这完全可以。

（3）日线级别波动、阶段性顶部，忽略它，以周线与季线为周期。这个也可以。总之，要定好策略。

（4）不做其他，没有把握，能力有限，其他不明，只做一种。当然可以。做有把握、有能力且看得清楚的，因人而异。

依计而行，领悟其里，注意自我的心理变化，有必要时做个心理笔记。必然与之前会大不一样，水无形，兵无势，因势而行，因心而为。

2. 急速转折信号。图表如下：

急速转势信号

- 急速见顶，是指短期内快速下跌，幅度较大，伴随着放量。
- 幅度要在到一定程度才能确定是转势，否则有可能是洗盘。比如，股指一般是5天跌幅5%以上；个股是三天跌15%以上。具体幅度要在实战中总结。
- 经常伴随着常规转势信号、MACD背离等多重信号。
- 不要以为跌了会反弹，这种急跌，往往没有反弹。

急速转势信号会有以下几种情况，仅供参考。

（1）急速见顶，是指数短期内快速下跌，幅度较大，伴随量的放大。

（2）其下降幅度要在一定程度上才能确定是转势，否则有可能会是洗盘。比如股指一般是5天跌幅5%以上；个股是三天跌幅在15%以上。具体幅度要在实战中总结。

（3）急速下跌当中经常会伴随常规的转势信号，如MACD背离等多重信号的组合。

（4）不要以为下跌后会快速反弹，这种急跌，往往没有反弹。

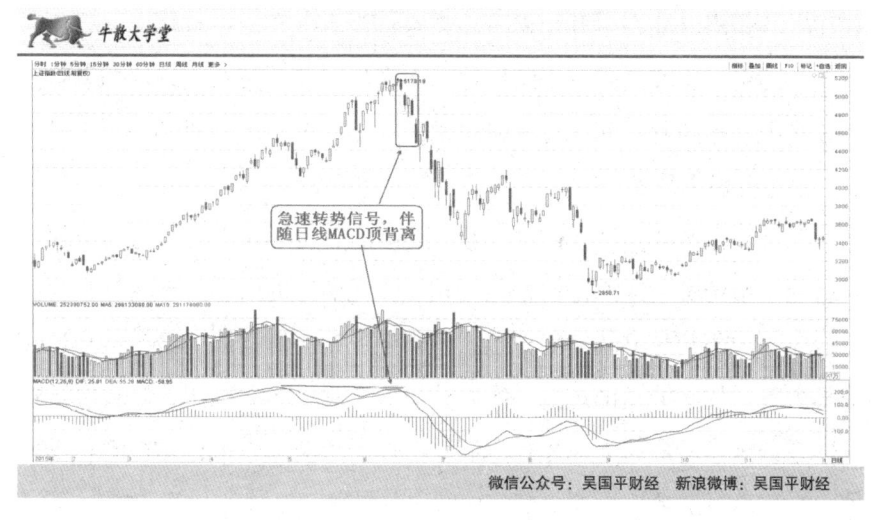

案例分析，急速下跌时的见顶信号。图表如下：

如图所示，图中显示日线的 MACD 出现顶背离的现象，股价再创新高，MACD 却未再创新高，背离就此产生。说明其涨势出现滞涨，会有休息的时刻。

背离一旦出现，就会有顶部形态出现，一旦逆市上涨预期转变，有些时候的下杀也是蛮可怕的。案例分析，图表如下：

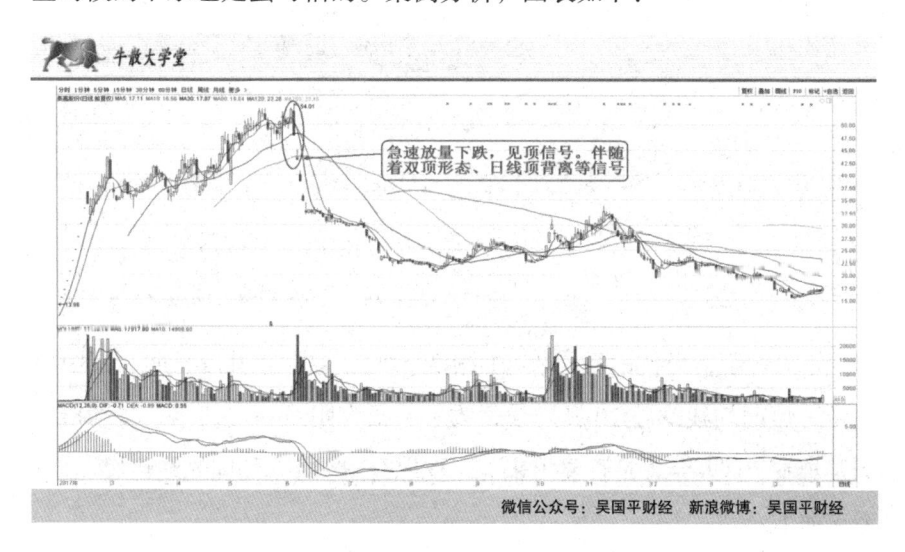

如图所示，其下行力量还是挺大的，所以我们一定要在其转变之前，使用一些策略。如在一开始做不出策略也没有关系，一旦转变，果断了解走人即可。除非这是一个阶段性的市场的奇袭并带有系统性的风险，而你选择的标的基本面没有任何问题，等待其自然修复即可。

学习温馨小思考：

市场没有绝对，只有相对。透过具体的点与形态，均线与趋势的结合去感知市场的组成部分的变化与相互依托而行的内容。有些时候这些东西对你的研判具有辅助的作用。但请记住我一直强调的最终核心是：成长为王。技术的辅助是帮助我们分析的工具，不要以技术面去指导整个体系的操作。成长为王才是我们整个体系中应该去操作运行的。成长即未来，前行必要有成长。

案例，技术与成长的选择，图表如下：

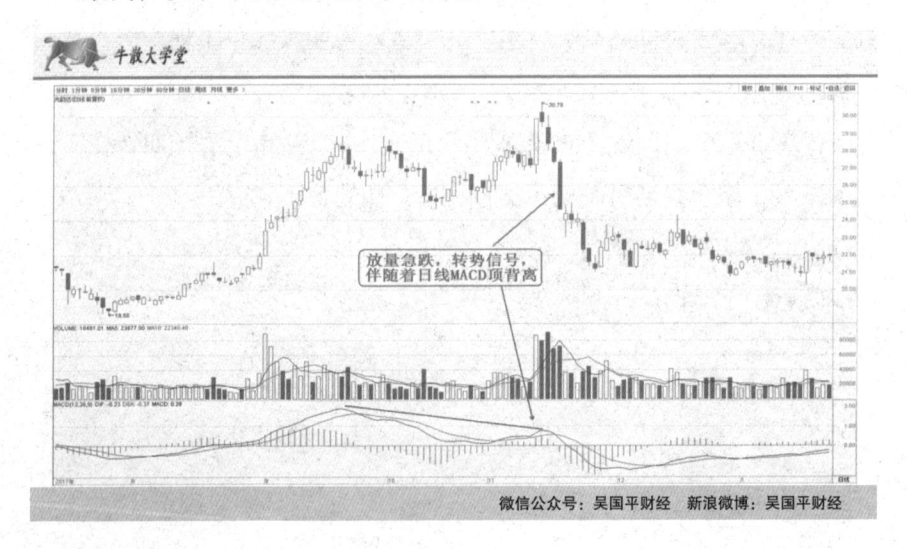

如图所示，当技术面与成长面相背离时，要注重其成长面。图中所显示，短期均线跌破 20 日均线，收了一根大阴线——跌停。技术指标非常难看，有人会想是否要出来呢？要综合看一下，如同光线传媒一样。图表如下：

如图所示，一次下跌中什么均线都被击穿了，跌停板，非常难看。这时就要服从成长为王的核心，原因在于前面的形态、成长的内容、形态的突破很健康。这次回档也属于健康的范畴，所以没有太大的问题。就成长面来说，没有看到太大的改变迹象，所以又何必抛售呢？技术始终是辅助成长面的。

学习重点加深印象：

情况分析：

如果出现跌停板，或其成长面出现业绩增速下滑，如电影票房很烂，又出现跌停，确认信号已经给出，出仓了解走人。

如果事实中没有出现业绩下滑，大环境回暖，而之前的环境也沉寂了两年有余后有所改观。

如果已经涨了两至三年，突然之间出现非常难看的图形时，要警惕，是要减仓的。但只是刚刚开始，且从底部上来的，环境完全不一样。要服从成长为王的策略。当两者发生矛盾时，如何抉择，可以看一下光线传媒的图表（上图所示），会给你一些启发。

抉择时核心最为重要。

学习温馨小总结之趋势与转折小结。图表如下：

牛散大学堂

趋势转折小结

- 结合多重信号判断，成功率更高。

趋势与转折是多种信号的结合与判断，成功率更高。将背离、形态等结合起来，还要观察一下当时的市场环境等，综合之后，成功率自然会提高很多。

成长是多种因素的组合体，要在吸收与吸纳中体会。

课后作业。图表如下：

牛散大学堂

作业

- 结合交易案例来分析自己是如何运用相关趋势性技术指标？

学习寄语：

今天的课程主要讲解的就是趋势转折，希望大家能够有一个好的吸收。在以后看到类似K线图形时就会更加直观与清晰，对其波动属于怎样的一种状态就会心领神会。马上知晓是上升趋势、横盘趋势、下降趋势、小趋势、中趋势、大趋势。现在的均线属于怎样一个位置也会更加明了。是否有转折？是否有背离？成长为王的状况如何？都会做到心中有数的。下跌至20日均线附近时，可能低吸。成长股发生了微妙变化，自己有些看不懂，在击穿关键位置时果断减仓。在看懂的基础上遵循技术面操作，坚定把握就好。

简单吗？简单。复杂也有其复杂的过程。学习到神是领悟，学习到形是认识。慢慢地就都会熟悉了，思想上的突破是一个慢慢的转化过程。

相逢的欢乐时光总是飞快，今天就跟大家分享到这里，希望大家在接下来的市场博弈中有更好的成绩。多多交作业，有什么话想说的，在作业里附带进来。谢谢大家！

用两首唐诗作为学习的希望，

玉体台

唐　权德舆

昨夜裙带解，今朝蟢子飞。

铅华不可弃，莫是藁砧归。

塞下曲

唐　卢纶

鹫翎金仆姑，燕尾绣蝥弧。

独立扬新令，千营共一呼。

我们继续把握好接下来更精彩的机会，科技、文化传媒，成长为王。今天与大家聊到这里，下期我们再会。

第八节　洞察股市要素之 K 线规律

2018 年 3 月 14 日

课 前 分 享

学习小须知：

1. 本小节的分享与课堂内容是帮助有一定基础的学习者来学习、读懂与看懂其内涵的。初学者可以通过了解、阅读慢慢地学习掌握，以提高对资本市场的认知。

2.本堂课的内容在牛散大学堂股威宇宙的等级为：小学。其余级别结合自身状况进行学习或阅读。

3.第一季为小白级，第二季为小学级，第三季为中学级，第四季为大学级，第五季为实战精英级，第六季为超级牛散级。请依次学习，逐级递增。

4.本节课主要讲解洞察股市要素之K线规律。在这里有三个方面将向大家依次介绍。一、K线的上涨角度：分类+特征+案例；二、K线的流畅性：基本特点+风险识别；三、K线的回撤：两大规律+案例应用。

在岁月平和且精彩、股市波澜且动心中，第二季的课程也要接近尾声了。今天与大家探讨的主题是洞察股市要素之K线规律。

今天的市场处于一个时间窗口，学会了的同学会思维开拓，在具体运用当中也是越来越熟练。时间窗口一般都会动荡一下，而且又是一个转折点。创业板今天尾盘急速杀跌，有点意外。但其整体是回撤到了5日均线附近，依然保持强势的格局，不必太过担忧。1800点站上时是一个中阳线，1900点依然如此。时间短则三天，长则一个星期内应该是没有问题的。

创业板指数。图表如下：

如图所示，创业板在多重均线之下时，V形反转。此V形反转是有

内涵与力量的。今天，我的板书是：大格局。

为什么会有那么多的人看到下跌，心是慌的呢？有些搞不明白。一根线改变其信仰也是有道理的。能与新经典一样，赚到钱的人，定是吸收了我的核心理念，信仰的投资者才能有其持续性且能赚到钱，否则不行。

新经典。图表如下：

如图所示，新经典再创历史新高，其走势也是非常漂亮的。这轮回调依旧是在上涨途中，有些人中途下车，很正常。人性的弱点，格局的大小，决定了人的选择。

我们再看看创业板，图表如下：

如图所示，创业板在相对底部V形反转，回踩后到了时间窗口处动荡一下也是很正常的事。即使到达10日线或年线附近也是正常的事，再加上有趋势线的支撑，如果企稳中阳再现，是非常漂亮的。1900是要站上去的，2000是我们的第一目标。

今天新闻谈到支撑独角兽上市会有100家10亿美金左右，20亿的大概有50家左右。很清晰，支撑独角兽，即新兴产业。

创业板只是刚刚开始，趋势线上有很多内容，长期下降趋势，图表如下：

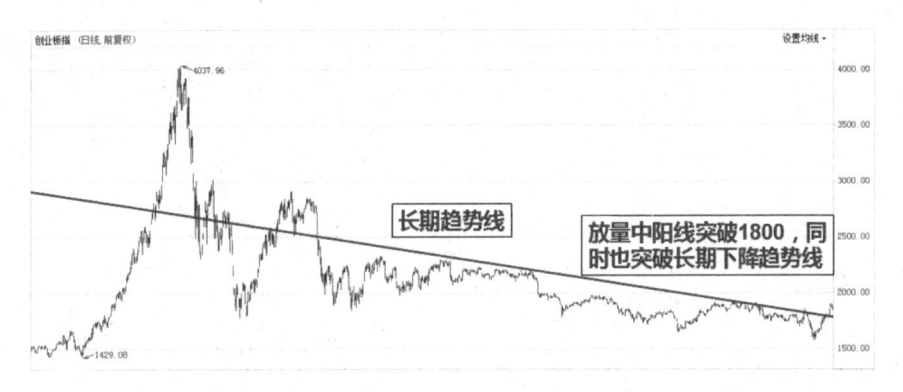

如图所示，创业板指数站上1800的中大阳线，此刻已经把长期下降趋势打破，几天的动荡消化后再次向上为确认信号，前行1900逼近2000是近期的战况。

东方财富上升倍增，强势。图表如下：

光线传媒依然前行，图表如下：

科大迅飞（科技股的标杆），强势依旧。图表如下：

现在市场中的几个关键性的品种，走势很好不用担心。次新股，新经典。图表如下：

如图所示，次新股，新经典，图形不错，走势明朗，前期大风大浪都无恙，近期不用担心。

再看看老板电器。图表如下：

如图所示，老板电器下行途中两个跌停。风险之前提醒过。短期有动荡，中期依旧看好。对金牌橱柜与志邦股份有些影响，动荡一下后继续前行。

志邦股份再创新高，且在很早之前就已经探寻出来，强劲走势。图表如下：

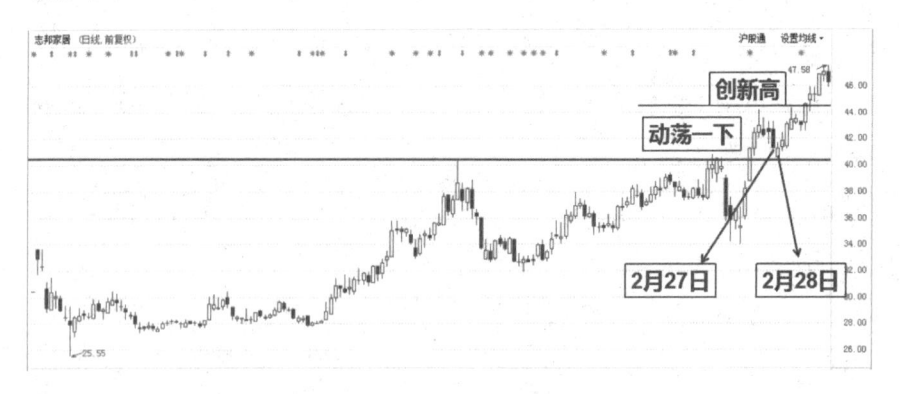

金牌橱柜同样精彩。图表如下：

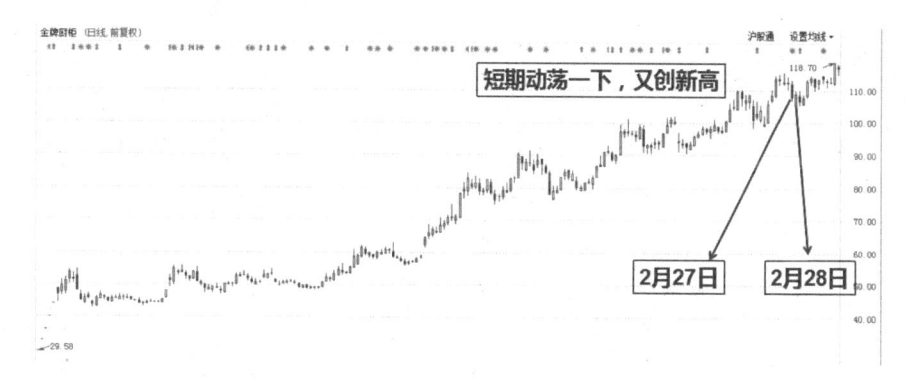

在短期动荡后再创新高，是否思考过其本质的原因是什么？成长为王的内核。把握成长时，短期可以做些差价，且要有底仓，但要再买入时没有几人敢，120元好高呀，但现在160元了。前期股灾时，很多个股根本抬不起头。市场与以前不一样了，选择好的标的，有成长性的标的才是关键。

有付出，有收获，有成果。看透市场的本质，看透成长的意义，市场的成长是要成长标的。未来新经济，独角兽，创业板一定有戏。各显神通把握精彩的未来。

洞察股市要素之K线规律

本节学习的主要内容主要是：

○ 1. K线的上涨角度：分类+特征+案例

○ 2. K线的流畅性：基本特点+风险识别

○ 3 K线的回撤：两大规律+案例应用

洞察股市要素之K线规律

在这里有三个方面依次介绍：

一是K线的上涨角度。分类＋特征＋案例。

二是K线的流畅性。基本特点＋风险识别。

三是K线的回撤。两大规律＋案例应用。

一、K线的上涨角度。分类＋特征＋案例。图表如下：

1. K 线的角度分类 + 图例。

牛散大学堂

1.1　K线的角度

1）. K线的上涨角度：30度；45度；60度；80度。2）、角度越陡，走势越强，回撤越小。

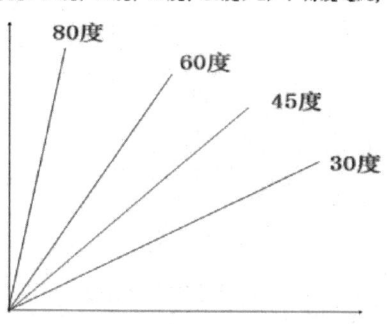

微信公众号：吴国平财经　新浪微博：吴国平财经

如图所示，平稳最长久如 45 度左右上涨；速度最快如陡峭的 80 度，上去得快，回来得也快。

慢且快，稳且长 30 度到 45 度，不经意的涨会有目瞪口呆之效。金牌橱柜，图表如下：

如图所示，金牌橱柜的上涨角度是不是接近 45 度呢？60 元涨到 168 元，不经意间越涨越吓人。

寒锐钴业。图表如下：

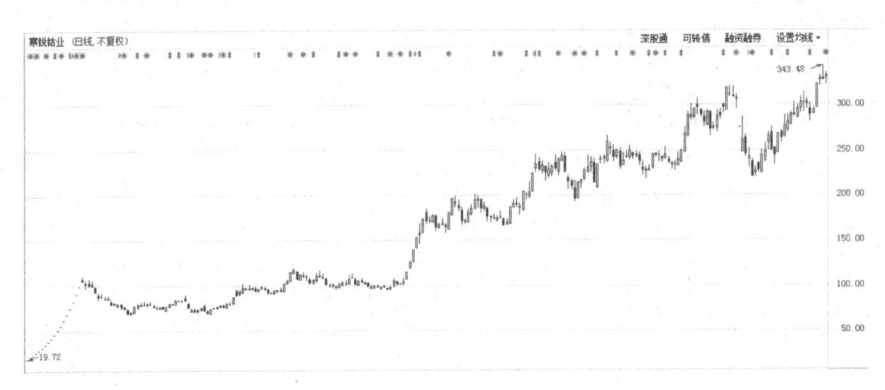

如图所示，寒锐钴业也是45度左右的角度上扬，回首时70元到326元。

新经典。图表如下：

如图所示，其角度有时高、有时低，但整体也是上扬的，40元涨到80元。

志邦股份。图表如下：

如图所示，志邦股份从40元涨到68元。成长且长行。

牛市非也，市场是双重的。保千里，图表如下：

乐视网。图表如下：

獐子岛。图表如下：

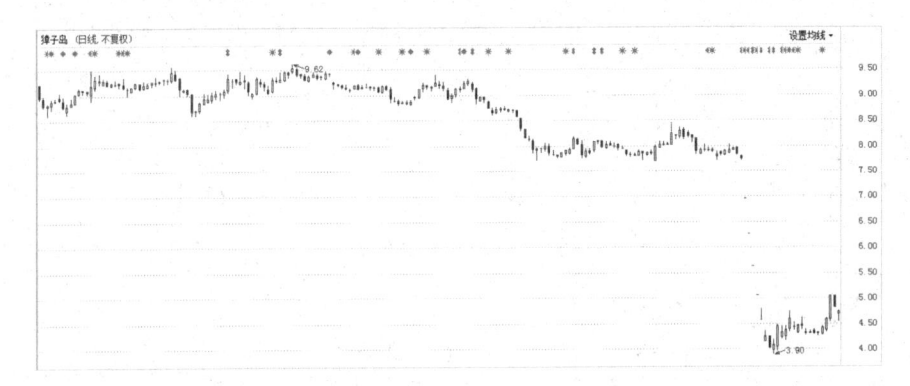

如图所示，熊股不少，冰火两天地。成长的意义在于发展自身，改变观念，从市场与前行的意义出发。看内核，知本质，探寻企业的底牌，是决定我们能赚多少的关键。

2. K线的角度特征＋图例。图表如下：

1.2 特征

- 30度：角度缓，力度不强；但有些个股起跑前会采用这种角度，前提是K线非常流畅。
- 45度：稳扎稳打，中长线牛股多采用这种角度上涨。
- 60度：主升浪上涨，让利润飞的阶段。
- 80度：逼空式上涨，短期妖股，爆发力强但持续性差。

微信公众号：吴国平财经　新浪微博：吴国平财经

学习温馨小提示：

（1）30度。角度缓慢，力度不强。弱势个股大都如此。但有些个股起跑前会采用这种角度，前提是K线非常流畅。缓且不强是其特点。有些牛股会藏身于此，在不被发现时是潜行的。有时突然转变45度、

60度，甚至80度，所以在建仓初期要从基本面角度去挖掘探寻，回头看时结合策略去做布局。

（2）45度。中长线牛股多采用这种角度上扬，且稳扎稳打，是一种平衡的状态。个人较喜欢此角度，相对平衡。当然之间的角度是可以变化的。因事件刺激而引爆，如高送转，瞬间80度逼空上扬，完全有可能。

（3）60度是主升浪的上涨，也是从45度开始崛起的。不一定有高送转，可能有其他事件，受到刺激，一下子从60度角加速上扬而行。

（4）80度是直接刺激逼空式涨停行为，多为妖股，或者是一些事件性的内容，重要的是牛股，由此而引发出来。注意，一旦进入80度时，要小心！阳至极则阴，阴至极则阳。事物的发展都是反复轮动变化的。高潮意味着有兑现收益的时刻。80度开始平缓成60度、45度、30度时，滞涨的状况出现，慢慢地兑现收益，或减仓策略。要把握好市场的轮动行为，这是非常关键的。

所谓一字板可否理解成80度？领悟神，不是形。

30度上涨的K线，非常平缓，力度较弱。图表如下：

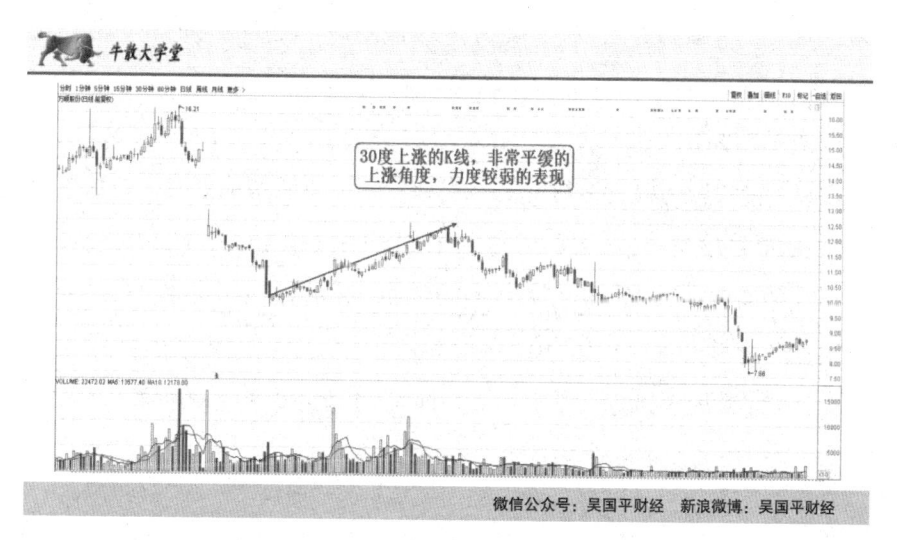

如图所示，30度时，平缓，力度较弱，随时有可能延续原来的下跌

趋势。

下一图例中，其后延续的走势中开始变化。方大炭素。图表如下：

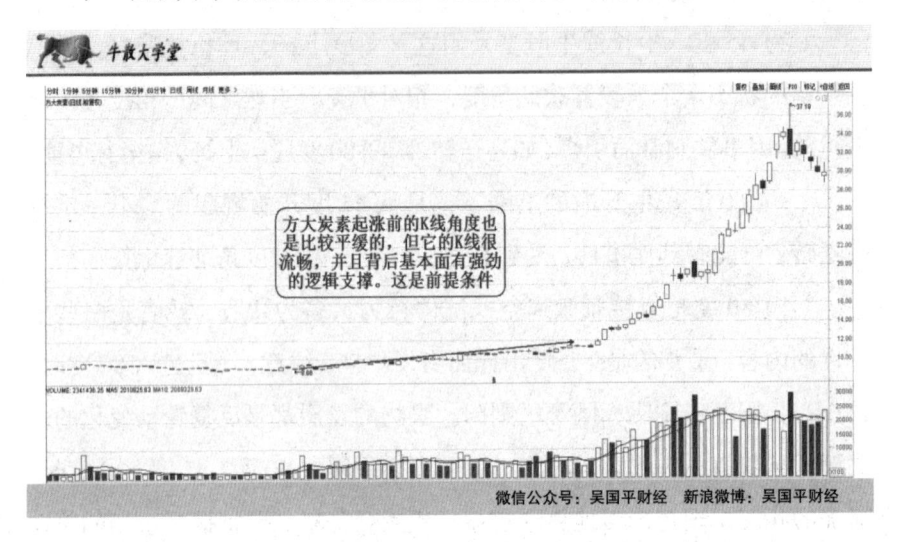

[图表：方大炭素K线图，图中标注"方大炭素起涨前的K线角度也是比较平缓的，但它的K线很流畅，并且背后基本面有强劲的逻辑支撑。这是前提条件"。底部标注：微信公众号：吴国平财经　新浪微博：吴国平财经]

如图所示，方大炭素从量变到质变，从平缓到转变。与之前的图例1还是有本质不同的。方大炭素横盘时间长，缓慢上扬。图表是一直下跌且弱势反弹为30度角，没有完全改变趋势的力量。除非下跌与横盘很长时间，下跌趋势结束到横盘中再缓慢上扬，经历这样的一种状态是完善的。

学习温馨小提示：

方大炭素经历横盘缓慢上扬。当你发现横盘缓慢上扬时，意味着可随时从30度变化成45度、60度甚至是80度的可能，此时是加仓或建仓最佳的时间。30度角时发现一些随时可引爆的个股是件美事。前提有横盘的过程。

中长线牛股茅台等，基本上大方向是45度左右的上涨格局。

45 度的牛股，图表如下：

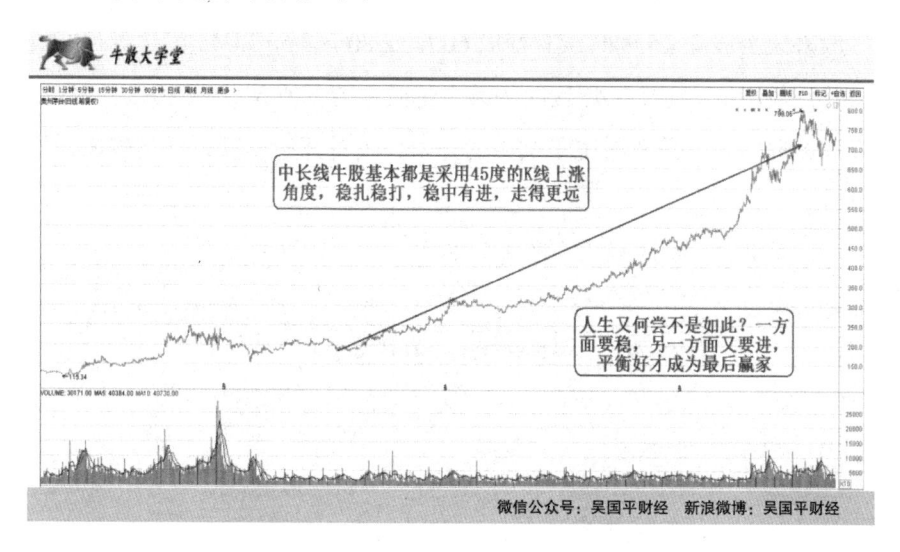

图中标注："中长线牛股基本都是采用45度的K线上涨角度，稳扎稳打，稳中有进，走得更远"

"人生又何尝不是如此？一方面要稳，另一方面又要进，平衡好才成为最后赢家"

如图所示，45 度最好，平衡，有稳度、有进度。如人生的最美的进程。古人非常有智慧，中庸之道，平衡阴阳，共进共生。古与今同理，只要细微思考一下，会发现处处都是，进入迷，出来清。

60 度上扬，图表如下：

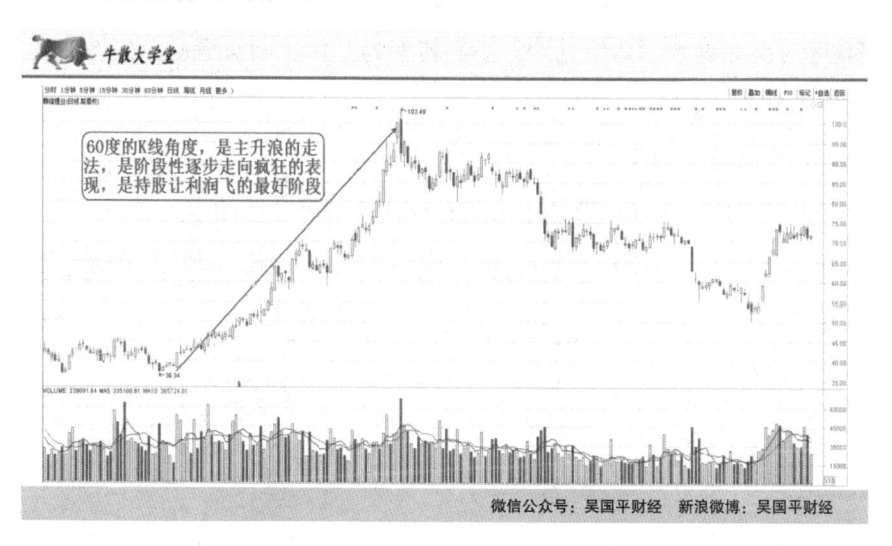

图中标注："60度的K线角度，是主升浪的走法，是阶段性逐步走向疯狂的表现，是持股让利润飞的最好阶段"

如图所示，45度变化成60度，甚至80度时，可以定义为主升浪。所以，一般来说个股在45度时没有变成60度或80度时，以45度角见顶的概率是比较小的。只有在45度时的某个阶段中转变成60度或80度的时刻，高潮便开始了。总攻时也是结束的开始，收益开始丰满，撤离逐渐开始进行。

方大炭素，撤离图形。图表如下：

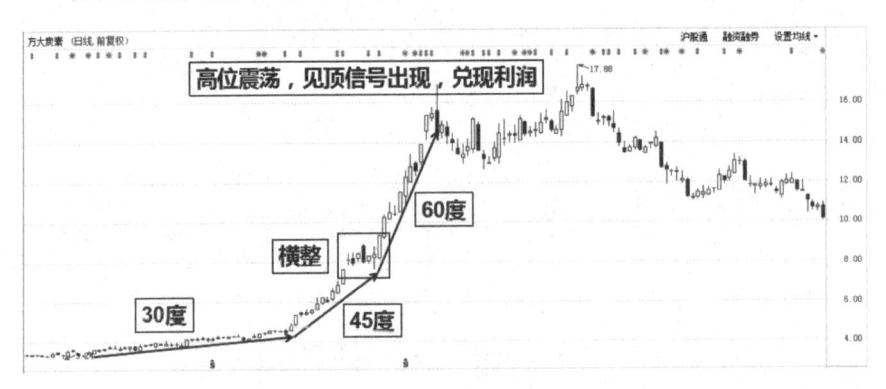

如图所示，方大炭素由此前的30度进入45度，最后加速进入60度，过山车进入上升期是下滑的开始，横盘震荡，利润兑现见顶信号出现，80度角没有见到。如果见到，小心转变的开始。回头看时，60度时兑现收益非常正确。

学习温馨小延伸：

大方向要把握住，要优中选优，要深入理解企业的本身核心，天舟文化与新经典的不同在于核心内涵。看不清，探不明，如何去把握机会。

80度角的上扬，万兴科技，图表如下：

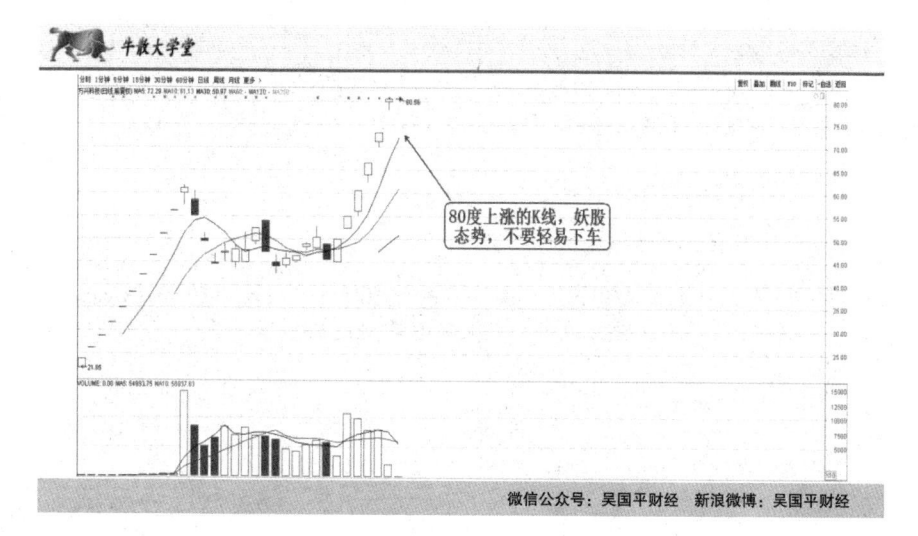

学习温馨小提示：

如图所示，80度上扬的妖股，不要轻易下车，六连板，要顺势而为。何时出局呢？不要担心，80度时会突然逆转，定会在某个区域剧烈动荡，而且顶部不是一时建成的，顶部的建立也要反复落实。在进入60度、80度时恭喜自己，尽情享受丰厚的收益，在有点滞涨或看不懂时，再见即可。

3. K线的角度小结。图表如下：

1.3　K线的角度小结

- 短线投资关注60度、80度个股。
- 中线、长线关注45度上涨个股。
- 大部分30度上涨的个股直接放弃；部分30度起飞跑道的个股也值得关注，但K线要很流畅，并且有坚实的逻辑支撑。

学习温馨小总结之K线的上涨角度小结：

短线投资关注60度、80度强势个股。印证了富贵险中求。魅力与勇气。士兵的技巧，工艺精湛。

中线、长线关注45度上涨的个股。有信仰、有系统、有成长。此为将官所为也。有思考、有探索、有坚持。选45度角个股的人，是有远见的，一般无人敢买。恰恰这种类型会给你一些机会。30度左右往往很多，没深入无了解多是坑，且有长期横盘的可能，受不了。

因人而异，把握各自的机会。

二、K线的流畅性。基本特点+风险识别。图表如下:

2.1　K线的有序、流畅性

- K线就是个股的气质。
- 流畅、有序的K线是强有力的表现，就像美女、帅哥，大家都喜欢看。
- 杂乱、无序的K线是弱鸡的表现，毕竟"如花"的容颜是没多少人喜欢看的。

1. K线的有序与流畅。

K线就是个股的气质，如同每个人的气质一样。所以看K线会有所谓的第六感。图形漂亮且流畅。通过长时间的学习,就会领悟其中的奥秘。

在此类型K线中赚到钱，会对此图形印象有记忆。每个人的类型不同，气质也会有所不同。流畅如清泉，杂乱如蛮荒。

2. 什么是流畅有序的K线。图表如下：

2.2　什么是有序、流畅的K线？

- 阳多、阴少；中阳、大阳多；大阴线少。

- 没有太多的长上影线、长下影线。

- K线重心上移。

学习温馨小提示：

在这里有几点要注意：

（1）阳多，阴少；中阳、大阳多，太阴线较少。阳气十足。如洗盘时阴线较多可否？可以，要看整体。更要看其本质与是否在相对低位。

（2）此图形没有太多长上影线、长下影线，流畅且有序，K线重心稳步上移。从30度角处抬升自己，如同方大炭素一样。横盘时间一段后开始变化30度、45度、60度，要从中发现端倪。

成功与失败都在细节中发现。

流畅之行。重心之变化，普利制药。图表如下：

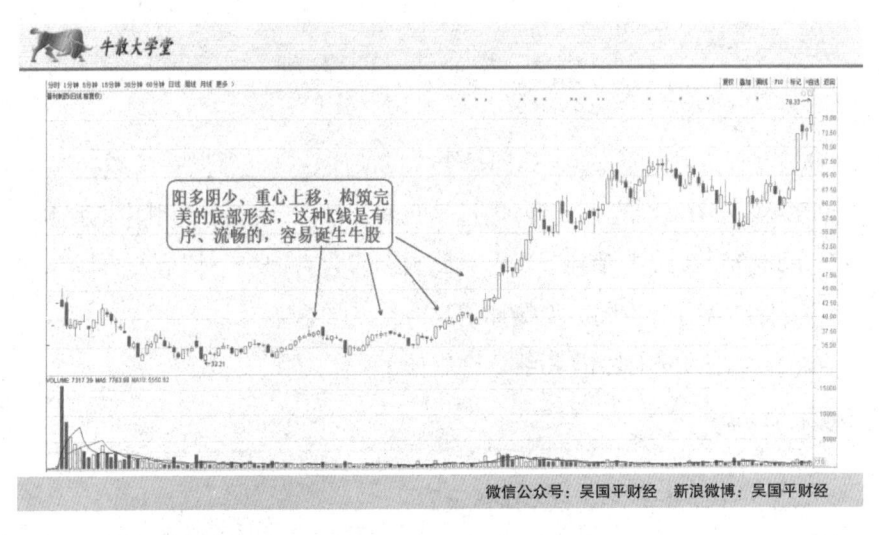

如图所示，牛股成长记，阳多阴少，慢慢地走出来。你怀疑我上涨，依然在历史相对高位。

流畅之行。新经典。图表如下：

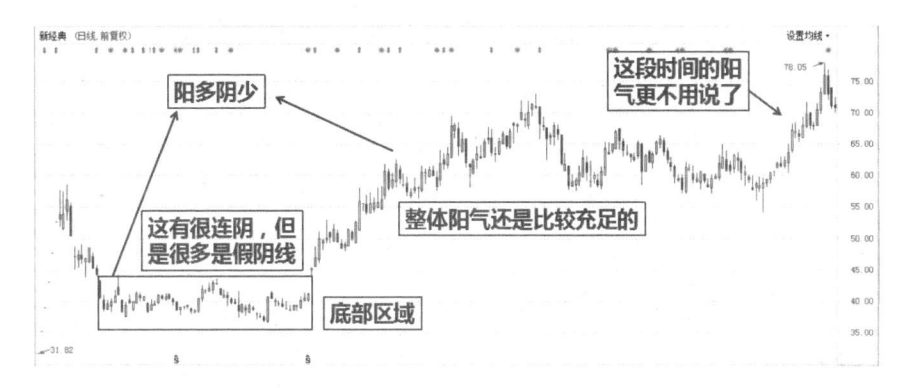

[图表：新经典日线图，标注"阳多阴少"、"这有很连阴，但是很多是假阴线"、"底部区域"、"整体阳气还是比较充足的"、"这段时间的阳气更不用说了"]

如图所示，阳多阴少，底部区域开始阳多阴少，里面有少许连阴，或为假阴线，整体阳气充足，蓄势待涨。

学习延伸突破小细节：

阳气充足意味着蓄势或涨势不错，顺势即可。这里会有吸货的痕迹，十几根阳线显然是在大盘下行时有资金看好介入的，要引起重视，不知不觉中吸纳完毕。迎来从横盘到45度的转变，或是60度、80度的走势。

所谓的不知不觉都是低调的人。

流畅之行。痕迹发现，中国平安。图表如下：

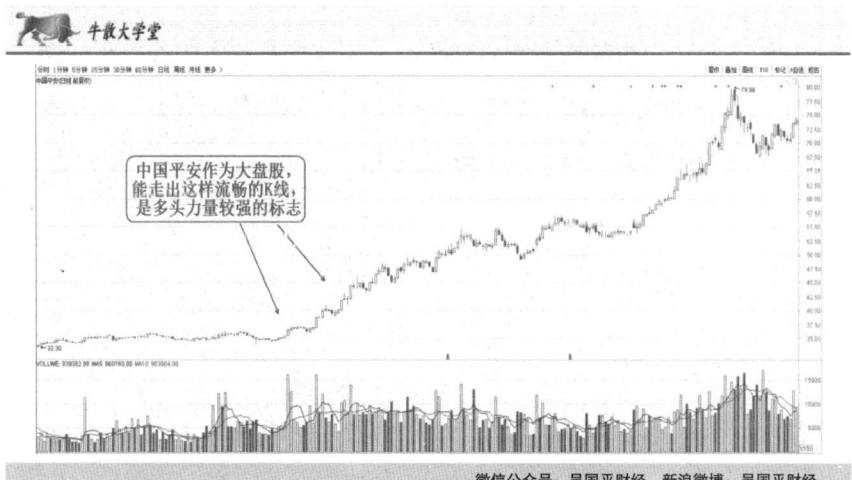

[图表：中国平安K线图，标注"中国平安作为大盘股，能走出这样流畅的K线，是多头力量较强的标志"]

第八节 洞察股市要素之K线规律

学习温馨小提示：

如图所示，中国平安在此阶段，阳多阴少，底部走出强势的K线图形。反映出此股的气势与前景，后劲十足。短线也罢，中线也罢，都可以入手吸纳。登高远望观其势，天地之形有其美。有人吸纳，高处何在？动荡一下后又在前行。趋势变化在于阴多阳少，过山车到顶后下行，动力不足。相对高点，K线的变化要有所思考，从中有所启迪。

杂乱如芒刺。中金岭南，图表如下：

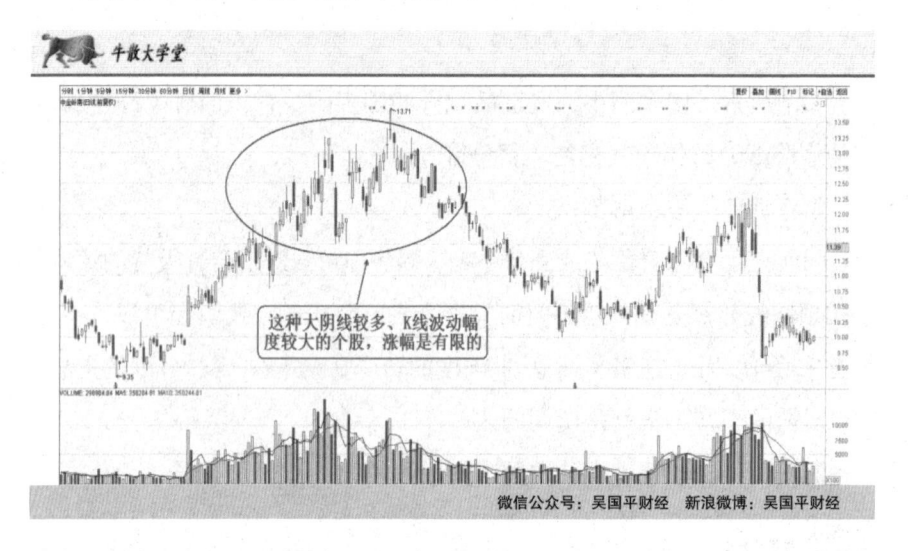

如图所示，中金岭南在相对高位时，不流畅且有大阴线，阴线渐多阳线渐少。有种无序而为的状态。零乱是下行或调整的开始。气质瞬间全无。K线有时与人相似，入其形有其里。

杂乱如丛生。中国国贸，看不懂。图表如下：

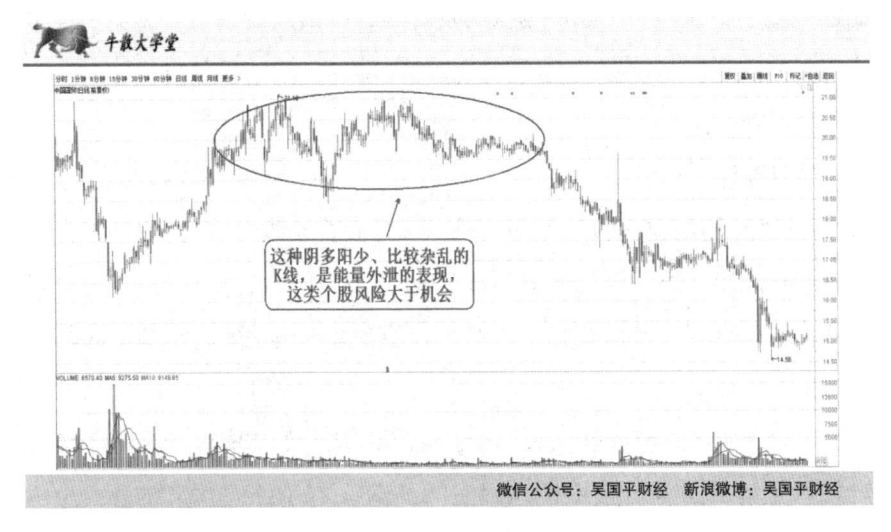

[图：中国国贸K线图，图中标注"这种阴多阳少、比较杂乱的K线，是能量外泄的表现，这类个股风险大于机会"]

如图所示，中国国贸，图形杂乱，根本看不懂。有一种能量外泄之感。若以基本面看好且又知晓其底牌，则另当别论。若以技术而言，还是要警惕，远观为宜也。

既然有此特点，庄家是可以依照而行的。

流畅，有些雕版印刷之感。华仁药业。图表如下：

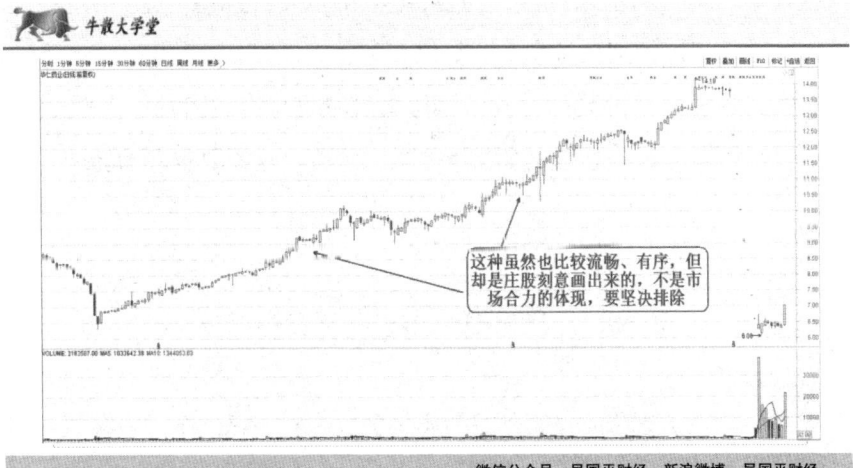

[图：华仁药业K线图，图中标注"这种虽然也比较流畅、有序，但却是庄股刻意刻画出来的，不是市场合力的体现，要坚决排除"]

305

如图所示，华仁药业的图形是否迎合了某些气质与形态呢？复制印刷还是要小心风险。除非市场认为是好票，否则崩盘是不可避免。很多个股复制图形，是能够发现的，要自然非雕版，其结果是阶段性崩盘。如华仁药业。

学习延伸小思考：

要尽量回避复制整容。如何回避？一方面看K线的感觉，明显与否？自然而行之感。第一眼看上去不甚清晰，反而比较自然。一眼看得清晰如澈，线条直观，反而有些不自然了。还有基本面是要看看的，回归成长为王的内核。

对上市公司的考查是深入其中，知其内容，明其核心。在与高管的对聊中了解其产品、整个团队及各方内容。有10到20家左右，2018年就可以有一个很好的结果。这是有意义、有收获的活动。

做股票不在于做太多。挖掘从30度变成45度、60度，甚至80度的个股。如果天天买入新股，最好从每天的涨停板中选择一只就行，角度80，还是有些赢的概率。

"提前、深度、坚持、大格局"九字真经。提前与深度很多人都做不到。大格局少之又少。所以，今天特别强调大格局，因为很多时候格局太小。再有就是坚持。特别在盈利时，释放其利润，更要有一种坚持。小利，二三个点开心，亏10到20个点反而不能坚持了。有利润时不让其放大，有亏损时尽情释放，这是完全相反的操作手法。这需要很好的转变。

3. K 线的流畅性小结。图表如下：

2.3 小结

○ K 线的上涨角度，很能反映问题。

○ K 线的有序、流畅性，是个股气质的表现。

微信公众号：吴国平财经　新浪微博：吴国平财经

学习温馨小总结之 K 线的流畅性。基本特点＋风险识别：

（1）K 线的上涨角度很能反映其问题所在。

（2）K 线的有序与流畅性是个股气质的表现。

K 线的流畅与气质且角度不错的话，是非常好的。如人如画分，如我之行。有内涵，有气质……

牛散大学堂就属于 45 度角上涨的个股。客观讲现在是 30 度，横盘震荡开始进入 30 度的上涨态势。接下来会进入 45 度的仰升角，你们很幸运跟着我。从 30 度到 45 度继续走下去的话，能一起走过三年的人定会进入 60 度与 80 度的大仰角的高速期，一下就会嗨起来。一定会的，我很有这个信念与信心。

从第一季到第二季这个阶段走来，感悟很深。个股印象中最心仪的新经典，在跌宕起伏中反映出一些人生哲理、人生百态。现在的新经典向更健康的方向前行。所以我们要找，就要找寻这样的股票或标的。遇见它是我的幸运。相信与我前行的朋友们也是非常幸运的，大家在幸运中相逢，把幸运聚集起来，创造出更多的奇迹。

从其清澈，看其自然，与之明朗。

三、K线的回撤。两大规律+案例应用。图表如下：

3.1 股价的回撤

- 股价总是处于波动的状态，在K线上形成的是一连串的线条，上涨达到一定的高度后，股价便会有回撤，而股价回撤总是带有规律性的：
- 1. 股价回撤的空间和重要支撑位置相关。
- 2. 股价回撤有速率快慢两种情况，一般急跌的回撤会缩短调整时间，缓慢的回撤延长调整时间。

1. K线的回撤是在股价处于波动的状态，在K线中形成一连串的线条，上涨达到一定高度后，股价便会有回撤动作。股价的回撤总是带有规律性的细节。

（1）股价回撤的空间与重要支撑位置相关。

（2）股价回撤有速率快慢两种情况。一般快速急跌回撤会缩短其调整时间；缓慢回撤的则要延长调整时间。

有句话叫作急跌慢涨。如同今天的创业板，急跌！好事。回撤得快，缩短其调整时间，接下来会慢慢地延续其逼空态势。

有些牛股会如此而行。寒锐钴业。图表如下：

如图所示，寒锐钴业在这里急跌，调整时间瞬间结束，之后慢慢地上涨。不经意收复失地，前行后急跌，连续四根阴线，吓死人。之后慢慢地收复，横盘一段时间，涨且创新高。这种态势，这种模型，要适应，但大部分人是适应不了的。回撤的位置是内心承受的宽度与深度。

2.股价回撤的空间和重要支撑位置相关。图表如下：

3.2 股价回撤的空间和重要支撑位置相关

- 股价的三种状态是涨—跌—横，以上涨趋势成为例，在上涨趋势中，股价的回撤属于上涨趋势的调整，股价的回撤空间以重要支撑位置有关，也就是向下找一个股价支撑点，达到股价的稳定。
- （1）回撤的空间在上一阶段的高点支撑位附近
- （2）决策线：60日均线的支撑
- （3）股价回撤在趋势线的支撑

微信公众号：吴国平财经　新浪微博：吴国平财经

学习温馨小提示：

股价有三种状态：涨——跌——横。以上涨为例，在回撤中要找到其支撑位，以达到股价稳定的状态。

这里有：一是回撤的空间在上一阶段的高点附近寻找支撑。

二是决策线：60日均线的支撑。

三是股价回撤在趋势线上的支撑。

（1）前期高点的找寻，很有规律性。

片仔癀。图表如下：

(1) 回撤空间在上一阶段的高点支撑位附近

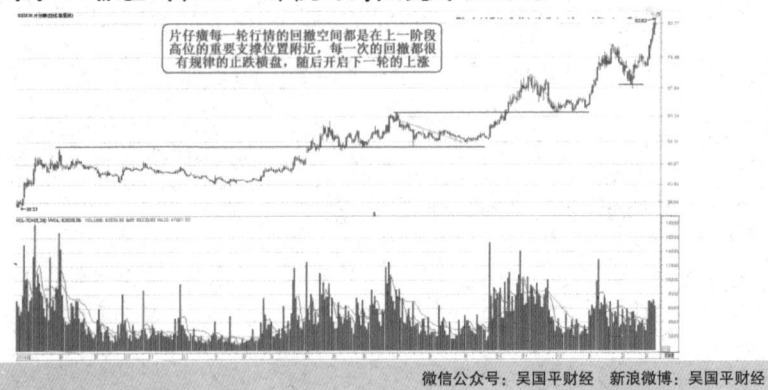

如图所示，片仔癀在回撤时，在前期高点附近，前期高点与回撤时的低点连线，细细看来有规律地运行。下行横盘再涨时，沿着45度角上行。典型的模型范本。相对平衡的45度角，希望中国的A股市场也能尽量平衡。平衡是一种状态，一旦失衡，如前面的股灾，极端了些。

当然市场会慢慢地自然修复，白马蓝筹涨与创业板的下行。创业板的回升，白马蓝筹的下行整理与等待，这需要时间。所以把握未来，选择好标的，抓住机遇最为关键。

华友钴业。图表如下：

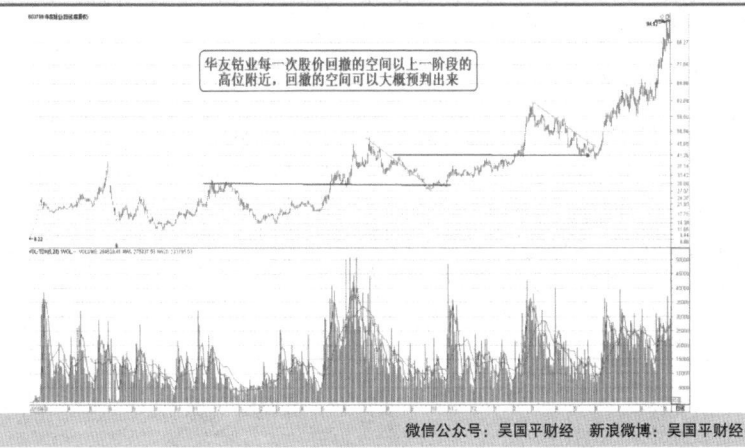

[图：华友钴业K线图，标注"华友钴业每一次股价回撤的空间以上一阶段的高位附近，回撤的空间可以大概预判出来"]

如图所示，华友钴业，牛股走势都是一样的，在回撤时位置相同，前期高点。

（2）决策线：60日均线的支撑。图表如下：

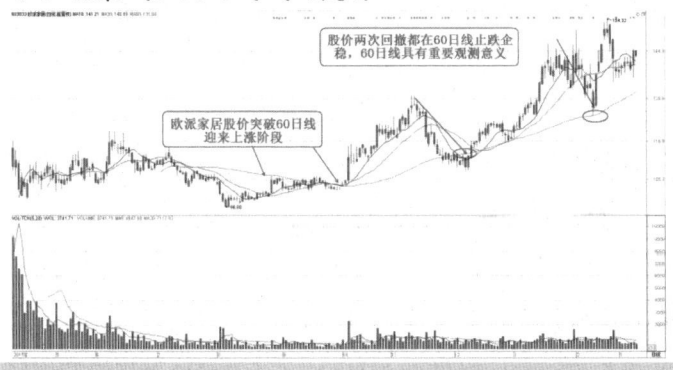

[图：欧派家居K线图，标注"股价两次回撤都在60日线止跌企稳，60日线具有重要观测意义"及"欧派家居股价突破60日线迎来上涨阶段"]

学习温馨小提示：

如图所示，在很多时候，60日均线是一个比较重要的生命线。特别是一个中长期的生命线。若60日均线失守就要看其半年线了。正常来说，60日均线非常之关键——技术派。长期来看其趋势是否有延续的可能？也要从60日均线入手。

长期前行60日均线是一个有效支撑。不是看是否为短期支撑。具体情况具体分析。高抛低吸时，60日均线可以考虑。

爱尔眼科。图表如下：

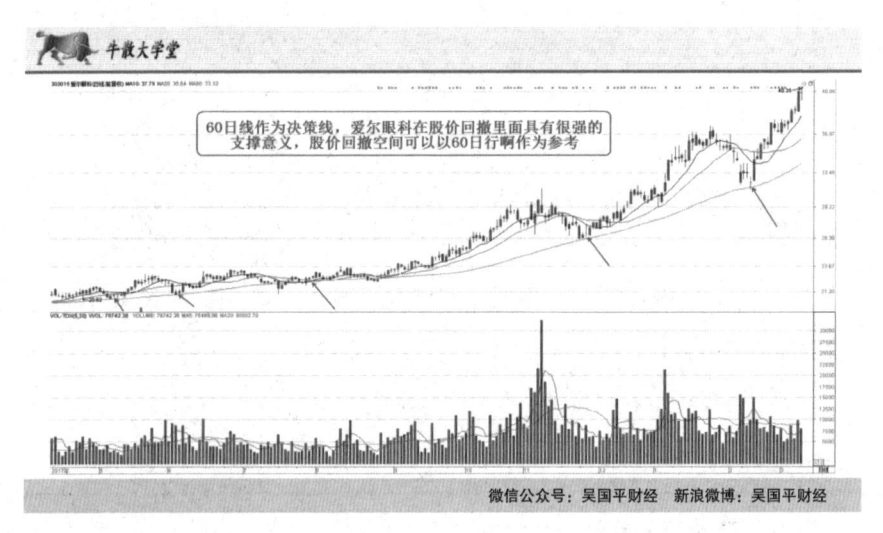

[图表：爱尔眼科K线图，标注"60日线作为决策线，爱尔眼科在股价回撤里面具有很强的支撑意义，股价回撤空间可以以60日行啊作为参考"]

如图所示，爱尔眼科在回撤时，回到60日均线附近，小息后再次上行。为何很多个股在调整后再次上行？根源是什么？成长性得到了充分发挥。为何不一次涨够？这里有双方的博弈。赚钱的人要出来，低吸的要进入。强势的5日、10日都可以。但一波中级调整，特别是大盘不配合时，往往60日均线最为合理。

学习温馨小提示：

其行情不可能永远上扬，大部分时间是涨一波，休息整理一个月左右，有时甚至更长。在此过程中，有些牛股会以45度角方向前行，会在60日均线附近休整再行。要随市场波动，完全走出独立行情，有时也不现实。60日均线会是一个重要的参考，尤其是成长股。回到60日均线附近时，可大胆做一个加仓的动作或补仓的动作，或是前面高抛时再次进入，要记得相对支撑位。学会捡回来，整个成本会慢慢地摊低，这是做成长股的小技巧。

（3）股价回撤在趋势线上的支撑。东方财富。图表如下：

(3) 股价回撤在趋势线的支撑

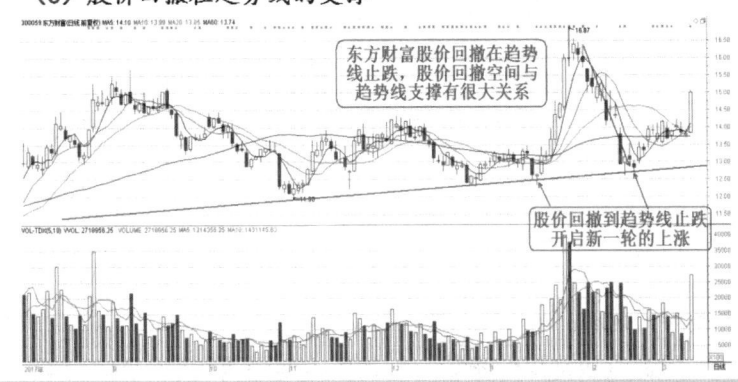

东方财富股价回撤在趋势线止跌，股价回撤空间与趋势线支撑有很大关系

股价回撤到趋势线止跌开启新一轮的上涨

微信公众号：吴国平财经　　新浪微博：吴国平财经

学习温馨小思考：

如图所示，东方财富的回撤是在趋势线附近，每一次的回撤在这里寻找支撑。东方财富很强，其所有的支撑都在其支撑线上方，对其市场的影响是很深远的，肯定会带领市场的一些资金提升其信心。这对其市场的纵深发展是有积极意义的。

光线传媒。图表如下：

缺口未回补，依旧保持强势

313

如图所示，光线传媒现在连之前的缺口都没有回补，形成强势运行格局。为何动荡？容易理解，涨幅较多，收益都有，洗洗健康。

前面是堆积的密集积量区，图表如下：

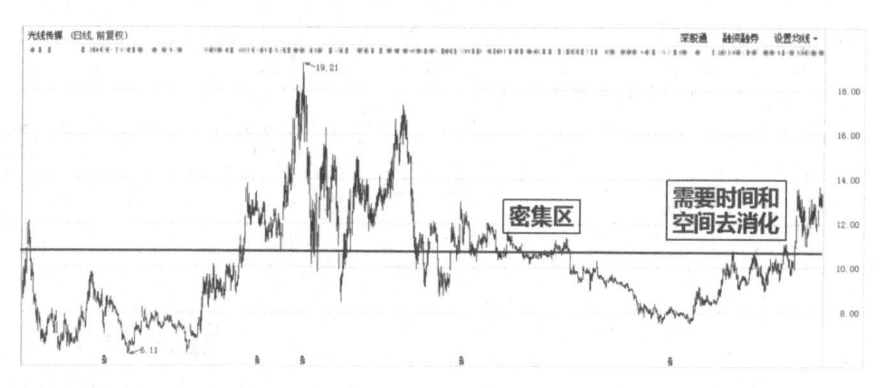

学习温馨小提示：

如图所示，光线传媒的密集区里是要时间去消化的，这很正常。最重要的是，创业板在此位置也会动荡整理。它可是伏笔，关键时刻会发力。创业板指数站上1900时，是冲关的主力部队。

指标股还是有其大作用的，标准的模型，很能指明方向。

美亚柏科。图表如下：

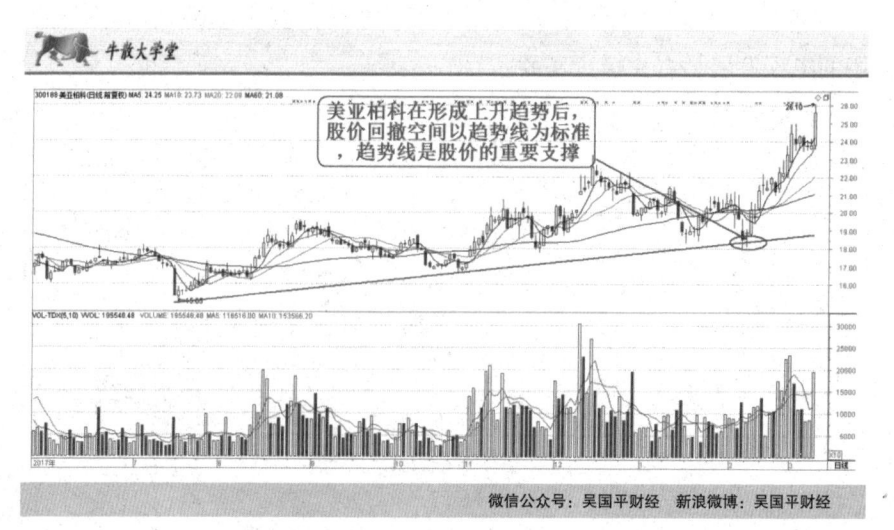

学习温馨小提示：

如图所示，美亚柏科在形成上升趋势后，就可以依托均线去交易了。下跌时其趋势线为上涨趋势，无形中以 45 度角前行，以其为依托，小息前行，前行小息。补仓、加仓、差价，在此进行。一旦进入 60 度或 80 度时，要小心回调，不可贸然加仓，看其是否见到高点。若是高点，清仓或减仓，做好准备。一旦加速阶段，初期第一个板可以加仓进入，敢死队的手法，但是在后面几个上涨中要有风险意识。尤其在相对历史高位时，更需要有兑现利润的勇气。

此时的市场会很疯狂。出来的勇气是大于进入的勇气的。急流勇退，收益入怀。做一个佛系的投资者，知足即满足，适可即心安。最狂热时，80 度角时，涨得很猛时，3 个板、4 个板时，进入者为接盘侠，留给他们即可。风险此时最大。

3. 股价的回撤，小结。图表如下：

3.3 小结：

1. 股价的回撤空间的预判，也就是找股价的重要支撑点，在消化获利盘的时候看支撑位置的力度如何。

2. 前期平台高位的支撑是比较强的，股价回撤也经常会试探这个地方。

3. 60 日均线是明确股价中期反转趋势的，也称之为决策线，股价回撤要看中期生命线的支撑，很多中长线牛股，例如格力、茅台股价都是以回撤 60 日线为新的起点。

4. 趋势线在股价回撤里，也具有重要测算意义。

微信公众号：吴国平财经　新浪微博：吴国平财经

学习温馨小总结之股价的回撤小结：

（1）股价回撤空间的预判。找寻股价的重要支撑点，在此消化获利盘，看其支撑位置的力度如何？

（2）前期平台高位的支撑是较强的，股价回撤至此试探这个位置。

（3）60日均线是明确的股价中期反转趋势线，也称为决策线，是周期的趋势。一般而言，周期不是很长的，10日、20日均线即可，一般5日或10日就可操作了。这两个线非常有参考意义。如是趋势逆转，非常关键的生命线60日均线是否失守，失守则意味着长期趋势发生微妙转变。

（4）趋势线在股价回撤时，也具有重要的测算意义。

4. 股价回撤的快慢。

（1）股价回撤的意义。如同创业板在长期下行中，其下降趋势的上轨开始击破失守，趋势也可能转变。一旦量能开始不断放大，突围时，转折趋势视为有效。新一轮的上涨周期开始，看看创业板下降的周期有多长。图表如下：

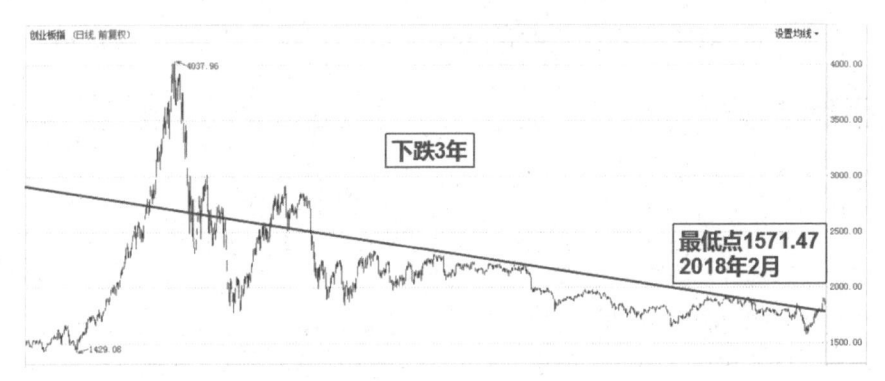

如图所示，创业板的下行之路，从4000多点到1600左右，周期非常大。2015年至2018年，近三年时间，平衡需要2年左右。创业板未来的行情至少是两至三年。这种级别的行情，三年十倍是可以实现的。中小创、创业板需要作出一个平衡，未来的机遇会有很多。寒锐钴业70元到300多元很猛。风口一来，这样的标的还是会有的，甚至会更疯狂。人性由情绪控制，不同历史时期反复上演。

（2）股价回撤的快慢的两种情况。图表如下：

2. 股价回撤有速率快慢两种情况，一般急跌回撤会缩短调整时间，缓慢回撤延长调整时间。

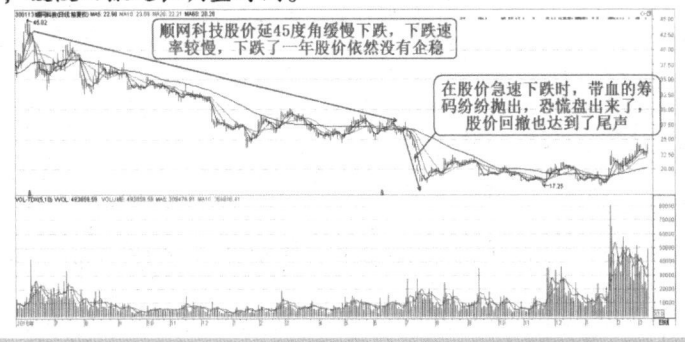

如图所示，前面谈到了上涨角度的速率变化，30度变45度，45度变60度，60度变80度。反过来亦如此。下跌过程中，正常平衡速率为45度，中后期见底时会以60度下跌。加速下跌时，往往为尾声的结束。此时要有勇气进入。

大唐电信。图表如下：

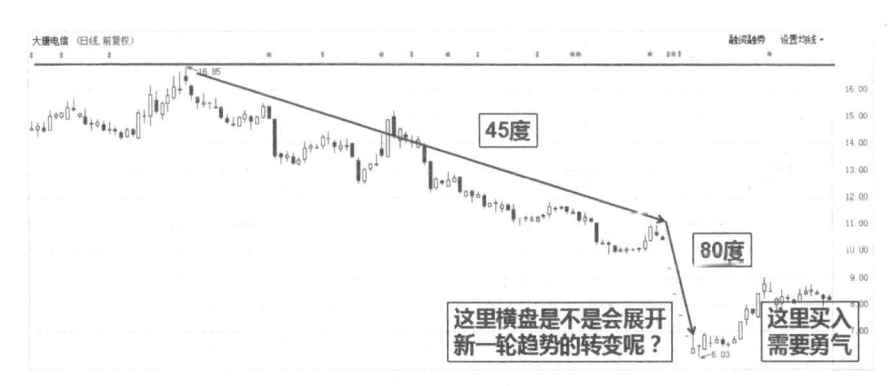

如图所示，大唐电信这样的标的很多，能否有勇气进入呢？这里连续跌停，有60度到80度，低点反弹6元到8元。这种标的基本面较差，小仓可以。这是非主流。

股市成长为王盈利体系解析

乐视网。图表如下：

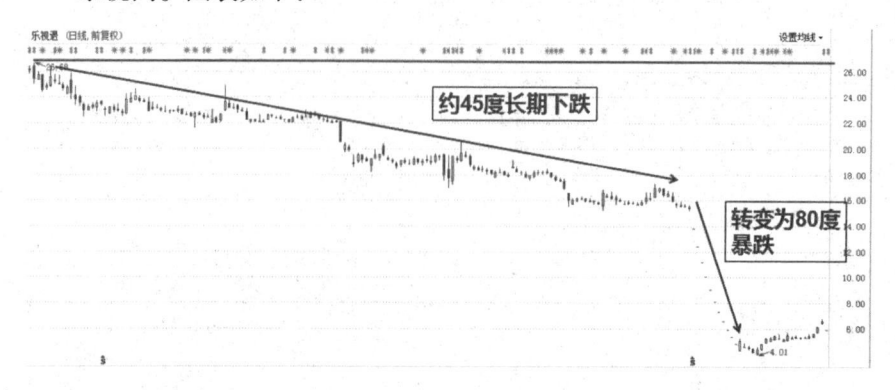

如图所示，乐视网随时可能退市。尾声时以 60 度或 80 度下行。看看即可。小赌怡情，大赌伤身。

新经典。图表如下：

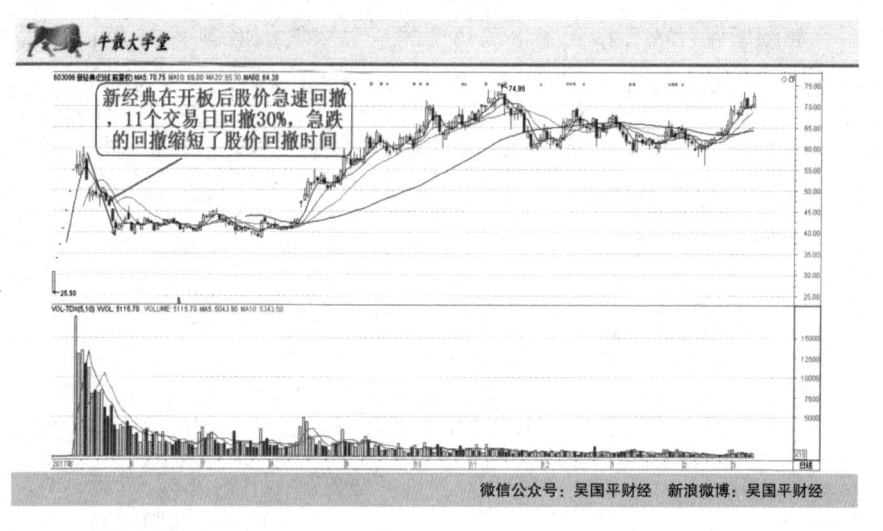

学习温馨小提示：

如图所示，新经典在上市连涨开板后，股价急速回撤，11 个交易日下行 30%。缩短回撤时间。幅度接近 60 度角下行。之后横盘渐渐地出现 30 度角上行，挖坑之后事件刺激，半年报超预期，一个板上去，开始进入 45 度角上扬，进入新的开始。急跌是缩短股价回撤时间，提供一个充分的建仓机会，随之展开上行。这是事物演变的规律。

网宿科技。图表如下：

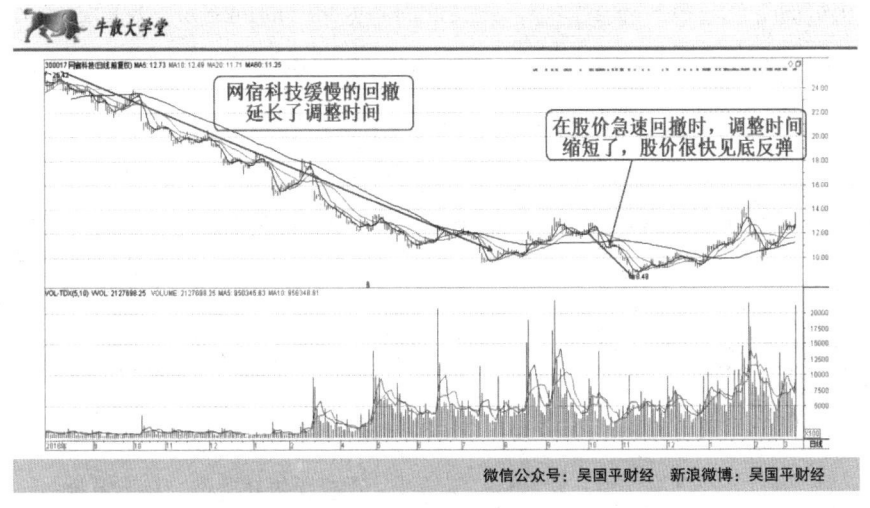

如图所示，网宿科技，调整较慢，时间较长。在此处以30度角反弹，随后下行杀跌，挖了一个大坑。一般会以45度下行，之后会有60度下行，之后以30度上行，然后60度下行。进入者被陷，之后真正的转折来临。操作时要有勇气有胆识，会等待。

（3）股价回撤小结。图表如下：

3.4 小结：

○ 1．股价急跌的回撤，调整时间会相对缩短，好公司在加速下跌时，带血的筹码会被主力收集。

○ 2．股价缓慢地回撤，调整时间一般较长。

学习温馨小总结之股价回撤：

股价的急跌与回撤，会使其调整时间相对缩短。在有些时候股价涨得好时突然急跌，不要担心，急跌反而是好事。时间缩短，反而踏实，可快速收集筹码。每天一二个点的下行，会在不知不觉中杀掉你。懂的人知其风险大，不懂的会说没事。

一刀子捅进来，直接了结算了。温水煮青蛙是最有杀伤力的。缓慢下跌，很可怕，不要去想。急跌急速调整，时间缩短。

课后作业。图表如下：

牛散大学堂

作业

○ 举例分析K线波动时的角度、流畅性、回撤等规律特点，在案例分析时，请多写一些个人的思考。

微信公众号：吴国平财经　新浪微博：吴国平财经

今天讲了一些关于K线的角度，有30度、45度、60度、80度，流畅性就是气质的问题，还有回撤，也要遵循这个角度来看待。

要真有气质何必整容呢？此复制图形可以少量参与即可。我们要操作主流品种：成长为王的标的。成长性会使一些45度的个股具有60度或80度上涨的机会。如水平较高可从30度里寻找。30度个股太多，要找已经横盘有一段时间的30度个股，且其背后的基本面是相当好的。未来能感知其变化的角度在不断地抬升。机会与机遇会渐渐地展开，序幕只是刚刚开始。真正意义上的实质性大反攻还没有开始。寻找气质型的股票，有内涵，有发展潜力的。

世界或许就是这个样子，内外兼修。股票亦是如此，知内知外。内在的内容会慢慢地通过外部显现。如同我们的牛散大学堂，学习后，气质会慢慢地变化。一看股市里的赢家，三言两语便知其内在。此处无声胜有声，润物细无声。有些人已经有共鸣了，我很开心，这是牛散大学堂的能量，令我欣慰的一件事。用唐代刘长卿的一首诗来形容：

寻南溪常道士

一路经行处，莓苔见履痕。白云依静渚，春草闭闲门。

过雨看松色，随山到水源。溪花与禅意，相对亦忘言。

共鸣之力，我们一起努力，创造更多的奇迹，不断向更好的方向前行。用我们的气质吸引更多志同道合的人一起前行，开拓更大的格局，展望更好的未来，最后三个字：大格局。现在市场非常健康，动荡就更加健康，迎接1900点上方的到来。重心依然是创业板、优质次新股。我们下次再相见。

第九节　如何判断主力处于什么位置

2018 年 3 月 21 日

牛散大学堂——学最好的课程，做最牛的散户

课　前　分　享

学习小须知：

1.本小节的分享与课堂内容是帮助有一定基础的学习者来学习、读懂与看懂其内涵的。初学者可以通过了解、阅读慢慢地学习掌握，以提高对资本市场的认知。

2.本堂课的内容在牛散大学堂股威宇宙的等级为：小学。其余级别结合自身状况进行学习或阅读。

3.第一季为小白级，第二季为小学级，第三季为中学级，第四

季为大学级，第五季为实战精英级，第六季为超级牛散级。请依次学习，逐级递增。

4.本节课主要讲解如何判断主力处于什么位置。在这里有四个方面将向大家依次介绍。一、主力运作资金的四大阶段：建仓、洗盘、拉升、出货；二、四个不同阶段的技术特征总结；三、案例分享：天华超净和三超新材；四、认识、学习、掌握主力思维。

大家好，我是牛散大学堂的创始人吴国平。

今天的市场出现了一个反杀，但没改变创业板既定的方向，依然按照趋势向上。现在创业板在1800点上方波动，非常健康。从前期的低点1571上来，格局在一点点地打开，格局打开就会淡定地看待。

创业板。图表如下：

第九节　如何判断主力处于什么位置

如图所示，创业板今天的反杀还是在多重均线之上的。在250日、120日等这些长期均线之上，表明形势在变化。此处是消化一下长期下降趋势的上轨线，趋势在渐变，力量在增加，信仰要坚定，剑指2000点的格局打开。创业板分时图，图表如下：

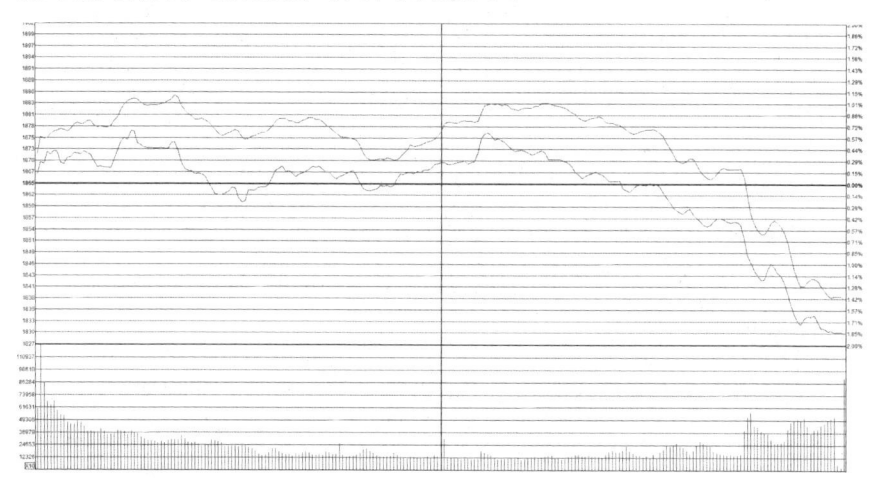

如图所示，创业板的日内分时图显示尾盘刻意打压下行，大部分成交量都在红盘之上，后面才变绿盘，不足为惧。尾盘拉升有时是虚晃一枪。

看一看，光线传媒的分时图，图表如下：

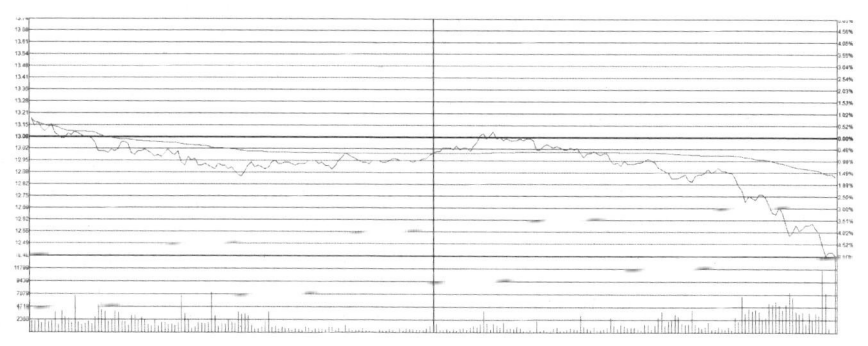

如图所示，光线传媒的日内均价线(黄线)现在的位置是12.8元多点，收盘价是12.4元多点，相差4毛钱，两三个点，空间差价，显然是刻意打出来的。

325

东方财富也是如此，图表如下：

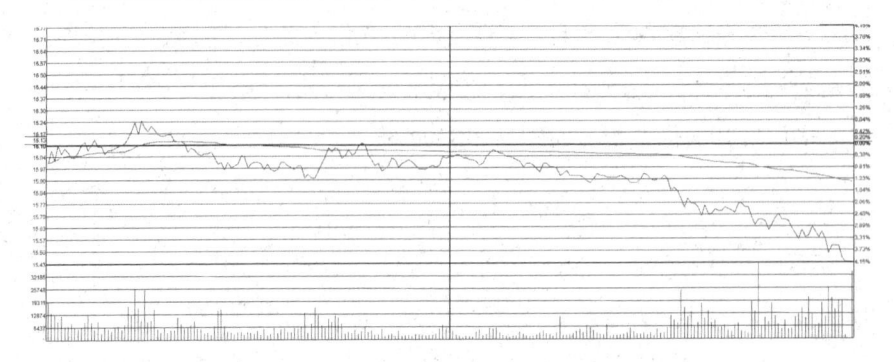

如图所示，东方财富的日内分时图在尾盘时也是刻意打出来的差价。何种原因？简单，两只关键性品种股票都面临前期高点，震荡消化一下获利盘的需求。

今天盘面又出现比较疯狂的个股波动，万兴科技。图表如下：

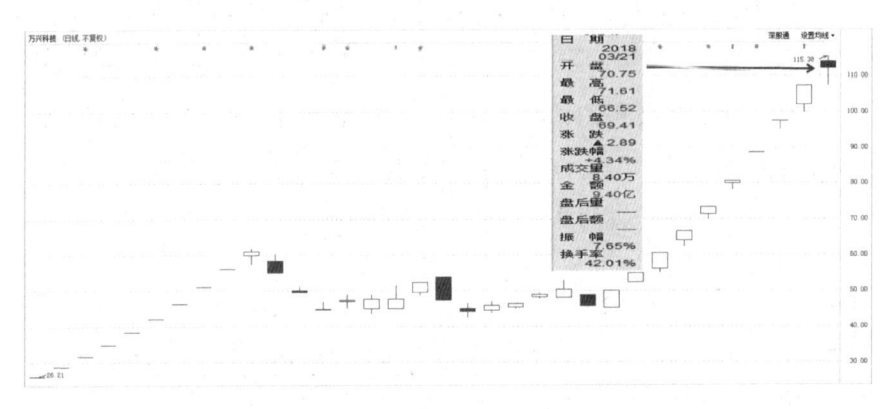

如图所示，万兴科技连续 9 个涨停板，表明市场现在很急躁。再加上一些医药股等的崛起，内心急切的财富效应，风吹草动非常敏感，这是根源之一。美国加息、两会结束，这是根源之二。但不影响市场波动的根源。

第九节　如何判断主力处于什么位置

根源在于，看看万兴科技爆发前的K线图就会明了。图表如下：

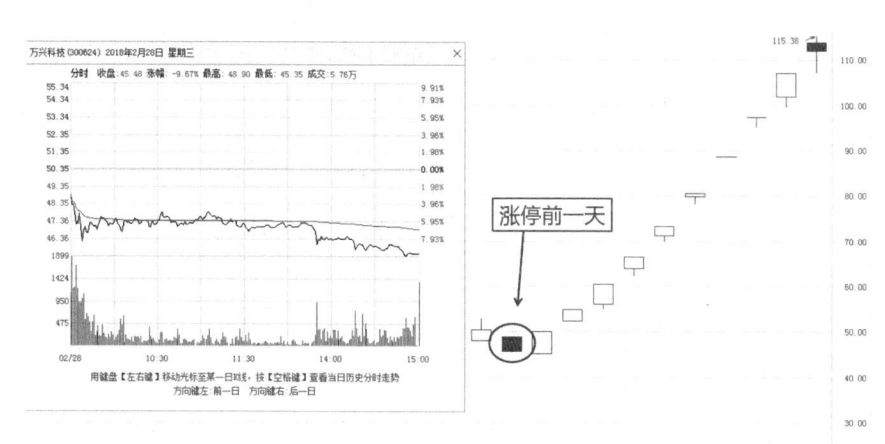

如图所示，万兴科技的第一个涨停板之前是如何走的？日内跌幅9个多点，连续杀跌，反复探底，洗礼完毕后才迎来9个涨停板。

与之对比的东方财富，图表如下：

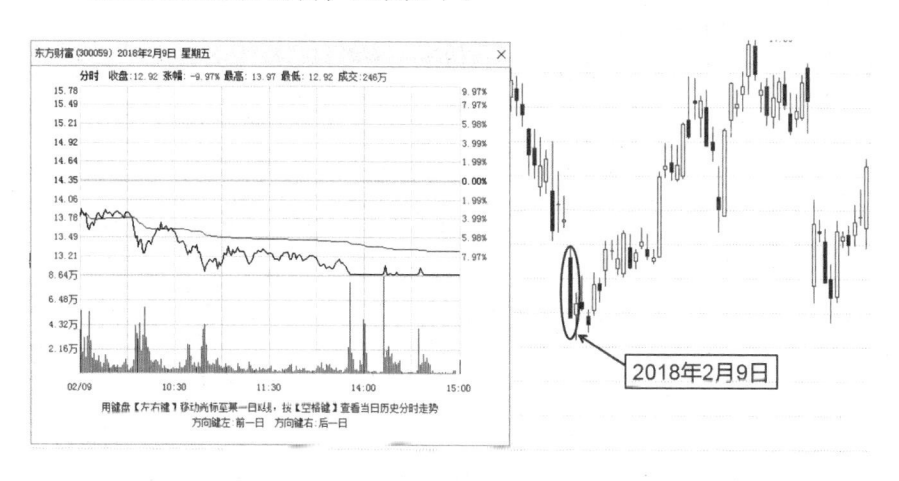

如图所示，东方财富在最近的一个低点是2月9日，跌停板，洗礼较为惨烈。随后震荡三天，展开新一轮的上升浪。此跌停板可以视为转折点。

327

东方财富在 10.20 元击穿前期低点，洗礼完毕后，上行，图表如下：

如图所示，东方财富与我们的创业板指数很类似，V 形反转上行。走上去有动荡、有反杀，很相似。东方财富 V 形反转、阳线确立上升、震荡横盘、上升创新高。可以想一下，创业板神似之后是气壮山河地前行到 2000 点附近。

回到创业板，图表如下：

如图所示，创业板指数与东方财富神似如真也。市场在演绎着不同的悲喜剧。这里要有信仰，要深刻地认识自己的过去，改变自己的未来。建立自己的系统，与我们的牛散大学堂一起前行。

如何判断主力处于什么位置

如何判断主力处于什么位置

吴国平 牛散大学堂导师

知识要点：

○ 一）主力运作资金的四大阶段：建仓、洗盘、拉升、出货

○ 二）四个不同阶段的技术特征总结

○ 三）案例分享：天华超净和三超新材

○ 四）认识、学习、掌握主力思维

微信公众号：吴国平财经　新浪微博：吴国平财经

在这里有四个方面内容依次介绍：

一是主力动作资金的四大阶段：建仓、洗盘、拉升、出货。

二是四个不同阶段的技术特征总结。

三是案例分享：天华超净和三超新材。

四是认识、学习、掌握主力思维。

一、主力动作资金四大阶段：建仓、洗盘、拉升、出货。

（一）主力建仓阶段。图表如下：

1.1 主力建仓阶段

- 1. 建仓阶段的特征：
- 1) 大部分时间以低吸为主，即使有拉升，也是以控制幅度的温和拉升为主。
- 2) 持续的缩量，持续的放量都可能会出现，密切关注价格滞涨的特征。
- 3) 圆弧底、头肩底、多重底的形态比较多见。
- 2. 案例分享：
- 天华超净和三超新材

学习重点提炼加深印象：

主力在建仓时大部分以低吸为主，即使有拉升，也是以可控制的幅度，温和而有序。持续缩量或持续话题都会出现，要密切关注价格滞涨的特征。如圆弧底、头肩底、多重底等。

第九节　如何判断主力处于什么位置

主力建仓时的几种表现：（1）建仓——温和拉升

三超新材。

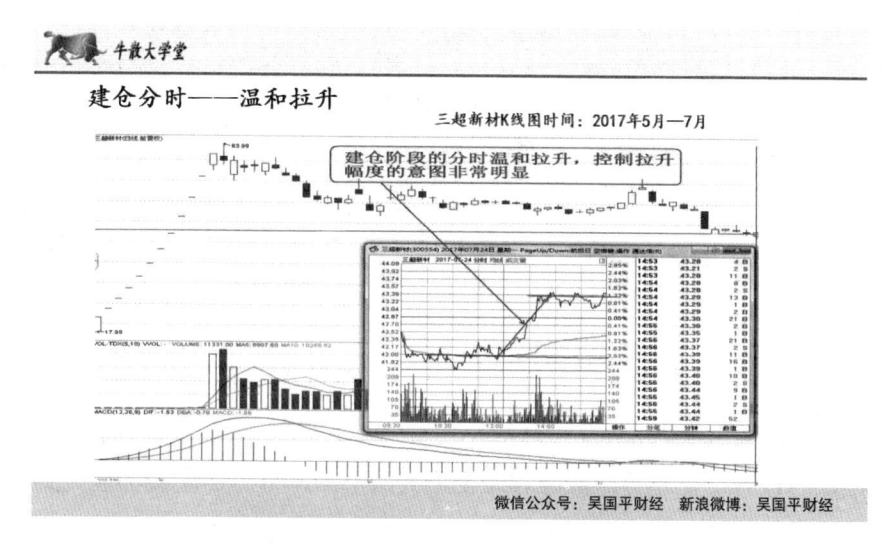

建仓分时——温和拉升

三超新材K线图时间：2017年5月—7月

建仓阶段的分时温和拉升，控制拉升幅度的意图非常明显

微信公众号：吴国平财经　新浪微博：吴国平财经

如图所示，三超新材在 2017 年 5 月至 7 月间，走势温和，在日内分时图中有明显控制拉升的迹象。再看一下 K 线图，图表如下：

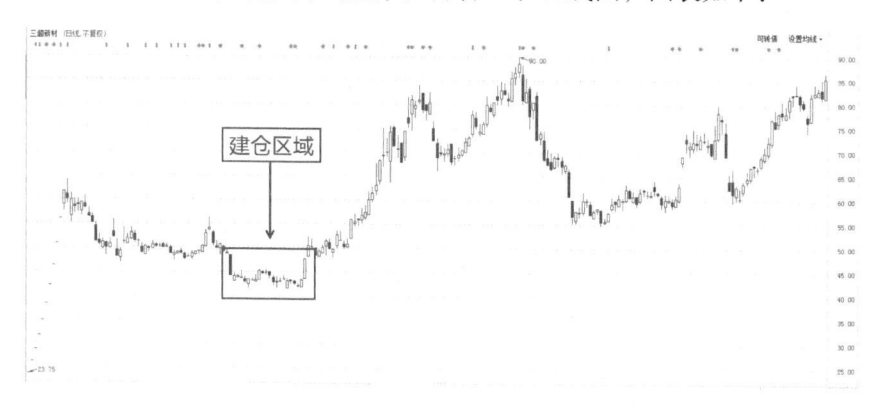

建仓区域

如图所示，三超新材在图中所标注的区域，其建仓明显温和而不张扬。

新经典，图表如下：

[图：新经典日线走势图，标注"建仓区域，幅度不大"]

如图所示，新经典在建仓区横盘动荡，涨跌各不多，温和如绵羊。一般不会猛拉或猛跌，这与其趋势有关。上涨趋势、下跌趋势、横盘趋势，当进入横盘趋势时酝酿其改变原有的形态。每一根K线都能找到一些东西。

比如这根K线所显示的，图表如下：

[图：新经典2017年7月17日分时走势图]

第九节　如何判断主力处于什么位置

如图所示，新经典在 2017 年 7 月 17 日时有明显一波拉升。还有这一根阳线亦是如此。图表如下：

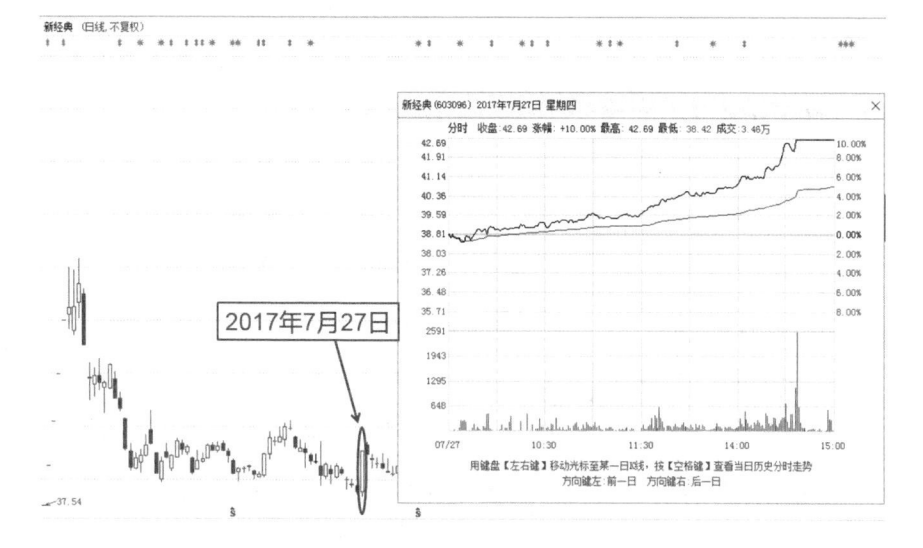

学习温馨小提示之重点印象：

如图所示，新经典在这一天明显涨停，随后继续动荡温和。动一动、静一静、走一走、停一停，用时间换空间。每天吃一点，有时多一点儿，有时少一点儿。要感受其力量的存在，因为时间越长力量与冲击力越大，底气越足。可以思考一下。

（2）建仓分时——低吸。大跌是一个很好的建仓时期。天华超净建仓，图表如下：

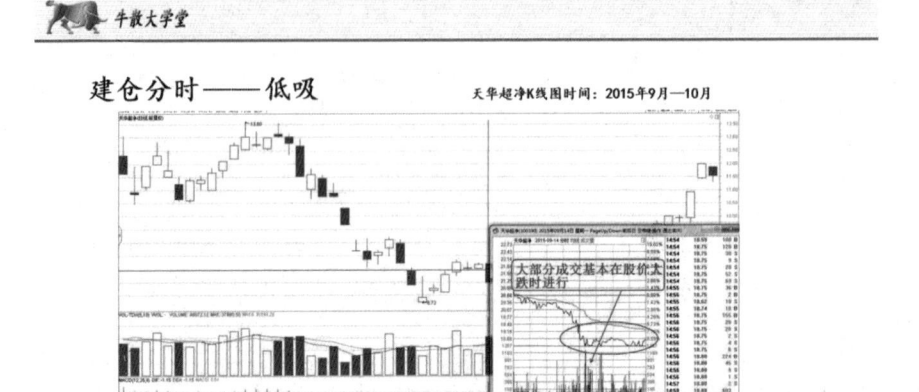

建仓分时——低吸　　天华超净K线图时间：2015年9月—10月

学习温馨小提示之重点印象：

如图所示，天华超净在市场大跌时趁机低吸，量在此时会不断放出。

（3）建仓量能之持续缩量。三超新材，图表如下：

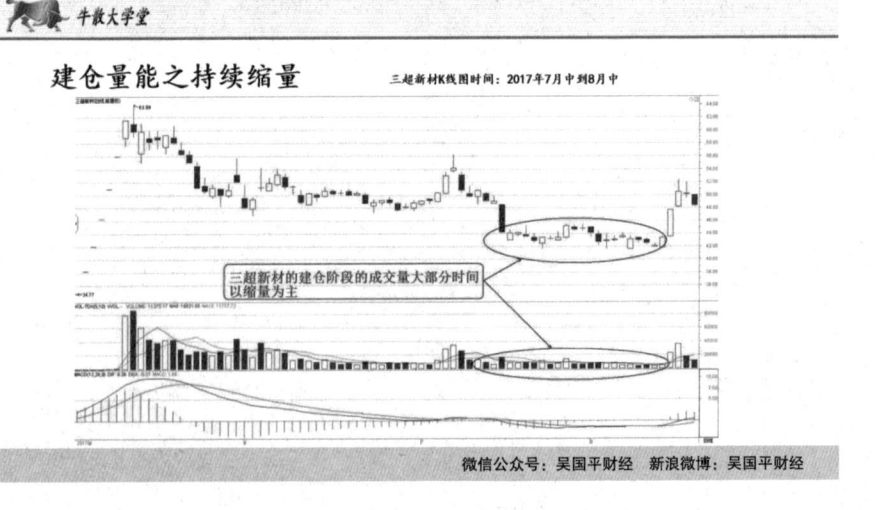

建仓量能之持续缩量　　三超新材K线图时间：2017年7月中到8月中

三超新材的建仓阶段的成交量大部分时间以缩量为主

学习温馨小提示之重点印象：

如图所示，三超新材在吸纳筹码时会以缩量为主，以掩盖其行踪。跌着跌着跌不下去了，由下跌趋势变化成横盘趋势，又慢慢地会发现，有些明显拉升，开始脱离其自身成本了。

（4）建仓量能——放量长阴、长阳。图表如下：

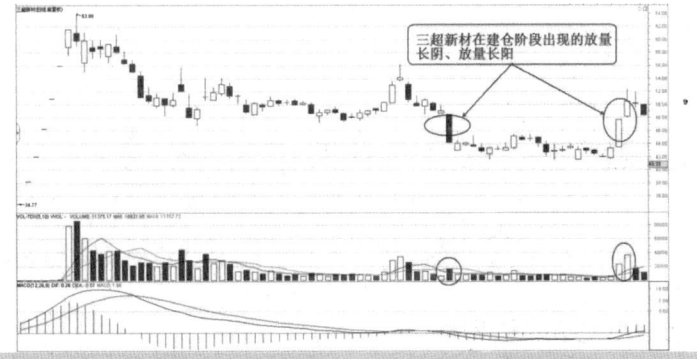

学习温馨小提示之重点印象：

如图所示，三超新材在下跌与上涨时是左右对称的。下跌放量（不是很大），上涨放巨量，最终形成趋势反转。下跌趋势——横盘趋势——反转，当中完成建仓，进入新一轮上涨。新经典亦是如此。

（5）建仓量能——放量滞涨。

有些标的会在底部相对低位时，频繁放量，横盘阶段放量滞涨。

天华超净，图表如下：

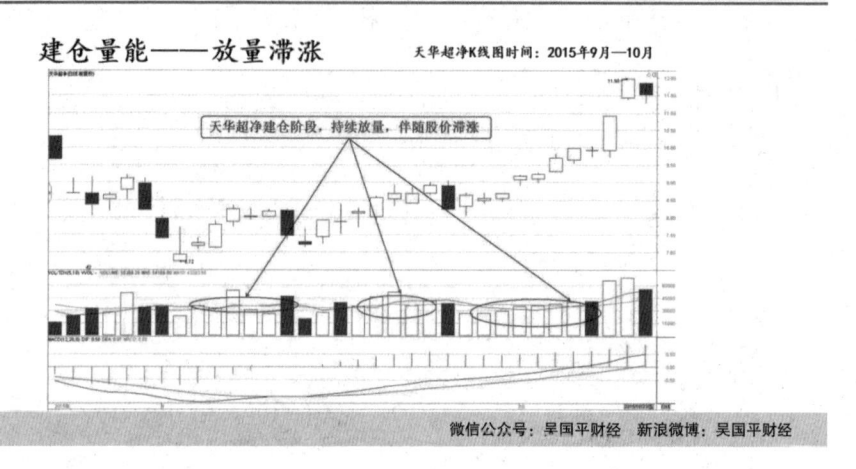

学习温馨小提示之重点印象：

如图所示，天华超净在高位放量滞涨时要警惕，在低位放量滞涨时是值得关注的信号。低位时放量滞涨且堆积得那么多的量，说明在积极动作。这是过去2015年9月到10月间的走势。现在的上涨和之前的上涨是不一样的状态，之前天华超净是很明显放量且多根阳线组合，最终转变趋势收复失地。

现在的天华超净，图表如下：

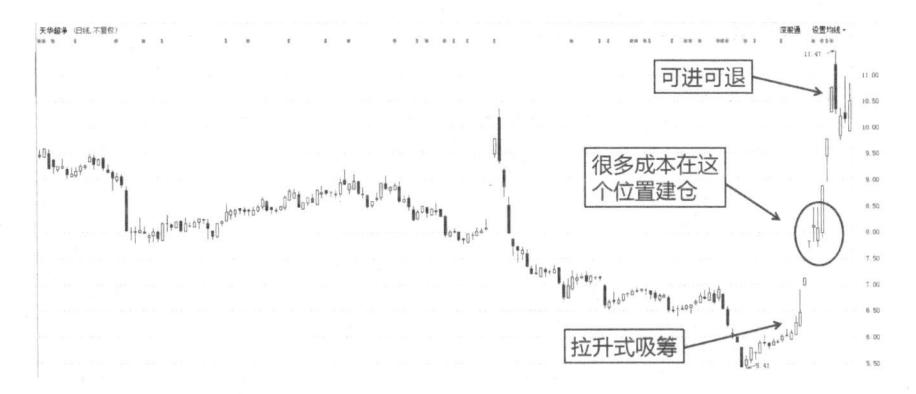

学习温馨小提示：

如图所示，天华超净现在的上涨属于事件性刺激。受独角兽、参股之类影响，从而得到一个事件性推动机会。在这之前，有一段时间的横盘，且有一点跌不下去的味道。建仓是在事件出来后，不断拉高建仓，涨停、开板、不断地换手、继续推进上行。这样很多成本就在涨停附近区域建仓，马不停蹄地急速上攻，属于可进可退的格局。

每一只股票在底部时都会有一种形态与之匹配，建仓时及建仓过程中形成其底部形态。如之前的三超新材就是一个圆弧形态。

（6）建仓形态——圆弧底。

三超新材，图表如下：

建仓形态——圆弧底（三超新材）

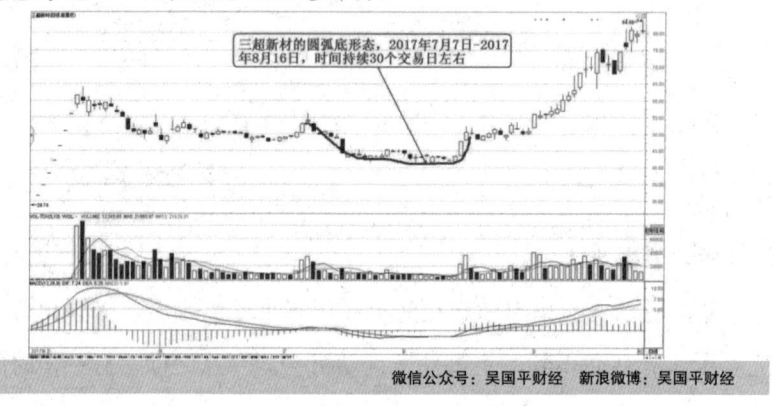

新经典也可以看成是一个大型的圆弧底或头肩底。图表如下：

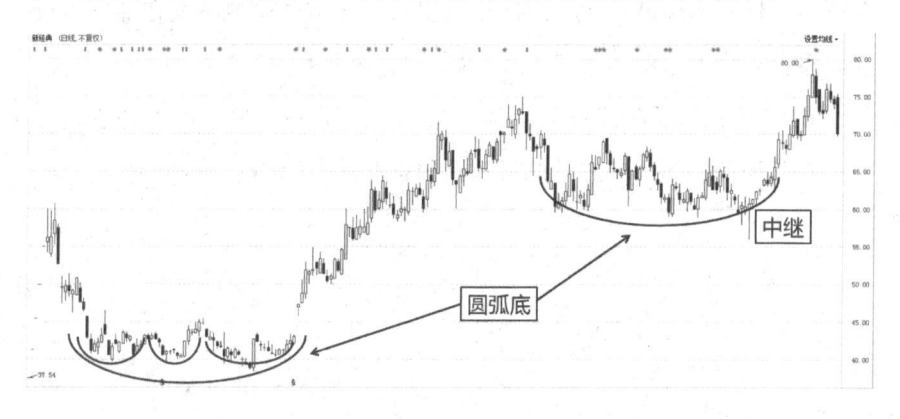

学习温馨小提示：

如图所示，从以上的图形得知，在底部会有各种形态诞生。圆弧底中有一弧、二弧、三弧等形成区间波动。在上升中继续形成圆弧底，要看接下来的走势。

要结合形态学与建仓时的走势及K线所在位置去思考。

建仓的区域是在什么状态？属于最低点区域，还是上涨初期阶段。都是要观察与思考的。

创业板指数 V 型反转形态。图表如下：

学习温馨小提示：

如图所示，创业板指数底部 V 形反转，突破各路在上的压制均线后回调蓄势，开始形成新的上攻状态，属于上涨初期形态构成特征。

圆弧底：三超新材。图表如下：

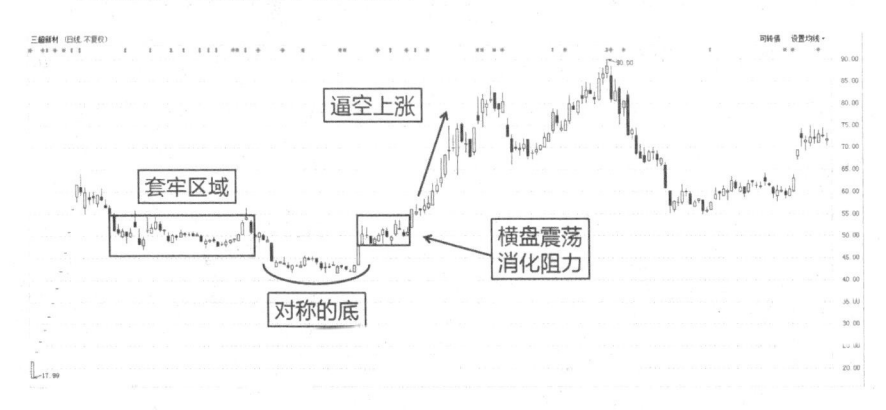

如图所示，三超新材在上市后一路飙升，打开涨停板后进入下滑与整理形态，心急的人会进入，而在里面的人有些会出来，形成一个横盘且又磨人的走势。K 线走出一个要上升式时突然回撤，把里面急的人圈了进去，形成你急我不急的状态，你出我入的状态。筹码收集得差不多时，阳线突升，到前期高点时即埋伏点时打扫战场收集战利品，随后上扬前行。在埋伏点回撤处形成了圆弧底（有点类似口袋阵，欲擒之必纵之），形成相对称的图形——圆弧底。

（7）建仓形态——多重底部

天华超净。图表如下：

建仓形态——多重底部（天华超净）

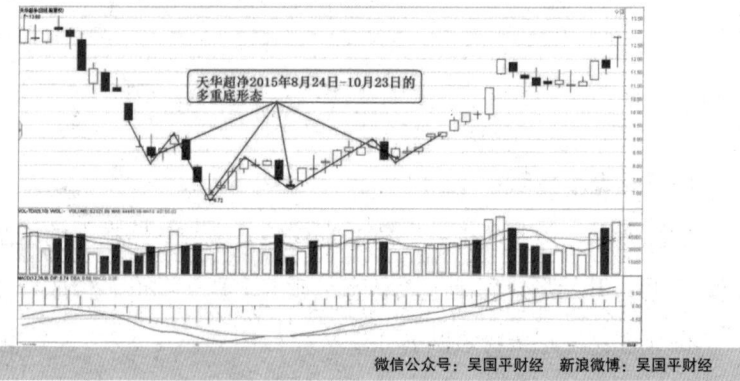

如图所示，天华超净前期一直下行，并且反复反冲锋没有跌破前期的低点，小心，要等上行后确认时形成了头肩底的形态。初步形成，图表如下：

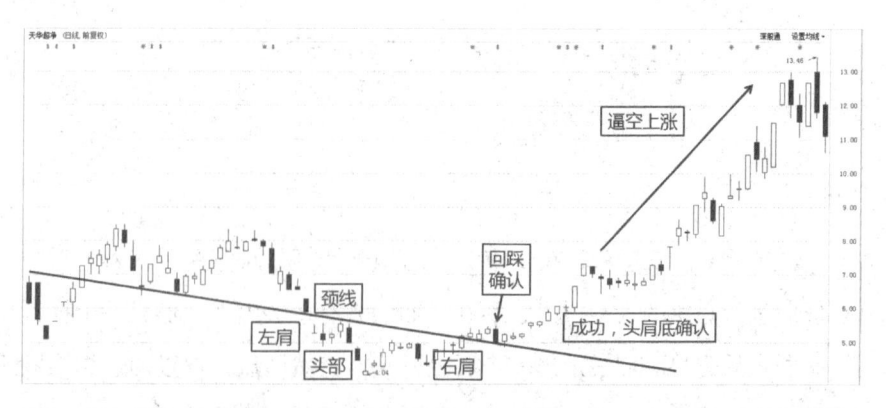

天华超净在历次反冲锋中确定了头肩底的形态，逼空上行。

许多人追涨杀跌在于回踩时砍掉了手中的筹码，在突破瓶颈线后的几根阳时追了进去。图表如下：

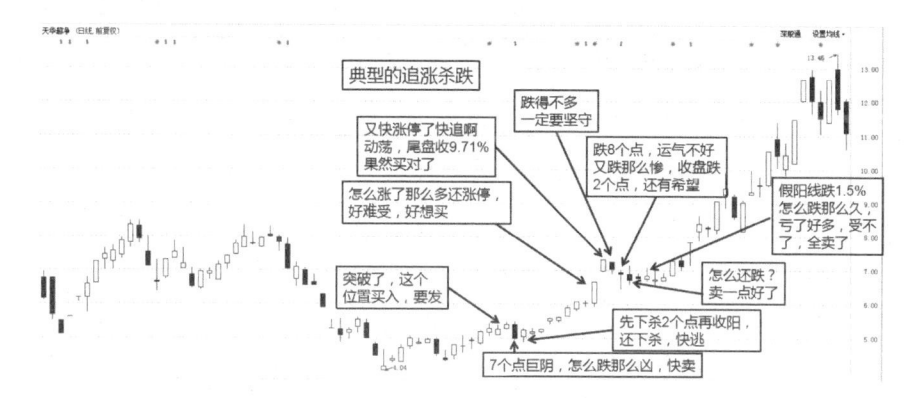

学习温馨小提示：

如图所示，天华超净详细思路分析：

1. 认为差多时进入，其实进入埋伏圈，进入后回踩。损失前头部队，第二天开盘后撤出。

2. 不想没有继续下行，开始红旗飘飘前行，股价收获喜悦，而己方之前小挫岂能观山看景。再次进入，不错，尾盘接近涨停，有所收益了，第一天有窃喜。

3. 第二天，是低开，动荡，部队整训没有再次前行。淡定，这次一定要拿住了。

4. 第三天，回行下杀8个多点，接近跌停。为什么？怎么回事？运气何在？等待希望。

5. 第四天，还是阴雨绵绵，道路泥泞。

6. 第五天……

一次一次重复着之前的错误，追涨杀跌，与自己之前是不是很像。没有大踏步的后退就没有大踏步的前进，既有空间整理，即空间迂回，也有整顿休息巩固防线，即时时低吸、积极蓄势，等待再次阳线大出，即战斗前行的开始。

2. 主力建仓小结。图表如下：

1.2 主力建仓阶段小结

○ 1. 拉升建仓或者低吸建仓，通过对比与市场运行节奏的跟随或者背离，是个比较重要的实战技巧。

○ 2. 不能简单看成交量的放大与缩小，重点理解成交量变化背后资金的真实意图。

学习温馨小总结之主力建仓阶段：

1. 拉升建仓或低吸建仓，要通过对比市场的运行节奏、背离与否，是个比较重要的实战技术。

2. 判断是否建仓，做个对比即可。市场一直在下行跌跌不停，但某只个股却以横盘震荡没有下跌。小心，不会不经意间上涨，将创业板指数同新经典相对比，图表如下：

如图所示，创业板指数从一月底到二月初 1800 下杀到 1571，在这个过程，新经典却在……没有对比，没有伤害……图表如下：

如图所示，新经典在一月到二月时也在下行杀跌，但没有击穿前期低点，基本上顶住了压力。

最考验人的一天，也是战斗最惨烈的一天。图表如下：

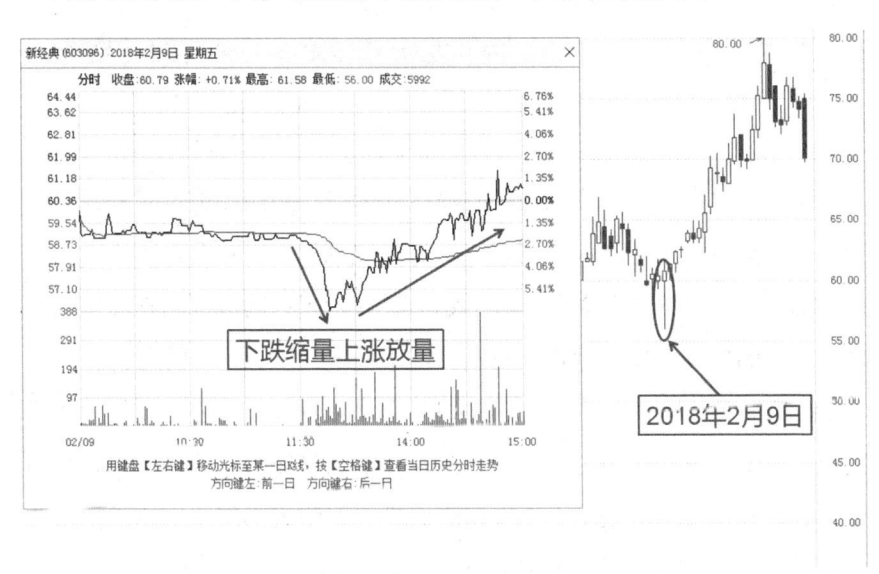

如图所示，新经典在当天的分时图中，洗盘时量能很轻地砸下来，很轻快地收复了，下跌缩量，上涨放量。

成交量的放大与缩小，其背后的意义要看得明白。我们在底部建仓时，大与小并不重要，那只是形而非内之神也。资金背后的意义为神的意图，为何值得去加仓，敢在最危险时加仓，大跌时抗住了下行。回到我们成长为王这个环节，公司的未来是成长性，基本面如何？目前的价格是否被低估？如果是，信心倍增，逆势加仓。

说到此时，我举一个案例。记得之前我去绍兴时见到一位朋友，是一位民间股神。我们在探讨时，有一个标的是紫光国芯，当他谈到在这个位置时，图表如下：

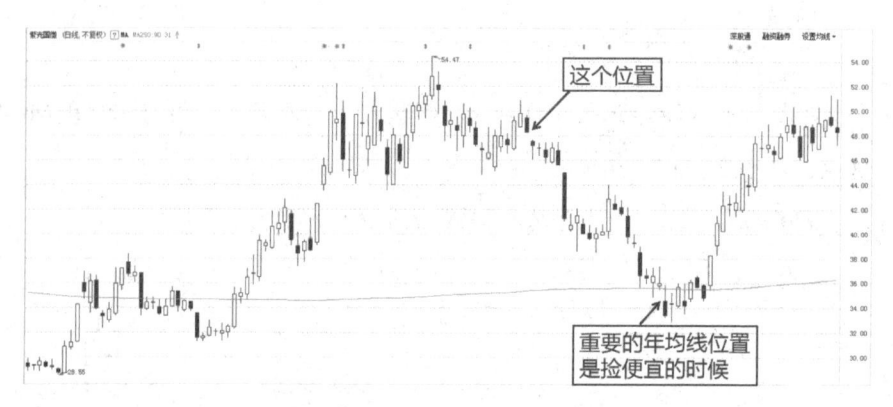

如图所示，紫光国芯就是我们探讨的标的。如能在下行时跌到重要均线时（年线左右），简直就是一个捡到便宜货的好机会。其逻辑在于此标的是芯片类的龙头企业。标的急跌，在未来大趋势下基本面持续向好，此时的急跌是便宜拾货的时候。这是基本面成长为王的逻辑。

但是很多人不看这些，只看K线其形，一看下行急跌，破位（防线突破），卖掉，直接出货。我们看的是背后的整体更大的格局。急跌回撤，吸纳机会。也有很多人今天逆势而进入，明天不涨就出掉了，名曰控制风险。没有真正看明与理解公司的真谛何在。

如能真实了解其公司的真谛，在年线附近时建仓，随后的上涨会很踏实，不会因它的波动而一惊一吓，因为已脱离成本了。此过程中风险能力在增加，思维的远虑会更远。

建仓是我们去吸纳个股。首先格局要大，看准其成长为王的内核，透过对比市场的强势与弱势来分析：横盘、杀跌、洗盘，还是建仓的节奏，记住两个字"背离"。越是背离，越值得我们关注。大盘下行杀跌，它一直横盘不跌，这种背离是值得我们关注的。比如大盘今天是阶段性跌幅，但它是刻意大跌，比大盘还要厉害，某种意义上来说也是背离。这种背离如果从整个局面来看，如果是一个相对健康的话，这种背离就是洗盘。

建仓时会有多种情况，根本要把握住核心：成长为王。质地优良的标的，用发展的眼光来看待，美玉会隐藏在山石中，宝藏会深藏在海底里。

（二）洗盘阶段。图表如下：

牛散大学堂

2.2. 主力洗盘阶段

- 1. 洗盘阶段的特征：
- 1) 价格波动幅度的大与小是表象，重点要感知对分时价格波动的控制力度；
- 2) 带量上涨、缩量回调是这一阶段的主基调，关键是要理解把握切换节奏；
- 3) 洗盘阶段一般以中继形态为主，如矩形、旗形、楔形等。
- 2．案例分享：
- 天华超净和三超新材

微信公众号：吴国平财经　新浪微博：吴国平财经

1．洗盘的特征：

（1）价格波动幅度的大与小是表象，重点要感知对分时价格的波动控制力度。

（2）带量上涨，缩量回调是这一阶段的主基调，关键是理解透后把握切换节奏。

（3）洗盘阶段一般以中继形态为主，如矩形、旗形、楔形等。

2.案例分享。

洗盘先以光线传媒为例。光线传媒，图表如下：

学习温馨小提示：

如图所示，光线传媒。图中显示缩量整理。低点没有过前期相对高点，量缩有些惜金。与K线相对照，形态没有破坏，从低点到此处也需要休息整理一下，准备未来的珠峰登顶。属于区间休整。

上山需要营地休息，远洋需要港口补给，吃饭需要随时咀嚼，飞机更要落地再飞。

光线传媒在回调时，图表如下：

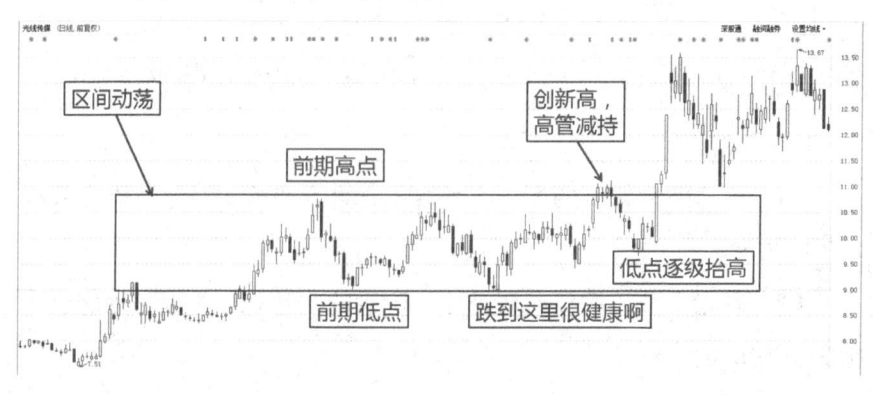

学习温馨小提示：

如图所示，光线传媒的图形很健康，低点未低过前期低点，在后面时有逐次抬高之形。高管减持额度很小，减持并不代表下行的开始，腾讯马化腾的多次减持都在低点。还是要看公司的未来。区间整理结束后，两个涨停直接上去了。

把握节奏，基本面，成长性，洗盘，建仓，这些要有所知晓。洗盘就是一种洗礼，一种对未来更好的认识。整个节奏，整体来看，是不错的，说明资金一直在积极运作，也属于中继的形态。洗盘一般都是中继形态。

图形漂亮，用一句《亮剑》里评价楚云飞的话来评价此图形，其大意是：非泛泛之辈，图形标准，思想明晰，既有标准的学院派，又有个人的思维在里面。

（1）洗盘分时——日内波动剧烈。

天华超净。图表如下：

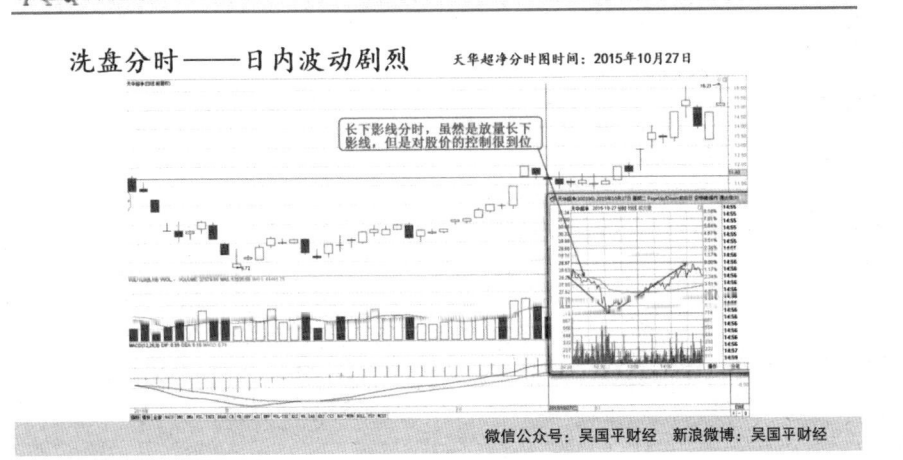

如图所示，天华超净，中继形态洗盘，下影线，横盘动荡。在上涨中继过程中要感受其形态的变化。

（2）洗盘分时——日内窄幅波动。

三超新材的区间动荡，图表如下：

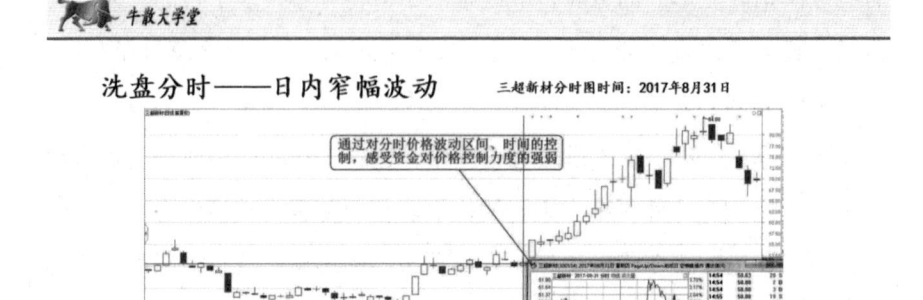

如图所示，三超新材在这根大阳线上方波动都是健康的。在大阳线上方波动，说明其控制力度还是比较强的。

方大炭素。图表如下：

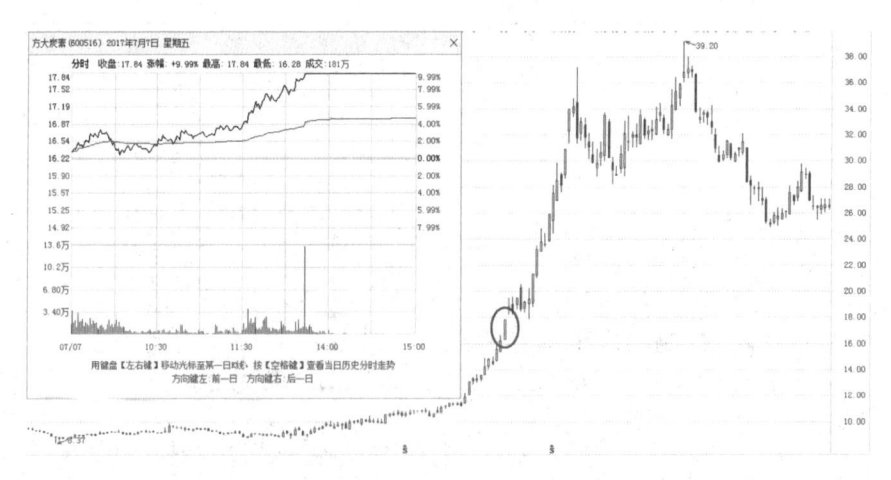

如图所示，方大炭素在此时已经感知其控制力度是很强的，再创新高后，第二天动荡。图表如下：

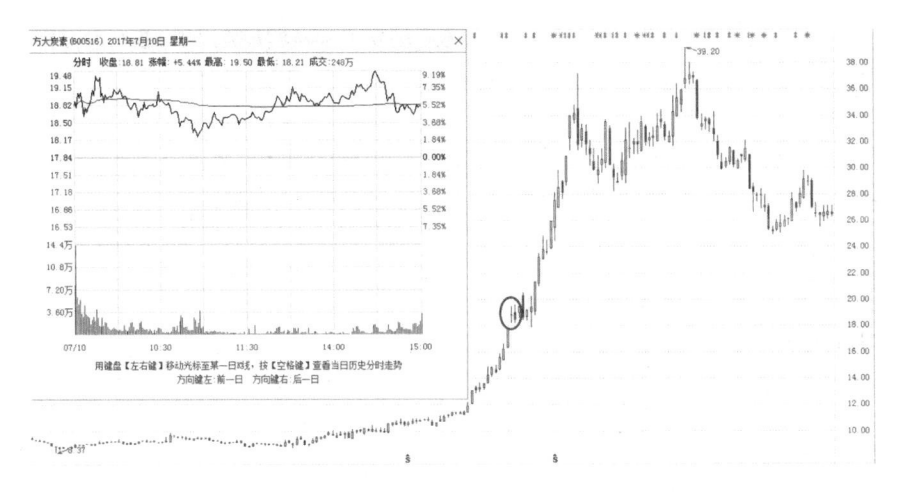

第九节　如何判断主力处于什么位置

如图所示，方大炭素在后面几天里控制力度甚为健康。横盘的几天大盘动荡剧烈。图表如下：

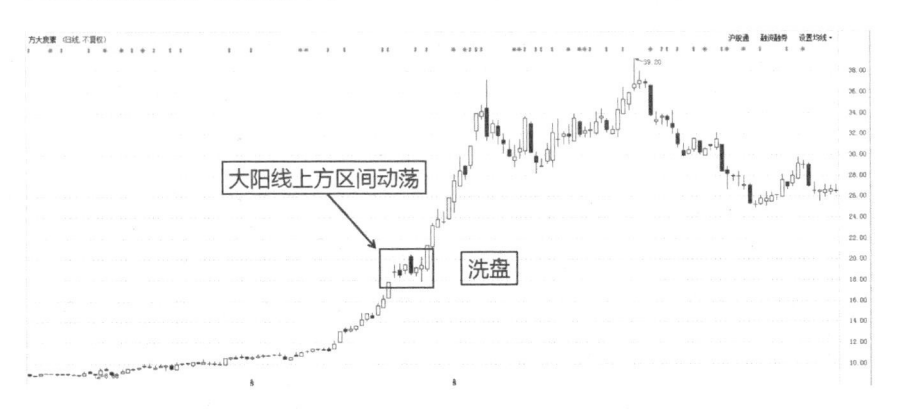

学习温馨小提示：

如图所示，方大炭素在整理期间依然在此大阳线上方。有问题要看整体与本质，不要纠结外部的袭扰。控盘力度是要感受的，价格强势，中继形态，洗盘之后继续逼空，直到惊叹！想象空间太大了。利润有想象，依靠基本面的深度解读。

为何在此位置控制得那么厉害？与后面的天马行空走势和对基本面的深度解读有关。

349

创新后的天马行空走势，后面就是高潮。高潮在哪里？这一天，图表如下：

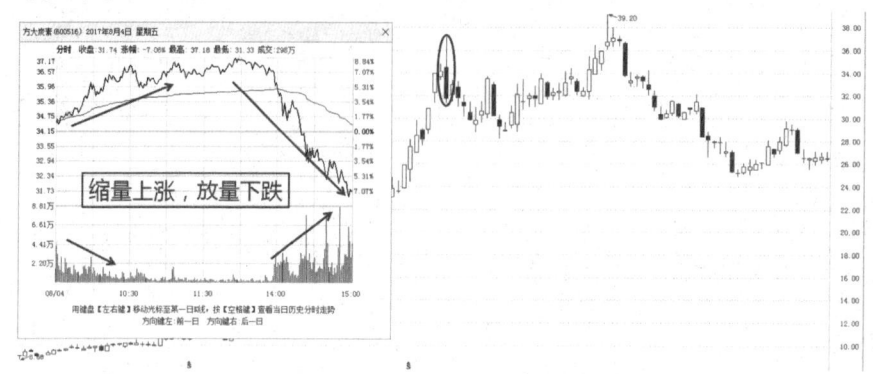

如图所示，方大炭素在天马行空后，放量下行杀跌。天马飞行，大家形成一致性预期。靠价格上涨的公司一定是周期性的，其价格不可能永远维持相对高位。远离一方面是基于基本面的研究；一方面从天马行空的走势中也能感知一二；一方面是从分时博弈里面我们更加确定。在这一天（图中所标）拉升为缩量，与我们前面讲的一模一样，缩量拉升，放量下跌。很多人都在等待买入的机会，顺势回调，你进我出，跌到绿盘。第二天再来一个反弹，就这样慢慢地完成一个出货的过程。甚至还有一个高潮，再创新高，而新的高点又虚晃一枪。后面一路下行，现在还是高价位，至少跌了13元钱，没有恢复元气。

方大炭素这个引例里，涵盖了建仓、拉升、洗盘和出货的全过程。以后我会出一本书，一个案例就是讲方大炭素的，整个过程都有。当然刚才分享的一个出发点是洗盘，在突破历史新高时，对价格的控制力度所产生的洗盘效果非常重要。我们有些时候就要跟踪洗盘时，当它在一个高位时，里面的资金对价格的控制力度，对比市场控制力度的强与弱，越强，那么接下来的走势越值得期待。

学习重点提炼加深印象：

洗盘成交量有一个法则：带量上涨，缩量回调是主基调。

（3）洗盘成交量——带量上涨，缩量回调是主基调。

三超新材。图表如下：

洗盘成交量——带量上涨缩量回调是主基调 三超新材K线图时间：2017年8月中下旬

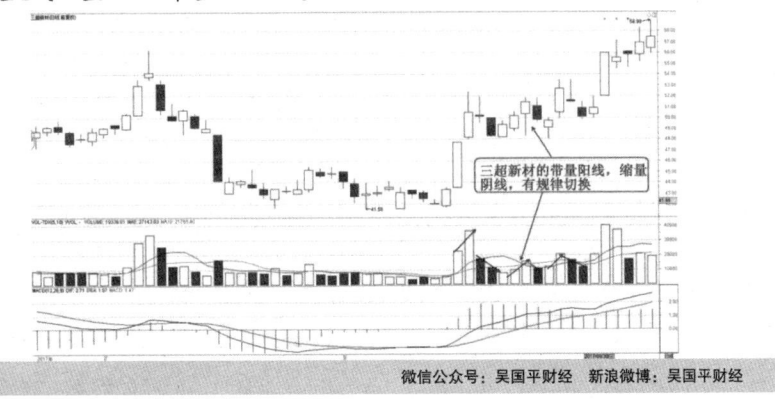

三超新材的带量阳线，缩量阴线，有规律切换

如图所示，三超新材。带量上涨，缩量回调。上涨放量因为会有一定的阻力，消耗一定力量，下跌时没有什么抛压，量自然缩小了许多。这样的趋势是比较健康的波动格局。

上涨放量，下跌缩量，还有对其价格主要有控制力度，如同方大炭素一样。其整个控制力度较强，带量缩量。并不是每一天都会是这个样子，学习是学习神韵，而不是学习外形。我说的大部分不是每一天，但整个格局表现就是这个样子。

（4）洗盘成交量——尾声阶段的异常是重要信号。图表如下：

洗盘成交量——尾声阶段的异常是重要信号　2015年11月4日、5日

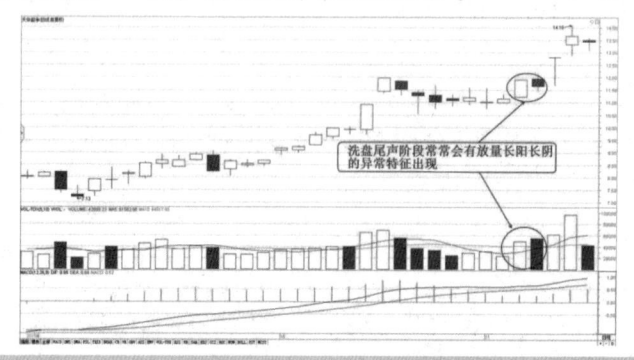

图中标注：洗盘尾声阶段常常会有放量长阳长阴的异常特征出现

微信公众号：吴国平财经　新浪微博：吴国平财经

如图所示，洗盘尾声时有放量长阳或者长阴等异常特征。洗盘或接近尾声，要么一个冲锋直接干上去，放量涨停大涨；或者在大涨之前先来一个回撤杀，并带点量出来。因为很多时候上涨之前要有一个深蹲起的动作，就如同跳高。

在个股洗盘尾声时一定有异动，长阳或长阴，多少带点量出来。

（5）洗盘形态——矩形。

三超新材。图表如下：

如图所示，三超新材的控盘力度非常不错，控制到尾声时来一个涨停板。很些人会有些小聪明，我在尾声涨停时买入，但要在涨停时进入。有些时候涨停后继续区间动荡。总之博弈是千变万化的，来看一看这里的区间动荡出现一个涨停板。

新经典。图表如下：

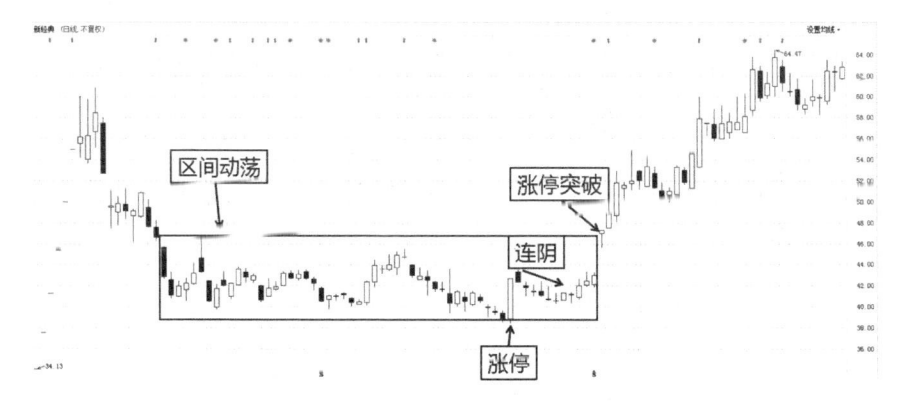

学习温馨小提示：

如图所示，新经典区间整理，突然一个涨停，多数人以为结束整理开始进入，有的人受不了前期的整理时间开始出来，而该布局的已经布局好了。不想涨停后又进入短暂的整理。我要出来，出来了，不给机会直接涨停。随后上扬前行。

如同一顿好的家宴，由准备到上桌是需要时间的。

学习从自我改变开始，从一点一滴开始，从我们的牛散大学堂开始。

（6）洗盘形态——旗形。

天华超净。图表如下：

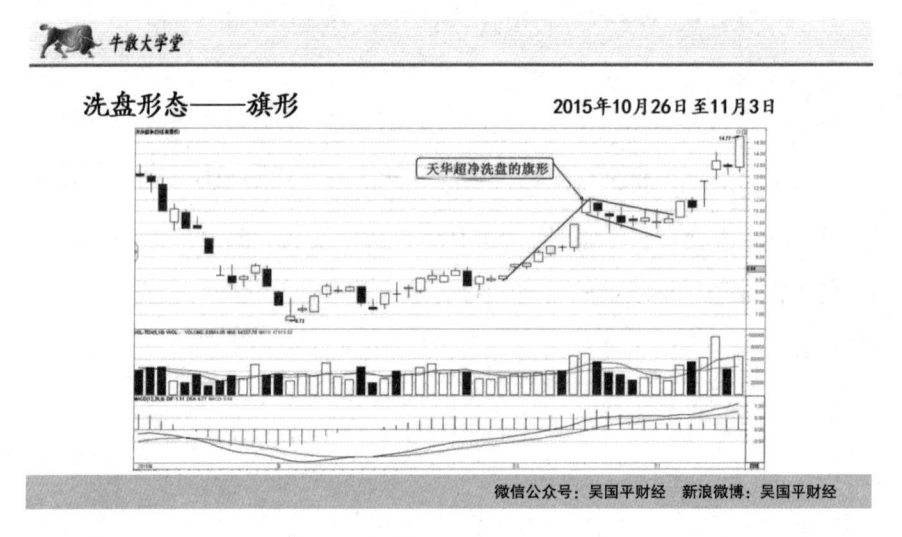

如图所示，天华超净在洗盘中呈现旗形。与前面的新经典整理后期的那根涨停到结束时的几根阴线下来，完全类似。它也是旗形上涨，随后再次向上。

3. 主力洗盘阶段小结。图表如下：

2.2 主力洗盘阶段小结

1. 单日洗盘的动作越剧烈，越能体现资金短期心态上的急迫性。

2. 洗盘的手法与节奏，最能体现资金的属性。

3. 不要被巨量洗盘吓倒，是一个合格交易员的基本素质。

主力洗盘阶段小结：

第一，主力洗盘，单日洗盘动作剧烈，能体现资金在短期内的心态较为急迫。

区间动荡越剧烈时，未来向上的能量就越强。难得见到所谓的利空，一不做二不休，先打下来再说。两千万砸出去，羊群一来往下再一砸，后面低位吃回两千万，又追加了一个亿。为什么？对未来是很有信心的。一进一出，两种思维，两种风格。

第二，洗盘的手法与节奏，最能体现资金的属性。

目前，游资很是泛滥。游资的活跃为急性的。风吹草动，一进一出很快速，也比较激烈。要理解此时的动荡，但动荡不会改变整体向上的格局。

第三，不要被巨量洗盘吓倒，是一名合格交易员的基本素质。

换句话，如同之前的光线传媒，跌停。图表如下：

如图所示，光线传媒放量下行——跌停。不要被这种状态吓倒，才是一个合格的投资者基本的素质。我相信很少有人能做到。在跌停时心喜，尾盘加仓进入两千万，有此魅力的人少，泰山崩于前而面不改色。

（三）主力拉升阶段。图表如下：

3.1 主力拉升阶段

- 1. 股价快速拉升、脱离成本，以中阳、大阳的形式进行，阳多阴少，预示着做多能量很强。

- 2. 量能温和放大，阳线放量、阴线缩量。

第九节 如何判断主力处于什么位置

1. 主力拉升的特点：

（1）股价快速拉升，脱离成本，以中阳、大阳的形式进行，阳多阴少，预示着做的能量在逐次递进。

如同方大炭素一样，一旦洗盘结束，股价是快速上扬的，只是当时的大盘比较弱些。

方大炭素。图表如下：

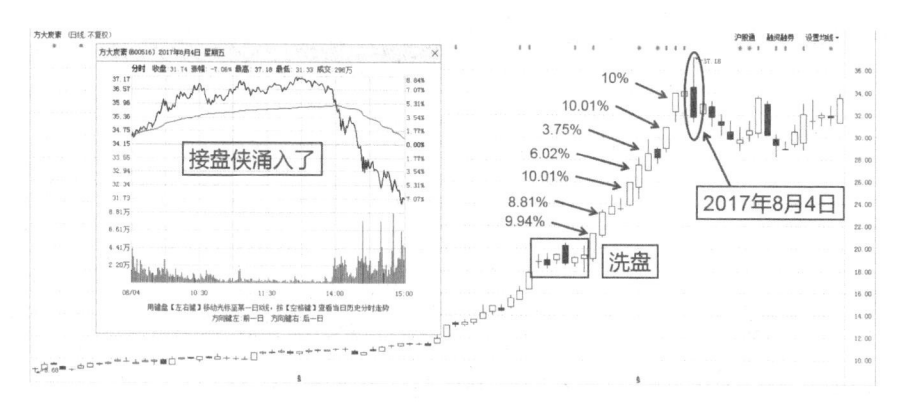

如图所示，方大炭素洗盘结束，不等人，快速急拉，第二天动荡继续逼近涨停，然后动荡两天，涨停；然后是6个点、近4个点……现在回顾一下，股指波澜不惊，甚至有点向下的味道。这样一只奇股，心情会怎么样？进入吧，最终成为接盘侠。与现在的万兴科技一样。

万兴科技。图表如下：

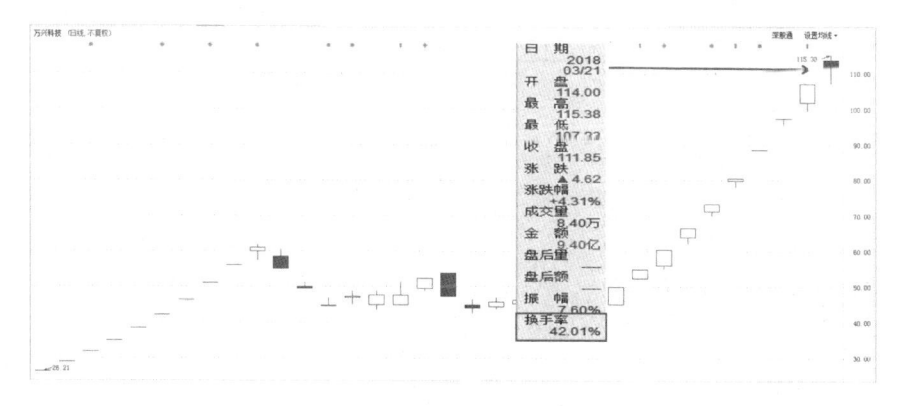

如图所示，万兴科技。9个板，艳阳天。要是学了前期课程，成交量看价值，单日换手超过42%，已经到了一个投机阶段，交易的价值。只能欣赏、远离。还是否记得曾经的案例，中科信息。

中科信息。图表如下：

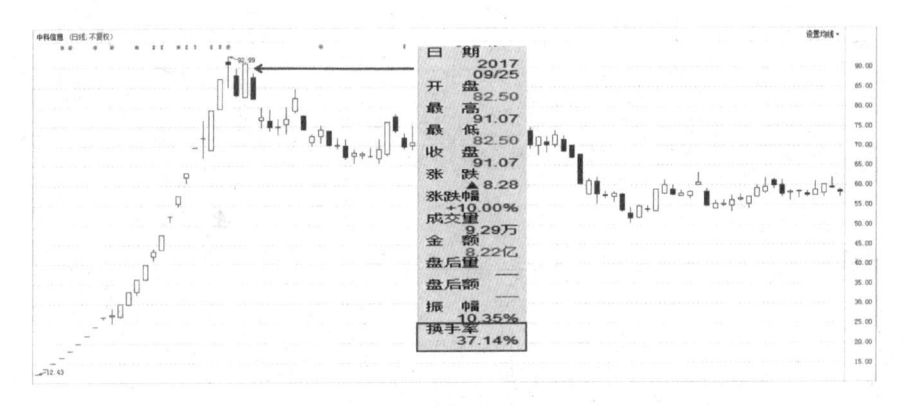

如图所示，中科信息。是不是有历史重演的感觉，涨了许久，基本面渐渐地不懂了。换手率甚高。很多人在里面追涨杀跌做投机的事情。

拉升阶段，一定是以中大阳形式进行的，为什么会这样？因为只有这样才能吸引更多的跟风盘，人性使然。

（2）量能温和放大，阳线放量，阴线缩量。

3.2 主力拉升阶段

○ 3．分时拉升比较轻松，分时拉升时放量配合，横盘时缩量为主；越强的主力，拉升起来越轻松。

○ 4．股价依托着短期均线形成明显上升趋势（强势的直接依托5日、10日均线；稍弱的依托20日均线；如果依托的均线是30、60日，说明主力的实力较弱，不必过多关注）。

（a）分时拉升时比较轻松，分时拉升时放量配合，横盘时缩量为主；越强的主力拉升起来越轻松。

（b）股价会依托短期均线形成明显的上升趋势。一般强势股就会依托主要均线上行。一旦进入拉升阶段，就是强者恒强。

图表如下：

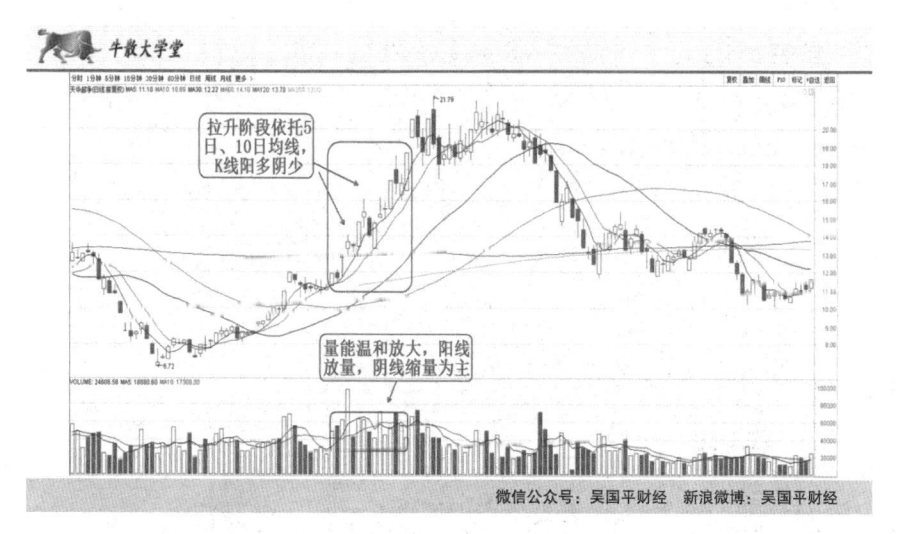

如图所示，依托5日和10日均线，阳多阴少，这样不断地向上拉抬。

图表如下：

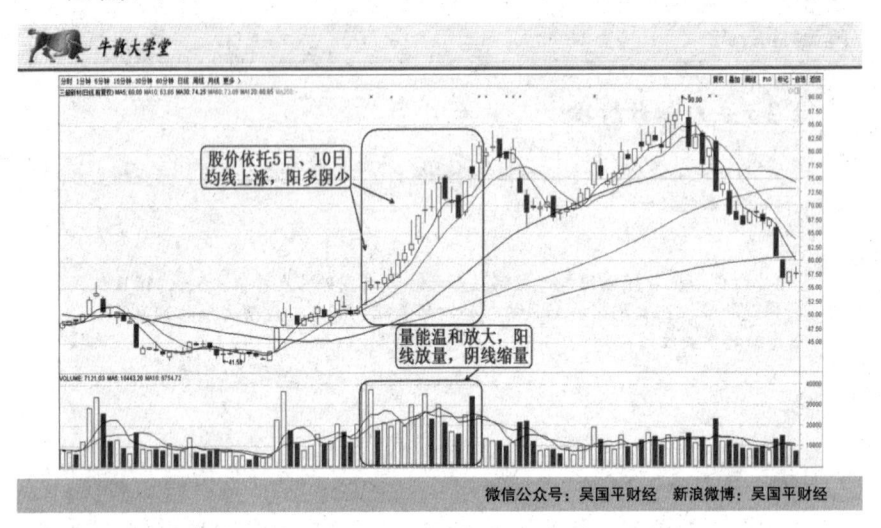

学习温馨小提示：

如图所示，这里也是如此，拉升时量能温和放大，阳线放量，阴线缩量。

不是学会了看懂拉升就能找到拉升的个股，这里有许多博弈。钱不是那么好赚的。

图表如下：

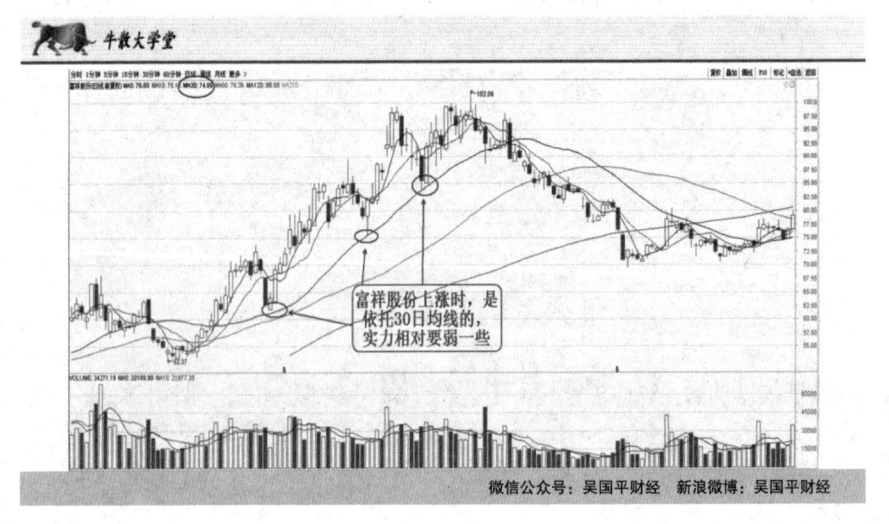

通过以上图例,做到看清建仓,看清横盘洗盘,看清拉升,找到自己的机会。

图表如下:

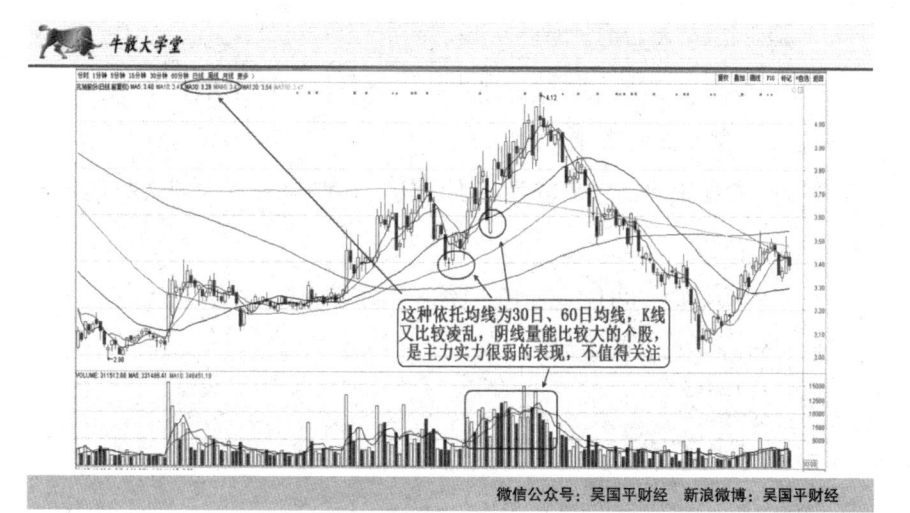

[图中文字:这种依托均线为30日、60日均线,K线又比较凌乱,阴线量能比较大的个股,是主力实力很弱的表现,不值得关注]

如图所示,当延均线上涨过程中,开始没有那么逼空的时候,开始凌乱的时候,或者跌破30日、60日均线时,要小心,说明主力资金开始虚弱了。

(四)主力出货阶段。图表如下:

4.1 主力出货阶段

- 1. 股价宽幅波动,K线趋向于凌乱,这是多头能量外泄的表现。
- 2. 阴线的量能也有所放大,出现滞涨迹象。
- 3. 分时下杀时,量能也呈现放大迹象;分时反抽的时候基本是无量的,预示主力已不投入资金去拉升了。
- 4. 出货后期,形成较明确的转势信号:常规转势信号或急速转势信号。

学习重点提炼加深印象：

1. 主力出货阶段的特征：

（1）股价宽幅波动，K线趋向凌乱，这是多头能量外泄的表现。

（2）阴线的量也有所放大，出现滞涨迹象。

（3）分时下杀时，量能也呈现放大迹象；分时反抽基本无量，预示主力已不投入资金拉升了。

（4）出货后期，形成较为明确的转折转势信号：常规转势信号或急速转势信号。

一旦中后期时，可能会加速下跌，中阴线向下，中大阴线向下。

2. 最重要一点。图表如下：

4.2 最重要的一点

- 5. 主力基本实现了它的战略目标，这个位置出货就是完胜。
- 何谓战略目标？
- 一般而言，股价翻倍就是战略目标，只有股价翻倍了，它才有充分的赢利空间。
- 当然，这主要指那些拉升比较流畅的个股；那些弱鸡的股票不在此列。
- 而且，如果个股基本面非常好，或者在大牛市中，目标会更高。主力也是因形势而变的。

学习重要提炼加深印象：

主力从建仓到出货肯定是有一个涨幅与收益的。行情不好时几十点结束，行情好时至少要翻倍。

翻倍往往是一只潜力股基本的重要目标。如同新经典一样，最低40元，最高80元实现翻倍。在这个过程中就是它的盈利空间。

当然不代表一只个股翻倍就结束战斗了，有些基本面、成长面非常好的，可翻番后再翻番，如之前的寒锐钴业。成长性、基本面最为重要。

图表如下：

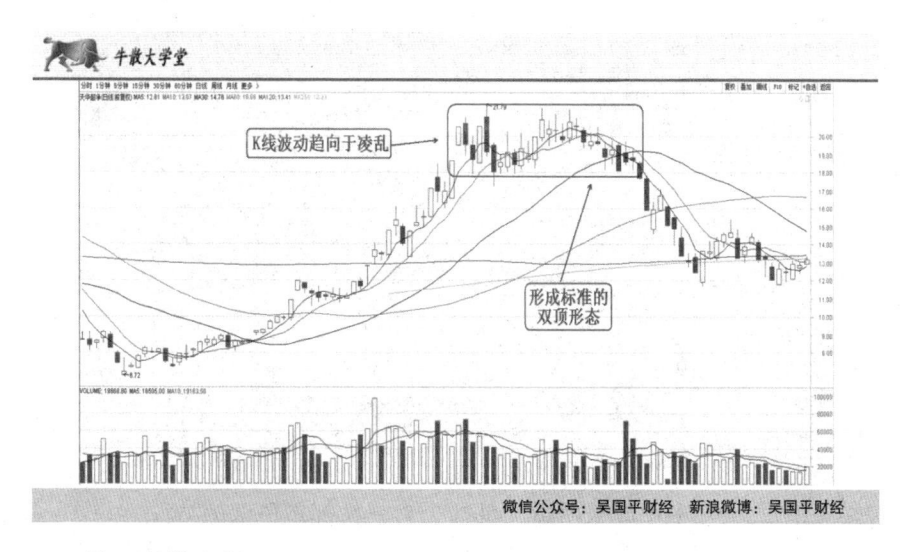

[图：K线波动趋向于凌乱；形成标准的双顶形态。微信公众号：吴国平财经　新浪微博：吴国平财经]

学习温馨小提示：

如图所示，注意顶部形态，它一定会进入一个标准的头部形态。到顶部时你也不要担心，顶部也不是一日建成的，如同罗马也不是一日建成的一样。顶部不会一天就能形成，但顶部一定会有一些征兆告诉我们，比如单日逆转、方向逆转等。

或许这时你还没有完全出货完毕，没关系。它会给你二次出货的机会，在顶部时大家会有分歧，此时就要看你的选择了。看到一些不祥的征兆时要坚决执行出货策略，不要看到涨了就去恋战。恋战后的下杀是解救不了你自己的。

很多个股在顶部时是可以全身而退的。当出现顶部征兆时，需要减仓，宁可错过，不可放过。宁可错过接下来的大涨，也不要放过顶部的风险。哪怕只剩下一些纪念仓，或者少许底仓，也要把风险降到最低。

要果断出来。图表如下：

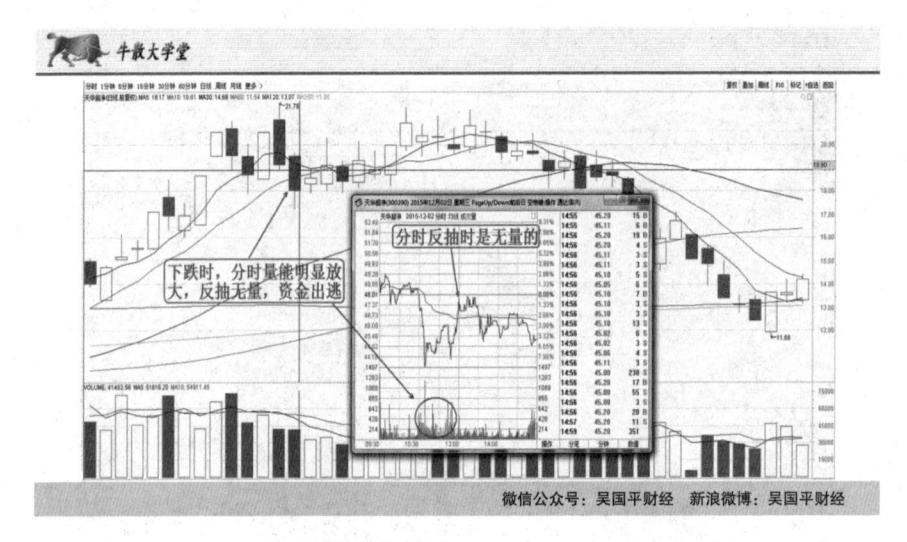

如图所示，下跌放量明显，反抽无力，这都是顶部的特征。

转势，顶部。图表如下：

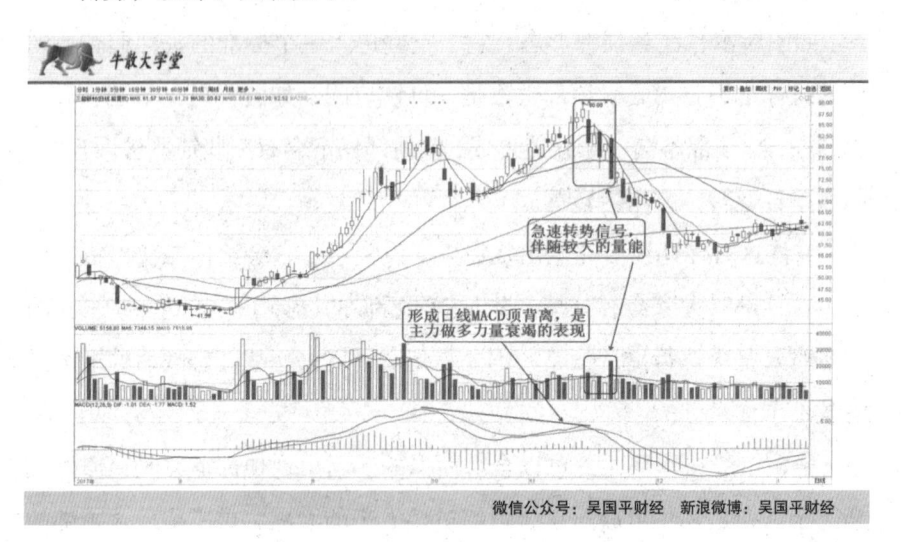

第九节 如何判断主力处于什么位置

下跌时，分时图，图表如下：

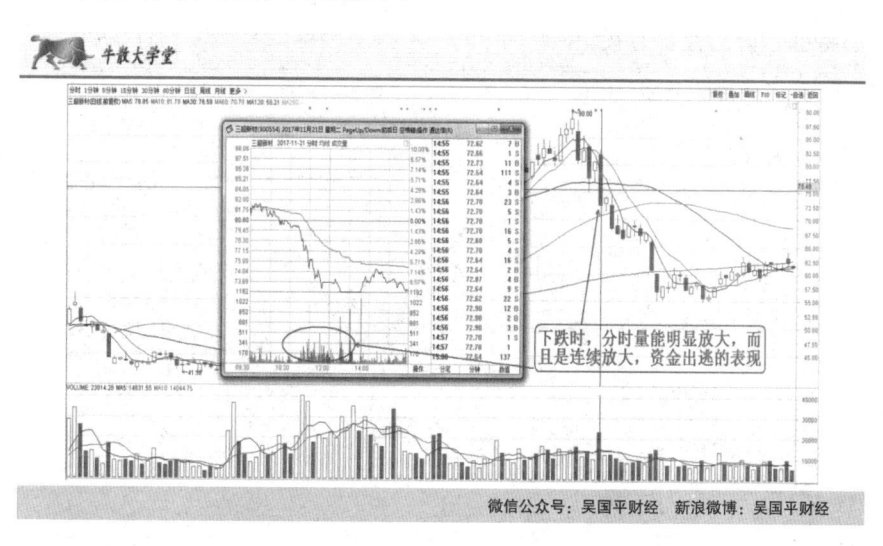

如图所示，量能明显放大，顶部往往都伴随着中大阴线。其实之前有一些征兆，两根大阴线，后面都有反抽，给你出逃的机会，不要恋战。后面一江春水向东流。

三超新材。图表如下：

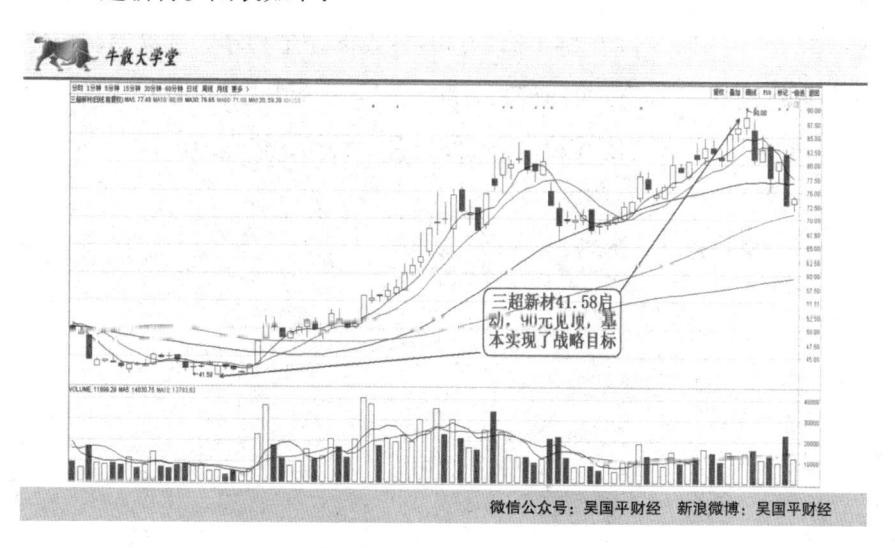

如图所示，三超新材从40元左右到90元左右，实现了翻番，战略

目标基本完成。此时需要评估，如真的好就继续持有，如是一般又有顶部特征，减持是必须的。

天华超净。图表如下：

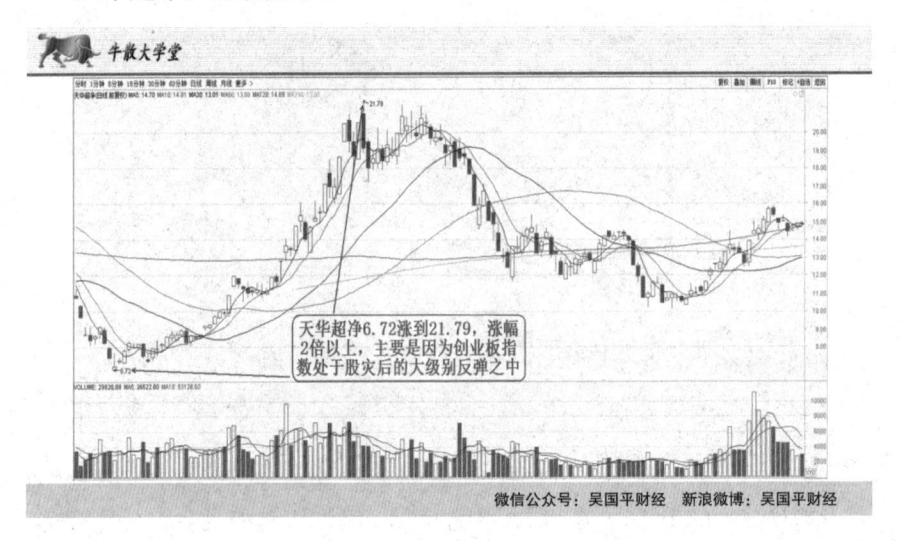

天华超净6.72涨到21.79，涨幅2倍以上，主要是因为创业板指数处于股灾后的大级别反弹之中

如图所示，当时因为创业板受股灾影响，有大级别反弹行情，天华超净从6元左右涨到21元左右。并不是到12元左右就结束战斗了，在12元时出现了一个中继形态，就是洗盘的一个动作。洗盘的动作你是可以辨别的，比较强势的控制力度。后面为拉升走势。依托5日、10日均线前行。顶部时阴线较多，K线凌乱，警惕，慢慢地出货。

二、结束语。图表如下：

牛散大学堂

结束语：

- 把自己放在与主力资金同样的位置，来认识主力资金运作过程。

- 在交易过程中，一定要时刻与主力思维同步，要从主力资金的高度来剖析你自己的交易过程。

- 融入主力，与主力共振共赢，是吃大波段的关键。

微信公众号：吴国平财经　新浪微博：吴国平财经

学习小总结：

1. 我们做股票要把自己放在与主力资金相同的位置，来认识主力资金的运作过程。

对手牌，要知己知彼才能百战百胜，思考对手的逻辑。

2. 在交易的过程中，一定要时刻与主力思维同步，要从主力资金的高度来剖析你自己的交易过程。

3. 融入主力，与主力共振共赢，是吃大波段的关键。

体会大的感受，体会运作的步伐。

课后作业

作业：

- 根据本节课程的知识点，详细分析对主力资金运作个股不同阶段所体现的不同特征。
- 要求：1. 分析内容时要多分析细节，细节能体现出分析的深度。
- 2. 分析案例时，一定要把自己放在主力资金的位置上来统筹交易的全局。

微信公众号：吴国平财经　新浪微博：吴国平财经

作业要求：

根据本节课的知识点，详细分析对主力资金运作个股不同阶段所体现的不同特征。

1. 分析内容多分析细节，细节能体现出分析的深度。

2. 分析案例时，一定要把自己放在主力资金的位置上来统筹交易全局。

结合当下，延伸，发散性思维，联系与联想，感知市场或个股的脉搏。

感谢大家，今晚又是一个丰富、有内涵的课程。市场下跌时要有些欣喜，要有这个心态与心理。房子是从地基开始建的，筹码是从底部开始有的。明天更精彩，今天有光辉，坚定信心。

四个字：要有信仰。我认为今天我写的"2000点"，在接下来是能够冲上去的创业板第一目标。勤能补拙。与学员们一起，在写书小组里成长，迎接未来的精彩。

非常感谢大家，用李白的一首诗来表达我的心情：

赠汪伦

李白乘舟将欲行，忽闻岸上踏歌声。

桃花潭水深千尺，不及汪伦送我情。

独角兽红利来临，有不少学员会成为我们其中的一员，成为原始股东，一起努力实现我们的梦想。

将进酒

君不见黄河之水天上来，奔流到海不复回。

君不见高堂明镜悲白发，朝如青丝暮成雪。

人生得意须尽欢，莫使金樽空对月。

天生我材必有用，千金散尽还复来。

烹羊宰牛且为乐，会须一饮三百杯。

岑夫子，丹丘生，将进酒，杯莫停。

与君歌一曲，请君为我倾耳听。

钟鼓馔玉不足贵，但愿长醉不愿醒。

古来圣贤皆寂寞，惟有饮者留其名。

陈王昔时宴平乐，斗酒十千恣欢谑。

主人何为言少钱，径须沽取对君酌。

五花马、千金裘，

呼儿将出换美酒，与尔同销万古愁。

第十节　解读政策对股市的影响

2018年3月28日

课　前　分　享

学习小须知：

1. 本小节的分享与课堂内容是帮助有一定基础的学习者来学习、读懂与看懂其内涵的。初学者可以通过了解、阅读慢慢地学习掌握，以提高对资本市场的认知。

2. 本堂课的内容在牛散大学堂股威宇宙的等级为：小学。其余级别结合自身状况进行学习或阅读。

3. 第一季为小白级，第二季为小学级，第三季为中学级，第四季为大学级，第五季为实战精英级，第六季为超级牛散级。请依次学习，逐级递增。

4. 本节课主要讲解如何判断主力处于什么位置。在这里有四个方面将向大家依次介绍。一是新闻其实并不"新"；二是新闻并不那么真实；三是新闻的价值；四是解读新闻的注意事项：1.新闻级别的大小；2.结合技术形态。

大家好，我是牛散大学堂的创始人吴国平。

今天是2018年3月28日，算是一个蛮吉利的日子。刚才有一篇文章在介绍美国的南非公司坚持其信仰与眼光，给腾讯公司雪中送炭，最终收获巨大的回报。印证了我们牛散大学堂的十二字箴言：成长为王，引爆为辅，博弈融合。成长为首位，技术为融合，心理为博弈。军人的用语更直接：基础扎实、纪律过硬、心理坚实、眼光独道、目标是未来随时的战争与冲突。

军人在用未来看待战争，市场也要用未来反馈成长。用目光寻找未来的标的与成长，或在传统中焕发青春的新理念。将传统与现代文化相结合，其中那些有沉淀、有底蕴、有可追寻与思考的内容，是成长中最为基础以及实力击发的源泉。现代科技与思维会在这里获得最大的灵感与创新，所以根基在于公司是否有其自身的文化与思维的创新力。或大或小，在其中有其自己的存在。寻找成长的公司是一个过程，要坚持才会成长。

融合与融会就是要找到自身的兴趣点，如新兴产业、生物医药、自动汽车驾驶、新能源、智能家居、人工智能、文化传媒等。寻找未来要实际。通信是大家最有体会的事情，改革之初到现在，通信的变化使我们可随时保持畅通。要找到自身能发现且又有感触的事情，在市场中找寻熟悉的内容。基础性学科的扎实与延伸对社会发展的细枝末节会有递进与感受，所以成长是无处不在的。追寻自己的信仰，要坚持下去。

解读：政策（新闻）对股价的影响

政策（新闻）对股价的影响

吴国平　牛散大学堂导师

曾几何时，伊利股价没有因三聚氰胺而陨落，反而走出一个非常长的大牛行情。人类不会因此告别牛奶。眼光与信仰尤为重要。

南非投资腾讯时，市场环境为泡沫时，有些分析反映出不好的情景，但这只是暂时与阶段性的。如同大盘大跌，而你的个股赚了十倍，相信大数人卖出收获利润。但眼光还是短了些，长远看，或许此股价更高于现在。大格局是要在成长中寻找。

南非公司投资腾讯看到了中国未来的互联网，但也超过了他们的想象与现有的空间思维。中国在互联网里创新了许多新的内容与细节，如同神经触点或神经脉络一样，丰富了一些，影响了一些。成长的腾飞在于滑行时的反复检测，有人上车、有人下车，没有风雨如何见彩虹。业绩的实现与市场中自我完善中前行，使成长的意义有了提高与清晰。

在看新闻与信息时要有辨别与机智的思维。

系统性剖析新闻对股价的影响。图表如下：

政策（新闻）对股价的影响

- 一）新闻其实并不"新"
- 二）新闻并不那么真实
- 三）新闻的价值
- 四）解读新闻的注意事项
- 1）新闻级别的大小
- 2）结合技术形态

政策（新闻）对股价的影响包括：一是新闻其实并不"新"。二是新闻并不那么真实。三是新闻的价值。四是解读新闻的注意事项：新闻级别的大小；结合技术形态。

解读政策和新闻

- 众多新闻和消息，有些是可以作为决策依据的，有些是要去粗取精挤掉水分的，有些干脆是没有实质意义的。

- 然而，这些新闻和消息里面暗藏的玄机，只有掌握相关技巧的有心人才能领会。

如图所示，解读政策和新闻时要去掉水分、去粗取精。掌握里面的玄机。

一、新闻其实并不"新"。图表如下：

牛散大学堂

1. 新闻其实并不"新"

○ 很多人认为，新闻是最新发生的人和事。其实不然，新闻在公布出来时，已经不新了。

○ 理由：
○ 其一，市场上总会有一部分先知先觉的人提前获得相关的信息。

微信公众号：吴国平财经　　新浪微博：吴国平财经

很多人认为新闻是很新的，其实新闻在公布出来时，已经不新了。

学习温馨小提示：

理由一，市场上总会有一部分先知先觉的人提前获得相关信息。

新闻是要整理出来的，整理之前早就已经传播了。传播必然有先知之人，借这个信息做些事情。

在技术分析里有一条很关键，所有信息都反映在股价的波动中。如一些政策利好在出来前相关个股就已经蠢蠢欲动了，消息提前泄露了。再如，年报出来之前其股价很坚挺，说明先知之人知晓信息进入了。等待年报出来时，顺势冲高，做一个波段，往往回调。先知的人做了差价。最终市场对年报影响如何，还是要遵从个股的整个趋势与成长性，本身的质地尤为关键。

重庆啤酒。图表如下：

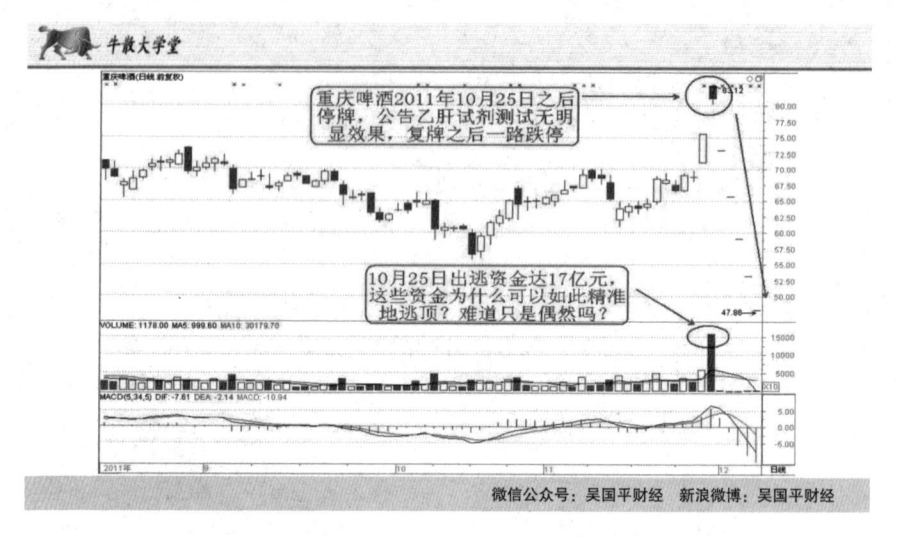

[图表：重庆啤酒日线图，标注"重庆啤酒2011年10月25日之后停牌，公告乙肝试剂测试无明显效果，复牌之后一路跌停"及"10月25日出逃资金达17亿元，这些资金为什么可以如此精准地逃顶？难道只是偶然吗？"]

如图所示，重庆啤酒。这是过去老的案例，老股民知道些，新股民或许还不知道。它在 2011 年 10 月 25 日后停牌，在停牌前的最后一个交易日是天量，说明有人提前获取信息，并知道可能没有想象的那么好，所以顺势就出来了。偶然中有必然，找不确定中的确定，看清公司整体。

理由二、三。图表如下：

- 其二，新闻的编写总得由人来完成，这些新闻的编写者也先于大众一步获取相关的信息，这是不可避免的。
- 其三，很多新闻在发生之前，市场已经有充分的预期。除非有更超预期的事件发生。
- 比如之前的两会行情，市场已有一定预期。但独角兽的发生和火爆，是超预期的。

理由二，新闻的编写总得由人来完成，这些新闻的编写者也会先于大众一步获取相关的信息，这是不可避免的。

理由三，很多新闻在发生之前，市场已经有充分的预期。除非有更超预期的事件发生。

比如之前的两会行情，市场已有一定的预期。但独角兽的发生和火爆是超预期的。

市场会有预期反映，信息是要去解读的。透过股价反推信息，政策支撑创业板、科技板块，说明高层已经开始酝酿未来的冲破了。利好创新与科技，使科技为生产力的要素在发酵，走强也不是没有理由的。最终谁能走强？成长与基本面里呈现的公司，大家预期公司能赚一个亿，没想到赚了三个亿，上涨就是最好的说明，未来的股价反映公司的未来。

江丰电子就是一个典型案例。图表如下：

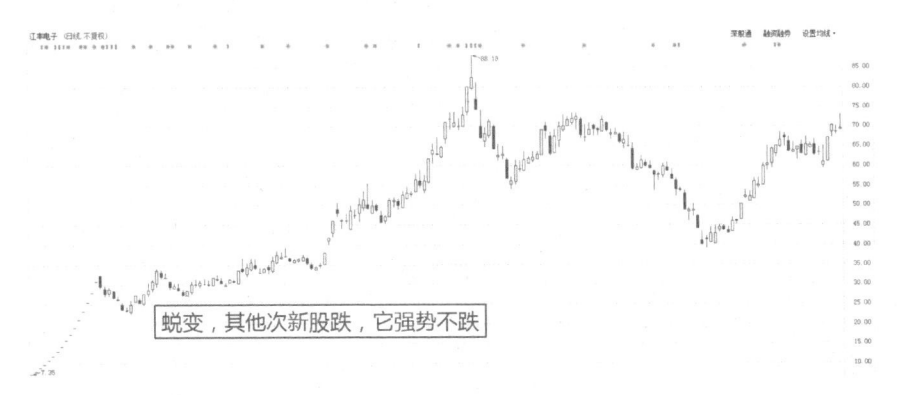

蜕变，其他次新股跌，它强势不跌

学习温馨小提示：

如图所示，江丰电子。现在的江丰电子还是60多元钱。江丰电子在上市开板后第一波挖坑埋伏，而我们在20多元时就开始关注。当时的感觉告诉我，次新股出了暴跌行情，但它坚挺不跌，有先知先觉之感：一是要么是庄股，二是先知先觉的资金提前布局了。推测它未来有一个利好的政策或利好的新闻。当时在这个区域还真不知道是什么内容，但在三个涨停后，我们就知道了。

江丰电子上了央视，专门报道了公司在未来细分领域中能够代表中国的技术含量，能与全球企业进行一种充分的竞争，一下子把整个市场品牌提升得很大。难道就没有人知道吗？制作影片的人提前几个月就知道了，会作出一个评估。这个评估对企业的影响会让世人对企业的认识加深。果不其然，在影响的作用下走出了一种非常凌厉的上攻行情。哪怕现在的市盈率是300倍，依然强势。因为世人已经深刻地认识到它现在做的一些内容，细分领域里是相当有技术含量的。市场给予了一个比较高的估值。在这样的背景下就很容易理解二三十元时是最好的进入时机，现在的价格已经确立了自己的市场价值，在股灾时基本没有回到过去。

蜕变其实就在这里，新闻出来也是在这里，之前强势不跌的动作就是属于先知先觉。我们只能透过技术面去发现它，同时结合基本面的亮点，最终走出不错的形态来。消息之前没有获得，所以只能在波段里吃了一部分，没有吃到全部。反观盘面可以感知其背后的利好，我们当时做得淋漓尽致。大家可以回过头来做做对比，就能感知当时的这种状态了，这是一个很重要的案例。

二、新闻并不那么真实。图表如下：

2. 新闻并不那么真实

○ 哲学角度：
○ 客观事物是外在的，是独立存在的，我们每个人所认识到的事物只不过是客观事物在我们眼中的影像，这种影像是虚幻的，因此，我们所认识到的"事物"本身并不真实。

○ 从新闻编辑者个人的偏好角度看：
○ 每个人都有自己的偏好，都有思维惯性，遇事都习惯从自己偏好出发。新闻编辑者的工作具有主观性。

微信公众号：吴国平财经　新浪微博：吴国平财经

新闻中的哲学角度：

（1）人类都会犯错，新闻说好就好，说不好就不好，要透过新闻看到背后的内容。看到背后有用的内容即可，因为新闻不是真理，需要辩证地去看看待。

（2）新闻的编辑者都有各自的偏好角度与思维定式。

（3）客观事物是外在的，是独立存在的。

三、新闻的价值。图表如下：

3．新闻的价值？

○ 既然新闻并不"新"，不那么真实，也不那么理性，那新闻还有价值吗？

○ 当然是有价值的。

○ 价值之一
○ 新闻可以解释当前的市场。
○ 比如，某日大盘连续拉升，当时会觉得比较突然，而当公布良好的经济数据时，也就恍然大悟了。

微信公众号：吴国平财经　新浪微博：吴国平财经

新闻既然不那么"新"，那其价值是什么？

价值一，新闻可以解释当前的市场。

比如，说到加息与减息新闻时，是对市场直接的刺激。

比如，某日大盘连续拉升，当时会觉得比较突然，而当公布良好的经济数据时，也就恍然大悟了。

比如，一家公司突然接到一个大订单，其订单的预测可使业绩收益马上增加两个亿，直接对股价带来一个刺激。这对于一些中小盘个股来说是一至三个涨停板的问题。所以要去挖掘新闻的影响力度。

价值二，新闻当中可以挖掘中长期机会。图表如下：

价值之二

○ 新闻当中可以挖掘中长期机会。

○ 新闻里有很多中长线机会，即使在公布之后，还有很大的发展空间。因为这些机会不是一天就走得完的。

○ 比如四万亿救市计划；中国版2025计划等。

微信公众号：吴国平财经　新浪微博：吴国平财经

新闻对于上市公司来说，要挖掘新闻背后的内容。对上市公司的未来能够带来多少实实在在的业绩？这个变量是多少？记住"变量是多少"，要去评估。

比如，四万亿救市计划，中国版2025计划等。对上市公司的业绩的变量，或对上市公司的筹码的变量。

比如，现在突然资金增加，有越来越多的人进入二级市场买入股票，大家对其风险偏好陡然提升，市盈率可以提高。这个就要去做一个评估。

四、解读新闻的注意事项。图表如下：

4. 解读新闻注意事项：其一，新闻级别的大小

- 1）要区分是大级别新闻还是小级别新闻：是否超预期的程度。
- 2）政策对股价的影响可以是短期疾风骤雨式的，也可以是中长期温水煮青蛙式的。
- 3）市场预期情况：政策出台之前，市场没有相应的预期，股价短期反应比较强烈，以连续涨停的极端方式来表现，如雄安新区概念。
- 4）市场对政策有较强的预期的话，股价已经对政策有比较充分反应，政策出台后，可能成为股价短期反转的因素，如国家反腐争锋政策对高端白酒的股价的影响。
- 5）案例：大级别案例：《雄安新区》政策和《党政机关国内公务接待管理规定》政策；小级别案例：上海自由贸易港、中国举办世界杯消息、公司被收购消息。

微信公众号：吴国平财经　新浪微博：吴国平财经

新闻级别有大小。

解读新闻的注意事项：

（1）要区分是大级别新闻还是小级别新闻，是否有超预期的程度。

一般来说属于大级别的新闻，如新闻联播花上一两分钟来专门报道，说明其分量够重。央视级别的必须格外重视。

小级别的，如地方性的报纸，重大影响较弱。但也要透过小新闻来感知上市企业的一种状态，评估其合理性。如同实地调研一样，发现未来的有无，然后去评估它。

（2）政策对股价的影响可以是短期如疾风骤雨，也可以中长期的温水煮青蛙。

（3）市场预期情况：政策出台前，市场无相应预期，股价短期反应较为强烈，以连续涨停的极端方式来表现。如雄安新区概念。

有一些是没有预期的，比如雄安新区。突然间凌空　划，此地并入雄安新区。市场与资金毫无反应，只能是涨停封板中不断抢筹。雄安新区概念集体涨停，也好也不好。为什么？对个股来说是好事，对其他板

块来说是一个虹吸效应，躁动的资金卖掉当下，全部买入雄安。雄安之疯狂，市场之难看。随后渐渐淡化，其他板块才慢慢地恢复生态平衡。

市场切莫走极端。白马蓝筹与中小板、创业板是跷跷板，相互影响，相互可依。一方涨多时会动荡，一方回跌多时要修复。

（4）市场对政策有较强的预期，股价已经对政策有比较充分的反应，政策出台后，可能成为股价短期的反转因素。如国家反腐政策对高端白酒股价的影响。

国家反腐对高端白酒的股价影响。重大事件要评估。白酒也确实打出了一个底部，茅台也是。反腐事件并不能影响中长期酒民喝白酒的欲望。最终影响白酒股价的涨与跌还是要看新生代是否有接受的意愿。这样会给白酒的中长期带来一个不确定的影响，是见仁见智了。

（5）案例：大级别案例，如《雄安新区》政策和《党政机关国内公务接待管理规定》政策；小级别案例，如上海自由贸易港、公司被收购的消息等。

案例之《雄安新区》，图表如下：

牛散大学堂

《雄安新区》政策

1. 级别高：中共中央、国务院联合发布；

2. 战略定位高：千年大计是本届政府文件中第一次出现；

3. 有可参考历史：深圳特区和浦东新区。

中央设立河北雄安新区 系深圳浦东后第3个国家级新区

微信公众号：吴国平财经　　新浪微博：吴国平财经

学习温馨小提示：

雄安新区的政策果真是最高级的机密。字眼抢人眼球，参考历史，深圳特区和浦东新区，消息一出瞬时炸窝，买房、买入相应的股票，直到监管来提示风险，亢奋之情才渐渐地消退。蹭热点为一时，地方发展需要时间，时间的发酵会使成长渐渐地展现出来。

做自己看得懂的，这与自己的信仰有关，成长为王是根本。

案例：雄安新区细详。图表如下：

牛散大学堂

雄安新区自身的特点：与京津冀一体化的大背景

1. 大背景：京津冀一体化
2. 涉及的面比较广
3. 受益的细分板块：
   - 地产基建
   - 港口能源
   - 环保行业

雄安新区 是继深圳经济区和上海浦东新区之后又一具有全国意义的新区

地处：北京、天津、保定腹地

规划范围：涉及河北省3县及周围部分区域
- 雄县
- 容城
- 安新

起步区面积 约 100 平方公里
远期控制区面积 2000 平方公里
中期发展区面积 约 200 平方公里

微信公众号：吴国平财经　　新浪微博：吴国平财经

学习温馨小提示、小延伸：

雄安新区概念一出，大家当时都是拼命分析，马上拿出一个地图来分析一番，如同战略作战一般，搞得个个都是军事专家或战略分析专家。当时确实是热闹了一阵。我也在当时写了一些文章蹭了一下热点。关于雄安新区我当时观点的核心就是并非基建类，而是新型成长性产业，现在回过头来看也是非常正确的。水泥、钢材可能是脉冲式的暴涨，但长期呢？就要打一个问号了。

以雄安新区为试点，无人驾驶、智慧城市、智慧医疗、智慧政务、智慧生态等来引导未来的思维，使人们在创新中走向未来生活思维。以点击面，以面带整体，形成积极的效应。

雄安新区概念的出来，表明几点连线发展的相互依托与侧重，雄安——浦东——深圳等提升各自的战略地位与价值，并结合"一带一路"几个重要支点与之共同发展，重庆、西安、兰州等也使西部与中部、东部结合起来，承接东北、西北、西南、中原、华北、华南，相互递进发展与相互依托支撑，使局面打开，盘活整个潜在的动力。

基建类基本上是哪里来，回哪里去。韶钢松山：

如图所示，韶钢松山，最高时涨到10多元。

安阳钢铁。图表如下：

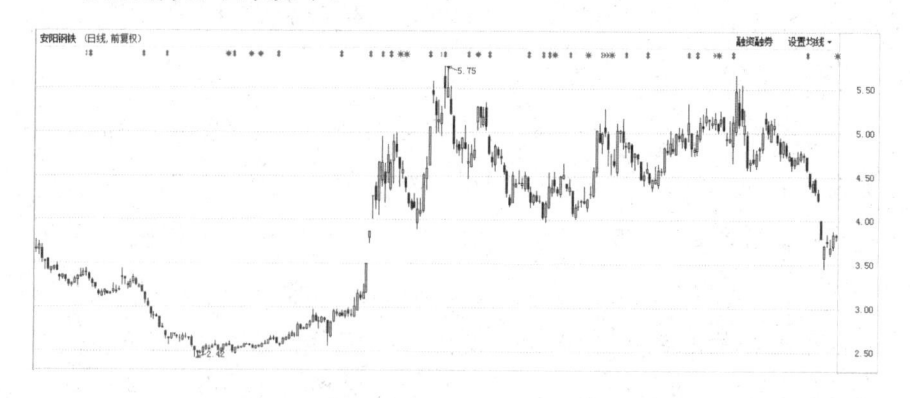

如图所示，安阳钢铁。业绩很好，现在只有3元多了，前期最高到达五六元。看未来不是看当下。市盈率五六倍只能代表其去年的业绩好。

看动态，如同银行类股票一般。市盈率低7倍，便宜，利润还是可以的。

中信银行。图表如下：

如图所示，中信银行。市盈率7倍，股价下滑。如明年业绩萎缩，市盈率可否提高？如维持市盈率7倍，股价可否下滑？简单逻辑。不否认大型公司相对较稳定，如追求年化收益。你要有信仰、有耐心，最终也是能赚钱的。如工行一样。

工商银行。图表如下：

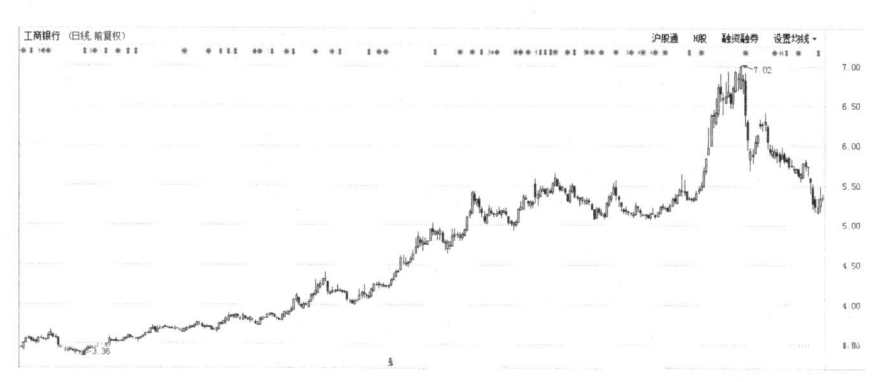

如图所示，工商银行。要有信仰，长期持有，其实都是能赚钱的。但100个人当中也就那么一个人可能会有这种可能性。

1.1 案例分析大级别消息。

（1）大级别消息。

大级别消息特点：市场反应之第一阶段板块猛烈共涨。图表如下：

牛散大学堂

市场反应：第一阶段板块猛烈共涨

- 代表股：冀东水泥、荣盛发展、建投能源唐山港、冀东装备、、巨力索具、河北宣工、天津港（天津）、金隅股份（北京）
- 表现特征：
  - 1、消息4月1日（周六）公布，经过清明小长假的发酵，启动时间为4月5日以相关河北概念的公司为主，北京、天津概念的股票助阵，齐涨。
  - 2、个股基本上以连续5-6个涨停板甚至一字板的上涨为主，涨幅至少在50%以上，不论是直接的一字板，或者换手版，最后的涨幅基本上保持相似；
  - 3、上涨的个股基本上以基建、地产、能源、港口等传统行业公司为主。
- 操作策略：
  - 1、能排到一字板就排一字板，排不到一字板也可以跟随买入盘中拉至涨停板的个股，总之，先上车，再挑股。
  - 2、这类票基本上一波到位，中间不做调整，一旦调整开始，基本上就是阶段性高点，涨的猛烈，调整的猛烈。
  - 3、买到这类个股之后的策略，以持有不动为最好策略，一旦涨停板打开无法再封板之后，尽快离场。

微信公众号：吴国平财经　新浪微博：吴国平财经

市场反应：第一阶段猛烈共振，操作上，一字板，非常凶悍。当时的虹吸效应也甚是厉害。

冀东水泥。图表如下：

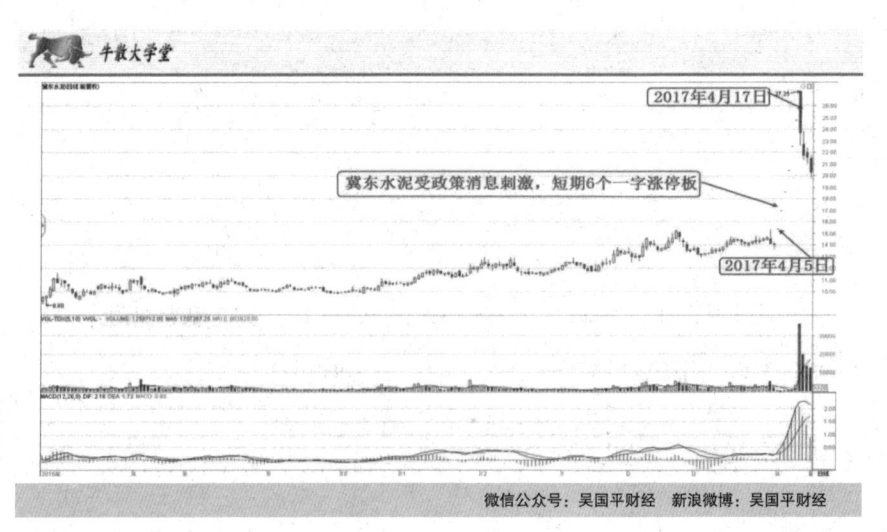

如图所示，冀东水泥。投资有时也要有点运气，恰逢雄安概念的提出，蹭上热点，六个涨停板，飞来的外财。

唐山港。图表如下：

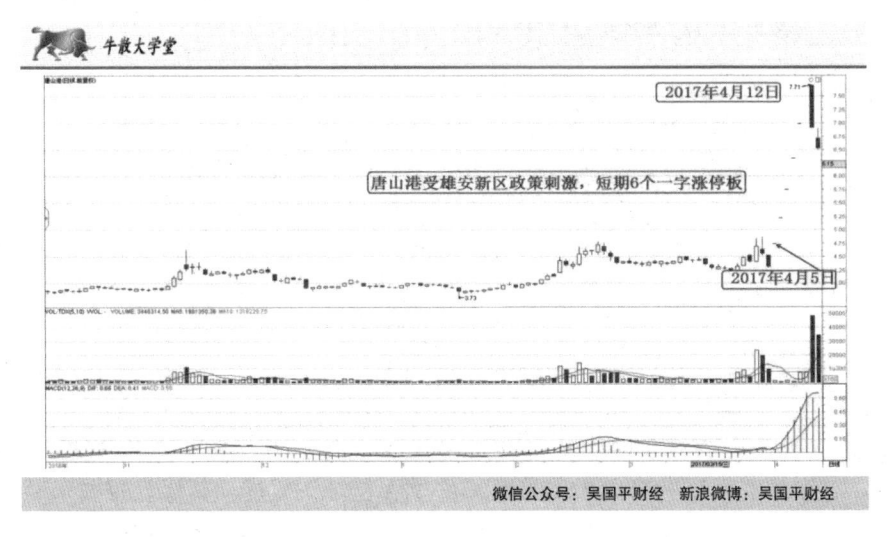

如图所示，唐山港。消息就是涨停的命令，拼命地涨。短期六个涨停。

金隅集团。图表如下：

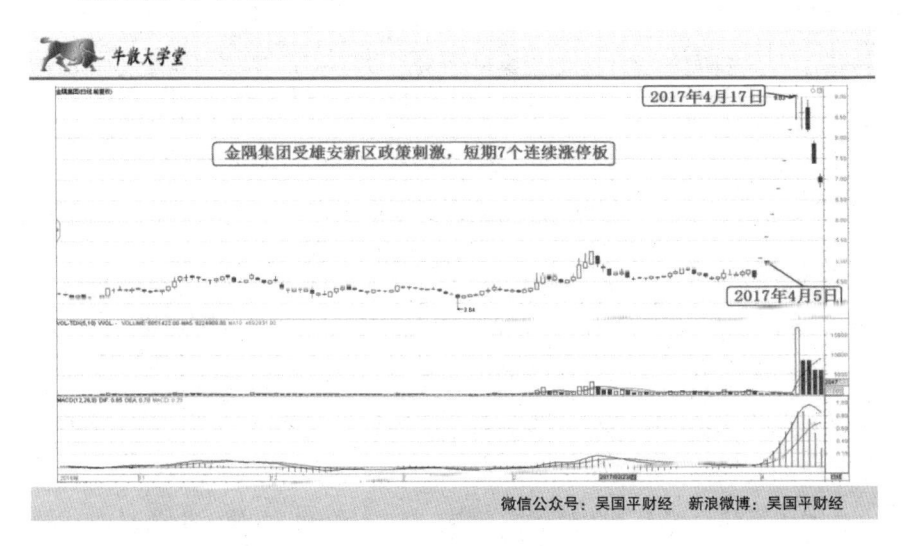

如图所示，金隅集团。受雄安新区政策刺激，短期7个连续涨停板，

最后高位时来个巨幅放量，接盘侠进入，现在都还套着呢。

大级别消息特点：市场反应之第二阶段双龙头突进。图表如下：

牛散大学堂

市场反应：第二阶段双龙头突进

- 代表股：冀东装备、创业环保
- 市场表现：
  1) 冀东装备4月24日启动，创业环保4月25日启动
  2) 在第一波集体拉升后，相关概念股开始调整，妖股在这个阶段开始被挖掘；
  3) 调整的幅度越小、调整的时间越短，这样的调整最积极，如，冀东装备和创业环保在开板后基本上都是横盘波动，调整的幅度在15%左右，冀东装备调整的时间只有4天，创业环保调整了7天左右；对比上海自贸区炒作时的历史走势，上港集团回调整只横盘调整了3天、上海物贸的调整只横盘调整了7天。
  4) 龙头集中，上涨幅度最大，基本上超过100%以上；
  5) 在雄安概念整体强势推进过程中，资金挖掘了中间挖掘了雄安概念次新股，如中持股份、科林电气等。
- 操作策略：
  1. 只能抓龙头，其他跟风的个股力度较弱，哪怕买到其他弱势概念股，这时也要切换到的龙头股上来。
  2. 一旦持有这类妖股，只能靠信仰来持有；
  3. 技术上只能依赖5日线为依托持股，注意一定要过滤掉分时调整的波动；
  4. 可以参考2016年四季度的妖股，四川双马的走势，来鉴定持有信心。

微信公众号：吴国平财经　　新浪微博：吴国平财经

在雄安新区的新闻报出来后，这里会有龙头突进，其代表有冀东装备与创业环保。请记住：大的板块一出来，龙头定是翻番的行情。

这又回到年初时说过的文化传媒板块，里面一定会有翻番的个股。当然前期的新经典已经翻番，按未来或许还有更多的个股。当一个大的行情、大的新闻、大的政策出来的时候，第一反应是找到龙头，或是相关的标的。如果你认可这个政策的力度够大的话，就可以去里面找寻龙头，大胆参与其中，博弈一把。当然这是做短线的思路了。

一般而言，可以涨个三至四的涨停板就打开了，打开涨停板时可能也已经有百分之四五了，很多人也就出货了。这时若再顺势做一把，最终实现翻番，甚至更高也是有可能的。一个大的政策出台，资金会在里面预测一下。我有信心国家能够不断支持推动股价，在这个基础上再涨50%甚至更高些。这就是大资金敢于在高位进入的一个很简单的逻辑。其逻辑的底气在于政策的影响力是非常大的，所以他敢于这样去做。

创业板的强势在于相信国家政策，相信国家未来的方向就是科技。创业板在刺激下向下挖坑，筹码充分换手后，接下来再往上走起来会更

加的振奋人心，就好像现在的创业板指数一样。

创业板指数。图表如下：

如图所示，创业板指数。虽然创业板指数没有选择方向，但头肩底的形态初步形成。这个跳空缺口不回补的话，明显就是强势格局。现在就是差一个中大阳线把这里的阻力位突破掉。有时候，人就是这个样子，跌的时候一片悲观，涨的时候，可以安稳地睡上一觉。但有可能还是忐忑得不能安然入睡。简单，一根大阳线，三五个点上去后，非常亢奋。在积极选股，做功课。做我们的牛散大学堂的作业，再温故知新。若是反过来，一根大阴线下杀来，大家马上不再温故知新了，欲望降低，转移注意力，平复心情了。

现在需有一个加速器，大棒打一下，让大家更奋发图强。真正厉害的人，不论是跌、是涨，依然在奋发图强。有些人需要市场推动，但有些人是心中有信仰的。我们的牛散大学堂每个星期都开，不是说今天跌了就不开。我们一路来，不断前行，一步一个脚印，不断沉淀，慢慢地发酵，最终达到我们的目标。做最牛的金融文化知识分享平台。我在第一次时说过，很多人不以为然，等到慢慢地在做时，坚定地走了一段时间的时候，大家慢慢地觉得，貌似还挺厉害，所以坚持也是很重要的。在我九字真经里有两个字就叫作坚持。要认真体会坚持的意义。做任何事情都要坚持，格局要大一点，提前一点，深度一点，那样再看市场就会了然于胸了。

冀东装备。图表如下：

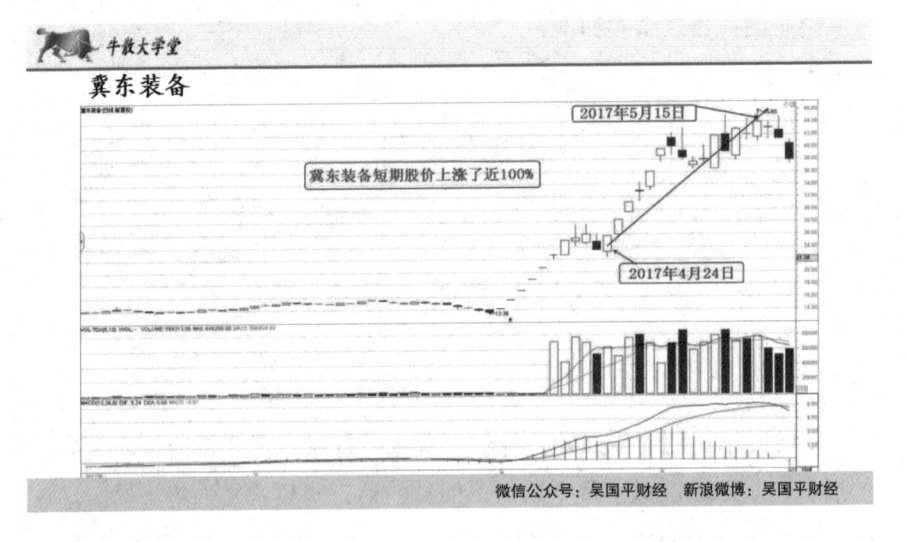

如图所示，冀东装备。走出了一个疯狂的行情。涨幅接近100%。

创业环保。图表如下：

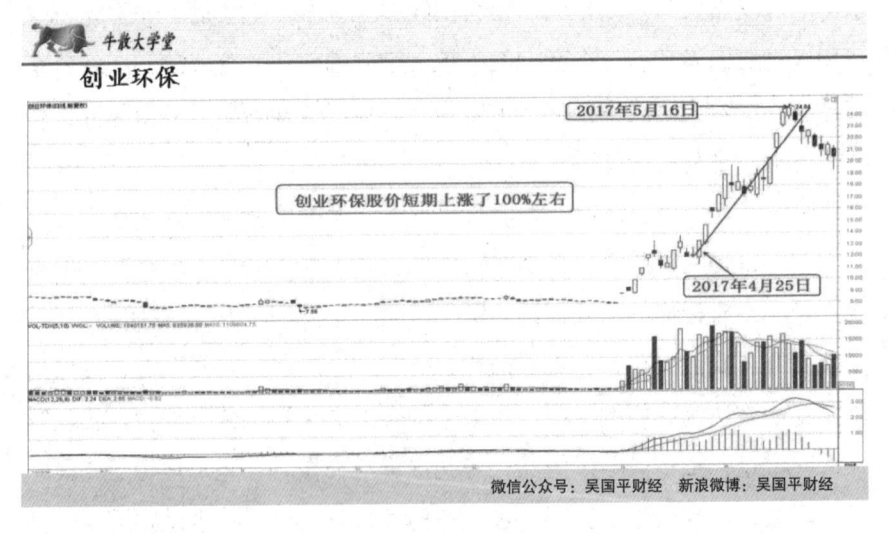

如图所示，创业环保。短期涨幅接近100%。一波接一波。

第十节 解读政策对股市的影响

接下来看另一个政策对白酒股价的影响。图表如下：

《党政机关国内公务接待管理规定》政策

- 中办、国务院办公厅发布

- 发布时间在2013年12月8日

这是2013年的政策，图表如下：

《党政机关国内公务接待管理规定》政策

1. 涉及国家党政机关的各地区、各部门

2. 涉及公务接待管理的各个方面

391

股市成长为王盈利体系解析

白酒是一个直接利空的消息。大家都会解读，图表如下：

《党政机关国内公务接待管理规定》政策

- 政策的要求内容详细、严格

- 细化到高档餐饮、高档酒水、高端消费等

不得提供……这个就来了。

当时的白酒代表，贵州茅台。图表如下：

贵州茅台：高档白酒的代表，股价阶段性调整50%

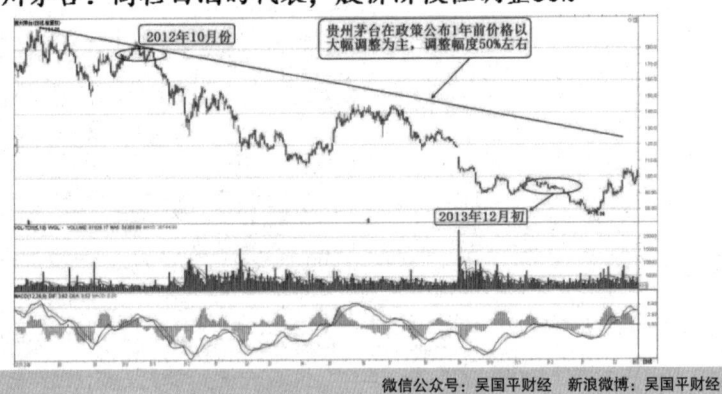

如图所示，贵州茅台。政策出台前，开始调整，幅度达50%左右。说明消息已经开始先知先觉了，出来后再杀跌一下，最后形成一个挖坑的动作，后面形成反转。图表如下：

政策出台后，贵州茅台股价短期震荡后，走出反转趋势

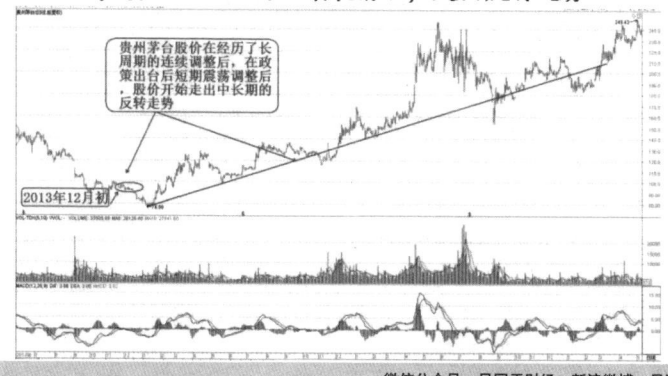

如图所示，政策出来后，完成一波挖坑，后面形成反转。挖坑后的走势，一波接一波。如果有信仰的话，当时理性一些的话，潜伏进去，那也是相当惊人的收益。

1.2 案例分析小级别消息。

（2）小级别消息刺激。

小级别消息特点之上海自由贸易港。图表如下：

小级别消息刺激持续性欠佳题材——上海自由贸易港。

- 代表股：上港集团、上海物贸、畅联股份。
- 表现特征：
- 1. 消息2018年1月4日公布，经过新闻媒体报道发酵，启动时间为1月4号尾盘以相关上海贸易港概念的公司为主。
- 2. 个股基本上是尾盘偷袭直线拉升。
- 3. 上涨的个股基本上以港口物流、贸易行业公司为主。
- 操作策略：
- 这类个股主要受消息刺激，持续性欠佳，易次日冲高回落坑人。
- 最好还是做好风险控制，甄别好其主题的持续性。

学习温馨小提示：

如图所示，小级别的行情是区域性的。市场每天都有消息，每天都有这个涨停或那个涨停。为什么很多人想追涨杀跌呢？原因在于每天消息里都有涨停，都会有让你兴奋的内容。这时要有所为，有所不为。

小级别消息：上海自由贸易港。上海物贸。图表如下：

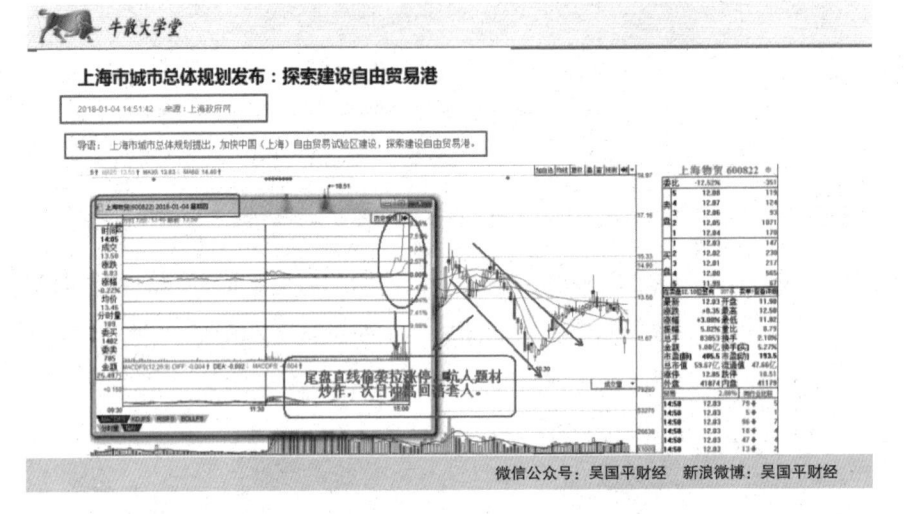

学习温馨小提示：

如图所示，上海物贸，坑人题材。要控制好自己，看到本质。当时有一个段子，周五美国打一打贸易战，农业股涨一涨。我们也有反制，减少大豆之类的进口，农业股集体大涨。在经过一轮发酵后，很多人觉得可以进入，但不知道游资利用这一点，第二天周一时农业板块高开，很多人进入，筹码立即转交。制裁我们的科技股，是利空，开始卖出科技，追入农业，结果农业追到高点，科技低开高走收到涨停。被市场牵着鼻子走。新闻说的内容，你买入一定能赚钱，那这样市场赚钱也太容易了吧。要思考背后的逻辑，你打压我这个行业，其行业更要奋发图强；你保护我这个行业，可能会使管理层产生惰性，不思进取，反而最终把自己害死。这个不行，要看清楚内在。

第十节 解读政策对股市的影响

每个行业里的核心竞争力都是实力的体现,小则公司企业、区域优势,大则家国实力的内在核心。

小级别消息:上海自由贸易港。上港集团。图表如下:

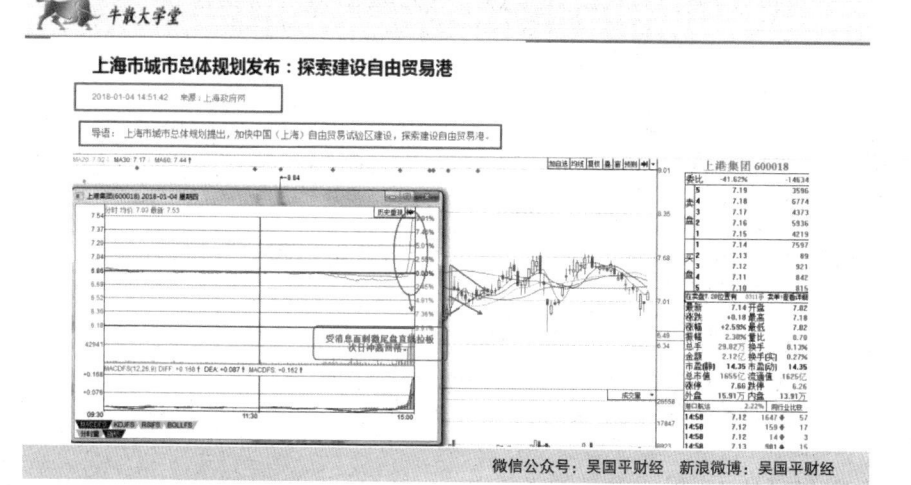

如图所示,上港集团。这里要有思考,没有思考就没有进步。自由贸易港的消息一出,就是直接刺激。

小级别消息:上海自由贸易港。畅联股份。图表如下:

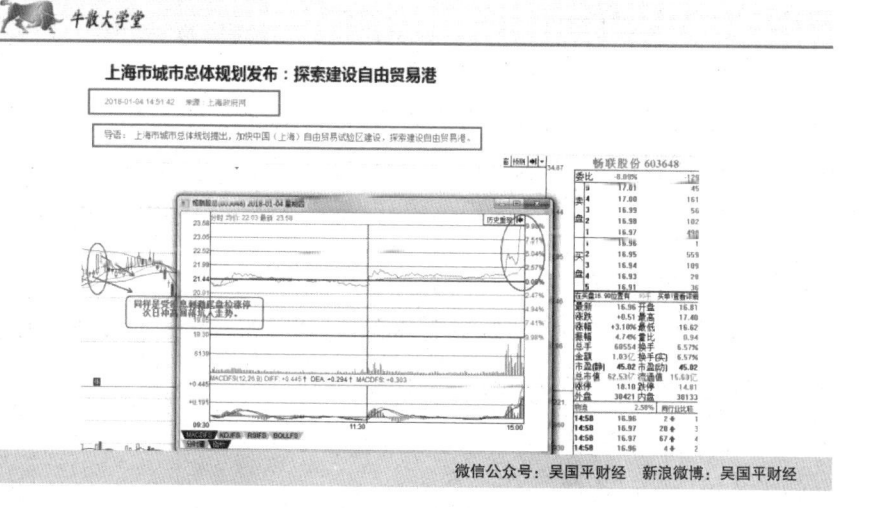

395

如图所示，畅联股价。做这种消息刺激个股的话，一定要控制好仓位。小级别消息的特点之世界杯。

🐂 牛散大学堂

小级别消息刺激持续性欠佳题材——无法证伪世界杯类消息。

- 代表股：雷曼股份、莱茵体育、中体产业。
- 表现特征：
- 1. 消息2017年11月16日消息传出，经过新闻媒体报道发酵，启动时间为当天中午收盘前以相关足球体育概念的公司为主。
- 2. 个股基本上是盘中直线拉升冲高回落。
- 3. 上涨的个股基本上以涉及体育足球行业公司为主。
- 操作策略：
- 这类个股主要受消息刺激，持续性欠佳，易次日冲高回落坑人。
- 最好还是做好风险控制，甄别好其主题的持续性。

微信公众号：吴国平财经　新浪微博：吴国平财经

如图所示，此类消息刚发布出来，受益个股会有一个脉冲式的盘中顺势，做一点仓位也是可以的。但要记住一点，快进快出。如美国打压农业时，农业股能否赚钱？也能赚一点，周五急速进入，迅速卖出即可，这是能赚钱的。有些人会贪心，进入后，以为又是高开高走，结果高开低走，吃了个大阴棒。

做消息股有一个原则：快！唯快不破。天下武功，唯快不破。你能否做得到，做不到，那你就不要去做那么快的事情。可以先从太极的慢中体会快的要义，快的基础是慢，慢的节奏是快。慢就是快。经典案例是新经典。从2017年七八月份持有到现在，收益至少是接近翻倍的。难道不就是慢的道理吗？回看一下会发现，新经典可能没有几个涨停，初期40元左右，慢慢地涨，基本上是反复动荡，甚至上涨后又创新低。自己可以回看一下，很多个股或许都是如此。

第十节 解读政策对股市的影响

小级别消息。申办 2030 年世界杯。雷曼股份，图表如下：

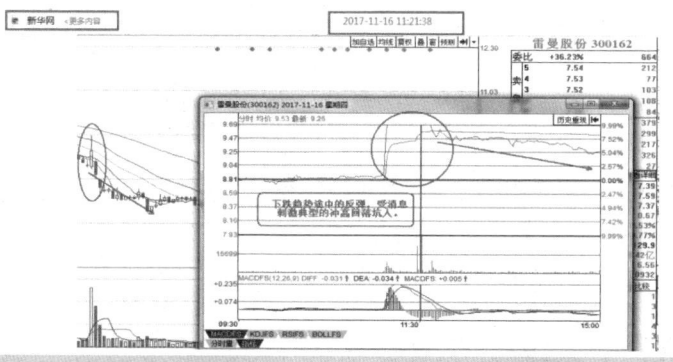

如图所示，雷曼股份。这些就是消息股。

小级别消息。申办 2030 年世界杯。莱茵体育，图表如下：

如图所示，莱茵体育。这些信息一出来，市场的资金相当敏感。

股市成长为王盈利体系解析

小级别消息。申办2030年世界杯。中体产业，图表如下：

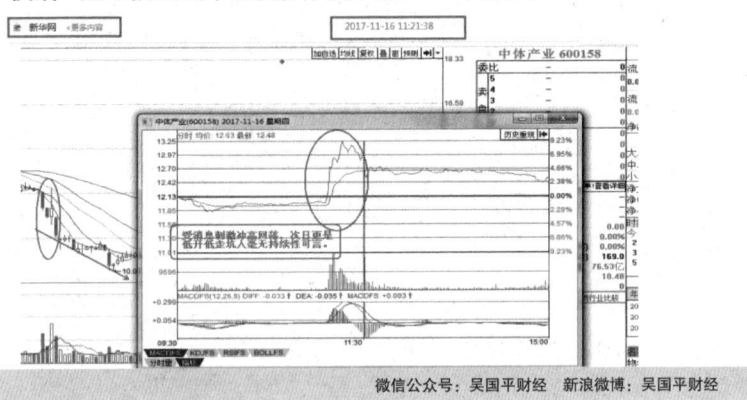

如图所示，中体产业。说真的我不是球迷，对我来说，申办2030年那么遥远，对有些企业有什么影响吗？或许有影响，提高民众的体育素养与体质。

小级别消息。网宿科技，腾讯收购。图表如下：

小级别消息刺激持续性欠佳题材——盘中无法证伪巨头收购消息。

- 代表股：网宿科技。
- 表现特征：
- 1. 消息2018年1月26日消息传出，经过新闻媒体报道发酵，网宿科技午后停牌。
- 2. 2018年1月28经过官方澄清后股价接连下挫。
- 操作策略：
- 这类个股主要受消息刺激，持续性欠佳，易次日冲高回落坑人。
- 最好还是做好风险控制，甄别好其主题的持续性。

这个有点趣味，但这种是传言。没有兴趣。

第十节 解读政策对股市的影响

小级别消息。网宿科技，图表如下：

网宿科技午后临停！消息称腾讯大金额入股 占股10%

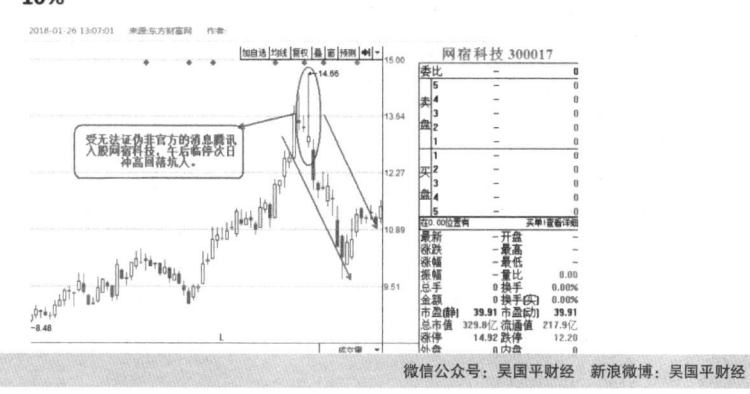

如图所示，网宿科技。我最终还是要研究公司的现状，腾讯入股，说明这家公司还是有亮点的。但要证明它是不是入股，如不是入股，公司会怎样？入股后会怎样？最终还是要分析本身的主营业务，是不是符合我们的成长为王的原则。

网宿科技事后发展，图表如下：

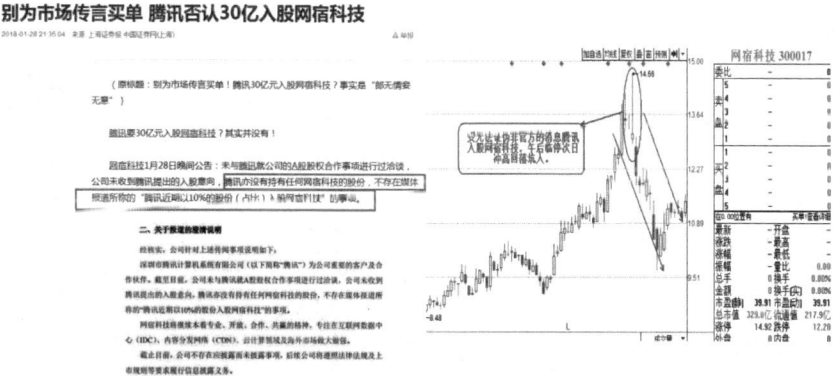

别为市场传言买单 腾讯否认30亿入股网宿科技

399

网宿科技直接给否了，否了之后，冲高回落。信息股做得太累。当然你会发现，之前也有资金进入，先知先觉的做个差价而已。

2.结合技术形态。图表如下：

牛散大学堂

其二，结合技术形态

○ 技术形态是基础，很大程度上影响新闻是否有操作价值。

○ 1）下降途中，除非有超级大利好，否则只是脉冲反弹。

我们要把所有的信息结合技术形态来看。结合得好，你就是顶级游资。敢死队为什么敢于去做那些涨停股？为什么敢于去做这些新闻股？很大程度上就是因为自己的技术面有独到的过人之处。比如形态的头肩底，消息是利好，顺势向上一冲，突破形态，散户跟否？跟进的概率很大。

（1）下降途中，除非有超级大利好，否则只是脉冲性反弹。下跌途中，哪怕降息。图表如下：

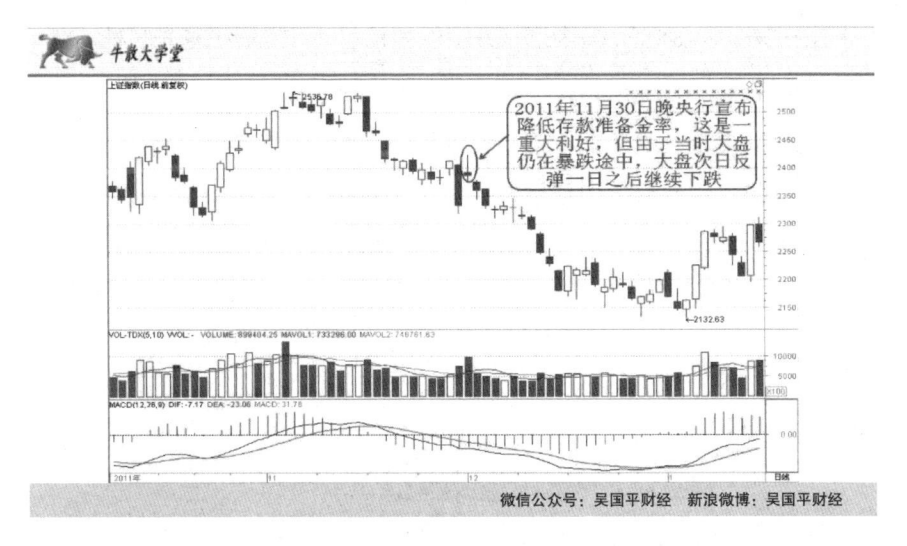

如图所示，上证指数。当日反弹后继续向下。这个就是技术的威力了，利好出来后，形态好，锦上添花，趋势向上；如果只是形态不好，昙花一现，继续向下。结合新闻的操作就要结合其个股的自身形态。

（2）如果技术形态显示股价在高位做顶。利好出现，借机走之。

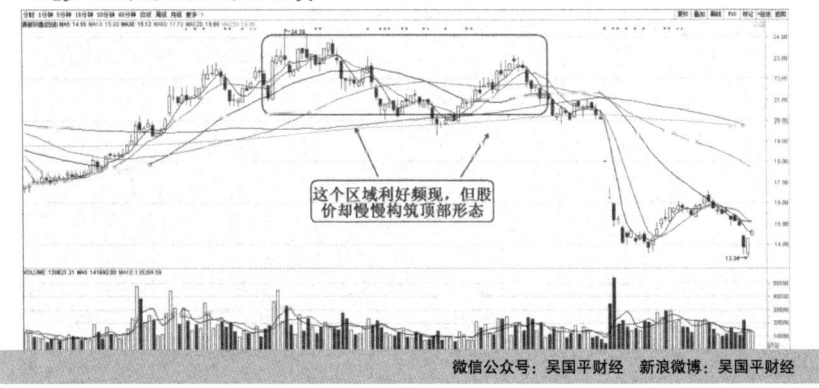

个股在高位，形态非常好，消息一出，定是锦上添花。消息不大，就是收购几个亿的公司，或者是增加几千万的利润，两个板左右。

反过来，形态很恶劣，往下走时，哪怕消息再牛，最终也是昙花一现。哪怕腾讯收购了，也就是一个涨停或者冲高涨停，高开后往下走。这个特别明显的就是高送转的政策，市场行情活跃时，十送八、十送九，可能就两个板、三个板。但行情低迷，次新股暴跌，哪怕十送十五，高开五六个点后巨量下杀。不同阶段推出的政策，对市场效果是完全不一样的。

上市公司会出很多相关信息，图表如下：

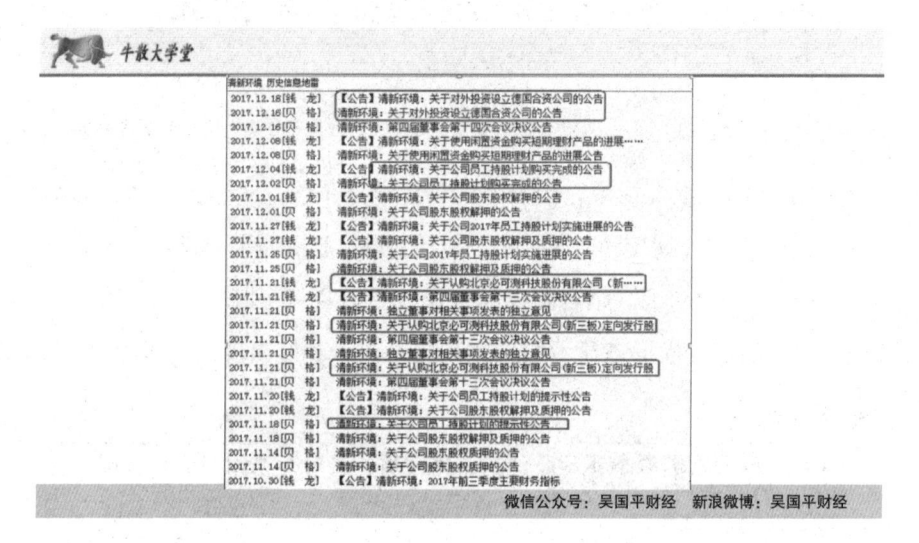

（3）技术形态股价处于上攻态势，利好会助涨，利空更多是洗盘，除非超级大利空。图表如下：

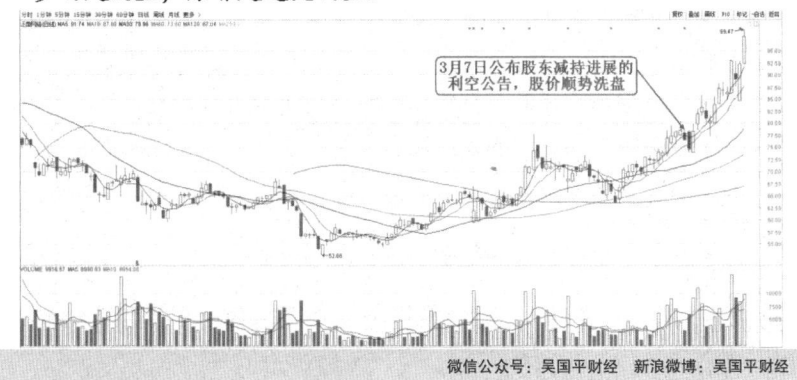

上涨时利好助涨，利空洗盘。反过来下跌趋势，利好是昙花一现，利空是加速下跌。美股纳斯达克暴跌，创业板依然坚挺，下行一点点而已，为什么？的确是利空，但趋势形成，所以洗洗盘。如果今晚纳斯达克涨了，利好+趋势，助涨了。上涨形成时，利空跌，洗盘；利好，助涨。

解读政策对股市的影响——小结

小结：

- 新闻并不那么"新"、真实、理性

- 新闻的价值在于解释市场、反向指标、挖掘中长线战机

- 解读新闻，涉及到个股的，要抓住"业绩为王"的核心，要跟技术形态结合起来

微信公众号：吴国平财经　新浪微博：吴国平财经

学习温馨小总结：

1. 新闻并没有那么"新"、真实、理性。

2. 新闻的价值在于解释市场、反向指标、挖中长线战机。

3. 涉及个股的要成长为王，抓住"业绩为王"的核心。与技术形态结合起来。

投资成功要有一点运气，还要有些眼光，同时还要有信仰。信仰是要有系统与体系。在具体新闻中做政策这个状况，一定要跟技术形态充分结合起来。

课后作业

作业

- 找一条政策（新闻）剖析其是如何影响股价或板块趋势的？

微信公众号：吴国平财经　新浪微博：吴国平财经

找一条政策新闻剖析一下是如何影响其股价或板块趋势的。希望大家能够认真地去做好作业，在里面感悟或体悟一下。之后再看一下当下的行情，就会有新的认识与解释。创业板会上涨，睡觉可以安稳些。

做好作业，或做好当下，未来自然会有些明晰的内容在你们面前。军人是在不断简单重复中体会未来战争的残酷，学生是在不断学习中领悟学习的内涵，高手的成长简单，重复中体悟，并不断从中吸纳万物所赐予的灵感与融合。

今天的主题主要讲的是新闻（政策）怎么影响一些板块，影响个股的一些趋势。要由大到小，抓住本质，有所为，有所不为。不管如何，成长为王。围绕成长为王的点，再结合引爆为辅与博弈融合，相信你能够走得更远，走得更长久。

花非花

唐　白居易

花非花，雾非雾，夜半来，天明去。
来如春梦几多时，去似朝云无觅处。

时间过得特别快，不知不觉一个小时过去了，讲课时充满激情，践行时要有信仰，学习时脚踏实地。很多上市公司都是有着信仰与信心的，我们也要不断成长，不断学习，不断前行。谢谢大家的支持，希望更多的人加入我们的牛散大学堂中来，也希望你能把身边的朋友带进来。谢谢！今天就分享到这里，下期我们再会。

望岳

唐　杜甫

岱宗夫如何？齐鲁青未了。

造化钟神秀，阴阳割昏晓。

荡胸生曾云，决眦入归鸟。

会当凌绝顶，一览众山小。

第十一节　指标背离在实战中的运用

2018 年 4 月 4 日

牛散大学堂——学最好的课程，做最牛的散户

课 前 分 享

学习小须知：

1. 本小节的分享与课堂内容是帮助有一定基础的学习者来学习、读懂与看懂其内涵的。初学者可以通过了解、阅读慢慢地学习掌握，以提高对资本市场的认知。

2. 本堂课的内容在牛散大学堂股威宇宙的等级为：小学。其余级别结合自身状况进行学习或阅读。

3. 第一季为小白级，第二季为小学级，第三季为中学级，第四季为大学级，第五季为实战精英级，第六季为超级牛散级。请依次学习，逐级递增。

4.本节课主要讲解如何判断主力处于什么位置。在这里有四个方面将向大家依次介绍。一是指标背离的原理（以MACD为例）；二是MACD底背离基本特征；三是MACD顶背离基本特征；四是指标背离的实战意义。

今天是2018年4月4日，美国对中国施行贸易战，中国开始还击了。对今日的中国来说何惧哉，只是轻轻的涟漪。对创业板来说挖一个坑，波动多点，对以后的上扬是有好处的。

对自己有信心，是胜利的开始；对国家有信心，是未来的开始，对市场有信心，是坚定前行的开始。

市场波动其主线不变，未来依然是围绕新经济与科技。在新兴产业的细分领域里去把握机会，阶段性贸易战带来的一些脉冲式的刺激，也有相关的行业做一些波段是可行的。看好创业板未来的上涨力度。先看看上证。

上证指数，图表如下：

如图所示，上证指数。右边这一个底多折腾一下，务实这个阶段性的双底，节后来一个逆转向上，这是多么漂亮的一种走势呀。再来看看创业板。

创业板指数，图表如下：

如图所示，创业板指数。中美贸易战挖了一个坑，随后大涨，说明实力很强。市场的重心整体上移，渐渐地剑指2000点附近，第一目标位是指日可待的。

看当下之影响，要从大局来看。在突破长期下降趋势线后，反复的放量趋势，一旦再次向上，就会形成一个趋势性行情，就是一个逆转逼空的行情显现。

回顾一下之前的创业板指数，图表如下：

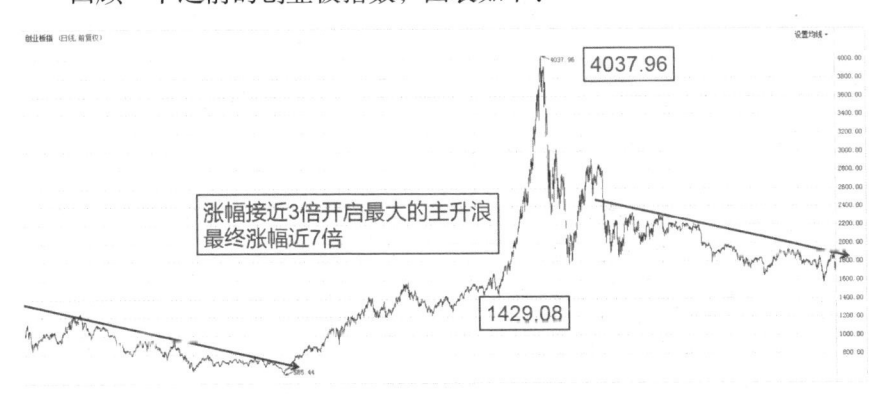

曾几何时的创业板在585点时突破了长期下降趋势线，反复动荡后展开一浪又一浪的向上攻击，直到涨幅接近三倍时，才开始最大的主升浪，涨幅到4000多点，总涨幅接近7，这可是指数的涨幅空间。可以

想象指数是 7 倍的涨幅，个股涨幅会相当惊人。

在回顾时会发现创业板是很凶悍的。这次突破下降趋势，不奢望有 7 倍的上涨，有 1 至 3 倍就已经是相当惊喜的了。两倍就是 6000 点，且刷新了一个高点。大视野、大格局便不再迷茫。希望大家能够意识到这一点。

在每次讲课时都会给大家先剖析一下当天的市场，这样会使大家心中有一个数。虽然有时有些偏差，但整个大的方向我们的学员都是很清楚的。积极强大自己，研究未来。

在操作中要不以物喜，不以己悲。大的方向，我是很确定的。

指标背离在实战中的运用

指标背离在实战中的运用

吴国平　牛散大学堂导师

指标在实战中的运用，属于技术层面。今天重点谈谈 MACD。

牛散大学堂

指标背离在实战中的应用

- 1. 指标背离的原理（以MACD为例）
- 2. MACD底背离基本特征
- 3. MACD顶背离基本特征
- 4. 指标背离的实战意义

微信公众号：吴国平财经　新浪微博：吴国平财经

分时中缩量创新高，偏离幅度过大，那有可能是日内见新高。这个实战意义要非常清晰。放量创新低，或缩量创新低，与顶和底有关的博弈，已有分享。学习时领悟。

一、指标背离原理。以 MACD 为例。图表如下：

1．指标背离的原理

- 几乎所有的指标，都是从量、价、时间等基本因素推导出来的。因此，量、价、时间等才是核心。

- 股价和指标同步创新高或创新低，是正常状态。
- 所谓的背离，是指股价创新高，而指标不创新高；或者股价创新低，而指标不创新低。

1.指标背离的原理

（1）几乎所有的指标都是从量、价、时间等基本因素中推导出来的。因此量、价、时间等才是核心。

（2）股价与指标同步时，创新高或创新低是正常状态。

（3）所谓的背离是指股价创新高，而指标不创新高；或股价创新低，而指标不创新低。

成交量、价格、周期这三者缺一不可，是关键的基本元素。随后又衍生出很多指标。股价与指标同创新高是正常状态。背离就是非正常状态。如大盘下跌，有些个股上涨，农业板块上涨，某种意义上就是大盘与个股的背离。在背离中发现机会或风险。

股价与指标同步创新高或新低是常态。但股价创新高，指标不再创新高，这种背离要去思考。在某个阶段中的背离是可以忽视的，如上涨过程中出现背离不要我们卖出，要遵从中长线的要求，技术要遵从基本面。背离可以忽略。

学习背离在于，当某个高位时很想找个机会卖出，背离的价值就会体现，在技术上作为一个辅助工具。反过来，在我们去挖掘个股时，位置已经很低了，是否可进时用背离指标来辅助你把握这个低点。背离的价值就会突显。如同之前强调的核心，所有的技术都是辅助成长的。莫要弄错了，否则你可就背离了。此指标是在寻找底部与顶部时使用，一般情况是不需要运用的。这是前提。

2. 以 MACD 为例。

以MACD为例

○ 指标背离分为顶背离和底背离。

○ 顶背离：是指股价创新高，而指标不创新高。

○ 底背离：股价创新低，而指标不创新低。

MACD 在运用中要掌握两种方式，顶背离与底背离。

（1）顶背离是股价创新高，指标不再创新高。

（2）底背离是股价创新低，指标不再创新低。

很简单，MACD 是我们一个很重要的技术指标。请大家记住。

图例凯恩股份。图表如下：

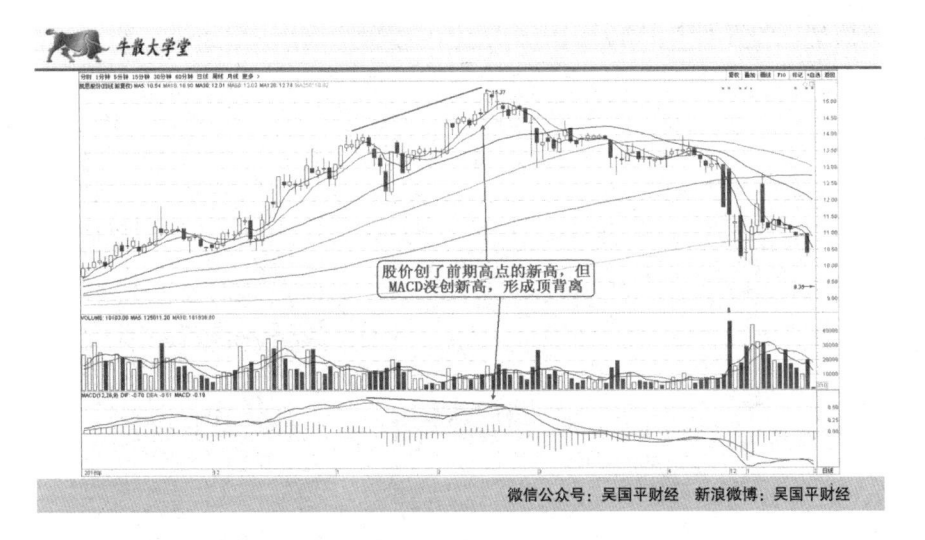

如图所示，凯恩股份。股价创新高，MACD 没有创新高。此时有些小迷茫，不知如何把握，或与心中的目标价差不多，只是不确定在哪个位置上卖出。这时 MACD 指标突显，辅助你判断。背离减仓，信号给你重要参考价值。特别是高点时，这种信号不经意间真的能成为一个提醒你高位顶部的指标信号。

反过来在底部时也可以用此指标来提示是否为进入信号。图例：欧普康视。图表如下：

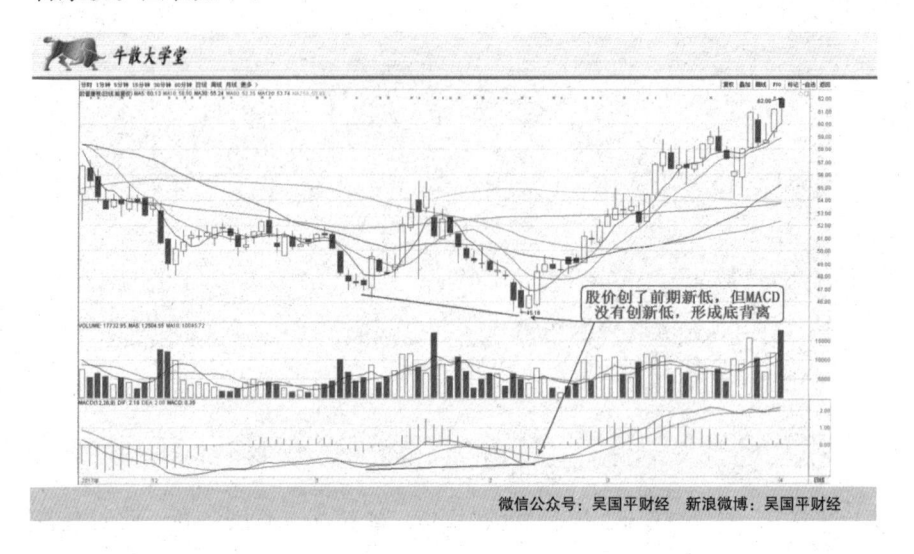

股价创了前期新低，但MACD没有创新低，形成底背离

如图所示，欧普康视。对此个股很感兴趣，也很想进，但不知是在哪个位置进入较好，或是先行建仓，但是还想加仓。很简单，底背离时。股价新低，MACD没有再创新低，很显然有承接，所以这个新低是忽悠人的。

在买入与卖出时都需要一个逻辑与理由，有些是来自基本面，有些是来自技术面。在技术面提供的信息时，这个时候是可以参考的。

有些时候在基本面无法定量时，此时个股是50元，但基本面上觉得可以到达80元左右，想做一个小差价。这时就要遵循一些技术了，技术的价值就在这里体现出来了。没有技术不行，但技术又不是万能的。分析成长之内容依托基本面，操作进入与出货依托技术面。技术面点入成长，基本面剖析成长。

3. 怎样才算指标形成。图表如下：

牛散大学堂

怎样才算指标形成？

- MACD的DIF线跟DEA线交叉，才算最终形成。

- 激进的，如果MACD的DIF线由上涨走平并向下拐头时，可视作基本形成顶背离；
- 如果MACD的DIF线由下跌走平并向上拐头时，可视作基本形成底背离。这样可以提早几个周期行动。

微信公众号：吴国平财经 新浪微博：吴国平财经

学习提炼加深印象：

指标如何形成呢？MACD 的 DIF 线与 DEA 线交叉，才算最终形成。

两种情况：一是激进的，如果 MACD 的 DIF 线由上涨走平并向下拐头时，可视作基本形成顶背离。二是如果 MACD 的 DIF 线由下跌走平并向上拐头时，可视作基本形成底背离。这样可以提早几个周期行动。

图例如下：

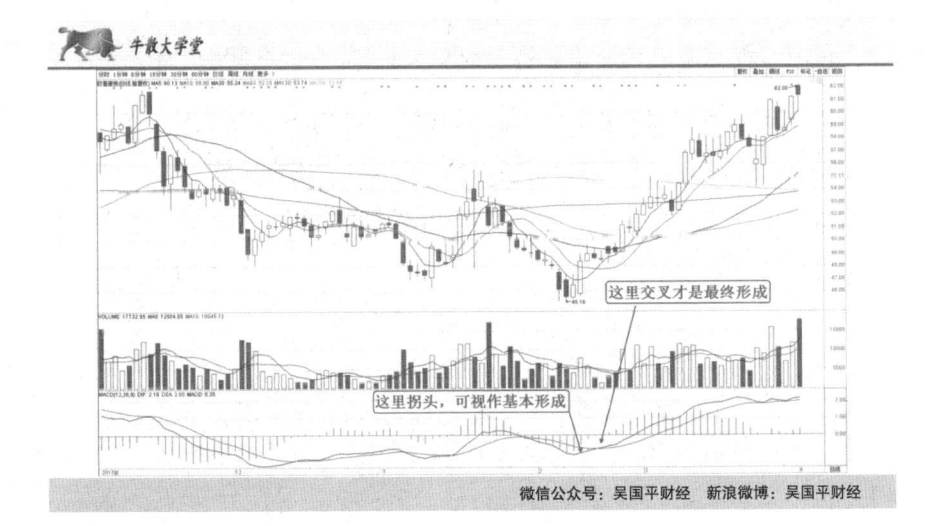

学习温馨小提示：

如图所示，DIF 线横盘，往上，已经明显拐头了。在 DIF 往下时可能还看不出来，随着明显拐头出现时且有比一个形成金叉的拐点高一点的时候，比较明显，可视为指标是可靠的。已经形成了一个底背离，信号来临，可以进行加仓动作。

在创新低的几天里，还不能确定形成背离。因为再往下下杀的话，MACD 就击穿新低了，那这样一来 MACD 则是正常的。但是回过头来看，这根阳包阴的小阳线，DIF 就拒绝下行，接着中阳线出来时立马转头上行。

其实当小阳线出来时，它已经慢慢地出现止跌向上的状态了，在盘面发现这种蛛丝马迹时能感知到这里的博弈力量，已经开始有一点逆转的味道了。

当你看到这个底背离时，特别是 K 线也出现这种信号时，稳定再向上，信号给出，加仓或者买入，后面就会迎来一波趋势性反转行情。

当然这种底背离一定是什么？一定是选到一个成长性或者是好的标的。选择的标的越好，底背离一旦形成，其威力一定是会很大的。如果形成趋势方向性行情，那空间是很值得期待的。如果标的很差，则可做一把短线。在这里买入上去，接下来可能又要往下，其实就很难做了。

我们一直强调股票池里要有一些好的标的，然后找到相对的高点跟相对的低点，这样辅助我们去把握机会与回避风险。

选择优良标的，参考 MACD 指标，基本面为成长型的，既有收益，同时也能增经验，添信心。如同古玩收藏，看正品，知良莠，才可入手小试。

4.MACD 背离理论反弹与调整周期。图表如下：

MACD背离理论反弹/调整周期

- MACD底背离形成后，会反弹多久？
- 从时间上来讲，一般是在24个周期以上。
- 周线MACD底背离一般是反弹24周以上。
- 日线MACD底背离一般是反弹24日以上。
- 60分钟线MACD底背离一般是反弹24小时以上。
- ……

MACD 在形成底背离之后，从时间上来讲，24 个周期以上。

例如，60 分钟线 MACD 底背离一般是反弹 24 小时以上。

日线级别，形成底背离至少反弹 24 天以上。

周线级别，形成底背离至少反弹 24 周以上。

……

换句话说，日线是月线级别，至少反弹近一个月；周线至少是几个月，所以顶背离与底背离一旦出现的话，会遇到一些难得的机会或是一些风险，要引起足够的重视。时间不同周期不同，但请记住一个数字：24。若记不住，记住 21，21 刚好是时间窗口。不同周期的 K 线反弹与调整时间周期不同。

背离形成图例，图表如下：

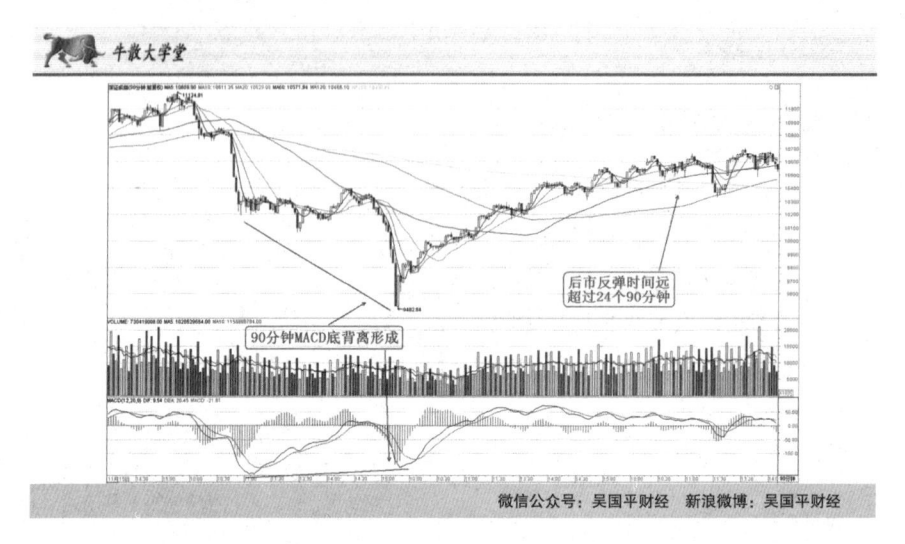

背离在形成之后，至少反弹 21 个周期的时间。如图所示，90 分钟底背离反弹远超 24 个 90 分钟。这个实战意义就是一旦企稳后时间就会较长。

原因在于一只个股一旦底背离形成，资金动作进入到往上走，到最终出货，这个时间也是需要一个周期的。所以时间太短也不太现实。信号一旦形成，往往周期会比较长一点，超过 20 个时间周期。对我们的操作上来说会有一个较多的支持。

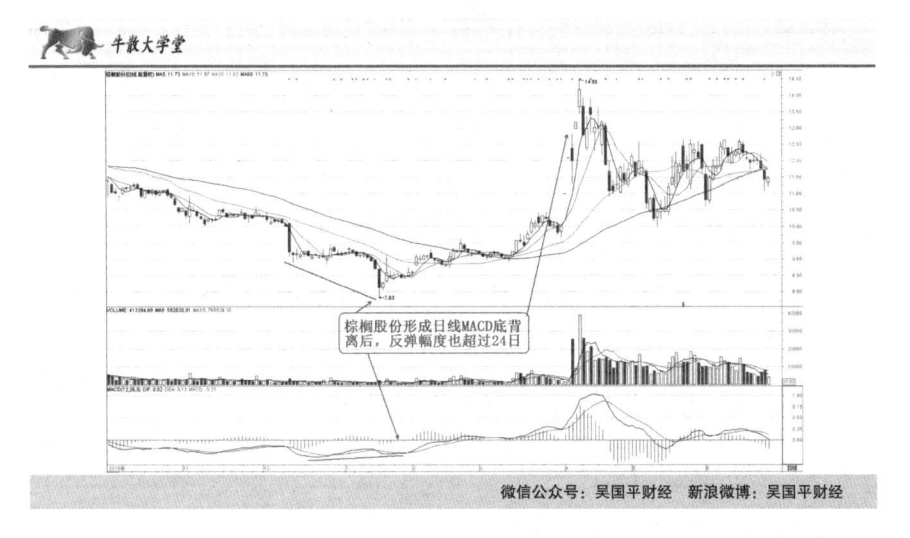

图例：棕榈股份在日线形成底背离后，反弹超过 24 日。图表如下：

棕榈股份形成日线MACD底背离后，反弹幅度也超过24日

如图所示，棕榈股份在日线底背离后，反弹时间超过 24 个交易日，质地好，图形好。

学习温馨小提示：

有没失败的案例呢？当然有了。在开始讲课时就说过，技术要遵循基本面。技术不是万能的。只是概率上存在这个机会，有时也会出现底背离信号后继续下跌的，因为基本面恶化或是其他突发事件，或是其他一些因素又下杀了。这个指标只是告诉你从技术上判断一个高点或一个低点，是辅助工具。

我们要知道，高点与低点不是一个指标，还有形态或其他一些因素。越多的因素支撑此高点或低点，那这个有效性就越强，可能性越强，反之欣赏一下即可。指标只是辅助工具。

a. 在跌到一个位置时，MACD 出现底背离，基本面显示此股低估，形态上渐渐地出现这种可能性，可考虑适当布局，不是重仓进入，只是轻仓布局，随后依图形与趋势的发展再渐渐地思考下一步如何做。等慢慢地走出来之后，再加仓，因为周期较长，不是一下子走完，所以不用

太着急。

b. 我看到一个底背离现象，形态上很恶劣，似乎有些看不懂，觉得可能还是要调的。基本面也有些不懂，估值还是有点高，这个信号出来后我们要不要买入呢？当然不要买入了，或只是欣赏了，若有些人手痒的话，小仓位进入玩一下即可。最终还是要看其综合因素，做最后一个定夺。

质地优良的个股，指标反馈明显，如同精美的瓷器与一般民器或实用器是不一样的，所以在选择标的时还是以优良为主。

二、MACD底背离的基本特征。图表如下：

2．MACD底背离基本特征

- MACD底背离是指股价创了前一波下跌的新低，但MACD却没有创下前面的低点，形成明显的背离。
- 1．这里要注意股价新低，MACD出现底背离的买点。
- 2．MACD底背离的级别越大，反弹的幅度和时间一般就越大。
- 3．MACD底背离意味着股价的下跌动能衰竭，短期有反弹的需求。但是，股价最终要反弹多高，要看市场热度，还有个股内在的上涨能量。
- 4．MACD底背离并不一定会成功的，它有时会失效，任何技术都是如此，都是有一定成功率和失败率的。

微信公众号：吴国平财经　新浪微博：吴国平财经

学习温馨小提示及加深印象：

MACD底背离里有几个关键要素，价格、量、时间。

（1）底背离其股价一定要有新底，MACD出现底背离的买点。

（2）MACD形成底背离级别越大，其反弹幅度与时间一般也就越大。级别就是周期，是日线级别还是周线级别。有些翻番的股票，不能只看分时图，日线图、周线图都要看看。不同的周期线图，思维与格局都会不一样。

（3）有些时候，一只个股日线级别是底背离，但周线级别还不是底背离，说明还没有跌透，需要再等等。日线级别形成底背离后，还会再跌一跌，反弹后再下跌，然后才出现周线的底背离，这是非常合理的。

（4）MACD底背离，意味着股价下跌的动能衰竭，短期有反弹的需求，最终能反弹多高，那就要看市场热度与个股自身内在的动能了。

结合个股与市场、技术与形态、质地与成长，用心体会。好的音乐是用心来体会的，未必是曲中原意，但会有各自体会。

图例：盘龙药业。图表如下：

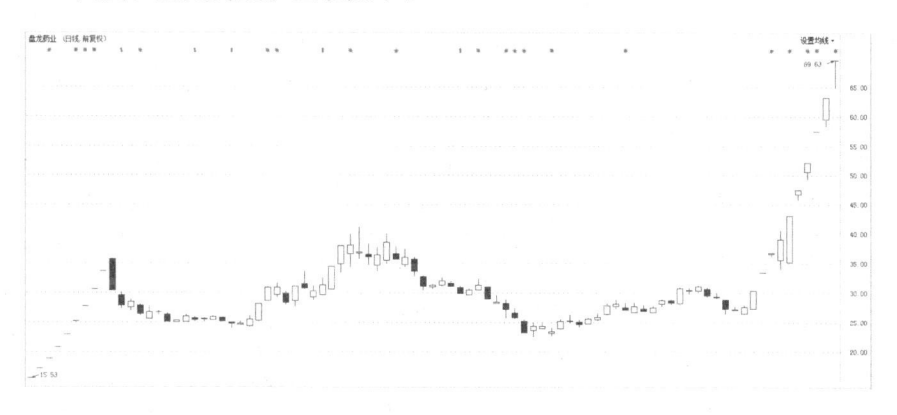

学习温馨小提示：

如图所示，盘龙药业，新股，MACD不是很明显，但从这个案例可以看出，一只个股上涨空间在短期内爆发，是与市场的热点紧密相关的。盘龙药业蹭上了医药行情，所以出现连板奔腾的场面。

盘龙药业与万兴科技一样。任何一只牛股的形成，前面一定是有一个挖坑吸筹的过程。在连续挖坑后，往往是要把你彻底崩溃。也不见得就是跌得很多，就是那么一点点而已，比以前低了一点点而已，但给人的心理冲击会非常之大，很多人就会缴械投降，随后迎来逆转行情。

看来在这里要学一学广东的煲汤，时间里的味道，久香而浓郁，或香浓而清澈。

好比之前的东方财富，迷茫时多研究一下，看看创业板指数，对比后就有灵感了。

图例：东方财富。图表如下：

学习温馨小提示：

如图所示，东方财富。在击穿前期低点时，其价格是 10.20 元，比前一个低点少了 3 分钱。不想很多人崩溃了，出货缴械，随后逆转行情开始。

MACD 的角度，股价新低，MACD 明显要比前一个高了很多，虽然 DIF 没有拐头，但这个时候底背离大概能猜出来，所以要综合去看。回过头来看，是非常清晰的。

东方财富，看到底背离时，可否进入？我的依据参考博弈。东方财富是创业板很重要的标的风向标，是关键品种，基本面是好的。这个位置是被低估的，是支撑我进入参与的关键，也是最核心的因素。

大家在研究标的时，在研究指数时，以及在研究技术时，不要忘记根本与最关键的本质内容：基本面。看清楚后才能出手。有些人说做短线可以，小仓位试试。如重仓进入就不是很适合，基本面是一个很重要的因素。另一个就是博弈使然。透过盘面的形态与资金的博弈，我们当时觉得这个反杀是一个透空的行为。这是一个考虑因素，最终果不其然走出来了。现在已经远离 10 元钱的坐标了，哪怕现在跌了也还在 15 元左右，涨幅有 50% 哟。7 月份到现在有 50% 的股票还是凤毛麟角，收益也是相当可观的。任何一只牛股往往都会有这样的一点折腾与等待。

图例：东方财富。折腾渐行，但健康依旧。图表如下：

如图所示，东方财富。折腾一下再上。

创业板也是到这个位置了，折腾一下，图表如下：

学习温馨小提示：

如图所示，创业板指数。日线级别，而且这个背离并不是每一个都有效。最重要的是，在形态与整个大格局里，这个所谓的顶背离是微不足道的。现在我根本不需要看这个顶背离，底部已经把握到了，底部已经出现，在上涨过程中这个背离反而是一种干扰因素。要看到整个大的格局及未来的空间，还有我对创业板心中的合理位置，这个才是最为关键的。技术可以学，但不要入魔。

学习提炼加深印象：

记住12字箴言：成长为王，引爆为辅，博弈融合。9字真经：提前，深度，坚持，大格局。

1. 这里要注意，股价有新低，MACD出现底背离的买入点。

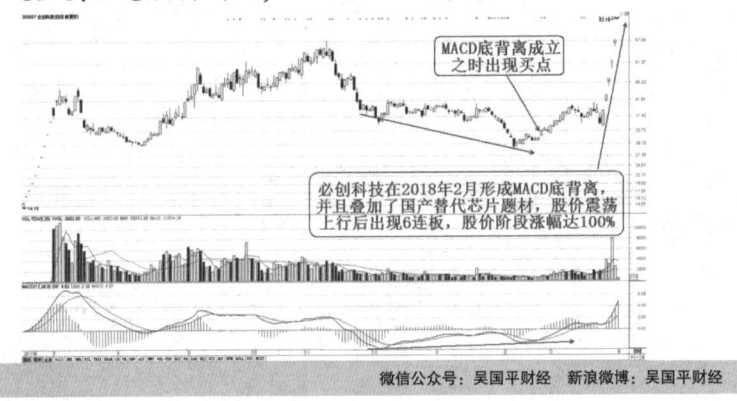

图例：必创科技近期很牛。图表如下：

学习温馨小提示：

如图所示，必创科技在刚上市不久蹭上了热点，并在2018年2月形成MACD底背离。随后就挖了一坑，高点后又挖了一坑。底背离处刷新了低点，下跌股票有时有些贪婪，尤其是优质股票。下杀时是给到便宜筹码的机会，底背离，又是好股票，形态上也止跌了。从45度角下杀到横盘，再转入45度角的上涨，随后横盘，最后进入75度角的上涨，一切都是反复轮动的。我们要掌握的东西很多，形态、上涨角度，量与价的配合、基本面的剖析等。

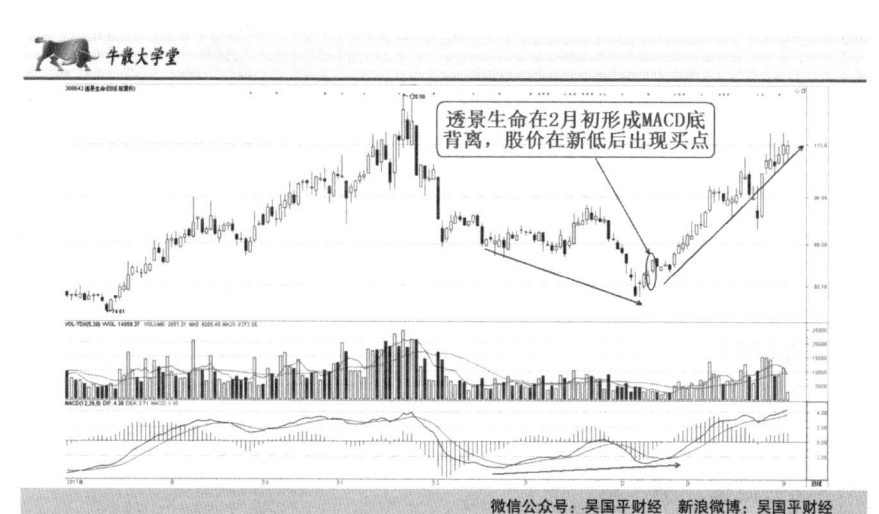

第十一节　指标背离在实战中的运用

图例：透景生命。图表如下：

（图中标注：透景生命在2月初形成MACD底背离，股价在新低后出现买点）

学习温馨小提示：

如图所示，透景生命。透过透景生命、必创科技可以得知，这波下杀的根源是白马蓝筹与上证50逼空导致的一次失血。在持续的下杀中，优质的中小创公司的总市值已经跌到只有二三十个亿了，且市盈率的话也就二三十倍，是被低估的，是廉价的筹码。

一个公司上市后，总市值才二三十个亿，那上市图什么呢？上市就是希望自己的公司能够变得更强大，其目标肯定不是十几个亿、二十几亿，至少是三十几个亿或五十个亿，甚至是一百个亿。十几个亿、二十几个亿与不上市没有区别，这里不是风险而是机会与眼光。次新股的暴涨是对前期暴跌的修复，生态平衡。

当时有一种观点，小票几年内都不要做了。除非市场永远没有行情。小票的行情来时可抵过大票一年的行情，而且有基本面做支撑。小票的下跌是给你最恰当的时机，当下是现实，一步行一步看。有未来能够看到并把握机会，迎接新的美好。

成长是抚育，更是一种坚行与未来。

图例：新经典，在回调时的区域，一波又一波，这个位置跌下来，图表如下：

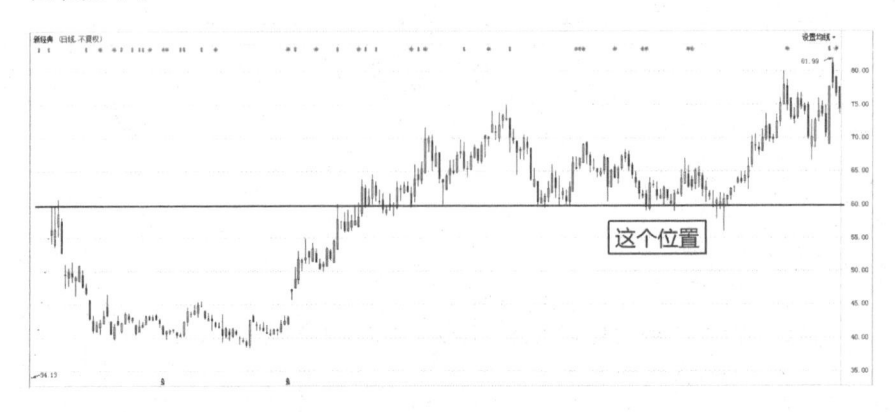

学习温馨小提示：

如图所示，新经典在图中所标注的位置，跌到那里时，是一个心理承受位，很多人是拿不住的，而我拿住了。现在回过头来看，很简单，但每天的各种因素在一起混合与市场的反馈，使你不得不选择出局，为什么？根源在于对这些中小票的成长没有一个基本的逻辑判断，或许你有了一些判断与远见，但在此阶段中的心态与定海神针没有，更没有平衡好市场对自身的影响，信仰少了点。

"路漫漫其修远兮，吾将上下而求索。"回顾每一个阶段，看似轻松也不轻松，坚持前行中是要感谢自己的体系与成长。这就是体系的威力。现在的课程已经能让大家慢慢感受到体系的点滴，要在学习中不断总结与融入，才能产生极大的价值。欣喜的是，看到一些学员在感受、在学习中成长，相信他们将会在未来的实践中取得极大的收益。这是我们的平台可以慢慢地做大、做好的根源，由内向外的延展性是一种非常健康的状态，我们对未来充满信心，非常坚定。

MACD底背离不单是对个股有效，对各种指数也是有效的。

图例：深成指数，图表如下：

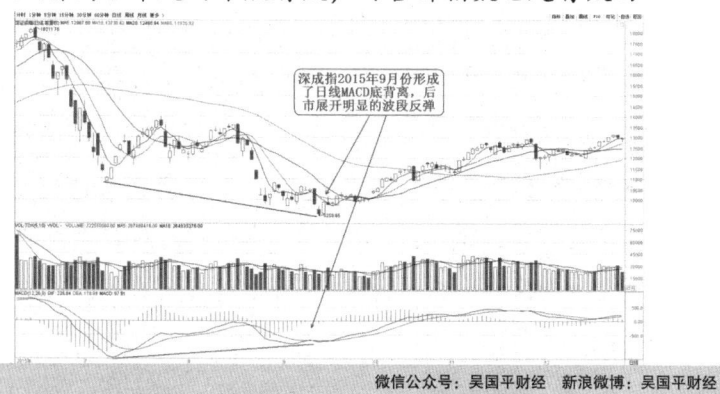

如图所示，深成指数底背离。MACD底背离适用范围很广，对个股与指数也是一样适用有效。

图例：中小板指数。图表如下：

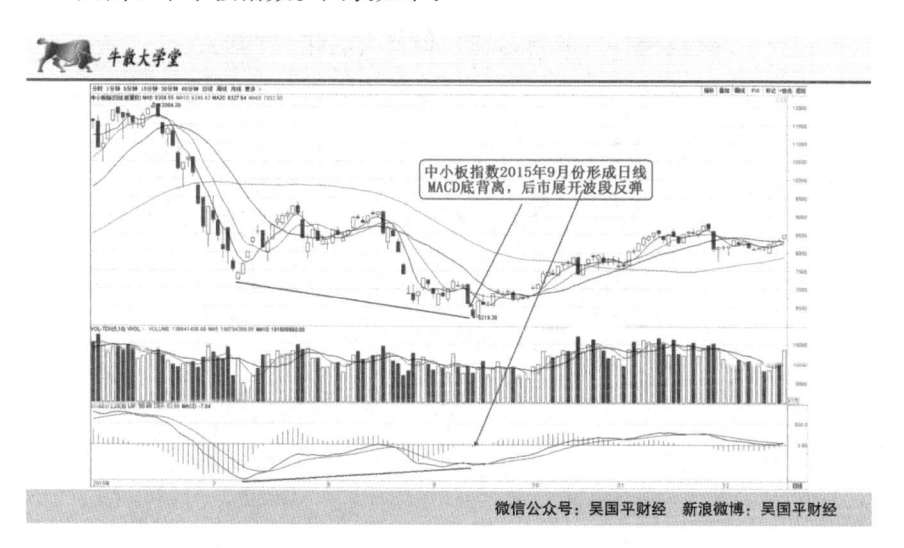

如图所示，中小板指数出现底背离现象反弹上行。特别是现在的关键节点，多从一个大的周期去思考，看清楚底背离与顶背离，分析市场。

用小周期去看，也可把握一些，但不要太痴迷。

创业板在未来几年中可能有两到三倍的空间，机会很大。要好好地研究一些个股，把握未来更大的机会与空间。

在此过程中选择好标的股，但不是死拿，因为市场千变万化，我们也要不断地置换，发现更好的标的。当然是从各个方面觉得更好时，可以从这个标的置换到更好的一个标的。比如，前期潜伏的医药股，医药股暴涨。暴涨并不代表未来一直持有，可以在此时关注一下其他细分领域，接下来会有文化传媒或者其他板块承接上涨。要在置换中把握更大的机会，这是非常需要的。如做得好的话，这是复利的成长，会是非常巨大且惊人的。

在此过程中，我们要学会充分运用这种技术的方法，MACD底背离与顶背离，来把握一些细节与节点。透过现象看到一些优质的本质。市场现在在玩白马蓝筹与上证50和银行股，在疯涨时，要想到物极必反，顶背离是否出现。当真出现时，中小创是否是底背离。转移到底背离中，完美转身。说起来容易，做起来难，但要有这样一个思路。

这些方法也告诉大家市场并不是齐涨齐跌的，是一个结构性的市场。轮动中寻找机会，寻找成长性板块。周期性板块，兴趣不大，小仓位做一做。在成长中深度剖析，收获机会。

2.MACD底背离的级别越大，反弹的幅度和时间一般就越大。图表如下：

2．MACD底背离的级别越大，反弹的幅度和时间一般就越大。

- 周线MACD底背离带来的反弹能量远远大于日线MACD底背离的反弹能量。
- 日线MACD底背离带来的反弹能量远远大于60分钟线MACD底背离的反弹能量。
- 如此类推……

MACD的底背离力量来源于上涨的希望，与下跌的失落，上涨中有希望与风险，下跌中有恐惧与机遇。

周线的MACE底背离反弹远远大于日线的MACD底背离的反弹。

图例：美亚柏科（内参股票），图表如下：

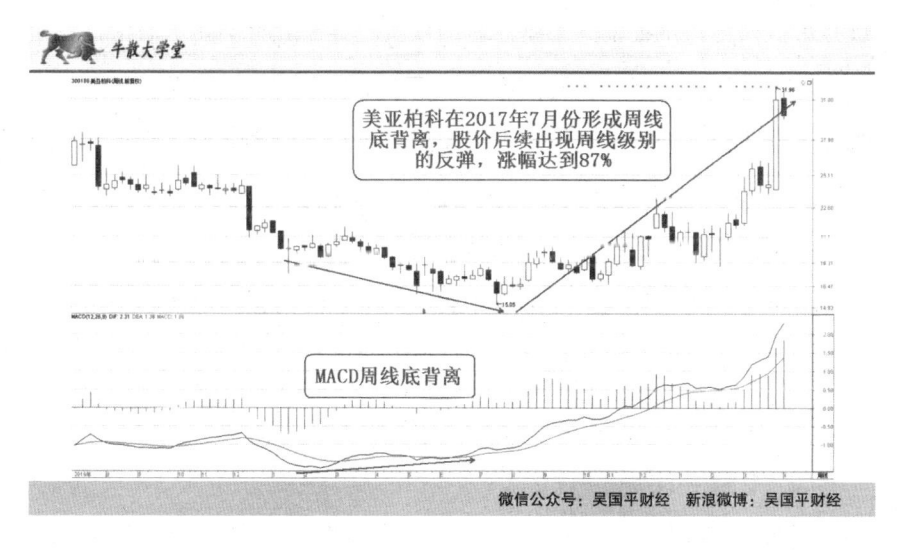

如图所示，美亚柏科。周线级别的机会，从最低 15 元到 30 多元，已经实现翻倍，相当精彩的波动走势。

美亚柏科。在此期间，日线级别也出现一次底背离。图表如下：

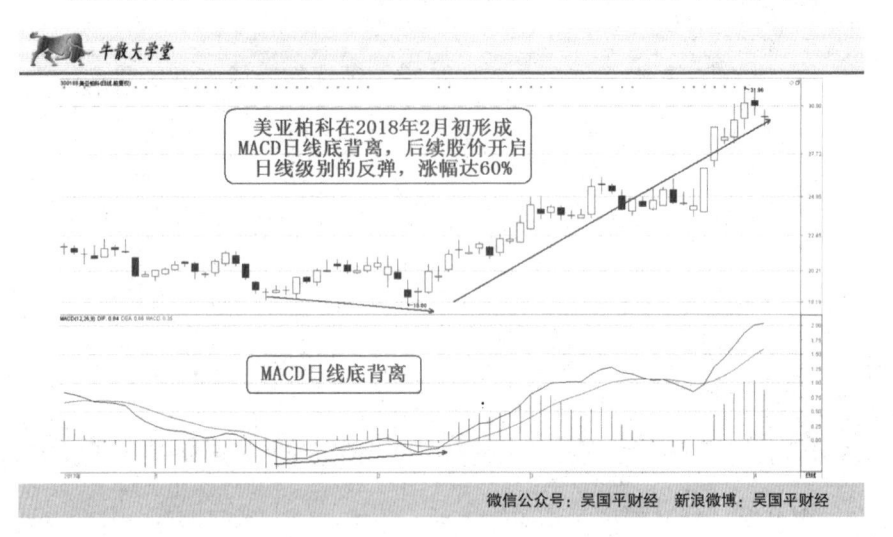

![美亚柏科在2018年2月初形成MACD日线底背离，后续股价开启日线级别的反弹，涨幅达60%。MACD日线底背离]

如图所示，美亚柏科。在日线底背离后，涨幅达到 60%。今天有些跌幅，但又如何呢？不改其大的趋势。目前，科技板块还是处于一个建仓期，真正的大行情还没有到来，现在只是一些局部的个股突破而已。创业板虽然现在出现了一个头肩底的形态，开始有点上涨，但还是有相当多的个股牌探底阶段（底部形成需要一个过程），机会还有很多。从基本面摸清楚，千万不要在跌得很惨时进入，最后要退市，尴尬了。政策面上，对未来退市的制度是完美的，是势在必行的。未来是结构性风险。要以成长为王为主要原点。现在的市场与过去的市场是完全不一样的，必须认识清楚。只有成长的个股才能享受未来的快感，否则陷入地狱。

3.MACD 底背离，意味着股价的下跌动能衰竭，短期有反弹需求。但是，股价最终能反弹多高，要看市场热度，还有个股内在的上涨能量。

图例：宏辉果蔬。图表如下：

3．MACD底背离意味着股价的下跌动能衰竭，短期有反弹的需求。但是，股价最终要反弹多高，要看市场热度，还有个股内在的上涨能量。

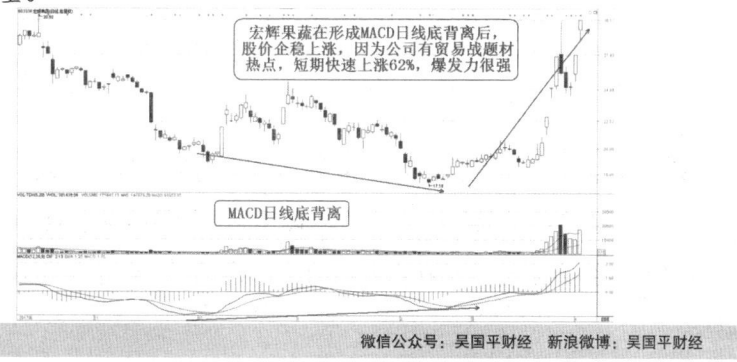

宏辉果蔬在形成MACD日线底背离后，股价企稳上涨，因为公司有贸易战题材热点，短期快速上涨62%，爆发力很强

MACD日线底背离

微信公众号：吴国平财经　新浪微博：吴国平财经

如图所示，宏辉果蔬涨得很厉害。这些都是次新股，原来是跌跌不休的次新股，现在都翻身了，从奴隶到主人。

宏辉果蔬在刚上市时有过研究，有其自身的亮点。可能广东的朋友要清楚一些，或许其省份也有百果园、水果连锁店。

当时的兴趣是这个公司能不能收购整个百果园呢？现在看来是不行了，百果园比它还牛、还大。只是它率先上市而已。在细分领域里，宏辉果蔬的市场还不够，只有水果批发等。但市场资金很是敏感，非常敏感，有机会与概念，借助火势，一下子上去了。

今天，还是强势封涨停。这背后是有一个逻辑存在的。哪怕今天封住涨停，从一个基本面来思考的话，就会发现，它现在还不到40个亿的总市值，对于公司来说，基本完成上市的一个目标。40亿，超预期吗？肯定不是，相信上市公司也都希望自己的市值有100亿左右，如万兴科技设100亿的目标。

图例：万兴科技。图表如下：

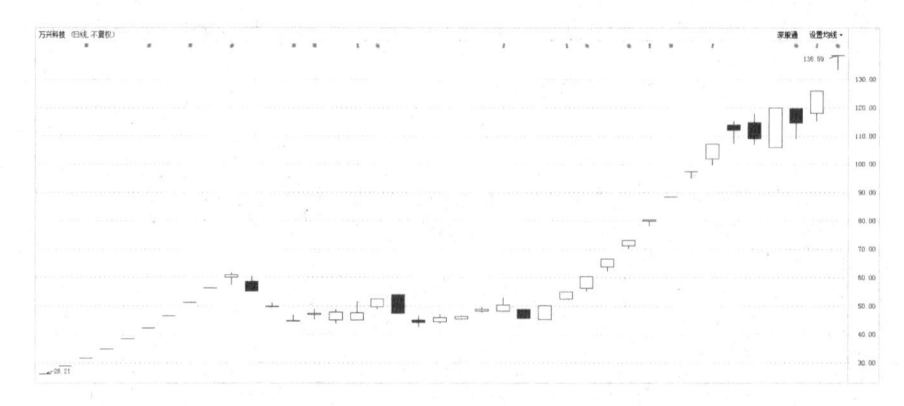

如图所示，万兴科技。百亿市值。之前也是有过挖坑过程，并且有过分享。现在已经是天马行空了。对基本面研究不透是不敢进入操作的，深入后，认为未来会有200亿的市值，那你可以去买入，否则此位置欣赏即可。

有些涨得厉害的，其实从基本面上看，清晰明了，无非是回归与反复一下，正常。

图例：瑞茂通。图表如下：

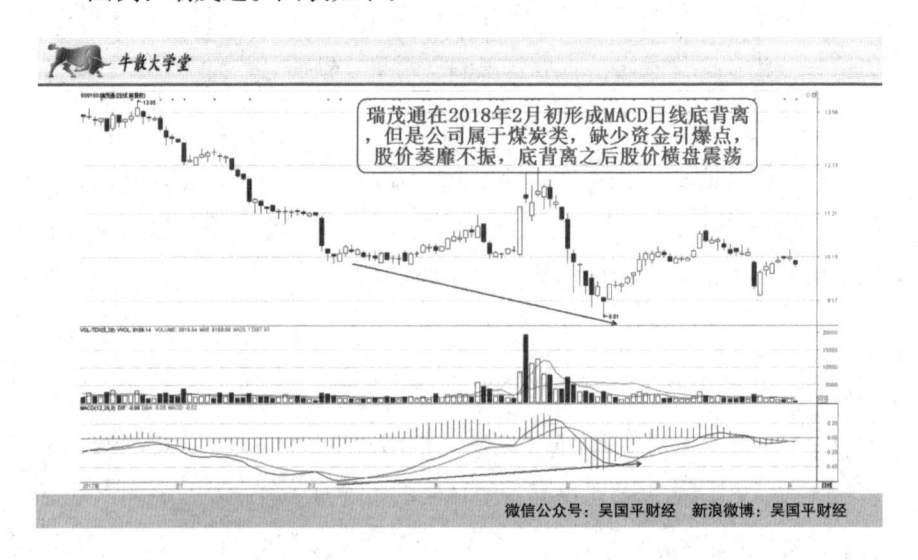

如图所示，瑞茂通。形成底背离，幅度很弱，与其自身的题材有关。煤炭行业，周期性行业。不属于成长型，哪怕形成底背离，反弹空间有限，机会不大。为什么这段时间次新股厉害呢？前期跌得够惨，另外次新股属于新产业，新经济，成长型，盘子小，资金容易形成合力，走势就会奔腾一些。

4.MACD 底背离时，并不一定会成功，有时会失效，任何技术都是如此。都有一定的成功率与失败率。

底背离出现，没有出现股价反弹，后面还创出新低，这时要止损出局。图表如下：

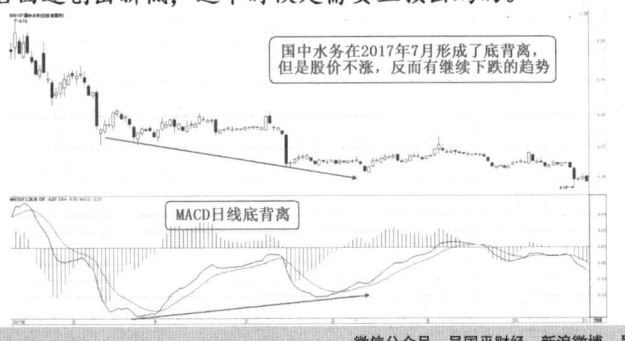

学习温馨小提示：

MACD 底背离后并不一定会有成功的反弹，有时是会失效的。所有技术都是如此。若持有这种股票，出货离开，减少不必要的其他风险。

在一开始建仓时，（1）设好止损点。（2）试探性进入，见势不妙，出来即可。（3）等到涨上去了，再逐步加仓。这样心态会很好，确定性更高。

学习提炼加深印象：

我们有一原则：加仓一定是在按照趋势走的过程中不断加仓的。没有按照趋势走的加仓方式是有风险的。

学习小提示：

之前讲过一个案例，田忌赛马。选择三只个股，哪个最强，渐渐地进入里面。

很多人不是这个样子，选择三只个股，涨了不买入，买入那只最弱的，从田忌的角度来讲就很离谱了。

越强越要买入，并且加仓，因为你看对了，技术信号是有效的，有效可以玩得更大一点。

图例：金种子酒。图表如下：

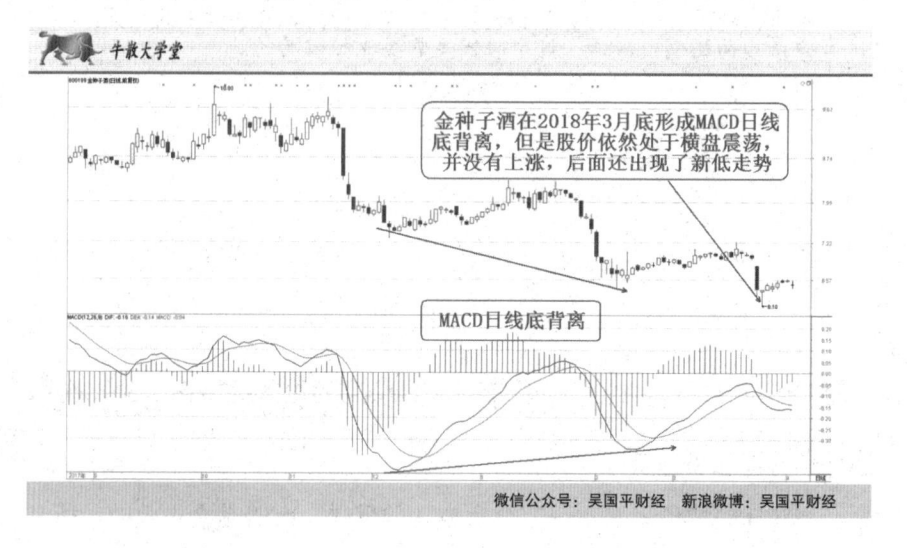

学习温馨小提示：

如图所示，金种子酒，底背离，随后横盘，又创新低。在这里会有一种情况发生，一旦没有走出上涨趋势时，往往就更下一层楼了。这与行业等各方面都有很大的关系。

背离出现，后面的走势要密切关注。

一种情况：底背离出现后，往往会有一根中阳线出现，基本上是确定有效底部，可以安心介入了。

另一种情况：底背离出现后，还是小阳小阴，没有中阳线，还在那里横盘，要小心！资金还处于流出状态。

底背离有没有效，我的经验总结是：一旦出现底背离信号，K线图是否有中阳线，一个星期之内都没有中阳线，要小心了！失效概率非常大。或三天之内没有中阳线，失效概率会更大，要反手离场。止损离开。总之，先出来看看。有中阳线就好了，基本上是确定的，而且较为踏实。

在战场态势不明朗时，多一分关注，多一分留意，在信号明确时，多一分坚定，多一分前行。

5.MACD底背离小结：

MACD底背离小结：

○ 1. MACD的底背离代表出现股价下跌的衰竭信号，而多重底背离共振的会更加有效，而底背离级别越大的，股价反弹持续性也更好一些，如周线反弹持续性好于日线级别。

○ 2. 技术分析仅仅是一个工具，MACD底背离也是如此，用的时候要注意底背离是否有效。

微信公众号：吴国平财经 新浪微博：吴国平财经

学习温馨小总结：

MACD底背离代表出现股价下跌的衰竭信号，周期越大，级别越高。

技术分析仅仅是一个工具，MACD底背离也是如此，用的时候要注意底背离是否有效。

三、MACD顶背离的基本特征。图表如下：

牛散大学堂

3. MACD顶背离基本特征

1. 股价上涨中创出了新低，但是MACD没有创出前期的高点，形成顶背离；
2. 顶背离在个股和各类指数中都适用；
3. 顶背离发生后，一般意味着短期上涨动能有所衰弱，往往会带来阶段性价格的调整；
4. 阶段性出现连续的顶背离，往往容易形成共振，导致价格向下调整得会更猛烈；
5. MACD顶背离级别越大（跨越价格幅度、时间周期的大小），股价调整的幅度和时间一般会较大。

微信公众号：吴国平财经　新浪微博：吴国平财经

学习提炼加深印象：

MACD顶背离的特征：

1. 股价创新高，MACD没有创新高，这是顶背离。

2. 顶背离在个股与指数中都适用。

3. 上涨动能衰弱，带来阶段性调整。

4. 调整的大与小要看周期。

5. 连续顶背离，形成共振后，概率非常大，向下调整会更加猛烈。

6. 级别越大，未来空间也会越大。

7. 看清是日线，还是周线。

图例：先导智能。图表如下：

个股先导智能的MACD顶背离

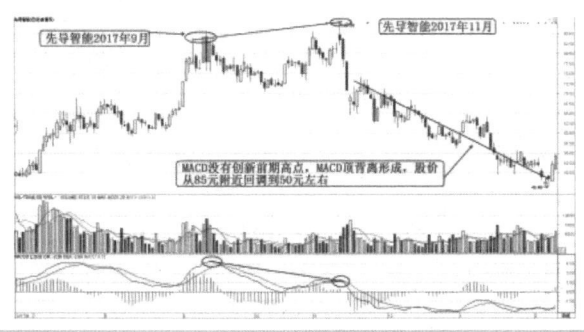

学习温馨小提示：

如图所示，先导智能。创新后，不用担心，单日见新高的概率很小。从价格看，不论是方大炭素，还是这里的先导智能，真要见高点时，往往会再有一个新高的过程。只有再次新高时，MACD或其他技术指标的顶背离信号出现时，才是要注意的。

不要担心出不了货，突然出现一根阴线是见顶的，概率是非常小的。正常情况下，顶部形成一个阶段，调整一下，反复一下，回光返照。再上一层楼时，如出现顶背离，最后的机会就出来了。像先导智能创新高前的一个高点的这根阴线不用担心，他会收复的。就算这段时间没有出到，也不用担心，后面的还是会给你一个回光返照的机会，但MACD是刷新不了高点的。要警惕，出货了。

图例：上证指数顶背离。图表如下：

上证指数的MACD顶背离

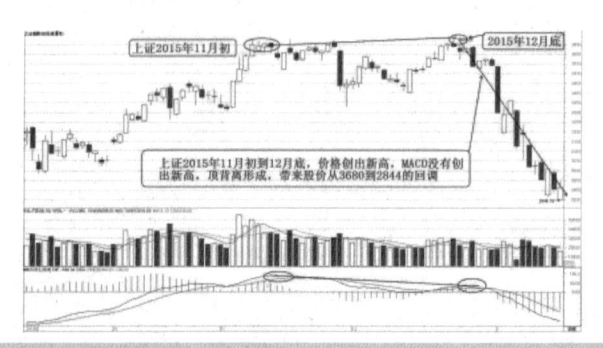

如图所示，上证指数。在2015年高位后，再次刷新高时，形成顶背离，随后一路下杀。

图例：歌尔股份。图表如下：

个股歌尔股份连续顶背离，出现共振，股价回调40%左右

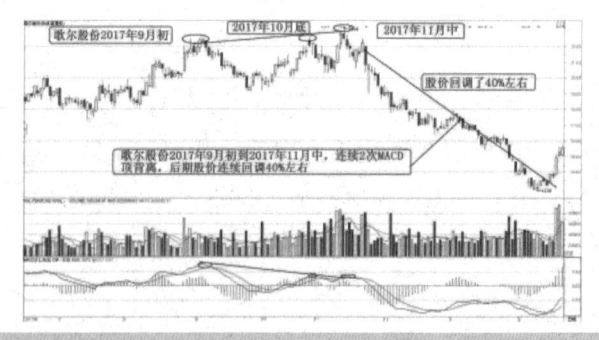

学习温馨小提示：

如图所示，歌尔股份。顶部高点，顶背离一波冲上去，MACD没有上去，又一波冲上去，股价上去了，MACD没有。连续两个背离，好了，反杀的力量较大。在相对高位时，要注意这个指标。

当然这个指标的前提是，其标的的估值认为是相对合理的区域。特别留意，如还是被低估了就可忽略这个指标。

图例：上证短期连续顶背离。图表如下：

上证短期连续多次顶背离出现，大概率出现共振，回调的幅度更大

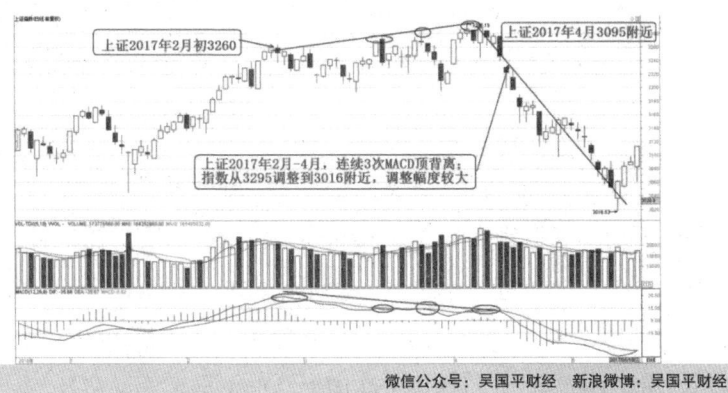

上证2017年2月初3260
上证2017年4月3095附近
上证2017年2月-4月，连续3次MACD顶背离，指数从3295调整到3016附近，调整幅度较大

微信公众号：吴国平财经　新浪微博：吴国平财经

如图所示，上证指数。短期内连续多次顶背离出现。股价在冲击，MACD在下行，顶背离。最终反杀，力量很大。在相对高位时，连续出现，要更加警惕。

有些时候，在这里动荡、动荡到最后突然一根大阳线上去了。在高位时不能磨蹭，波动一定要剧烈，如果磨磨蹭蹭，不够凶悍，很容易出现一个向下的反转行情。

现在的创业板，在这个位置不要担心动荡剧烈。动荡剧烈是件好事，越剧烈越好，最怕不动荡、不剧烈，最怕一阳一阴，一个横盘的震荡，反而是有危险的。一根大阴线杀下来，尴尬了。如果一下子中阴线，一下子大阳线最好，这样一旦上冲，空间非常广阔。

顶背离也有类似的情况，周期越大，幅度越大，我们要看一下周期。

图例：星期六。顶背离时间近 5 个月。图表如下：

大周期顶背离对应股价大幅度的调整-星期六

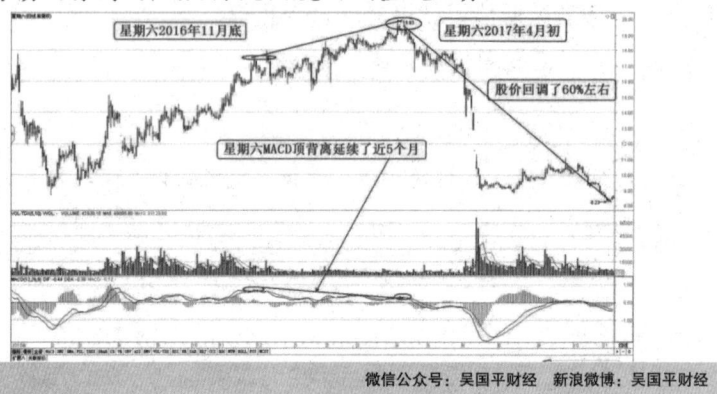

创业板的周期，现在是一个底部周期。现在所有的阶段性出现的顶部背离，如果基本面还可以的话，都不用担心。顶背离一定是小周期顶背离，影响不了未来的大周期向上，目前这一点我是比较坚定的。在这里给大家两个字，坚定。坚定大的周期是向上的。

图例：海陆重工。图表如下：

大周期顶背离对应股价大幅度的调整-海陆重工

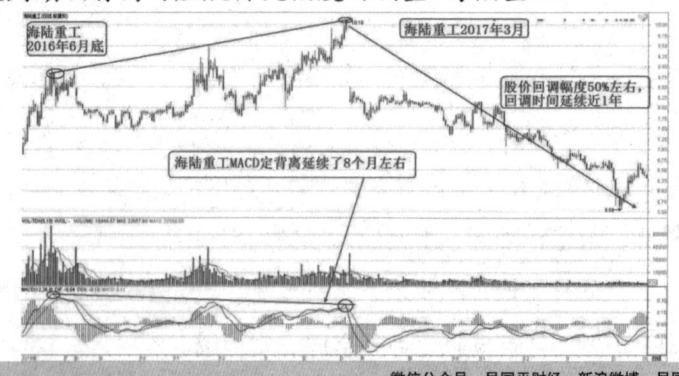

第十一节 指标背离在实战中的运用

如图所示，海陆重工。顶部渐出，MACD 延续了 8 个月左右的背离。只有在涨得很厉害的时候，看不懂的时候，顶背离出现了，接下来的调整会比较剧烈。说回白马蓝筹、银行股等，涨了那么多，如要调整的话，会很快调整结束吗？肯定不会。这段时间多低迷呀，以月为单位调整。在调整一段的时候，会再次上涨，那个时候，市场可能就会再次稳定。

现在，白马蓝筹或银行股，个人感觉有一部分基本调整到位，下周上证指数也不排除慢慢地形成一个阶段性的双底。这个要大家去特别留意的。自己要看一下里面的 MACD 顶背离、底背离的这种信号，研究一下，看看到了一个什么阶段。

图例：银行股，中信银行。图表如下：

如图所示，中信银行。股价还没有刷新前期低点，但 MACD 已经刷新低点了，从某种意义上来说，也是一种背离信号。这波调整也是蛮深的，8 元多到 6 元多，调整有百分之二三十了。其下行空间不会了，在这个位置企稳后一反攻，市场情绪就回来了。市场稳定，就往更高的方向去了。从顶背离、底背离的角度来说，银行股出现一定的背离信号，对市场来说是件好事。

顶背离的失效，MACD顶背离的失效。图例：海康威视。图表如下：

MACD顶背离失效-海康威视，按照顶背离指标信号先卖出，待股价重新回到上涨趋势，创新高时买回。

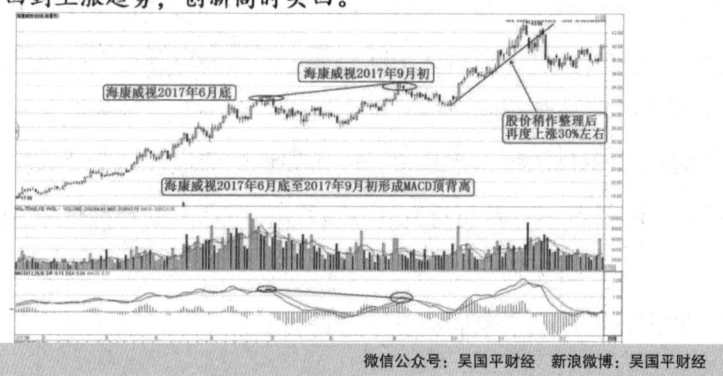

上证指数顶背离失效。图表如下：

MACD顶背离失效-上证

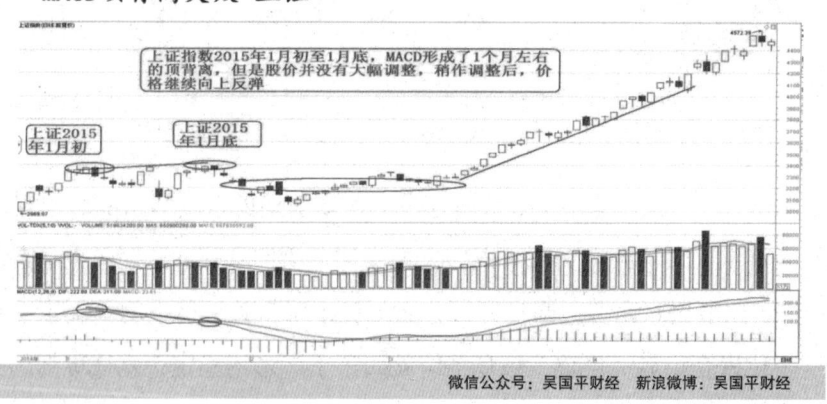

如图所示，上证指数。在趋势行情中，趋势很强时，量能配合得很好时，区间动荡。此时要结合形态，形态都没有破坏，不管顶背离还是不背离，任由之。随后上证指数沿着原来的趋势向上。

指标背离在实战中的运用小结

学习总结：

MACD 顶背离小结，图表如下：

牛散大学堂

MACD顶背离小结

1) MACD顶背离指标的延伸，在15分钟、30分钟、60分钟、周线、月线等基本面中同样适用。

2) MACD顶背离形成过程中的时间周期、价格波动幅度，对应调整过程中价格的幅度和周期，是技术指标中的时间、空间等要素的具体化。

微信公众号：吴国平财经　新浪微博：吴国平财经

顶背离在各个周期都适用，顶背离的关键在于看清周期。现在这个阶段，很多个股的背离都是小波段的，大的周期看创业板就知道了。

牛散大学堂

MACD顶背离小结

3) 顶背离阶段性持续出现后带来的共振效应，大概率提高顶背离形成的成功率，在实战中需要特别重视。

4) MACD顶背离只是一种技术指标，具有概率性，在实战应用中要注意会出现失效的现象。

微信公众号：吴国平财经　新浪微博：吴国平财经

从大周期上来看，很多市场的个股都是属于向上的，顶背离是给到一个小波动的指导意义。我们要发掘大波段的一些机会，这是对目前的一个思考。

指标背离的实战应用。图表如下：

4．指标背离的实战意义

○ 市场上存在着很多个股形成底背离，那是不是都可以买？

○ 不是的，这样本末倒置了。

○ 指标背离，只是在我们寻找买卖点的时候用。我们先从基本面选出好股票，然后想买的时候，用底背离找买点；想卖的时候，找顶背离卖出。

不是看到底背离就可以买入。寻找到基本面不错的个股时，用底背离找到买入点，用顶背离找到卖出点。

在这里研究一下行业与趋势发展，研究一下个股的成长性与形态趋势，分析一下底背离或顶背离现象背后的可行性，做自己有把握的事。

图例：新经典。图表如下：

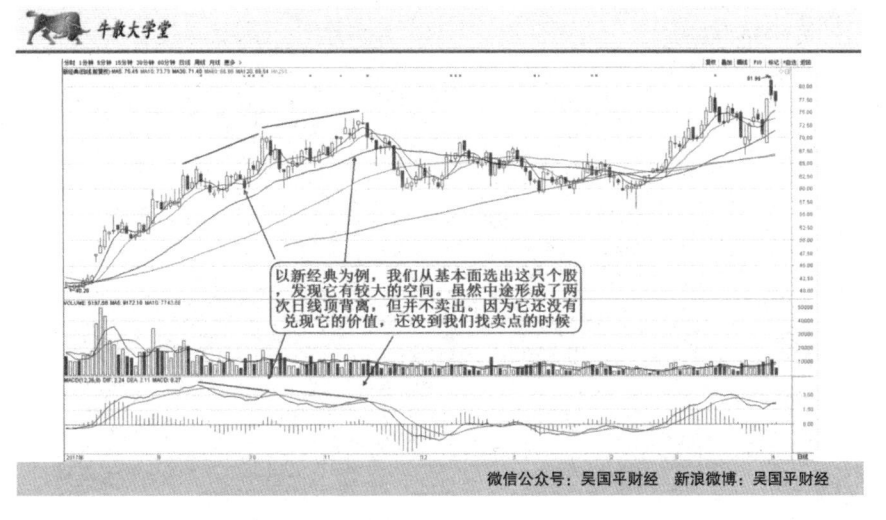

如图所示，新经典。在上涨过程中，两次出现顶背离，看上去挺危险的，但并不代表要马上兑现，心中的目标与市场的价值还未完全体现，其价格还应更高。事实上，到现在为止，新经典的预期已经走出来了。阶段性价格更高，此阶段是 60 元左右，现在有 70 多元了。所以，最终还是要衡量你自己对持有个股的目标价格定位，这个非常重要。技术只是一个辅助工具。

图例：三超新材。

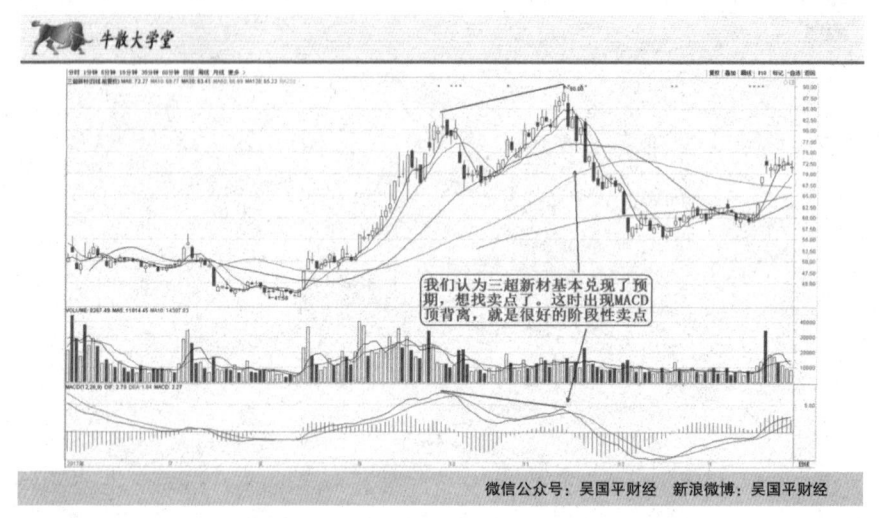

如图所示，三超新材。高位时看不清楚了，想找到卖点，MACD出现信号，果断离场。跌下来后，出现底背离，再考虑做回去也是可以的。

MACD顶背离、底背离，是一个反馈指标，结合形态、成长性等综合运用，寻找关键点进入或退出，体会豁然开朗的感觉。未来最大机会在成长里的细分领域。下周决战，定会精彩。

课后作业

作业

运用MACD指标背离进行个股案例分析

欢乐的时光总是过得特别快，所以希望大家利用好假期的时间，好好地去温故知新，好好地去学以致用。我相信多研究一下，接下来的各个板块，新兴产业用技术工具去翻一翻、看一看，这样你慢慢就会越来越有感觉，你的盘感也就慢慢会形成了。下周会更加精彩，下周我们再见，周末愉快……

山居秋暝

唐　王维

空山新雨后，天气晚来秋。

明月松间照，清泉石上流。

竹喧归浣女，莲动下渔舟。

随意春芳歇，王孙自可留。

第十二节　技术面综合性分析

2018 年 4 月 11 日

牛散大学堂——学最好的课程，做最牛的散户

课 前 分 享

学习小须知：

1. 本小节的分享与课堂内容是帮助有一定基础的学习者来学习、读懂与看懂其内涵的。初学者可以通过了解、阅读慢慢地学习掌握，以提高对资本市场的认知。

2. 本堂课的内容在牛散大学堂股威宇宙的等级为：小学。其余级别结合自身状况进行学习或阅读。

3.第一季为小白级,第二季为小学级,第三季为中学级,第四季为大学级,第五季为实战精英级,第六季为超级牛散级。请依次学习,逐级递增。

4.本节课主要讲解如何判断主力处于什么位置。在这里有五个方面将向大家依次介绍。一是主力阶段分析;二是时间窗口;三是MACD背离;四是趋势与转折;五是股价运行角度、回撤幅度。

今天是我们第二季成长体系班的最后一堂课。下一周会做一个结业典礼。随后展开第三季的授课内容。时光非常快,转眼即将结束,贵在坚持与珍惜。做到提前、深度、坚持、大格局。精彩不断出现。

如同昨日的市场,贸易战使很多人担心,未来永远是光明的,过程永远是曲折的,多一分坚持,更多一分收获,多一分耕耘,会有一分欣喜。在上证指数中,之前压抑的蓝筹股、权重股出现一个反攻,正是上证指数形成双底的技术支撑。但是关键创业板这两天,其实也是一个强势动荡,最后一定会有一个强力的向上一击。

图例:光线传媒。图表如下:

如图所示,光线传媒。在区间动荡,等待未来的奋力一击。

第十二节 技术面综合性分析

图例：东方财富。图表如下：

如图所示，东方财富。振荡消化前期高点。整体健康，量能萎缩，形成蓄势的状态，准备一击。

图例：横店影视。图表如下：

如图所示，横店影视。量能缩到极致后迎来奋力一击。挖坑后奋力一击，走势依然良好。

图例：掌阅科技。图表如下：

如图所示，掌阅科技。挖坑、回升、蓄势、奋力一击后，在上方蓄势。

图例：科大讯飞。图表如下：

如图所示，科大讯飞。横盘动荡，是科技股很重要的风向标，等待奋力一击的时刻。

第十二节 技术面综合性分析

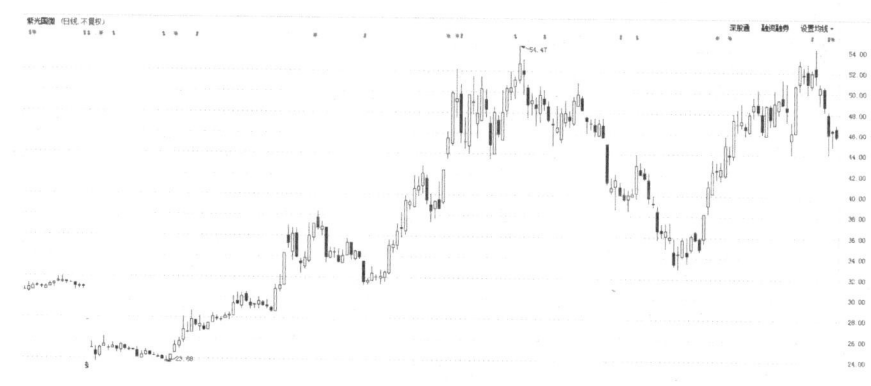

图例：紫光国芯。图表如下：

如图所示，紫光国芯。区间波动，整理蓄势的格局。

银行股，招商银行。图表如下：

如图所示，招商银行。K线较强，跌了一段时间后反攻。

宇宙第一大行。工商银行。图表如下：

如图所示，工商银行。这些银行股不存在奋力一击，是超跌反弹，对这些标的，我认为应该谨慎对待，不可能直接上去，调一下，一浪、二浪、三浪慢慢地向上走。

上证指数，图表如下：

如图所示：上证指数。阳线三连阳，奠定了双底的基础。今天涨幅不够大，且留下跳空向上缺口，缺口可能会回补。

如果刚才所说的创业板关键性品种在明天没有走出一个奋力一击的走势，有可能会被上证指数拖累，会调整一下、补上缺口。除非明天奋力一击，强势继续向上，整个格局就会更加逼空。此缺口不补也是可以的，这里形成一个小岛形反转，补与不补的关键看有没有标的奋力一击。

关注以上关键的标的，并留意文化传媒板块与科技板块，其意义在于带动创业板指数向上的动能。

创业板指数，图表如下：

如图所示，创业板指数。想要在这个位置向上，打开局面，但如果关键性标的不起来，很难。个人觉得在这个位置蓄势，资金需要也在某个角度去做一个突破，完成整个市场的博弈。

技术面综合分析

技术面综合分析

吴国平　牛散大学堂导师

技术面综合分析——理念综合剖析。

牛散大学堂

技术面综合分析工具总括

1. 主力阶段分析
2. 时间窗口
3. MACD背离
4. 趋势与转折
5. 股价运行角度、回撤幅度

微信公众号：吴国平财经　新浪微博：吴国平财经

一、主力阶段分析。图表如下：

牛散大学堂

1.1 主力阶段分析

- 1）把自己放在主力资金的位置上来统筹交易的全局

- 2）主力运作资金的四大阶段：建仓、洗盘、拉升、出货，每个阶段对应不同的技术特征

- 3）资金的建仓阶段往往是股价下跌阶段的尾声就已经开始

微信公众号：吴国平财经　　新浪微博：吴国平财经

学习温馨小提示与提炼加深印象：

1. 主力阶段分析三方面。

（1）把自己放在主力资金的位置来统筹交易的全局。

学会反向思维，从主力的方向思考问题。比如接下来要拿下创业板的2000点阻力位，用什么板块发力来带动创业板指数向上？找寻带有金叉的个股则有点钻牛角尖了。启动文化传媒与一些科技股为主力主攻，次新股上扬提升人气为助攻，是可以实现的。

（2）主力运作资金的四大阶段：建仓、洗盘、拉升、出货。每个阶段对应不同的技术特征。

在关键品种抬升前，要看看处于何种位置？建仓、洗盘、拉升，还是出货。每个阶段都有其不同的技术特征。如东方财富一样，仍在前期高点，远离建仓更远了。10元左右建仓，现在十几元了，处于拉升阶段了，可以理解为洗盘。有人会思考为出货，可以看看创业板的位置，格局会突然变大。创业板是小荷才露尖尖角，这里有九字真经：提前、深度、坚持、大格局。

有些人看到一根阴线就以为是在出货了，容易形成草木皆兵的心理。出货是在打枪不要、悄无声息处开始的，在大家欣喜、积极、乐观、笑谈时，出货完毕。当下的环境是贸易战，有人会悲观、迷茫、犹豫。个股会选择在此时出货，简直是天方夜谭。会有一些超短线的资金在这里做做差价，其主导之力是一国经济的发展之力。这个大方向是最为关键的，要清晰地认识到这一点。技术迷茫时，看看成长，成长为王是放在第一位的。成长是未来的希望，没有成长市场毫无意义。

（3）资金的建仓阶段往往在股价下跌阶段的尾声就已经开始了。

资金建仓阶段，是在股价下跌阶段的尾声开始的。

图例：横店影视。图表如下：

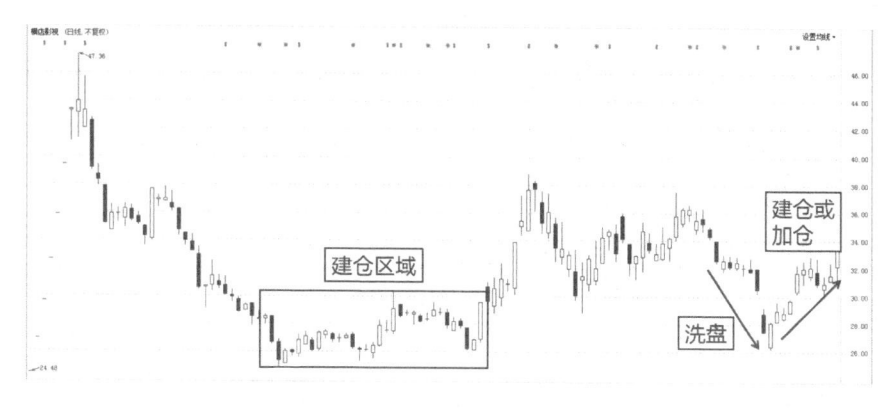

如图所示：横店影视。建仓往往伴随着利空，横店影视的年报业绩增长不是很乐观，同比是有所下滑的，走出一波下跌行情。这种业绩下滑可能是一种阶段性的状态，未来可能出现一个不错的增长。在这里会发现利空建仓，前面的坑建仓完成，随后的洗盘，之后的建仓或加仓，图形呈现一种新形态出来。多重底部，但并不意味马上就要启动。这种形态的出现，可以对其未来多一分期待与希望。我们要透过博弈去感知。

2. 案例详解。

（1）老百姓。图表如下：

1.2 案例：老百姓股价阶段情况

1) 注意老百姓建仓阶段的大周期特征

2) 在建仓阶段的横盘整理，本身就是一种以时间换空间的洗盘手法

3) 拉升阶段中的洗盘常常是疾风骤雨式的

老百姓是一个药方连锁，在广州很多，可以理解为消费板块，对未来是确定的，适合一些大资金，尤其是公募基金的胃口，所以纷纷做了一个配置，过程如何演绎呢？一会儿再讲。

图例：老百姓。图表如下：

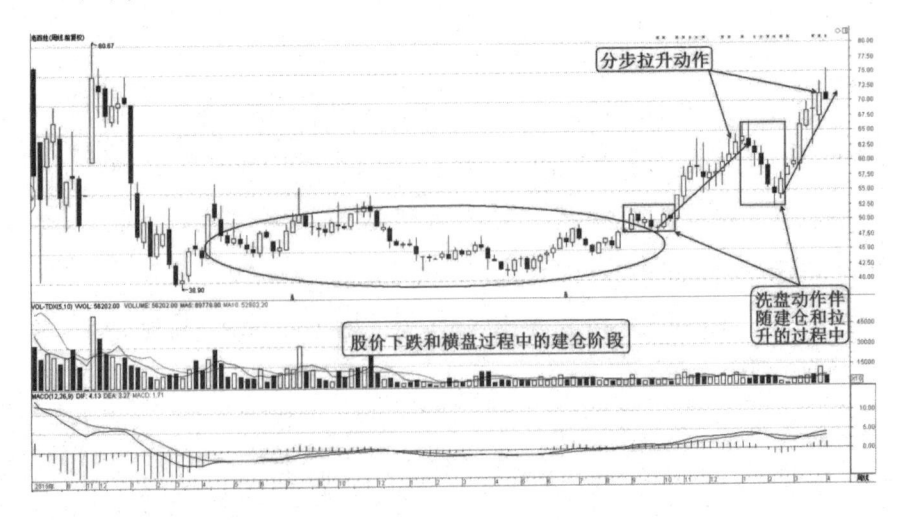

第十二节　技术面综合性分析

如图所示，老百姓。下跌后横盘反复中区间动荡，建仓往往伴随着横盘，建仓拉升中或用阴线组合来做一个洗盘。

如今的老百姓是大牛股了，图表如下：

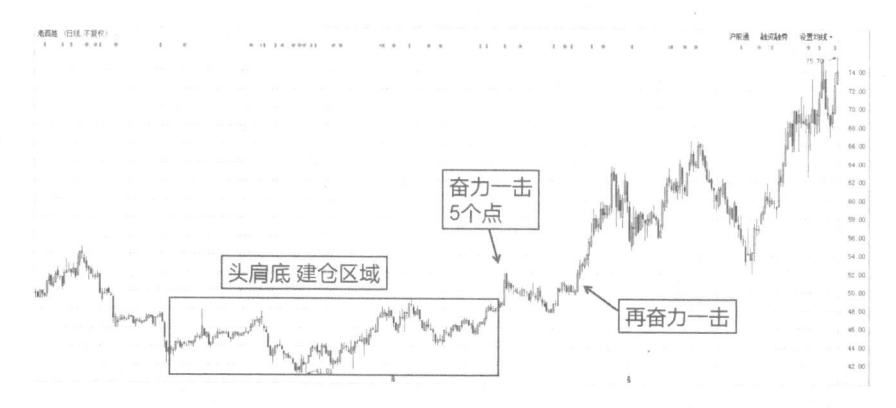

如图所示，老百姓。在区间动荡中建仓，跨度很长。回过头来看，其实很清晰，形成一个头肩底，每个底部的信号会有一个相应的形态给到我们。当你发现有可能形成头肩、多重底时，就要加强对其跟踪，甚至在适当的时候进入。在图中标注处奋力向上一击，5个点，不够精彩，向上后洗了一段时间，随后发力向上，走势较为精彩。都是这样慢步推升的过程，不断走出新高，很显然是公募派的格局。

拉升时有相应的洗盘动作——阴线渐出，在发现趋势上涨时突然出现三四根阴线，不要担心，趋势向上时的洗盘过程。如若真要出货，一定会结合其形态反馈到盘面的K线图中。两三根阴线出来后断为顶部，其概率非常小。真正的顶部会是在洗盘后，再次冲击前期高点后出现的。

（2）海大集团。图表如下：

1.3 案例：海大集团股价阶段情况

- 2015年牛市期间，海大集团处于主升阶段，股价强势上涨。

- 2015年6月后股灾来临，顺势洗去浮筹，沉淀筹码。

- 2017年借着蓝筹股行情再次展开拉升，但力度比较平缓，英勇不如当年。

细看一下海大集团，图表如下：

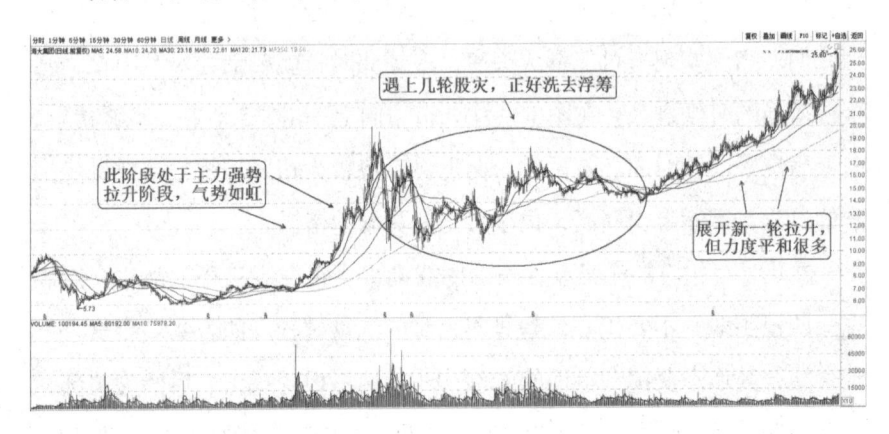

学习温馨小提示：

如图所示，海大集团。经过股灾，市场剧烈动荡对一些优质个股来说是最好的试金石。股灾时莫要担心，市场会有修复功能，要有逆向思维。优秀的公司不会因一般性系统风险、市场利空而受挫不前，只会影响一时，不会给企业带来毁灭性打击。

不能给其带来毁灭性的打击，好比刚才说的横店影视一样。其费用指数较高，业绩没能一下子体现出来，没关系，以后会慢慢地体现出来。价值有时是一种时间的等待。当一时的动荡、业绩下滑、或其他市场因素时，股价下跌。对于一些好的公司来说，其实就是一个好的机遇。与过去的伊利集团一样，三聚氰胺只是砸出一个历史性低点，未来还有可能要求自身质量提高、产品更好，其积极的意义大于这小小的波澜。

回到海大集团，这些优质的个股，前期拉升了一波，随后的洗盘（图表中有所标注），周期较大，月线级别，之后继续展开新一轮的上涨。

回落是新的开始，上涨是未来的前行。

二、时间窗口。图表如下：

2.1 时间窗口

- 1) 时间窗口中的斐波那契数列具有较强的实战指导意义，具体的数列为：1、1、2、3、5、8、13、21、34、55、89……
- 2) 时间窗口具有周期、位移、共振等特点。
- 3) 一般来说，靠后的数字比靠前的数字的作用效果要明显，同时，周线、月线、季线等大周期上更有效。
- 4) 时间窗口共振，能量级别更大。

1.时间窗口

时间窗口是我们要记住的，要记住3、5、8、13、21、34、55这几个关键数字。

时间窗口具有周期、位移、共振等特点。

日期越大其能量越大，如周线、月线、季线等。是否有转折，日线级别13天，与34天的时间窗口重叠，与周线级别的时间窗口重叠，引发共振的概率就会很大。指数与个股同样适用。在个股中，重叠共振的效果会非常好，其参考价值就会比较大。

图例：新经典。图表如下：

如图所示，新经典。第一次调整的时候是12（13-1）周，位移了一周，后面又是回调，刚好13周。但大家要记住，时间窗口只是一个参考，并不是绝对的。

2. 案例详解。

（1）老百姓，图表如下：

2.2 案例：老百姓的时间窗口特征

1) 月线图上，老百姓股价运行趋势中，时间窗口效应非常清晰。

2) 下跌过程中，第5个月、第8个月的反抽。

3) 从下跌趋势到上涨趋势的反转，发生在第21个月。

具体内容看图形与它的时间窗口。图例：老百姓。图表如下：

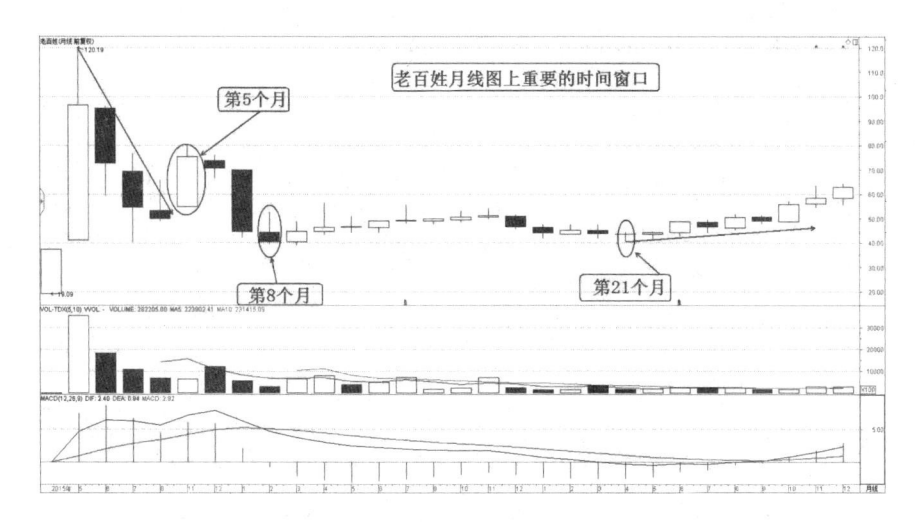

如图所示，第 5 个月，第 8 个月，第 21 个月是下跌的大周期。这几个关键性时间窗口，其实都是在实战中给到我们的一个参考意义。

（2）图例：海大集团。图表如下：

2.3　案例：海大集团的时间窗口特征

- 海大集团从2016年5月高点开始，偏弱横盘调整34周形成低点，刚好是时间窗口，成功变盘。

- 时间窗口在周线、月线级别效果更明显。

海大集团，调整了34周，神奇的时间窗口。

周线级别，后面展开新一轮行情，图表如下：

如图所示，海大集团。时间窗口的运用可以判断出一些优质个股在横盘时的动向，如21周、34周等。往往一旦到了这个阶段，可能会前移或后移一周。这个都没有关系，33周、35周这几周都留意一下。白马蓝筹在这段时间调整两三个月，其实这也是一种时间窗口的发酵。

图例：工商银行。图表如下：

学习温馨小提示：

如图所示，工商银行。调整了8至9周时见到低点。要有这个心理预期。在差不多到8与9时，要知道其可能会反弹。为何说要回调到8到9周呢？短期的下跌空间中不排除继续下杀的可能，说明市场环境更恶劣了。但当时认为市场环境不具备如此恶劣的状态，所以工商银行在这里稳住了。如若下杀的话，要等到第13周，因为进入了更大的一个熊市当中。至少现在没有，第8周反弹了，从下跌的角度、波动来看，说明市场现在比较健康与稳定。

回到海大集团，调整了34周，时间周期比较长，这与当时的整个环境有关。跨度长，也有长的好处。蓄势充分，一旦上涨，肯定更长久一点。如同有些个股一样，如东方财富、光线传媒。在这个位置蓄势越长，向上的力度与空间都会相应地增大很多。

三、MACD背离。图表如下：

牛散大学堂

3.1 MACD背离

1) MACD与股价背离是众多指标背离中应用较多的指标之一。

2) MACD底背离和MACD顶背离对应交易实战中买入和卖出的信号识别。

3) MACD在判断市场指数和个股上都适用，MACD在60分钟、日K线、周K线、月K线等各种时间周期上也适用。

1. MACD背离。

MACD是众多指标中运用得比较广泛的一个指标。与实战中的买卖信号等内容要结合起来使用。底部形态、时间窗口、MACD背离出现等，多重技术共振，其赢的概率就会很大。再结合其优质的基本面，赢的概率由50%提升到79%，此阶段你已经很牛了。

2. 案例详解。老百姓，图表如下：

3.2 案例：老百姓的日线底背离

1) 老百姓下跌过程中第1次出现的底背离，股价并没有从下跌反转到上涨，而是有下跌演化成横向整理。

2) 第2次，延续3个月左右的底背离，形成股价从下跌到上涨的反转。

背离的状态分析，短线来说：

1）创业板日线有点顶背离，出现一种调整，但周线没有，健康。

2）底背离，周线形成了创业板的底，格局放大，创业板是好的，健康的。

3）短期的格局需要调整，但是调整也到了一个尾声阶段，随时有向上的可能。

就这一点，刚刚开始讲课时，我做过一些关键性的标的阐述。从概率上去思考，不能说百分百，我只是认为主力要拿下2000点，接下来肯定差不多要对它们发动攻击。

第十二节 技术面综合性分析

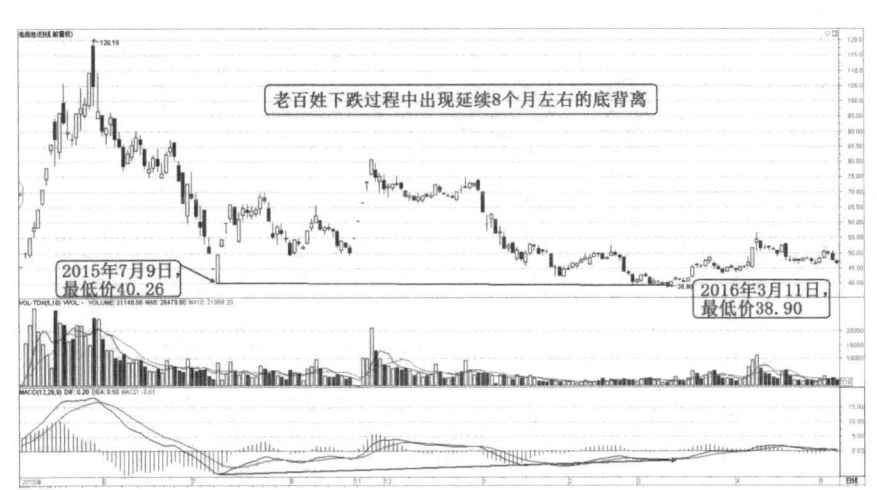

图例：老百姓底背离图形。图表如下：

如图所示，老百姓。在下跌过程中，出现延续 8 个月左右的底背离，时间很长。

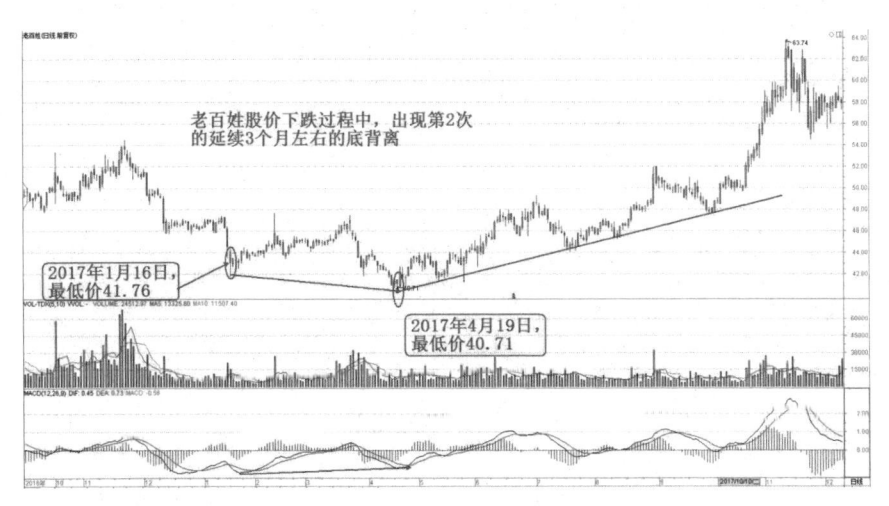

在 2017 年中，老百姓又出现一个底背离。图表如下：

如图所示，老百姓。有时个股跌得惨时，往往是涨高的一个前兆。不要小看那些跌得惨的个股，如同你不要小看现在还不是很牛的人，可能过一段时间，一两年后他变成非常牛的人了。我们要学会雪中送炭。

467

雪中送炭的意思是，看到股价跌得惨时，或现在还没有涨起来时，关怀一下，关注一下，并不是马上要买入，至少是观察。等待差不多时，试探性地建点仓，尤其是这种还在下跌过程中底背离的，建一点仓位，随时关注一下。没有建仓，是没有牵挂的。哪怕买入100股都好，至少可以看到每天的变化。有一天看到涨了10%，你可能知道，已经发生更大的变化了。接下来从100股增加到1万股，甚至更多呢，就需要我们依图形来作判断了。尤其是好的个股，在没有走出来之前积极地关注，走出来之后，更加要锦上添花，直到最后疯狂时。与之前的角度有关，超过70度加速时，可以与之说再见了。机会留给需要的人吧！佛系的人能赚钱，就是在市场狂热时将手中的筹码奉献出去。在大家不要筹码时，下跌呈70度时，对方做到了雪中送炭，建仓开始。很多个股就是这样一个周而复始的演绎。

透过创业板可以发现，只是小荷才露尖尖角。这段时间虽然有些个股涨得很好看，但也只是1000只里的几十只而已。透过创业板你就知道了。

创业板指数。图表如下：

如图所示，创业板指数。一切只是刚刚开始，小荷才露尖尖角的状态，周线的时间窗口只是第10周而已，也过了第8周的状态。未来的演绎，要有大的转折，就要等到第13周、21周、34周，或还远些。这根大阳线能把长期下降趋势线彻底冲破，蓄势一周、两周，接下来再往上确认，可就不得了了。现在的创业板其实很简单，冲破长期下轨线后的一个蓄势待确认的一步，逼近2000点附近那整个市场就会不一样。现在的低位股票，有一定业绩与良好预期的，可能会再一次飞起来。

从次新股的角度能感知到已渐渐地走出一个低谷，也包含了一些老的次新股。透过这一征兆，说明前期大家极度打压、唾弃的个股，在开始恢复生机，创业板的春天开始到来。这里要排除一些基本面较差且退市的个股，以成长为王才是根本。

图例2：海大集团。图表如下：

3.3 案例：海大集团的日线底背离

- 在时间窗口的变盘之时，股价刚好形成日线MACD底背离，两者形成共振，效果会更好。

- 日线MACD底背离形成后，理论上有24日以上的上涨周期。

海大集团日线底背离图形，图表如下：

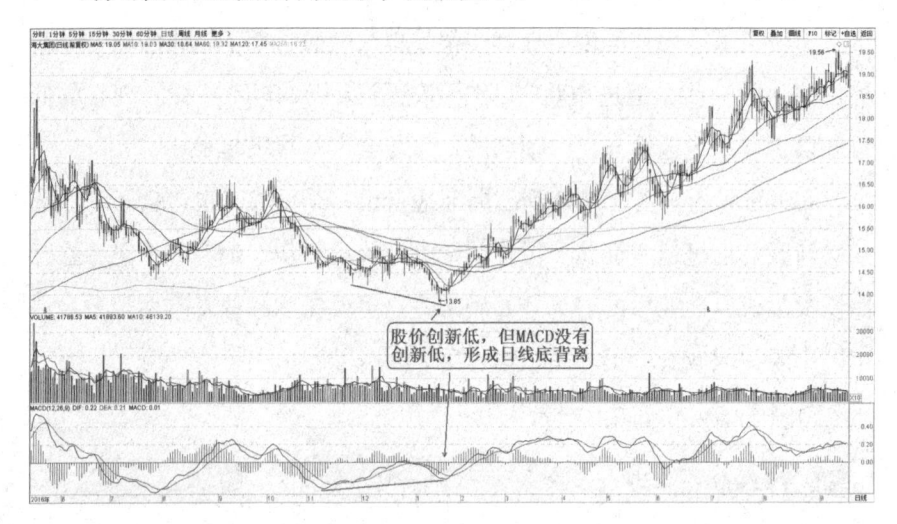

股价创新低，但MACD没有创新低，形成日线底背离

如图所示，海大集团。股价创新低，MACD的技术图形没有创新低，出现了日线底背离的状态。在有些个股中，见底的时候总会有一些征兆，在要爆发时，也是有些征兆的，透过这些蛛丝马迹要感知到并做一个研判，但并不是100%。这里也包含了一些经验的体现，即感观的第六感。

市场有一些事件来干扰，但这些并非成长，只是一种情绪的宣泄与突破（如美股动荡、黄金股等）。懂的人把握一下，不懂的保持欣赏即可。

在市场中有所为，有所不为，每天盘面很是热闹，有吃肉的，有吃青菜的，各自而行即可，都想要一定会消化不良。要知道自己几斤几两，知足即矣。没有能力去吃的，就交给有能力的人去帮你吃，也是一个方法。

四、趋势与转折。图表如下：

4.1 趋势与转折

1) 三种趋势方向：上升、下降、横向，趋势不改，股价不止。
2) 趋势跟踪的两个重要工具：趋势线和均线。
3) 上涨趋势的股价转折中，筹码松动带来股价波动的股价从流畅到凌乱的走势。
4) 股价转折中，底、顶形态的信号识别。

1.趋势与转折。

趋势有上升、下降、横盘。

趋势线与均线这两个都是很重要的工具。刚才讲到的创业板在下降趋势线的上轨，一画图就能看到。均线就更简单了，5日、10日、20日等，都是我们重要的支撑均线。

股价转折中的信号，底、顶形态信号识别，在相应的盘面中都能找到一些东西。

2. 图例：老百姓。图表如下：

4.2 老百姓的52元的支撑位（压力位）和双底转折信号

- 1） 老百姓的下降趋势线、上涨趋势线、52元附近重要支撑（压力）位。
- 2） 趋势由下降反转为上升时出现的W底形态。

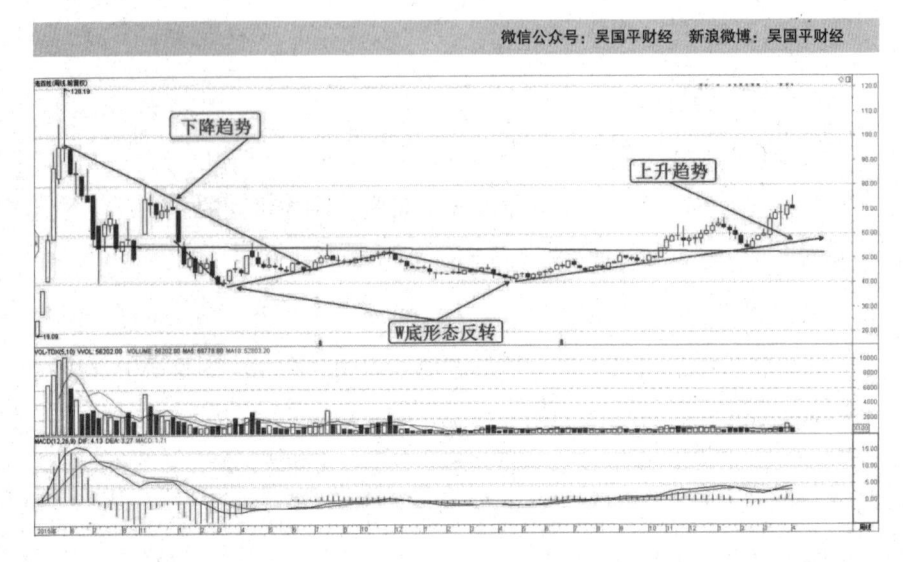

学习温馨小提示：

如图所示，老百姓。下降趋势明显，两个高点连成一线，这个就是上轨线。接着开始突破上轨，进入一个横盘的状态。横盘是建仓基地，这里有W形、头肩形态，可短可长。要结合市场，要经历这个过程后，转为一个上升的趋势，周而复始，这是一种博弈的格局。

在学了这些东西，画趋势线后，就知道处于下降趋势。要先看看它突破下降趋势上轨线时，重点关注，等底部图形出来后，可以先做一下雪中送炭。买入一点放在那里，作为念想，发现涨了十个点之后，再重点介入，此时转为上升趋势。这是一种交易方式。

千万不要等它上升趋势完成后再买，因为不知道什么时候上去，不可能天天翻着它，所以在等它真的到上升趋势时介入，就错过了。建点小仓是为以后关注、加仓做准备，格局的建立在点滴中开始。

市场里特别难搞的人、特别会输钱的人属于患得患失。市场的风险要学会承受，进入市场里的钱变成数字，淡然面对。说白了，就是赌场，心态不好，最终只是输家。

股市里的折腾越多，越不是一件好事。我们一方面在总结图形、博弈的理论与心得；一方面总结这个市场参与各种各样的人群，同行也好，客户也好，也有不同的心得。所以我要做文化。说真的可以把这些东西分享给更多的人，成就他人的同时，也能成就自己，何乐而不为。坚定地走下去。

3.图例：海大集团。图表如下：

4.3 海大集团的转折信号

○ 海大集团处于大级别上涨趋势之中，调整过程中，低点逐步抬高，并形成三角形中继形态，趋势继续向上。

○ 趋势一旦形成，在改变信号出现之前，会延续原来的趋势。这个时候，找相对确定的低点买进、顺势做多是最好的策略。

转折信号一定会有东西给到你。海大集团的转折信号图形，图表如下：

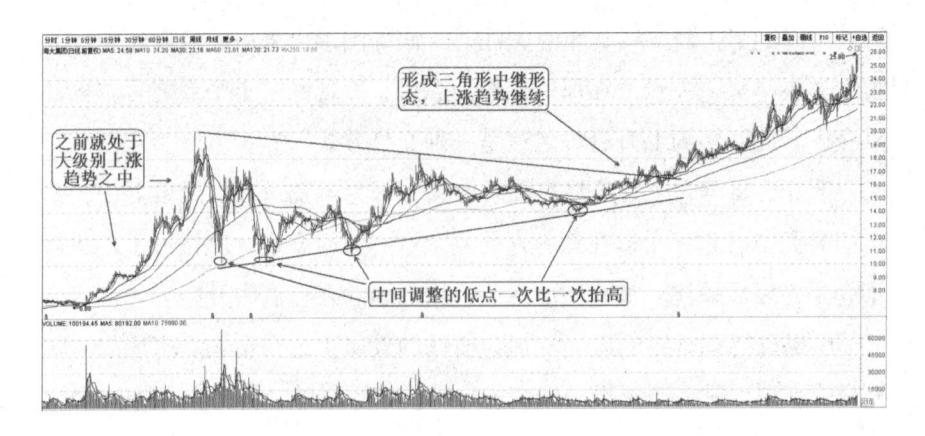

学习温馨小提示：

如图所示，海大集团。形态的末端，涨得越来越多，大的转折就要来了，低点在抬高，形成三角形中继之末端，接近前期高点，有转变之要求。如有些人希望在跌回低点时买入，那图形非常难看，反而是高点时，图形很流畅，依图形而做。

有想象也不要臆测非现实的趋势。

有些高点在未来看来是低点，有些看似低点，对未来可能就是一个高点。与人的认知差异有关。接近前期高点，三角形末端，说明未来可期。看过去对当下的认知与看未来对当下的认知是不同的。

五、股价的运行角度、回撤幅度。图表如下：

5.1 股价运行角度、回撤幅度

1. 股价上涨（下跌）过程中，常常可以分为0-30度、30-60度、60度以上的角度运行；角度越大代表股价趋势越强。

2. 股价回撤空间和重要趋势线相关。

3. 急跌缩短调整时间，缓跌延长调整时间。

1.股价的上涨、下降之角度是非常有用的，能够感知其内在的力量与动力源。

0—30度说明力量一般；

30度—60度，特别是45度，中规中矩；

60度以上，甚至70度以上，惊涛骇浪也。

在60度以上去练习短线操作，其心态是可以加强的。

练武害怕受伤，矛盾。成为高手就不要畏惧，懂得付出，惜得收获。练武不练功，到头一场空。

股价回撤空间与重要的趋势线有关，急跌缩短调整时间（甚至一步到位），缓跌延长调整时间。

2. 图例：老百姓。图表如下：

5.2 老百姓股价下跌和上涨过程中的角度

- 1. 老百姓股价下跌过程，由初期的75度左右到后期的30度以内。
- 2. 老百姓股价上涨过程中，由初期的30度以内到后期的45度左右。

上涨与下跌的角度都是相对应的，如果下跌到急跌之时，其意味着风险很快要过去，接下来变成横盘之图形。横盘后以30度角运行，再到30度至60度，最后到60度至70度时上涨，周期反复矣。

图形详解，老百姓。图表如下：

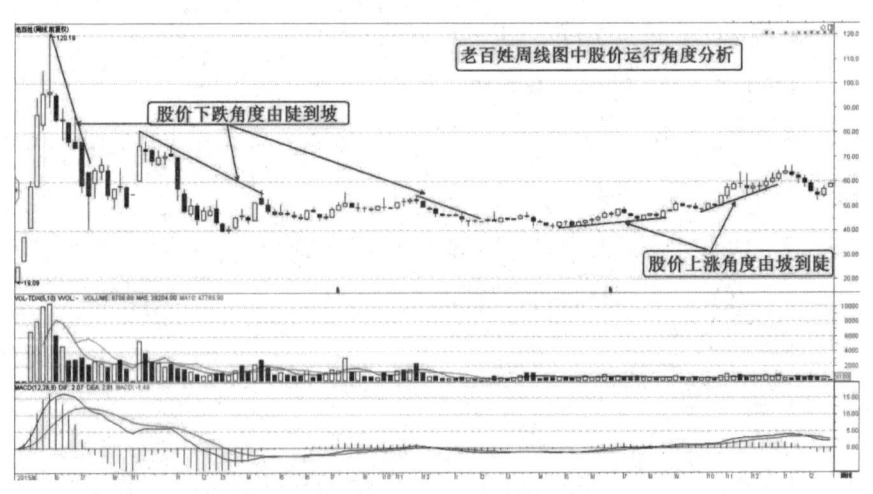

学习温馨小提示：

如图所示，老百姓。股价下跌，其实背后是人的情绪之变化，从极度悲观的猛跌，到缓和的不那么悲观，再到有点乐观的情绪有些高涨，最后极度乐观疯狂演绎，一部人间悲喜剧。

老百姓药店，店员、药品价格、店面招牌。平常、传统，没有空间，上市后一路下滑。风雨后的两年，大家会想，利润不高，但收入稳定，生活的必需品，头疼脑热还是需要的，每个社区为民所需，解决一些用药问题，也是稀缺资源。思考不同，越想越好，预期不同，入市的贬低，最后的添金，过程种种变化。

怎样去发现价值？模式简单，看它的状况，探索好的方面与不好的方面，客观地看待，最终演绎。例如，业绩今年1亿，明年3至5亿，那就值得参与，肯定会有资金的认可，区域垄断等。再例如开始时利薄，到后来市场展开后的认可与获知，成为市场寡头后，价值渐涨。树立品牌，自然变强。

市场是思维的市场，有静慢中有变的，如老百姓；有慢步中上扬的，如格力电器。

3.图例：海大集团。图表如下：

5.3、海大集团股价下跌和上涨过程中的角度

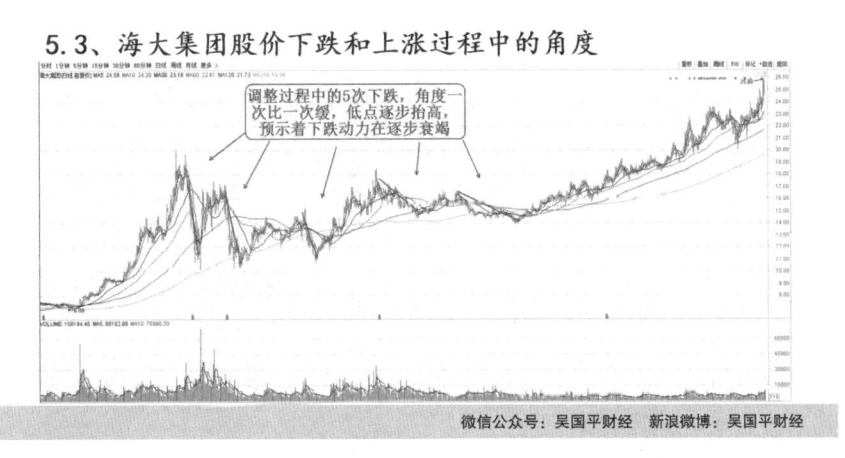

如图所示，海大集团。透过调整，感知其力度。5次下跌，第一次80度，

第二次70度，第三次60度，第四次45度，第五次30度。每一次调整越来越缓，也表明后面的信心在加强以及递进的过程。

海大集团的上涨。图表如下：

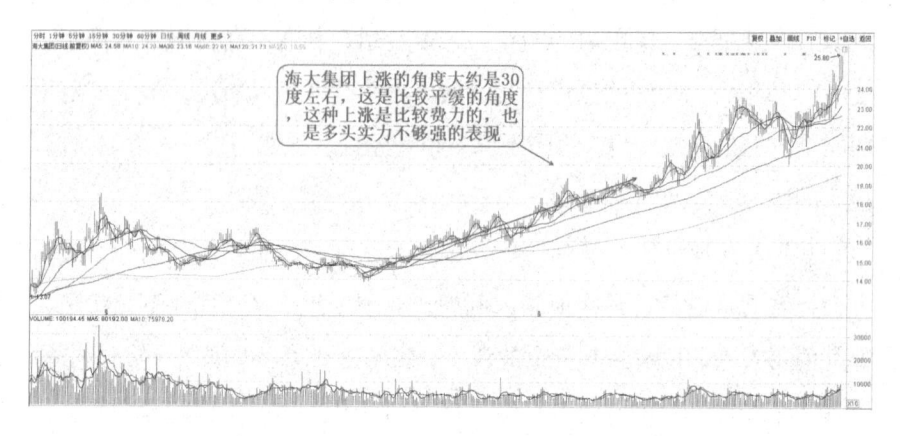

如图所示，海大集团。上涨的角度为30度，不是45度，说明多头不强，缓慢前行。蓝筹股是一种缓慢爬升的模式，慢就是快，不知不觉中10元左右，渐渐地涨到20元左右，相当可观。

海大集团的上涨图形，图表如下：

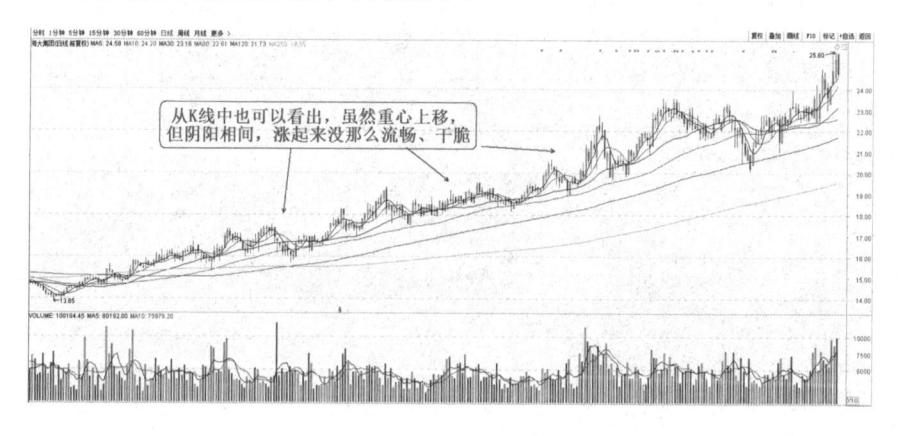

如图所示，海大集团。K线走势阴阳相间，没有那么流畅干脆，给到了投资者相当不错的回报。

4. 图例：老百姓。图表如下：

5.4 老百姓股价下跌和上涨的幅度

- 1) 下跌阶段，股价波动幅度从60%到20%。
- 2) 上涨阶段，股价波动幅度从25%到40%。

老百姓下跌阶段和上涨阶段的这个幅度，我们具体用图形对比看一下：

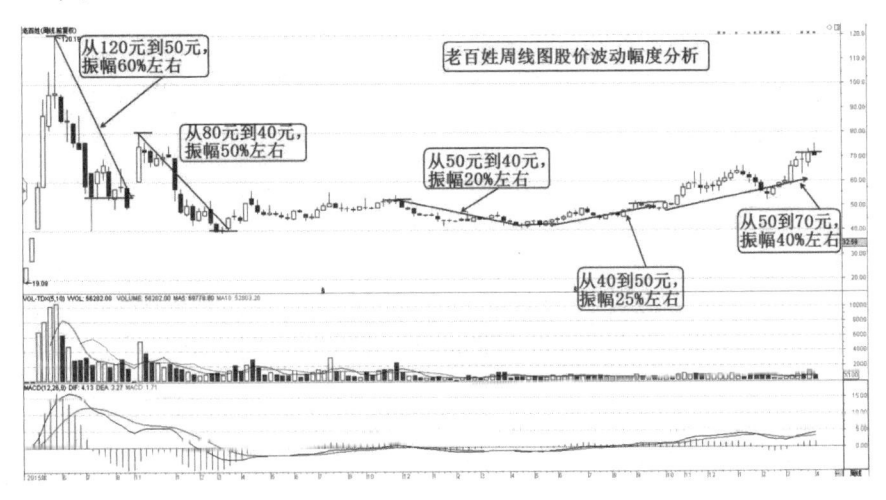

如图所示，老百姓。下跌的幅度很大，

第一次 120 元到 50 元，跌幅 60%；

第二次回涨到 80 元左右后下跌至 40 元，跌幅 50%，幅度渐小；

第三次 50 元到 40 元，幅度 20% 左右，平缓了许多。

说明第一浪凶悍、第二浪渐缓、第三浪疏缓。

涨的时候也是，第一浪 25 个点，第二浪 40 个点，后面的一浪更多，一浪又一浪。

5. 图例，海大集团，其幅度也是类似。图表如下：

5.5 海大集团股价下跌和上涨的幅度

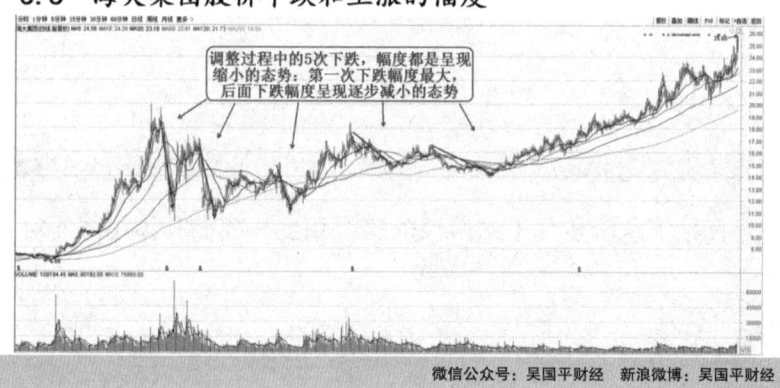

如图所示，海大集团。调整幅度越来越小，预示着调整慢慢地结束。

海大集团，上涨趋势图形，图表如下：

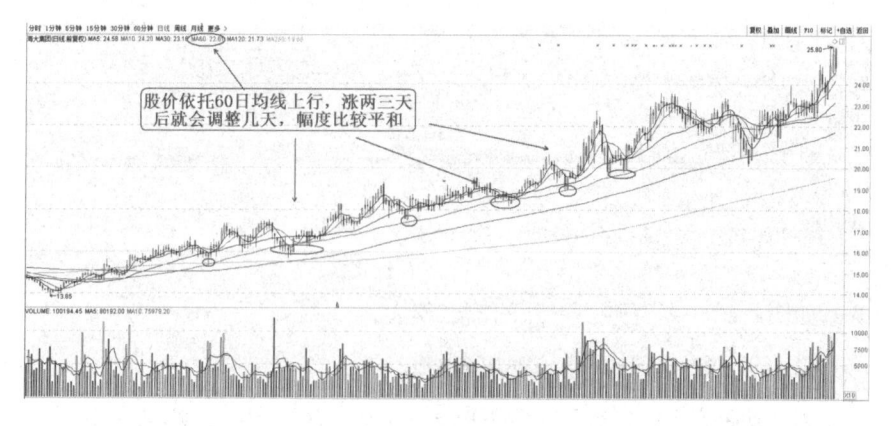

学习温馨小提示：

如图所示，海大集团。在趋势线一画后一切明了，基本就知道了。只要不破趋势线就不用管它，依托趋势线行走，很有规律。说明参与其中的资金基本上是中长线的资金，买后就放着。回到60日均线时加仓，涨上去了不过度追涨，慢慢地涨上去，一种依托60日均线不断上涨。

平和的力量，一种稳定与坚毅。

技术面综合分析工具总结

牛散大学堂

技术面综合分析工具总结

○ 成长为王，引爆为辅，博弈融合。技术分析有一个前提，就是要先找到优质成长股，在那里展开技术分析。如果纯投机，非艺高胆大者不建议参与。

○ 技术分析的核心：顺势而为，见机而作。趋势出来了，在没有出现转势信号前，顺势是王道。那些MACD、均线、时间窗口、主力思维等都是为趋势服务的。

微信公众号：吴国平财经 新浪微博：吴国平财经

学习提炼加深印象：

成长为王，引爆为辅，博弈融合。技术分析，我一直强调一个前提，先找到优质的成长股，在那里展开技术分析。纯投机，非艺高胆大者，一般不建议参与。

技术分析的核心：顺势而为，见机而作。趋势出来，没有出现转折信号前，顺势是王道。MACD、均线、时间窗口、主力思维等都是为趋势服务的。

学习温馨小提示：

资金在里面如鱼得水是有技术分析的，使技术成为辅助工具，引导技术派、散户等投资，突破时引导一下。封板是要用资金实力来实现的，纯投机赚钱。没有实力，老老实实地寻找优质股、成长股，结合技术分析去把握，这才是王道。否则，最后只能剩下一条内裤了。

技术是为趋势服务的。首先看好一只个股，观察一下市场，认清一下趋势。大盘认为是底部，均线尚好，时间窗口尚好，底背离特征明显，核心提炼出成长性股票。顺着成长去渐渐地布局、建仓，部分仓位做差价是允许的，全仓做波段，反对，坚决反对！能力未到，市场上很少有人具备此能力。更多是建好底仓，调整好心态，静待市场的变化，用技术分析、认识这个市场，最终给自己一个思考或操作策略。

先自知，再行知，到认知，最后为融知。

课后作业

作业

- 运用技术面综合分析工具，对自己跟踪的个股进行分步骤分析，请总结出自己的原创思考。

学习温馨小提示：

希望第二季最后的一堂作业，能够多一点原创与思考，融合知识点进行思考，技术分析与指点方向。主力分析的换位思考与延伸，跟踪个股深入剖析内容翔实而明确。

第十二节 技术面综合性分析

最后简要介绍一下我们的第三季课程。

第三季主要是解读市场。

第1节	解读市场主力	2018年04月25日 19:30 - 20:30	未开课
第2节	主力选股策略（上）	2018年05月02日 19:30 - 20:30	未开课
第3节	主力选股策略（下）	2018年05月09日 19:30 - 20:30	未开课
第4节	主力建仓策略（上）	2018年05月16日 19:30 - 20:30	未开课
第5节	主力建仓策略（下）	2018年05月23日 19:30 - 20:30	未开课
第6节	主力拉升策略（上）	2018年05月30日 19:30 - 20:30	未开课

选股策略、建仓策略、拉升策略均是围绕主力这块来讲的：

第7节	主力拉升策略（下）	2018年06月06日 19:30 - 20:30	未开课
第8节	解析涨停板	2018年06月13日 19:30 - 20:30	未开课
第9节	涨停板的交易机会	2018年06月20日 19:30 - 20:30	未开课
第10节	主力出货策略（上）	2018年06月27日 19:30 - 20:30	未开课
第11节	主力出货策略（下）	2018年07月04日 19:30 - 20:30	未开课
第12节	主力全局运作策略	2018年07月11日 19:30 - 20:30	未开课
第13节	期权之一波牛熊万倍机遇	2018年07月18日 19:30 - 20:30	未开课

微信公众号：吴国平财经　　新浪微博：吴国平财经

还有解析涨停板，涨停板的交易机会，主力出货策略，主力全局运作策略，最后还要讲期权。虽然今天有消息说个股期权通道不能做了，但是还有指数期权，还有商品期权等很多期权。其实未来期权依然是我们可以以小博大的工具，所以我们在第三季里面会谈一谈期权的未来。未来市场的博弈过程中，也会辅助于期权知识，因此希望通过一些课程，帮助一部分学员在未来能抓住期权的一些机会。

好，第三季的详情，请大家咨询我们的小助手。

4月25日开课，详情请咨询吴国平助手。

下周结业典礼时间待定，会提前通知大家

微信公众号：吴国平财经　　新浪微博：吴国平财经

欢迎大家提前报名，我们期待下一季不见不散。下周的结业典礼，时间待定，到时候会提前通知大家。

时间过得很快，这么快就过了两季，就要到第三季了，那么接下来我们要不断努力，继续前行，底部向上，我们一起把握更经典的未来。好了，今天就跟大家分享到这里，下一周我们再会。谢谢大家，感谢感恩……

特别章节　第二季毕业典礼

2018 年 4 月 19 日

牛散大学堂《成长为王盈利系统班》第二季的结业典礼将于今天晚上 7 点 30 分准时开始，时长约 60 分钟，请大家安排好时间，晚上具体流程如下：

1. 吴老师与学员进行学习回顾、学习体验总结
2. 班主任公布最终分数前五名
3. 颁发最优秀作业奖（1 名）
4. 末尾寄语

今天是我们毕业典礼的日子，也是我们的最后一堂课。2018年4月19日，按照过去来看，是一个下跌的日子。而且是一个暴跌的日子，但今天没有，它顶住了所谓的历史规律，今天是一个上涨的日子，是一种强势格局。整个市场依然非常健康，对未来的研判依然是非常坚定的。看好创业板，是站在更高的格局看当下，未来是一片光明的成长。

更高的格局是从国家的层面来看待未来。贸易战开启后，反击已经开始。针对我们的科技领域，我们的重点是对自身的科技提高质量与研发。创业板是科技力量的集群，是要我们自强、钻研前行。最终突围的是我们的创业板。创业板指数已经跌到一个相对的低点，2015年的高峰下行，从4000多点跌了三年。三年的周期里，市场消化了泡沫，未来便是美好的光明，风雨后见彩虹。

对于一个发展中国家来说，市盈率依然还是比较低的。在未来科技细分领域中的发展过程中政策会有一个扶持。独角兽的存在，说明市场是在吸纳更多的创新企业来这里发展、融资、创新。

现在的问题不是纠结股指与市场风险，而在于择股上，把握现在难得的机遇，与之成长与收获。科技带动创新，文化提升内涵，芯片提高智能思维，石墨推动精细研发与使用，物联网带动整体布局与管控，智能家居使思维与想象变为现实，人工智能辅助思维与想象前行，这些都与未来的前行紧密相联。

漫威电影全球瞩目，票房要创历史新纪录。迪士尼的市值已达百亿美元甚至是千亿美元，如按几百亿美元来算的话，换算成人民币也是上千亿元人民币了。光线传媒与华谊兄弟算是比较大的，有两三百亿左右，未来也是有非常巨大的空间与拓展，所以要有重点地思考与寻找。

在横向对比中发现，我们的芯片公司还是比较逊色一些的，与世界龙头公司有一定的差距，说明其发展空间之广大。要有政策扶持、资金支撑、人员培养与提高等措施，还要有空间、有想象。国有与民营各有其特点，国有资金受益最大，支持力度更强；民营灵活、落地快，人才之奇异特色。文化同样各异奇彩，各有延伸，满足不同的受众群体。

图例：新经典。图表如下：

学习温馨小提示：

如图所示，新经典是我们非常经典的标的。今天的收盘价格为历史新高，而且现在的市值有一百多个亿了，比广东的南方传媒集团是要高上一些的，要思考内在的原因，成长为王。

成长的意义在未来的股票中，在自身的成长中，在午月的成长中慢慢地体会一下，意义的追寻与各自在其中的价值与存在。

乐视目前亏损严重，但目前资本市场让其在这个位置不跌下去，说明乐视旗下的参股智能家居平台、汽车方面渐有起色，资金有各路神仙的支撑，并有闪展腾挪的身法，成为火凤凰般的不死鸟。说明贾跃亭个人能力奇异。孙宏斌投了一百个亿试试水，恒大许家印投了点参与一下。

我们牛散大学堂的吴国平也有折腾的基因，更有成功的可能。

买入股票不要看当下的市盈率，要寻找市盈率相对高一些的公司，真正好的公司的市盈率不会特别低。在横向对比中会有些看不懂，如同新经典。越是看不懂的，越是有机会的。散户不会介入的就是机会的开始。新经典在这段时间的位置，十个散户中有九个是不会介入的，原因简单，价位太高。如同2003年、2004年的房价一样，又与古董收藏一样。

对比未来，看准趋势，现在的高点，就是未来的低点。学会雪中送炭，锦上添花谁都会。

中兴通讯因事件把其估值打低了，如复牌后有几个跌停，可以找机会参与，企业的成长会因事件更强大。牛散学堂做好、做强后，大家都受益，自己也受益。

成长在践行中实现，在思想中蜕变，在收获中建立信心，在坚定中把握方向。

在未来中把握机会与机遇带给的收获与喜悦。

（成长伴随痛苦，成长伴随喜悦，成长伴有希望，成长带来快乐与坚定。）

（成长是人的成长，成长是心的成长。）

成长为王盈利系统班知识回顾

吴国平 牛散大学堂导师

回顾：第一节 聚焦财务分析

（一）净资产收益率；

（二）毛利率；

（三）应收账款。

毛利率如何去看？在横向对比中可以发现，好的公司比同行要高出一些。说明核心竞争力较强。

应收账款要保持在合理范围之内。太多可能与其关联公司有关，如乐视的问题。财务问题要适当地懂一点。对公司的思考与分析是必要的。

回顾：第二节 招股说明书掘金

（一）公司基本情况

（二）公司财务分析

（三）股东状况

回顾：第三节 股东研究 + 经营分析

（一）股东研究

（二）经营分析

回顾：第四节 如何对个股进行估值

（一）市盈率 PE

（二）PEG 指标

（三）市净率估值法（PB）

怎么去估值，市净率等。市盈率的话，更多看的是未来，不要看当下，要看动态的，所以应该从现在市盈率相对高的里面去寻找好的公司。在这里面寻找就有技术，有技巧，要去寻找一些有成长性的行业啊，就是像科技，文化传媒等这些行业都是未来要重点去把握的一些细分行业。

技术上的回顾，时间窗口。

回顾：第五节 神奇的时间窗口

（一）斐（菲）波纳契数列和江恩时间窗口

（二）时间窗口的共振

（三）时间窗口的周期性

时间窗口并非百发百中，会有一定的概率，在把握市场高点与低点时，可以做到心中有底。几个关键数字：3、5、8、13、21、34、55等，后一个数字是前两个数字之和。斐（菲）波纳契数字法则。

回顾：第六节 牛股启示录

（一）短期牛股：方大炭素、东尼电子为例

（二）中期牛股：华友钴业为例

（三）长期牛股：格力电器为例

牛股的共性，一般一只牛股都会有其引爆点，财务上的变化，市场风口的引导、形态上的完美等，有很多启示。牛股在真正启动前，有一个标准的挖坑动作。考验个人的眼力与坚定的持有信心。

与之结合的时间窗口，在技术面对市场会有其更加深入的理解与思考。

回顾：第七节 股市两大原理——趋势与转折

（一）趋势线的理解

（二）识别均线指标的机会与风险

（三）把握趋势转折信号，做好应对

趋势线的机会与风险，如何把握好，在转折时会出现什么情况，背离的技术指标要融入其中，最重要的是趋势衍生出来的上涨角度线的问题。

回顾：第八节　洞察股市要素之 K 线规律

（一）K 线的上涨角度：分类＋特征＋案例

（二）K 线流畅性：基本特点＋风险识别

（三）K 线的回撤：两大规律＋案例应用

上涨角度有 30 度、45 度、70 度等不同的角度。30 度较为平弱；45 度比较理想，很多白马蓝筹都会以此角度上扬；70 度以上会加速上扬，也意味着随时会遇到一个高点，从而到达一个物极必反的状态，遵守阴阳平衡法则。

在这里着重提一下 70 度，平时看股票时，角度、趋势线等，大概知道处于何种位置。45 度时，等待 70 度的上扬，一旦进入 70 度上扬时，随时落袋为安或相对高点。45 度时，有时是不会进入 70 度的抑角，要看市场而定。如果市场健康，处于顺势，板块是没有问题的；如果市场不行，板块可能就有风险了，45 度时可以选择离场。

在选择个股时，要选择一些有角度线的个股去把握机会。角度一般以 45 度为宜，45 度较强势。反过来，在下跌时，45 度变 70 度下跌，风险加速释放，机会也会渐渐地展开。要清晰标的的内容与基本，质地优良为佳，如在线教育等。软件信息概念的立思辰，300010。

图例：立思辰，300010，图表如下：

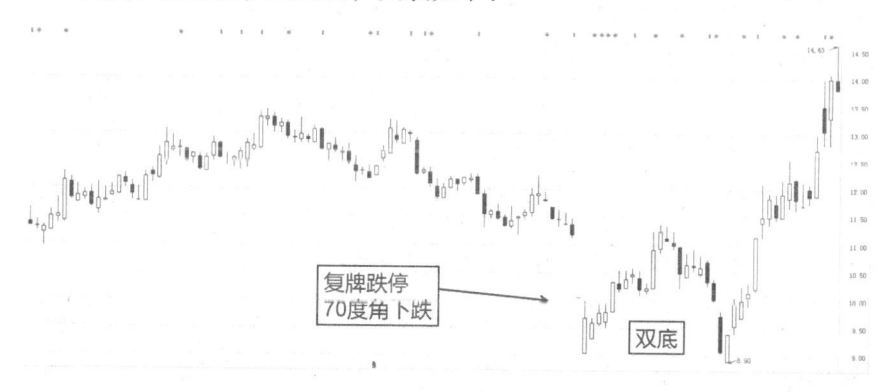

如图所示，立思辰。复牌后大跌，跌完后就成 70 度，反复一下，

低位走出一个双底的形态，8元到今天的14元左右，否极泰来。相信类似这样的个股还有很多。还会有不少金子在里面，45度到70度的跌幅角随后反复筑底，走出一个立思辰的走势。

图例：中国软件——600536，图表如下：

如图所示，中国软件。今天上涨5个多点，之前一月份时跌得较惨，15元下行到11元左右，看上去简直不敢直视。11元左右发力上行，45度角上攻，现在加速到70度左右，短期内见到高点，11元到20元左右，接近翻倍。

寻找这种类似的标的，角度、质地、形态等，或潜伏到跌到位，或在以45度角看好的行业或个股中。切莫追入以70度加速的个股。

学后复习，温故知新。运用，理解，融入。

回顾：第九节　如何判断主力牌什么位置

（一）主力动作资金的四大阶段：建仓、洗盘、拉升、出货。

（二）四个不同阶段的技术特征总结。

（三）案例分享：天华超净和三超新材。

（四）认识、学习、掌握主力思维。

要把自己转换成主力的角度思考、认识、学习与掌握，对操作有很大的帮助。

回顾：第十节　政策（新闻）对股价的影响

（一）新闻其实并不"新"

（二）新闻并不那么真实

（三）新闻的价值

（四）解读新闻的注意事项

（五）新闻级别的大小

（六）结合技术形态

我们没有办法回避每一次市场剧烈的波动，所以要把握好行业的方向与标的的未来的质地，才会有所收获。不然择错行业与标的，会很难受，以月为单位，或以年为单位，周期性个股。

图例：中国铝业。图表如下：

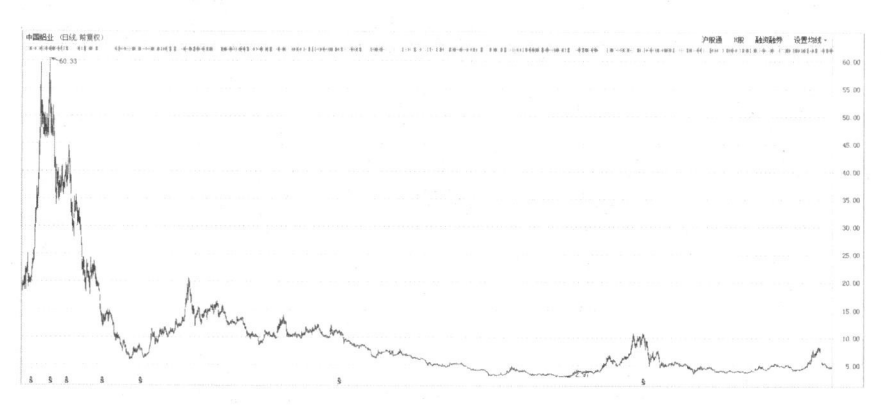

如图所示，中国铝业。今天虽然涨停，但过去到现在的图形是……贸然进入，非常惨痛。

回顾：第十一节　指标背离在实战中的应用

（一）指标背离的原理（MACD）为例

（二）MACD底背离基本特征

（三）MACD顶背离基本特征

（四）指标背离的实战意义

在这里讲述了MACD的运用，叶落而知秋，要懂得举一反三，学习后延伸与思考。

回顾：第十二节　技术面综合分析的工具

　　（一）主力阶段分析

　　（二）时间窗口

　　（三）MACD 背离

　　（四）趋势与转折

　　（五）股价运行角度、回撤幅度

第二季的课程，前后梳理了一遍，希望大家有所熟悉与运用，延伸与发挥。路虽慢，学必有所识；用虽生，悟后有所长。风亦未动，而心已在动矣。突破，质飞。

现在公布一下《成长为王盈利系统班》第二季前五名同学积分情况：

1. 纪光志　当前积分为 3600 分；

2. 王晓雄　当前积分为 3500 分；

3. 陈　杰　当前积分为 3450 分；

4. 刘　意　当前积分为 3200 分；

5. 魏雪飞　当前积分为 3100 分。

特别章节 第二季毕业典礼

牛散大学堂

优秀学员证书

纪光志 同学

在《成长为王盈利系统班》中积极参与,成绩突出,特授予"优秀学员奖",以资鼓励。

2018.04.19   牛散大学堂

牛散大学堂

优秀学员证书

王晓雄 同学

在《成长为王盈利系统班》中积极参与,成绩突出,特授予"优秀学员奖",以资鼓励。

2018.04.19   牛散大学堂

优秀学员证书

陈杰 同学

在《成长为王盈利系统班》中积极参与，成绩突出，特授予"优秀学员奖"，以资鼓励。

2018.04.19　　　　　　　　牛散大学堂

优秀学员证书

刘意 同学

在《成长为王盈利系统班》中积极参与，成绩突出，特授予"优秀学员奖"，以资鼓励。

2018.04.19　　　　　　　　牛散大学堂

优秀学员证书

魏雪飞 同学

在《成长为王盈利系统班》中积极参与，成绩突出，特授予"优秀学员奖"，以资鼓励。

2018.04.19　　　　　　　　　　牛散大学堂

为这些优秀新学员点赞！

现在公布《成长为王盈利系统班》第二季的优秀作业奖：魏雪飞！

现在分享一下优秀学员的作业：

高成长性的生物科技公司——康泰生物（魏雪飞）

（2018年3月6日）

一、公司的灵魂领导团队

康泰生物成立于 1988 年，2017 年初登陆创业板，主营人用疫苗的研发、生产和销售。公司股权结构清晰，董事长、总经理杜伟民直接持股 54.46%，为公司实际控制人。

管理层简介		
杜伟民		
性别：男	学历：硕士	杜伟民先生：1963年出生，中国国籍，持有香港居民身份证以及加拿大永久居留权，暨南大学高级工商管理专业硕士。1987年9月至1995年1月曾任职于江西省卫生防疫站；1995年2月至1999年12月，任长春长生生物科技股份有限公司销售经理；2002年7月至今，任新疆盟源执行董事；2003年6月至2009年5月，任常州药业延申生物技术有限公司（后更名为江苏延申生物科技股份有限公司）董事、副董事长；2009年1月至今，任新疆瑞源达执行董事；2009年7月至今，任民海生物执行董事；2008年9月至今，任本公司董事长；2009年9月至今任公司总经理。
年龄：55	职务：董事长,总经理,法定代表人,董事	
任职时间：2012-09-18		
甘建辉		
性别：男	学历：本科	甘建辉先生：1969年出生，中国国籍，无境外永久居留权，中山大学生物化学专业学士。自1992年9月起在本公司工作，历任公司基因部技术员、生产主管、副经理、经理、副总工程师、副总经理。
年龄：49	职务：副总经理	
任职时间：2012-12-01		
李彤		
性别：男	学历：硕士	李彤先生：1966年出生，中国国籍，无境外永久居留权，中国科学院微生物研究所微生物专业硕士。自1992年9月起在本公司工作，历任公司生产主管、副经理、分包装部经理、生产总监、质量总监、副总经理。
年龄：52	职务：副总经理	
任职时间：2012-09-18		
刘群		
性别：男	学历：本科	刘群先生：1965年出生，中国国籍，无境外永久居留权，华东理工大学生物化学工程专业学士。自1992年9月起在本公司工作，历任公司主管、部门经理、副总工程师、工程总监、生产总监、副总经理。
年龄：53	职务：副总经理	
任职时间：2012-09-18		
苗向		
性别：男	学历：硕士	苗向先生：1973年出生，中国国籍，无境外永久居留权，中山大学会计专业硕士，注册会计师。1995年至2003年，任中国农业银行广州分行国际业务部、审计部经理；2003年至2008年，任广东珠江投资有限公司、广东珠江投资控股有限公司财务中心负责人；2009年至今任本公司副总经理，现担任本公司副总经理、财务负责人兼董事会秘书。
年龄：45	职务：副总经理,董事会秘书,财务负责人	
任职时间：2012-09-18		

以上表可以看到，除了总经理为工商管理硕士毕业外，其他各副总经理均为生物科技专业毕业并且均是从基层干起，并一直服务于本公司。由此可见，其管理团队是相对年轻、专业、有素质、企业文化氛围较好、重视内部员工培养任用、人心稳定的一家公司。

二、股权激励

股权激励落地充分调动员工积极性。上市以来公司首次实施股权激励计划，授予核心管理人员和核心技术人员 179 人 1233 万股，占此次限制性股票授予登记前公司总股本的 3%。**业绩考核目标为 2016 年营收为基数，2017-2020 年增速不低于 20%、40%、60%和 80%。**

从一家公司的股权激励方案也可以看出，其核心管理人员对公司发展的信心和目标，所以这样的股权激励方案对投资者来说也是信心加码所在。

三、行业前景分析

1.疫苗产业具有广阔的市场前景

根据专业市场调查公司 MarketsandMarkets 于 2015 年 1 月发布的研究报告显示，2014 年全球疫苗市场规模达到 331.41 亿美元。随着新品种的不断上市和现有品种不断扩大使用范围，预计 2014 年至 2019 年，全球疫苗市场的年复合增长率达 11.80%，到 2019 年全球疫苗市场规模将达到 578.85 亿美元。

从地域分布来看：全球疫苗市场仍以北美为主要市场，占全球市场的 62.9%，其次为欧洲占 18.8%，其他地区则为 18.3%。中国和印度等亚洲市场目前市场占比较小，但因持续增加的新生儿出生率和人口基数，发展空间巨大。未来五年里中国的疫苗市场增速可达 10.8%，远高于美国市场增速 8.2%。

根据工信部网站数据显示，2015 年中国医药工业规模以上企业实现主营业务收入 26,885.19 亿元，同比增长 9.02%；而疫苗行业所属的生物药品制造行业实现主营业务收入 3,164.16 亿元，同比增长 10.33%。中国疫苗行业实现的销售收入占医药工业主营业务收入的比例仍然较低，国内疫苗行业未来仍有较大的成长空间。

2.国家产业政策

根据《国家重点鼓励发展的产业、产品和技术目录》，生物制药行业是国家鼓励发展的产业；《促进生物产业加快发展的若干政策》明确地提出"把生物产业培育成国家高技术产业的支柱产业"；《中国生物产业发展战略》将"发展能有效保障我国公共卫生安全的新型疫苗"列为生物医药领域的重点工程。因此，疫苗行业未来有望保持高速发展态势，成为我国生物技术领域最具发展潜力的高新技术产业之一。

疫苗行业属于事关人类生命健康的多学科交叉、知识密集、技术含量高、资金密集的高技术新兴产业，由于基因组学、合成生物学、重组化学、蛋白质组学、生物信息学及高通量筛选等最新生物技术的引入，使得疫苗行业已成为全球成长最活跃、发展最快速的产业之一。

公司经营亮点分析：

我们将从公司已上市产品潜力分析、即将上市产品分析、重磅在研产品分析三部分对其进行未来盈利预测分析：

重在发现公司较高的科研技术工艺壁垒为其造就的护城河的逻辑，这将是预测企业盈利的不确定性中的确定性。

几项重磅品种的上市而产生利润的预测值则选取券商研报的数据，作为一个具体的数据概念性的思维。

（一）公司已上市产品分析

图表2：康泰生物已上市主要产品分析——多个品种市场份额领先

产品名称	规格	类型	预防疾病以及适用人群	获批注册	批签发量（万支/瓶） 2015	2016	2017	国内市场格局（批签发量占比）
重组乙型肝炎疫苗（酿酒酵母）	10 μg	一类	16岁以下人群预防乙肝	2012	1695	2672	3603	主要7家，2017年康泰占比59.3%，居首位。
	20 μg	二类	16岁以及以上预防乙肝	2011	295	303	667	主要7家，2017年康泰生物占比56.3%，居首位。
	60 μg	二类	成人无应答人群预防乙肝	2010	52	59	63	国内独家品种
b型流感嗜血杆菌结合疫苗（Hib）	0.5 ml	二类	3月龄至5周岁儿童预防由b型流感嗜血杆菌引起的脑膜炎、肺炎、心包炎、菌血症、会厌炎等疾病	2012	270	444	365	主要有6家，2017年康泰生物占比31.9%，居首位。
无细胞百白破b型流感嗜血杆菌联合疫苗	0.5 ml	二类	3月龄以上婴儿同时预防百日咳杆菌、白喉杆菌、破伤风梭装芽孢杆菌和Hib引起的多种疾病	2012	98	132	143	国内独家品种
麻疹风疹联合减毒活疫苗	0.5 ml	一类	8月龄以上麻疹和风疹易感者	2012	875	927	743	主要有3家，2017年康泰生物占比32.9%，居第2位，北生研占比48.9%，居首位。

A. 由上表的市场份额可以看到，公司已上市产品批签发量业内居首：

除百白破-Hib 四联苗目前销售中规中矩外（未来重点提升），公司乙肝疫苗、Hib 疫苗市场份额第一，麻风二联苗市场份额第二，表明公司销售能力其实不弱，与市场普遍认知不同。

B. 下面重点分析已上市的百白破-Hib 四联苗：

1. 四联苗 2013 年上市后持续放量，经历 2016 年疫苗事件，2017 年行业整顿后迎来爆发，销售收入达 4 亿元，翻倍以上增长。

2. 多联苗替代单苗为行业发展趋势，近年来 Hib 单苗批签发量逐年减少。

3. 同时 2017 年 11 月，国内百白破主要供应商长生生物和武汉所出现供应紧张，这将进一步推动了四联苗接种需求。

4. 公司四联苗 5 年内无竞争对手

（1）巴斯德五联苗至少断货至 2018 年年底，四联苗成最大受益品种。2017 年 10 月巴斯德因不符合中国标准的铝佐剂问题，生产工艺调整，估计新一批五联苗最快于 2018 年 12 月才有批签发。预计 2018 年 2 月开始全面断货，四联苗有望放量。

（2）相比五联苗，四联苗更具性价比：前者免疫程序总费用为 2400 元，后者 1100 元，仅相差注射脊髓灰质炎疫苗（价格 35 元）。

（3）国内百白破-Hib 四联苗仅沃森生物和武汉所分别于 2012 年和 2015 年获批临床。根据中国临床试验数据库显示，均未开展临床试验，即未来 5 年公司将保持独家产品地位。

5. 可能贡献利润：

根据模型，我们认为四联苗 5 年后，即 2022 年可为公司产生近 8 亿净利润贡献，在不考虑费用率下降的情况下，未来有望稳定在 8 亿元左右。

表 13：公司四联苗 2018-2025 年收入和净利润贡献预测

	2017	2018	2019	2020	2021	2022
新生儿数量（万人）	1700	1700	1700	1700	1700	1700
四联苗渗透率	2.2%	5.2%	7.0%	9.0%	10.0%	10.0%
四联苗接种人数（万人）	38.0	88	119	153	170	170
四联苗销售数量（万支）	152	350	476	612	680	680
出厂单价（元/支）	275	276	275	275	275	275
销售收入（亿元）	4.2	9.6	13.1	16.8	18.7	18.7
净利润率	42%	42%	42%	42%	42%	42%
净利润（亿元）	1.8	4.0	5.5	7.1	7.9	7.9

（二）即将上市的重磅品种

图表 8：公司研发各阶段产品储备极为丰富

临床前研究（9项）	申请临床（1项）	临床试验（11项）	申报生产（5项）	获得生产批件	上市
新型佐剂乙肝疫苗	吸附无细胞百白破（组分）联合疫苗（申报临床）	ACYW135群脑膜炎球菌结合疫苗	23价肺炎球菌多糖疫苗	-	Hib疫苗
百白破+脊灰+Hib五联苗		13价肺炎球菌结合疫苗	吸附无细胞百白破联合疫苗	-	四联苗
五价口服轮状病毒活疫苗		口服重组B亚单位双价O1/O139霍乱疫苗	ACYW135群脑膜炎球菌多糖疫苗		麻风二联苗
冻干带状疱疹减毒活疫苗		吸附无细胞百白破b型流感嗜血杆菌联合疫苗	冻干b型流感嗜血杆菌结合疫苗		乙肝疫苗（10、20、60 μg）
冻干腮腺炎减毒活疫苗		甲型肝炎灭活疫苗	冻干人用狂犬病疫苗（MRC-5细胞）		
重组人乳头瘤病毒疫苗（HPV）		冻干人用狂犬病疫苗（人二倍体细胞）			
单纯疱疹病毒基因工程疫苗		冻干水痘减毒活疫苗			
重组B群脑膜炎球菌疫苗		Sabin株脊髓灰质炎灭活疫苗（Vero细胞）			
麻腮风+水痘四联苗		重组乙型肝炎疫苗（汉逊酵母）			
		60μg重组乙型肝炎疫苗（酿酒酵母）（免疫调节剂）			
		重组肠道病毒71型疫苗（汉逊酵母）			

首先了解疫苗行业的审批上市流程及康泰生物的项目储备情况：

我们仔细分析：处于生产现场检查通知，估计 2018 年有望获批上市品种有三个：23 价肺炎疫苗、百白破、三代狂犬病疫苗。

1. 重点分析三代狂犬病疫苗

（1）国内狂苗年均需求 1500 万人份，二代苗占主导，三代苗因无致肿瘤性，具备更好的安全性，目前已在欧美广泛使用，未来国内市场有望逐步替代。

（2）康泰的三代狂苗技术源于巴斯德，技术和设备打包引进保证工艺和质量为国际标准。定价有望 2 倍于二代狂苗（预计 500 元 / 人份），成最具性价比品种。目前国内获批的仅成都康华一家，但 2014 年以来未实现放量，2017 年批签量 100 万支，仅有 20 万人份，主要原因工艺难度大无法规模化，定价高（1250 元 / 人份）。

（3）5 年内最多新增一家企业与康泰竞争。公司现已进入生产现场检查阶段，预计 2018 年年底获批上市。成都所目前三期临床，其他企业公开资料未显示开展临床。可能与工艺难度大有关，预计 5 年内竞争格局良好。

（4）可能的销售预测

根据模型，我们认为 5 年后，即 2022 年，三代狂犬疫苗可为公司贡献净利润近 7 亿元，未来有望稳定在 9.5 亿元左右。

	2017	2018	2019	2020	2021	2022	2023
狂犬疫苗接种人数（万人）	1450	1450	1450	1450	1450	1450	1450
公司第三代狂犬疫苗替代率			1%	5%	10%	15%	18%
公司第三代狂犬疫苗销量（万人份）			15	73	145	218	261
定价（元/人份）			650	650	650	650	650
收入贡献（亿元）			0.9	4.7	9.4	14.1	17.0
净利润率			50%	50%	50%	50%	50%
净利润贡献（亿元）			0.47	2.36	4.71	7.07	8.48

2. 23 价肺炎疫苗

（1）23 价肺炎多糖疫苗主要推荐用于 2 岁以上高危人群以及 50 岁以上个体的常规接种。随着国家加大对老年人免费接种 23 价肺炎疫苗的推广力度以及消费意识的提高，23 价肺炎疫苗将持续增长，天花板很高。

（2）竞争情况：目前国内仅有默沙东、成都生物制品研究所和沃森生物上市了 23 价肺炎疫苗。从目前申报情况看，国内正申报生产的企业仅有康泰生物和科兴生物。康泰生物 23 价肺炎疫苗已经通过生产现场检查，有望在 2018 年上市，2019 年大规模销售。其余企业最快 2020 年后上市销售。

（3）盈利预测

根据模型，我们认为23价肺炎多糖疫苗，5年后，即2022年可为公司贡献净利润1.4亿元，未来有望稳定在2亿元左右。

	2016	2017	2018	2019	2020	2021	2022	2023
其中：科兴生物销量（万支）					72	173	316	345
占比					7%	15%	25%	25%
其中：其他企业（万支）							25	69
占比							2%	5%
合计市场份额	100%	100%	100%	100%	100%	100%	100%	100%
康泰生物产品价格（元/支）			180	180	180	180	180	180
收入（亿元）			0.29	0.99	1.86	3.11	4.55	6.21
净利润率			30%	30%	30%	30%	30%	30%
净利润贡献（亿元）			0.09	0.30	0.56	0.93	1.37	1.86

重磅在研品种分析

1. 13价肺炎疫苗(PCV13)

（1）全球疫苗之王，辉瑞PCV13突出预防效果成就62亿美金的全球疫苗之王。PCV13较23价肺炎疫苗（PPV23）免疫原性强，对65岁以上老人及2岁以下儿童保护效果更好，且产生免疫记忆，可维持多年保护作用。

（2）PCV13的国内竞争格局：沃森生物2018年1月临床揭盲，预计2018年年底获批上市。康泰2016年9月开启临床3期，预计2018年4季度临床揭盲，2019年年底或2020年年初获批上市。它将成为第三家获批上市的企业。兰州所处在临床2期，预计5年内最多3家与康泰竞争（含外资）。

（3）可能的销售预测

根据模型，我们认为13价肺炎结合疫苗，5年后，即2022年可为公司贡献净利润6亿，未来有望稳定在11.5亿元左右。

	2017	2018	2019	2020	2021	2022	2023	2024	2025
其中：沃森生物销量（万支）			102	340	561	680	765	680	595
占比			30%	50%	55%	50%	45%	40%	35%
其中：康泰生物销量（万支）				20	153	272	510	510	510
占比				3%	15%	20%	30%	30%	30%
其中：其他企业（万支）						68	170	340	595
占比						5%	10%	20%	35%
合计市场份额	100%	100%	100%	100%	100%	100%	100%	100%	100%
康泰生物产品价格（元/支）				500	500	500	500	500	500
收入（亿元）				1.02	7.65	13.60	25.50	25.50	25.50
净利润率				45%	45%	45%	45%	45%	45%
净利润贡献（亿元）				0.46	3.44	6.12	11.48	11.48	11.48

2. 脊髓灰质炎（IPV）

（1）国内在研5家，公司IPV技术引自荷兰。目前开展了3期临床，北生研IPV审批获得CDE启动特审程序，历时仅35天。预计公司完成临床研究后有望快速获批上市，2021—2022年有望获批上市。

（2）重大意义：IPV获批上市后，公司将成为国内首个拥有五联苗分疫苗的企业，有望成为国内成功上市百白破—脊灰—Hib五联苗的第二家。

（3）IPV可能的销售预测：

根据模型，我们认为5年后，即2022年，IPV可为公司贡献净利润2亿元左右，未来有望稳定在3亿元左右。

	2016	2017	2018	2019	2020	2021	2022	2023
新生儿数量（万人）	1700	1700	1700	1700	1700	1700	1700	1700
IPV疫苗接种率（4针法）	17%	30%	40%	50%	65%	90%	95%	95%
IPV疫苗总销量（万支）	1137	2040	2720	3400	4420	6120	6460	6460
康泰生物产品价格（元/支）					35	35	35	35
收入（亿元）					0.77	3.21	4.52	5.65
净利润率					50%	50%	50%	50%
净利润贡献（亿元）					0.39	1.61	2.26	2.83

总结：

（1）研发实力最强的民营企业，实施全球化企业战略

对产品研发的高度重视：历年研发投入占总营业收入的比例始终保持在11%以上，稳居疫苗行业公司排名前三。全球前十大疫苗总销售超160亿美元，公司布局达6个。公司已经上市了国内唯一，且联数最多的百白破-Hib四联苗，是国内研发多联苗基础最好、实力最强的民营企业，多联苗技术国内独树一帜。

公司实施全球化战略，引进全世界最先进、最顶级的疫苗生产技术，并有能力将其转化为公司的核心竞争力。同时加强产品海外注册，让疫苗走出国门，目前已获得乌兹别克斯坦、孟加拉国等国疫苗注册证书。

（2）每1—2年都有重磅产品上市，2022年预计实现25亿元净利润

重磅产品上市概览：

（3）公司已启动营销改革，重磅产品销售有望再上新台阶。预防用疫苗销售不同于治疗性药品销售，创新药学术推广集中在国内2000家三甲医院，而疫苗需要下沉至基层近5万个接种点。公司从2017年开始营销改革：1）直销队伍建设：预计2018年将达300—500人；2）加强封闭式队伍建设：即推广服务商仅能销售公司产品，并考核接种点覆盖率和实际接种率，接种率2016年为30%，2017年已达40%—

50%，预计 2018 年可达 70%。

综上所述，康泰生物通过自主研发、合作开发、"引进、消化、吸收、再创新"三种形式将科技转化为生产力能力，未来每一到两年都会有重磅产品上市，并且销售能力也在发生重大变革，以上都为它构筑了较强的商业壁垒，可以享有疫苗行业重要细分领域的相对垄断利润。

四、财务分析：

康泰生物主要财务数据分析预测表：

项目	2021年	2020年	2019年	2018年	2017年	2016年	2015年	2014年
净利润（亿）	18.17	11.87	7.55	4.18	2.18	8621万	6282万	3116万
净利润增长率	53%	58%	81%	92%	152.32%	26.49%	108.96%	203.33%
营业收入（亿）	48.26	37.33	26.63	18.64	11.64	5.52	4.53	3.03
净资产增长率					17.31%三季度	12.49%	10.21%	6.32%
销售毛利率					88.65%三季度	78.57%	63.45%	67.16%

由上表可以看到：

1. 2014—2017 年康泰净利润持续高速增长，四年平均值为 122.78%，仅 2016 年因疫苗事件增速放缓。

2. 2014—2017 年净资产收益率持续增长，2017 年三季度已经达到 17.31%，全年将会更高。

2014—2017 年销售毛利率持续不断提高，到 2017 年三季度达到 88.65% 的毛利率。

从 2018—2021 年的预测值可以看到，其净利润增长率达到了平均 71%，一直保持超高速增长，以 2018 年 3 月 6 日 PE=97.57 来看，PEG=97.57/71=1.37 倍。

五、股票走势分析：

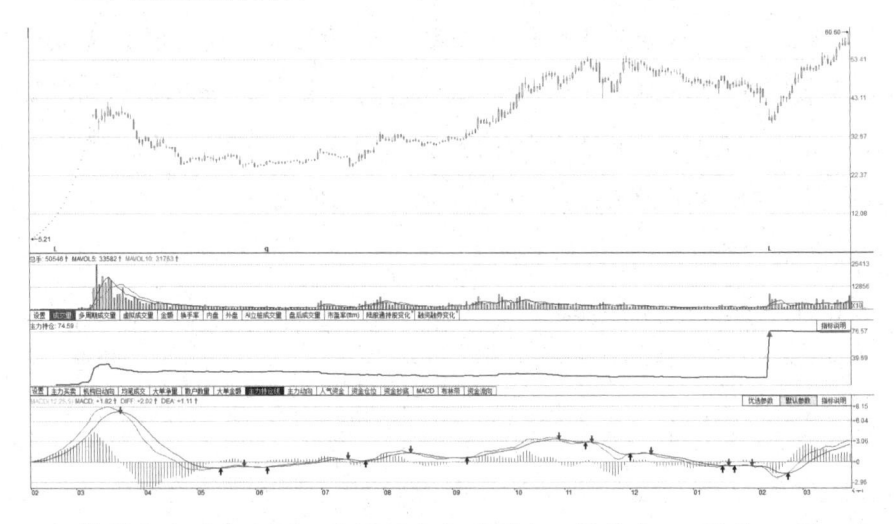

该股上市后走出了一个圆弧底突破形态，股价由 25 元到 54 元，实现了翻番，然后因 2 月 7 日限售股解禁近 1 亿股的消息影响，随同大盘调整最低到 36.82 元。值得注意的是，2 月 7 日解禁的当日放出历史天量，说明承接非常踊跃。随后该股进入抢筹模式，一直放量上涨，11 天上涨 38.6% 到达 51.3 元。

观察主力持仓线指标也可以看到有机构进场抢筹，筹码集中度迅速上升。

可以等待高压力位后的回撤调整后的入场时机。

点评：学员非常用心认真对待作业，可谓教科书式作业。

对个股的研究深挖思路也很清晰，对公司的骨架、行业前景、国家产业政策，公司的产品（百白破-Hib 四联苗）五年内竞争对手等的分析点全面到位。

需要增强的是找到高景气行业，也是找到一家好公司，那么还要衡量，这个市场的主流资金对其的配置情况与喜好，以下就是中信证券的简短分析：

中信证券医药动态

行业观点与投资策略

春节前后海内外市场震荡明显，在海外市场扑朔迷离的背景下，A股即将迎来年报及一季报密集披露的窗口期，在这种情况下医药板块的稳增长和避险特征会放大，结合对行业基本面的判断，我们认为医药板块应该继续成为机构增配的重要方向。

首先，基金持仓已环比改善，新增持仓聚焦"创新"。 截至2017年年底，A股全部基金中医药股持仓占比为8.62%，同比下降1.94个百分点，环比上升了0.58个百分点，尽管整体持仓水平仍处于较低水平，但环比已有改善。从个股角度，四季度持仓增幅前五分别为复星医药（+37.96亿元）、长春高新（+17.38亿元）、美年健康（+12.91亿元）、华海医药（+8.11亿元）和云南白药（+8.02亿元），市场加仓的主力集中在创新药和优质仿制药企，尽管随着市场波动这些个股近期调整也较多，但我们判断在CFDA的政策导向没有明显变化的背景下，优势创新药企和仿制药的溢价不会改变。此外，去年底香港上市制度改革的推出，除了支持同股不同权公司上市以外还放宽了生物科技公司上市限制，这也体现出市场对医药行业创新大潮的拥抱。

其次，业绩才是王道，2018Q1成绩单将是近期重要的催化剂。 我们认为医药商业、器械耗材以及细分龙头仿制药企等多个细分领域存在超预期的可能：①**医药商业：** 考虑到2018年两票制全国推广的节奏加快，且之前招标降价、账期延长的压力因素有所缓解，预计主要商业公司2018Q1的报表已明显改观，较当前估值水平已具备明显性价比和抗跌性，有望成为布局的较佳板块；②**器械耗材：** 高值耗材招标降价更多是对代理环节影响，偏上游的耗材和器械厂商影响有限，且"进口替代"趋势的兑现将打开板块的长期成长空间，近期CFDA逐渐将工作重点从创新药的审批转移到创新医疗器械，这也将为企业业绩增长带来新的动力；③**细分龙头仿制药企。** 化药整体预计仍保持稳健增长，其中儿童药和原料药领域部分企业存在业绩超预期可能，考虑到两票制2018年全国落地预计部分药企的重点品种有望继续受益低开转高开影响。

最后，均值总会回归，板块内更容易寻找成长股。 经过一年多的医药白马行情，低估值的大蓝筹和高估值的成长股两极分化的现状已经得到大幅扭转，中小医药和蓝筹医药股的估值差"从负到正"，中小市值股性价比已调整到较高的性价比。另外，近期信邦制药、昆药集团等个股的大比例增持/回购也增强了市场对中小药企的信心，整体来看部分中小绩优成长股在当前已具备布局的合理性。

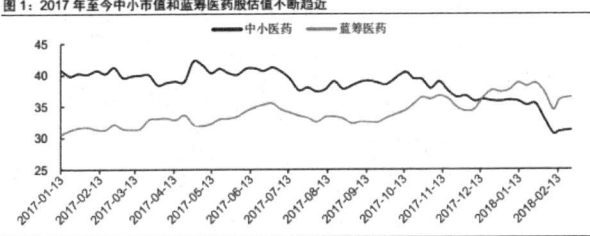

图1：2017年至今中小市值和蓝筹医药股估值不断趋近

1. 估值触底，医药板块相对市场整体的估值溢价率为89.77%，估值溢价率处于近五年的低点。

2. 增速稳健，2018年主流舆论观点为不确定性较大，那么弱周期，偏防御驱动优先配置医药。

3. 主流大资金的历史喜好选择上，主要集中在医药、家电与白酒领域，家电（老板电器马失前蹄前车之鉴），白酒（可口可乐明日黄花之鉴），相比家电与白酒，医药此时更具生命力。

4. 盘面反馈是否有共振？

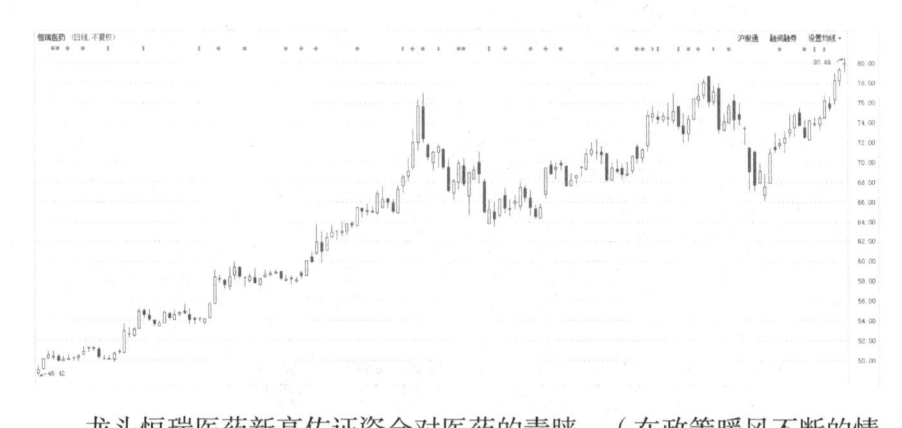

龙头恒瑞医药新高佐证资金对医药的青睐。（在政策暖风不断的情况下或偏科技类的医药行情或只是刚刚开始）

现在给魏雪飞颁发优秀作业奖！！

获得优秀作业奖的学员将获得神秘礼品一份，请联系服务您的小助手领奖。

没有拿到优秀作业奖的同学，第三季再接再厉！！！

接下来把最后的时间交回吴老师。

很高兴有这么多学员，做得很棒，成长的学习，学习的成长，过程中收获喜悦，喜悦中收获成就，坚持我们一起前行。

十字箴言：成长为王，引爆为辅，博弈融合。

九字真经：提前，深度，坚持，大格局。

紧跟步伐，进一步深入分享，个股建仓、洗盘、拉升、出货等，还有期权。成长为王是核心。来感受，来探寻，来成长。

在系统中建立，在建立中运用，在运用中感受，在感受中获知。如有些个股没有达到75度，那等其收益差不多时也是需要落袋为安的。新经典是我们的经典案例，明天是股东大会，我们会派人去的，且行且观察，也要随时应变。我们把握精彩的未来。

感谢你们的一路跟随，有很牛的弟子，也有老学员引领新学员成长、壮大、支持。包括未来我们进一步壮大的时候，也欢迎一些愿意看好我们长期未来发展的这些学员们。朋友们可以参与到我们未来牛散大学堂原始股的一个募集活动，我们会释放一点这样的股份给到我们部分学员。但是这个暂时还没到时间，会迟一点，但是有兴趣的学员可以提前做这方面的预约。反正不管如何，希望大家能够坚定地支持我们，一起往前走。我们的目标不变，二年十倍；我们的价值观，学员第一，诚信正直，高效执行，做事极致；我们的使命，让每一位中小投资者，懂股市，更懂把握股市；我们的愿景就是做最牛的金融文化知识分享平台。

不知不觉我们已经迎来第二季的收尾阶段，不知不觉我们马上要进入第三季的开始阶段。一切就是这样在不经不意地来到我们的眼前，我们坚信未来的路，一定会更加灿烂、更加光明。虽然这个过程有些时候会遇到一些曲折，但是正如股市一样，道路是曲折的，但是前景一定是光明的。我们只要有信仰，我们只要有系统，我们就能够把握住属于我们自己的机会。

好了，今天晚上洋洋洒洒地讲了这么多，非常感谢今晚能够来这里听我直播的朋友们，也感谢刚才那么给我打赏的学员，以及你们的鲜花还有掌声。非常感谢，我也看到里面有很多老学员的身影，我也很欣喜地看到大家能够跟随我一起成长。市场给了我们难得的历史性的机遇。在这个难得的机遇里面，希望我们拧成一股绳，团结起来，紧密结合，把握住未来，把握更精彩的明天。紧紧围绕我们核心的价值观，一定要有一个核心的价值观。关于这个价值观，我们会坚定地执行下去，最终把握住更多属于我们自己的机会。

说了那么多，还是那句话，非常感谢大家。谢谢！今天晚上就跟大家分享到这里，我们第二季最后的总结顺利闭幕，期待第三季顺利开启。谢谢！谢谢大家。牛散大学堂跟我们未来一起腾飞，我们一起努力、一起成长。晚安，下期我们再会……

繁华消歇似轻云，不朽还须建大勋。
壮略欲扶天日坠，雄心岂入驽骀群。
时危俊杰姑埋迹，运启英雄早致君。
怪是史书收不尽，故将彩笔谱奇文。

简能而任之，择善而从之，则智者尽其谋，勇者竭其力，仁者播其惠，信者效其忠。

特别章节　第二季毕业典礼

散大学堂——学最好的课程，做最牛的散户